전후 세계의 스포츠와
국가정체성

Sport and National Identity in the Post-War World

전후 세계의 스포츠와 국가정체성

아드리안 스미스 | 딜윈 포터 _엮음

김석수 | 김태수 | 안득기 | 정상률
유호근 | 황규득 | 김유경 | 홍원표 | 박상현 _옮김

인간사랑

Sport and National Identity in the Post-War World
by Dilwyn Porter and Adrian Smith

스포츠와 국가정체성의 관계는 무엇인가? 스포츠가 국가정체성의 변화하고 있는 인식에 관해서 우리에게 말할 수 있는 것은 무엇인가?

정평 있는 역사가와 젊은 분석가들의 작품을 종합한 이 해설서는 영국의 사회와 정치사 속에 있는 스포츠의 위치에 주목하면서 지난 반 세기를 고찰하는 것이다.

이 책은 다음과 같은 연구를 포함하고 있다.

- 잉글랜드 축구와 영국의 쇠퇴
- 잉글랜드적인 것과 스포츠
- 스코틀랜드에서 민족성과 민족주의
- 웨일즈의 사회변화와 민족적 자부심
- 아일랜드 축구 국가대표팀과 아일랜드다움
- 남아프리카공화국의 스포츠와 정체성
- 카리브 해 사람들과 크리켓, 그리고 정체성의 위기
- 야구, 예외주의와 미국의 스포츠
- 뉴질랜드와 호주의 스포츠 경쟁과 일반적인 신화

『전후 세계의 스포츠와 국가정체성』은 현 시대 사회사에 풍부한 독창적인 연구를 보여주고 있고, 역사학자와 사회학자 모두에게 계몽적인 자료를 제공하고 있다.

아드리안 스미스(Adrian Smith)는 사우샘프턴(Southampton) 대학교 사학과 부교수이고, 근대 영국과 영연방 역사에 관한 책을 다수 출간했다.

딜윈 포터(Dilwyn Porter)는 우스터 유니버시티 칼리지 사학과 부교수이고, 근대 영국 사회와 정치사 그리고 스포츠 역사에 관한 글을 폭넓게 출간했다.

목차

8 전후 세계의 스포츠와 국가정체성

역자 서문

스포츠에서 '내셔널 아이덴티티' (national identity)는 민족정체성과 국가정체성이란 두 가지 의미를 갖고 있다. 그러나 국가대항전에 출전하는 선수들은 비록 다양한 인종적 · 민족적 배경을 가지고 있다고 하더라도 현재 살고 있는 국가를 대표하고 있기 때문에 '내셔널 아이덴티티'를 국가정체성으로 번역하는 것이 정확할 것이다. 상당수 국가들의 경우 다양한 인종으로 구성된 국가대표팀이 올림픽 · 월드컵 등 국제경기에 참여하기 때문에 민족정체성과 국가정체성은 항상 쟁점이 되고 있다. 특히 이주와 이민이 지속적으로 증대되어 가고 있는 세계화 시대에 국가대표팀은 다양한 인종과 민족 출신으로 구성되는 경향이 높아졌다. 이러한 추세의 정치적 의미를 다양하게 조명하고 있는 이 책은 *Sport and National Identity in the Post-War World*를 우리말로 옮긴 것이다.

한국 사회도 역시 스포츠에서 민족과 국가정체성 문제로부터 자유로운 곳이 아니다. 재일동포 출신인 유도선수 추성훈은 한국의 국가대표가 되기 위해 한국에 왔지만, 한국 유도계의 텃세와 차별을 극복하지 못하고 일본으로 귀화해 아키야마 요시히로(秋山成勳)라는 이름으로 일본 국가대표가 되었다. 2002년 부산 아시안 게임 남자 유도 81kg급 결승전에 진출한 추성훈은 일장기를 달고 한국의 안동진을 판정승으로 누르고 우승했다. 추성훈은 일장기와 태극기가 나란히 올라가는 시상대 위에서 자신은 "그 가운데를 보고 있었다"고 후에 고백했다.

그러나 관중석에서 한국 사람들의 야유가 쏟아졌다. 한국의 신문들은 추성훈의 우승을 '조국을 메쳤다'고 비난했다. 추성훈은 3년 7개월간 부산시청 소속 유도선수로 뛰면서 태극마크까지 달았던 재일동포지만 일본으로 귀화한 뒤 조국 대한민국은 꺾어야 할 '적'에 불과했다. 추성훈은 "도복엔 일장기를 달았지만 가슴엔 태극기를 품은 그의 진심을 알아주는 사람이 없었다"고 후에 심경을 고백했다. 한국 기자들이 추성훈에게 "왜 귀화했느냐"고 묻자 "유도가 하고 싶어서요"라고 간단히 대답했다. 우리는 추성훈의 대답 속에서 한국의 민족과 일본 국가대표 사이에 있는 정체성의 혼란을 엿볼 수 있었다. 추성훈이 일본 국가대표를 은퇴하고 격투기 선수로 전향한 후 비록 국적은 일본이지만 마음은 한국이라는 것을 보여주기 위해 도복 한쪽에 태극기를, 다른 한쪽에 일장기를 달고 출전하기 시작했다.

탁구는 민족정체성과 국가정체성 문제가 가장 첨예하게 충돌하고 있는 스포츠이다. 현재 세계선수권대회와 올림픽에 출전하는 탁구 국가대표 선수들의 50% 이상이 아시아계 선수들이고, 특히 대부분이 중국에서 귀화한 선수들이다. 국제탁구연맹(ITTF)은 2009년 현재 50명 이상의 중국 출신 귀화 선수들이 국가대표로 활약하고 있다고 발표했다. 한국 여자 탁구대표팀의 당예서(대한항공)와 곽방방(KRA)은 중국 출신의 귀화 선수이다. 2008년 베이징 올림픽에서 당예서가 한국대표로서 중국팀과 경기했을 때 중국 관중들은 그녀를 매국노라고 야유했다. 이처럼 중국 출신 탁구 선수들이 다른 나라로 귀화하여 조국 대표들과 대결하는 것은 흔하고 당연한 일로 인식되고 있다. 일부 국가들은 중국 출신 선수들을 귀화시켜 국가대표로 발탁함으로써 높은 기량의 선수들을 확보하고 국가의 위신을 높이는 스포츠 정책을 펼치고 있다. 물론 이러한 정책은 세계적 기량을 가지고 있음에도 불구하고 국가대표로 선발되지 못하는 중국 선수들의 개인적 희망이나 꿈과 맞물려 있기도 하다.

미국의 프로 미식축구 선수인 하인즈 워드는 미국 흑인 아버지와 한국인 어머니 사이에서 태어난 혼혈이다. 하인즈 워드는 한편으로는 미국의 국가정체성을 갖고 있지만, 다른 한편으로는 어머니의 조국인 한국의 민족정체성을 가지고 있다. 미국인이면서 한국의 민족정체성을 가질 수 있다는 것은 오로지 스포츠에서만 가능하다고 할 수 있다. 잉글랜드 프리미어 리그 맨체스터 유나이티드에서 활약하고 있는 박지성 선수는 아시아 선수로는 유일하게 세계 최고 리그이면서 최고 명문구단에서 활약하고 있다는 것만으로 한국의 국가 위신을 높이고 국가정체성과 민족정체성을 확인시켜 주고 있다.

재일조선인 출신으로 북한 국적을 가진 안영학은 한국의 수원 삼성 선수이면서 남북한의 국가대항전에 북한 국가대표로 출전한다. 또 '아시아의 루니'라고 불리고 일본 J리그 가와사키 프론탈레에서 활약하고 있는 정대세도 재일조선인이면서 북한 국적을 가지고 북한의 국가대표로 국가대항전에 출전하고 있다. 이 두 선수는 북한 국가대표지만 한민족으로서 민족정체성도 가지고 있다. 따라서 남북한은 정치 · 군사적인 대결과 대치상태에 있지만 축구를 통한 인적 교류는 민족화합의 가능성을 보여주는 예라고 할 수 있다.

신자유주의와 세계화의 영향으로 자본과 기술의 이동은 자유롭지만 노동력의 이동은 여전히 제한되어 있다. 그러나 자유로운 이주 · 이민정책으로 소수인종을 수용함에 따라 다문화 · 다인종 사회로 변화하는 선진국의 경우, 스포츠 분야에서 선수들의 이동은 상당히 자유로운 편이다. 따라서 스포츠 분야에서 국가대표팀은 다양한 인종으로 구성되는 경향이 높다. 이렇듯 다른 국적과 인종 출신의 감독과 선수들이 국가대표팀 감독이 되거나 귀화한 국가대표 선수가 되는 것은 아주 보편적인 현상이 되고 있다. 2002년 월드컵 당시 한국 국가대표팀의 감독은 네덜란드 출신 거스 히딩크였고, 2006년 월드컵의 한국대표팀 감독 역시 네덜란드 출신의 아드보카트였다. 프랑스인으로는 처음으로 잉글랜드 프리미어 리그의 명문구단 아스날 FC 감독이 되었던 아르센 웽거는 1996년부터 2009년 현재까지 감독직을 수행하고 있다. 잉글랜드 맨체스터 유나이티드 구단의 전설적인 선수인 라이언 긱스는 충분히 잉글랜드 대표팀으로 월드컵에 출전할 수 있는 기회가 있었지만, 어머니의 고향인 웨일즈 국가대표를 선택해 월드컵에 출전하지 못한 가장 훌륭한 축구 선수들 가운데 한 사람이 되었다. 이러한 예는 미국, 프랑스, 영국, 스페인, 포르투갈, 그리고 다른 민족과 인종에 가장 폐쇄적이고 배타적이었던 일본에서도 볼 수 있다.

각종 국제경기에 참가해 우승한 뒤 소속 국가의 인종과 다른 귀화 선수들이 태극기, 성조기, 유니언 잭, 삼색기, 분데스플래그, 오성홍기, 일장기, 그리고 자신이 대표한 국가의 깃발을 몸에 두르고 경기장을 도는 것은 모든 국제경기에서 일반적인 현상이 되었다. 선수들의 이러한 행동은 인종정체성과 민족정체성은 물론 국가정체성을 동시에 표현하고 있기 때문에 스포츠는 인종적 · 민족적 · 국가적 차별을 극복하는 데 중요한 매개체로서 역할을 할 수 있다.

이 책은 미네르바정치학회에서 2007년에 결성된 〈스포츠정치연구회〉의 두 번째 공동 성과물이다. 스포츠는 시작부터 정치영역 밖에서 이루어지면서도 정치적 의미를 갖는 인간의 활동이었지만 한국에서 스포츠는 체육학, 사회학, 경제학, 경영학, 미디어학, 그리고 스포츠 레저학 분야에서 주로 연구되고 있다. 따라서 미네르바정치학회는 스포츠와 정치의 관계를 연구하되 국제정치, 국제관계, 외교, 정치사회학, 그리고 지역정치 차원에서 이를 심화시키는 데 관심을 가지고 있다. 이 번역서는 본 연구회의 이러한 관심을 구체화하려는 노력의 일환으로 기획된 연구성과이다.

이 책은 다양한 인종, 문화 그리고 민족으로 구성된 영국 내 4개국과 영연방 국가들이 스포츠를 통해서 정체성을 어떻게 실현시켜 가고 있는가를 명료하게 보여주고 있다. 서문은 이 책의 전체적인 내용을 요약해서 설명하고 있다. 제1장 현대 잉글랜드의 스포츠와 국가정체성에서는 영국의 지방분권 정책에 따라서 모든 스포츠 경기에서 잉글랜드 깃발인 세인트 조지(St. George)기를 내세워 잉글랜드의 정체성을 확인하는 것을 규명하고 있다. 제2장 잉글랜드 축구와 영국의 쇠퇴에서는 축구 종주국인 잉글랜드의 경기력 약화가 영국의 국가 위신 하락 및 경제적 침체와 동시에 나타난다는 점을 부각시키고 있다. 즉 잉글랜들의 정체성 혼란 문제를 규명하고 있다.

제3장 전후 웨일즈 스포츠와 국가정체성에서는 웨일즈의 언어, 음악, 종교가 웨일즈를 유지하는 데 어느 정도 역할을 하고 있지만, 스포츠가 웨일즈의 국가정체성을 표현하는 데 최적의 문화적인 양식이라는 것을 고찰하고 있다. 제4장 20세기 후반 스코틀랜드 스포츠와 국가정체성에서는 스코틀랜드가 잉글랜드와 차별적인 국가정체성을 확립하기 위해 축구와 럭비를 이용했고, 잉글랜드 훌리건과 질적 수준을 보여주기 위해 세계 최고의 축구 서포터 타탄아미를 조직한 배경을 고찰하고 있다. 제5장 아일랜드의 국가정체성과 축구에서는 아일랜드 축구 국가대표팀의 녹색 셔츠를 착용함으로써 아일랜드팀, 국민 그리고 국가에 대한 자부심과 정체성을 확인해 가는 과정을 고찰하고 있다.

제6장 남아프리카공화국의 스포츠와 국가정체성에서는 남아공

이 하나의 국가라는 말은 이질성을 가지고 있지만, 이 무지개 국가를 하나의 상상의 공동체로 건설할 수 있는 도구로서 스포츠의 중요성을 부각시키고 있다. 제7장 크리켓과 카리브 해 영어권 국가들의 정세성의 위기에서는 크리켓을 통해서 다양한 배경을 가지고 있는 카리브 해 지역 국가를 통합하고 정체성을 확인하는 것에 초점을 맞추고 있다. 이와 함께 이 지역 젊은이들이 미국의 상업주의 영향으로 농구와 야구와 같은 쉽게 돈을 벌 수 있는 스포츠에 관심을 가지면서 정체성의 혼란과 붕괴를 경험하고 있는 것을 고찰하고 있다.

제8장 야구와 미국의 예외주의는 영국에서 시작한 축구가 세계를 지배하고 세계인의 스포츠로 뿌리내렸지만, 미국에 기원을 두고 있고 미국의 영향력이 상대적으로 강한 중남미 지역인 쿠바, 베네수엘라, 도미니크 공화국, 니콰라과 등에서 야구가 발전하고 있는 과정과 함께 야구와 미국의 예외주의를 분석하고 있다. 또 이 지역에서 야구가 미국 제국주의에 대항하는 무기로 사용되고 있고, 야구를 통해서 국가정체성을 확인하는 것도 고찰하고 있다. 제9장 뉴질랜드와 호주의 현대 스포츠 라이벌에서는 지정학적으로 근접해 있고 같은 영연방 국가들인 호주와 뉴질랜드가 경쟁과 협력 관계를 통해서 경기력을 향상시키면서 서로의 국가정체성을 확인해 가는 과정을 고찰하고 있다.

이 책은 9개의 개별 논문으로 구성되어 있기에 번역과정에 많은 역자들이 참여하였다. 무엇보다도 내용의 난이도에 따라 번역을 진행시키는 데 시간적 차이가 있었고, 용어와 표현을 통일하는 데 어려움이 있어서 많은 시간이 소요되었다. 참여한 분들의 열의에 비해 결실이 알차지 못한 것 같아서 아쉬운 마음이 든다.

지금까지 번역과 교정작업에 참여한 역자들, 글로벌 정치연구소의 김태수 박사, 세종연구소의 정상률 박사, 글로벌 정치연구소의 유호근 박사, 외교안보연구원의 황규득 박사, 부산외국어대학교 김유경 박사, 한국외국어대학교 사회과학대학의 홍원표 교수, 그리고 인하대 국제관계연구소의 박상현 박사께 본의 아니게 재촉하고 압력을 가한 것에 대해서 죄송함과 미안함을 전하고 싶다. 그리고 역자는 아니지만 교정을 봐주신 윤석상 박사에게도 고마움을 전하고 싶다. 그러나 이 책이 나오기까지 가장 고생한 분은 역자들이 아니라 도서출판 인간사랑 편집부이다. 편집부의 꼼꼼하고 세밀한 교정 덕택으로 난해하고 어려운 문장과 문맥이 쉽고 부드럽게, 매끄러운 글로 바뀔 수 있었다. 그리고 출판계의 빙하기라고 할 수 있는 이 시기에 이 책의 출판을 허락한 인간사랑 여국동 사장님, 그리고 책 출간을 위해 재정적으로 후원해 주신 (재)국제평화전략연구원의 박호성 수석연구원님께 미네르바스포츠연구회는 고마운 마음을 전해드리고 싶다.

역자들을 대신하여 **김석수**

머리말

아드리안 스미스와 딜윈 포터 Adrian Smith and Dilwyn Porter

스포츠와 국가정체성의 관계는 복잡하고 다면적이다. 이 양자관계는 영국과 유럽 강대국들이 구축한 지배권이 제2차 세계대전 이후 붕괴되고, 국가자결권에 바탕을 둔 정통성 있는 독립국가들이 설립되면서 더욱 복합적이고 다차원적으로 변화되었다. 이러한 발전은 스포츠를 통해서 국가의식을 세계적인 수준으로 높일 수 있는 계기가 되었다. 국가주의 이데올로기는 세계 정치과정의 중요한 요소이다. 그러나 국가주의의 발전과 함께 여러 가지 변화들이 동시에 진행되고 있다. 세계 여러 지역, 예를 들면 유럽에서는 경제적 · 군사적 · 정치적 목적을 위한 국민국가들 사이의 지역협력이 탈냉전 이후의 주요한 특징이 되었다. 더욱이 영토적 국경을 초월하는 방송과 소비주의 세계화를 전파하는 강력한 다국적 기업은 자본주의를 확산시켜 국가정체성(national identity)의 뿌리인 개인들을 파편화시켰다. 이와 함께 국경과 국적을 초월해서 세계 각 지역으로 사람들의 이동이 훨씬 빈번해지고 확산되고 있다. 위협과 공포로부터의 자유, 경제적 이익의 추구, 그리고 보다 나은 삶의 질을 위한 대량이민이 보편화되고 있다.

이러한 변화들은 20세기 중반 이후부터 21세기에 걸쳐서 국가들 안팎에서 스포츠가 발전될 수 있는 환경을 제공해 왔다. 국민국가의 발전, 다국적 기업의 확산과 디아스포라(diaspora)가 동시에 진행되고 있다.[1] 한 국가가 축구를 통해 다른 국가를 만나는 것은 수시로 바뀌는 축구경기장의 전자 광고판처럼 언제든지 바뀔 수 있는 혼란스럽고 복잡한 배경을 갖고 있다. 이러한 상황 속에서 스포츠와 국가정체성 사이의 관계는 다양한 형태로 표면화되었다. 따라서 이 책은 스포츠와 국가정체성의 관계에서 가장 중요한 측면들을 규명할 것이다.

특히 국민국가들이 구체화되면서 국가대항전은 다양한 사건을 발생시켰다. 예를 들어 특정 스포츠가 국민감정을 형성하고 촉진시킬 수 있다. 웸블리(Wembley) 구장에 잉글랜드 축구 대표팀의 하얀 유니폼을 입고 등장하는 11명의 축구 선수 혹은 트윅커님(Twickenham)

1_ 디아스포라는 고대 그리스어로 '넘어' (Dia)와 '씨뿌리다' (Speiro)의 합성어로 영토를 빼앗기고 전 세계로 흩어져 살아야 했던 유대인을 지칭하는 용어였다. 과거에는 외세에 의한 강제적 집단이주를 의미하는 부정적인 용어로 사용되었으나 최근 들어 외국에 살면서 강력한 민족적 정체성으로 본국과의 원원관계를 유지하는 교포집단을 일컫는 용어로 의미가 변하고 있다. 한국 역시 해외에 700만 명이 넘는 동포가 거주하고 있는 디아스포라 국가라고 할 수 있다. 최근 전 세계 5천만 명이 넘는 화교들이 중국 및 세계경제에 미치는 영향력이나 아이리시 디아스포라(Irish Diaspora)를 적절히 활용한 아일랜드의 경제부흥 사례에 대한 관심이 높아지면서 디아스포라가 새로이 부각되고 있다.**역자 주**

럭비 구장의 15명의 럭비 선수들은 잉글랜드와 잉글랜드인으로 동일시될 수 있다. 그리고 이러한 것은 잉글랜드만의 특징은 아니다. 마이클 홈즈(Michael Holmes)와 데이비드 스토리(David Storey)에 따르면 1980년대 말과 1990년대 초반에 아일랜드 국가대표 축구팀이 거두었던 성적은 국가 존재감을 강화시킬 수 있었다는 것이다.[2] 그것은 조국을 떠난 아일랜드계 남녀노소가 녹색 셔츠를 착용할 수 있게 한 국제축구연맹(FIFA) 규정을 신속하게 이용하면서 해외 거주 아일랜드인들에게 일종의 문화적 정체성을 지킬 수 있게 해주었다.

그러나 만약 스포츠가 사람들을 반영하는 거울이라면 반사된 이미지가 혼란스러울 수 있다는 것을 인정해야 한다. 만약 세계가 정치 경제적으로 경쟁이 치열해진다면 이런 혼란스런 상황을 어떻게 극복할 것인가? 예를 들면 다른 민족 혹은 국가에서 살고 있는 인종적 소수자들은 거주지의 국가대표보다는 자신 혹은 부모들 조국의 국가대표에게 더 강한 정체성을 느낄 수도 있다. 인도, 파키스탄 혹은 서인도제도 크리켓팀이 잉글랜드를 순회할 때 테빗 경(Lord Tebbit)이 주장한 '크리켓 시험' 에서 낙제점수를 기꺼히 감수하려는 이민자 혹은 이민자 후손들이 엣바스턴(Edgbaston) 크리켓 구장 혹은 오벌(Oval) 크리켓 구장을 꽉 채웠다.[3] 이처럼 스포츠는 거주지에 대한 존재의식을 확인해 줄 수 있다. 존재의식은 국가정체성을 결정하는 중요한 요

2_ M. Holmes and D. Storey, "Football and national identity : the case of the Republic of Ireland", paper delivered at Textports Conference, Liverpool, 2001.

인이다. 벨파스트(Belfast)의 윈저파크(Windsor Park) 구장에서 경기하고 있는 국가대표팀에 대한 북아일랜드(Northern Ireland) 민족주의자들의 전통적인 무관심과 국가대표 축구팀에 대한 아일랜드인들의 열정과 관심은 뚜렷하게 대조되고 있다.

거울 속의 이미지가 혼란스러울 수 있는 다른 경우들이 있다. 탈냉전 시대에 많은 사람들이 세계 각 지역으로 이동하고 있기 때문에 특정 국가의 국기가 새겨진 유니폼을 착용하고 있다 해도 그 국가의 정체성이 일치되지 않을 수도 있다. 1970년대 잉글랜드의 크리켓 국가대표팀 주장인 토니(Tony)의 아버지 샌디 그레그(Sandy Greig)는 "토니가 스코틀랜드에서 태어나 남아프리카에서 결혼하고 정착해야 할 운명이었지만 잉글랜드를 위해 경기할 수 있는 자격과 권리를 가지고 있다"고 주장했다.[4] 에딘버러(Edinburgh) 혹은 카디프(Cardiff) 소속의 뉴질랜드 출신의 럭비유니언(rugby union) 선수, 스코틀랜드와 웨일즈, 그리고 남아프리카나 혹은 짐바브웨 출신인 '잉글랜드' 크리켓 선수는 정신적으로 잉글랜드 출신이다. 이러한 변화는 스포츠와 국

3_ 1990년에 보수주의 정치가인 테빗 경(Lord Tebbit)은 아시아계 영국인(Britain Asian)과 아프로-카리비안(Afro-Caribbean)인들에게 크리켓 경기에서 인도, 파키스탄 혹은 서인도보다는 잉글랜드를 지지하는지 물어볼 것을 주장했다. M. Phillips and T. Phillips, *Windrush : the Irresistible Rise of Multi-Racial Britain*, London : Harper Collins, 1999, pp. 389-90을 보라. 또한 M. Polley, *Moving the Goalposts : A History of Sport and Society since 1945*, London : Routledge, 1998, p. 135을 보라.

4_ D. Lemmon, *Changing Season : A History of Cricket in England, 1945-1996*, London : Andre Deutsch, 1997, pp. 278-9.

가정체성 사이의 관계를 약화시킬 수 있거나 완전히 분열시킬 수 있다는 점에서 중요하다. 예를 들면 잉글랜드 언론의 마녀사냥식 보도 때문에 남아프리카 태생의 장거리 육상선수인 졸라 버드(Zola Budd)가 여권을 발급받지 못해 L. A. 올림픽에 참가할 수 없었다. 그러나 졸라 버드 사건은 훨씬 복잡한 의미를 가지고 있다. 아일랜드에서 가장 성공적인 국가대표 축구팀 감독이었던 재키 찰튼(John Jack Charlton)은 잉글랜드 출신이었음에도 불구하고 감독으로서 차별 없이 똑같은 영웅 대접을 받았다. 찰튼은 "아일랜드 수상 찰스 호이(Charles Haughey)와 집무실에서 차를 마시는 것과 같은 일상적인 자리에서조차 아일랜드 영웅으로 대접받았다"고 회상했다.[5]

국가정체성은 전통적으로 특정한 스포츠와 관련되고, 특히 정치적 · 경제적 · 사회적인 상황에 따라 관계가 약화되었을 때 다른 의미를 가질 수 있다. 남웨일즈(South Wales)의 럭비유니언 코치가 국가대표의 아웃사이드 하프(outside-half) 포지션의 선수를 찾기 위해 석탄광으로 다녔던 과거의 일화는 없어지지 않겠지만 이제는 아득한 전설이 되었다. 더욱이 웨일즈를 대표할 수 있는 럭비유니언의 실력은 다른 여가활동이 활발해지고 국내에 거주하고 있는 사람들의 인종적 구성이 다양해지면서 약화되었다. 카디프 밀레니엄 스타디움(Cardiff's Millennium Stadium)은 때때로 거기서 시합하고 있는 럭비팀의 붉은 셔츠 때문에 웨일즈의 확인할 수 있는 자부심의 근원이 되었다. 그러나

5_ J. Charlton (with Peter Byrne), *The Autobiography*, London : Partridge, 1996, p. 360.

동시에 심지어 민족당인 플레이드 컴리(Plaid Cymru : The Party for Wales)가 웨일즈 공용어로 영어를 채택하고 럭비의 전통적인 용어를 영어로 바꾸었을 때 국민들을 일체화시킬 수 있는 능력은 약화되었다. 카리브 해 지역의 크리켓은 또 다른 본보기를 제공하고 있다. 카리브 해의 여러 섬들이 정치적인 독립을 획득하였지만 '서인도제도' (West Indies)라는 표현은 대영제국의 식민지 유산처럼 인식되었다. 위성방송의 영향으로 인해 이 지역 젊은이들의 스포츠 역할 모델은 점차 미국 야구로 자리 잡아 가고 있다. 이러한 변화된 환경 때문에 크리켓은 서인도제도와 모든 아프로-카리브 흑인들(black Afro-Caribbeans)의 열망을 분출시킬 수 없게 되었다. 운 없는 잉글랜드 타자들의 갈비뼈를 부러뜨렸던 서인도제도의 강속구 크리켓 투수가 아이콘이었던 것은 이제는 전설이 되었다.

어떤 특정 스포츠는 국가정체성의 문화적 표상으로 기능하는 데 다른 스포츠보다 훨씬 효과적이다. 1953년 11월, 잉글랜드 국가대표팀이 헝가리 국가대표팀에 6-3으로 패배한 것에 대해 충격을 받은 잉글랜드인들은 탁구팀이 훨씬 더 좋은 성적을 거두었다는 소식에도 불구하고 전혀 위안을 받지 못했다. '적어도 우리는 탁구에서 헝가리를 이겼다!' 라는 헤드라인은 축구와 탁구의 역할과 기대를 분명히 보여주었다.[6] 축구와 탁구에 대한 상대적인 관심은 별도로 하고 축구에는 잉글랜드의 자존심이 걸려 있었다. 축구는 영국, 특히 잉글랜드

6_ *Dailiy Mirror*, 25 November 1953.

가 세계에 전파한 경기이고, 탁구는 이 범주에 해당되지 않는다고 말할 수 있다. 특정한 스포츠가 전 세계에 확산되지 않았을 때에도 특정 국가의 이미지를 이상화시킬 수 있었다. 프랭크 코글리아노(Frank Cogliano)가 자신의 논문에서 지적하고 있듯이, 쿠바가 미국의 국기인 야구를 적극적으로 채택하고 미국의 타도를 국가적인 목표로 삼은 민족주의자들의 도구가 되었을 때 특히 미국과 야구의 관계는 분명해졌다. 더욱이 문화적 의미에서 미국 예외주의와 야구는 스포츠 혹은 스포츠들과 관련된 독점에 관해서 부정적 해석이 다양하게 나올 수밖에 없다. 최근 미국 외교정책을 비판하는 영국의 한 신문에 실린 편지 한 통은 미국의 예외주의를 가장 명확하게 보여주고 있다. 그 편지는 "미국 내에서 자기들끼리 라운더스(rounders), 럭비 그리고 넷볼(netball) 경기를 하면서 월드 챔피언십(World Championships)이라고 부르는 국가는 이해할 수 없고 많은 문제점을 가지고 있다"고 주장했다.[7]

민족주의를 연구하는 주류학자들은 스포츠에 거의 관심이 없다. 따라서 앤토니 스미스(Anthony D. Smith)는 분명하게 스포츠 경쟁을 국가와 국가주의에 대한 우리의 이해를 규정하는 패러다임 논쟁에 주변적인 것으로 인식하고 있다. 확실히 스미스의 주요한 관심은 사회이론적이지만, 대부분의 경험적 연구들은 스포츠를 명확하게 언급하지 않고 있다. 이러한 주장에도 불구하고 공통의 신화와 기억과 군

7_ Letter from D. Gordon of Leeds, *Metro*, 17 April 2001.

중, 대중문화는 국가주의의 인식에 중요하다.[8] 이 책에 논문을 기고한 몇몇 학자들은 상상의 공동체(imagined communities)를 주장한 베네딕트 앤더슨(Benedict Anderson)의 설득 이론과 에릭 홉스봄(Eric Hobsbawm)의 '만들어진 전통'의 개념에 지나치게 의존하고 있다.[9] 홉스봄은 "만약 영광스러운 역사가 존재하지 않는다면 사람들은 무엇이든지 조작하고 만들어낼 수 있다"고 가정하고 있다. 역사적으로 어떤 국가도 다른 국가를 주요 적대자로서 간주하지 않는다는 사실을 무시하고 있는 아드리안 스미스(Adrain Smith)는 위성 TV를 통해서 태즈먼 해[10]를 사이에 두고 호주와 뉴질랜드가 아주 첨예하게 경쟁하고 있는 것을 규명할 것이다.

홉스봄과 앤더슨은 공동 논문을 통해서 국가들이 스포츠를 점진적이면서 신속하게 그리고 포괄적으로 재구축해 가는 진화적 과정을 규명하고 있다. 따라서 상상의 공동체를 가정한 국가정체성은 특정한 시점에서 발생한 독특하고 역사적인 상황에 의해 형성된다는 것

8_ A.D. Smith, *National Identity*, London : Harmondsworth, 1991, and *The Nation in History : Historiographical Debate About Ethnicity and Nationalism*, London : Polity Press, 2000, p. 3.

9_ B. Anderson, *Imagined Communities : Reflections on the Origins and Spread of Nationalism*, revised edition, London : Verso, 1983 ; E.J. Hobsbawm, "Introduction", and "Mass-producing traditions : Europe 1870-1914", in E.J. Hobsbawm and T. Ranger(eds), *The Invention of Tradition*, Cambridge University Press, 1983, pp. 1-14 ; 263-307.

10_ 테즈만(Tasman) 해는 오스트레일리아 남동쪽 기슭과 뉴질랜드 사이에 있는 바다이다. 태평양 남서부지역을 차지하고 있고, 면적은 약 230만 km^2이다. **역자 주**

을 알 수 있다. 홉스봄은 국가주의의 열망과 스포츠에 대한 열정이 새롭게 혼합되는 것을 보여주기 위해 개인적 경험을 통해서 스포츠를 분석하고 있다. 조지 오웰(George Orwell)처럼 홉스봄은 1920년대 말에 1936년 베를린 올림픽이 '국가의 경쟁적 자기 주장'을 확실하게 보여줄 수 있는 순간이 될 수 있고 국가주의 투쟁을 위한 새로운 국면이 될 수 있다는 것을 처음으로 인식했다.[11] 마크 키치(Marc Keech)의 논문은 주요 스포츠 행사가 집단적 국가정체성을 보여주는 데 얼마나 편리하고 인상적인가에 초점을 맞추고 있다. 남아공의 1995년 럭비팀 월드컵 결승 진출은 '새로운' 남아공의 탄생에 중대한 계기가 되었지만, 키치는 스포츠가 아파르트헤이트(apartheid) 경우처럼 국가정체성을 표현할 수 있는 역할의 가능성에 의구심을 가지고 있다. 무지개 국가(Rainbow Nation) 내에서 축구가 차지하고 있는 위치와 역할은 아프리카 헤게모니 중심 세력으로서 이전에 럭비가 가진 것과는 근본적으로 다르다. 사실 예를 들면 올림픽에서 조정 선수 스티브 레드그레이브(Steve Redgrave)가 결승에 진출한 경기는 BBC 중계를 통해서 대규모의 청중을 동원할 수 있는 TV의 잠재력에도 불구하고 대부분의 국민들은 특정한 인기 스포츠 혹은 국가대표팀에만 헌신적으로 일체감을 갖고 있었다. 더욱이 그 국가의 국민들이 특정 스포츠의 국가대표팀에 집중되었을 때 실망의 잠재력은 훨씬 클 수밖에

11_ E. J. Hobsbawm, *Nations and Nationalism since 1780 : Propaganda, Myth, Reality*, second edition, Cambridge : Cambridge University Press, 1992, pp. 142–3.

없다. 아드리안 스미스의 논문에서는 애국적 측면보다는 상업적 요인에 치우쳐 눈에 띄게 독특한 패션으로 우승컵을 타러 나갔던 아메리카 컵(America Cup)의 요트 선수들에 배신감을 느꼈던 뉴질랜드 국민들의 격분에 초점을 맞추고 있다.

홉스봄은 모든 국가들의 각 지역사회에 내재하는 공통의 정체성은 대중적인 신화, 만들어진 전통, 그리고 특정한 문화적 가공물들이 적절하게 혼합된 것에 뿌리를 두고 있는 정도에 따라서 스포츠가 상상될 수 있거나 조작될 수 있다는 앤더슨의 주장을 기꺼이 이용하고 있다. 홉스봄은 적어도 남자들에게 있어서 스포츠는 국가정체성을 자극하는 데 '확실하게 효과적임'을 증명하고 있다. 홉스봄은 "자신이 뛰어나기를 원했거나 일생 중 어느 한 시기에 잘해보고 싶었던 스포츠 분야가 탁월한 젊은 선수들이 자신의 꿈을 대신 실현해 주었을 때 전혀 정치적 혹은 공적이지 않은 개인조차도 쉽게 국가와 동일시될 수 있다"고 설명하고 있다. 홉스봄은 비록 비현실적이지만 "국가대표팀이 이러한 강력한 환상을 일체화할 수 있는 중심지가 될 수 있다"고 주장한다.

> 수백만으로 구성된 상상의 공동체는 국가대표 축구팀 11명이 국민과 일체가 되었을 때 훨씬 현실화될 수 있는 것 같다. 단지 구경하면서 열광하는 사람인 개인조차도 그 자신 스스로가 국가적 상징이 되었다고 생각하게 될 것이다.[12]

그런데 그러한 감정들은 필수적으로 남자만들의 영역이고, 대부분의 잉글랜드 남자들은 데이비드 베컴(D. Beckham) 혹은 나세르 후세인(Nasser Hussain)과 같은 선수가 되는 것을 꿈꾸고 있는 이중성을 가지고 있다.

에릭 던닝(Eric Dunnung)과 링컨 앨리슨(Lincoln Allison)은 명백한 형태로 스포츠와 국가주의 정서가 결합될 때 주의를 촉구하고 있다. 비록 스포츠가 정치적 국가주의 이해에 분명하게 중요하지만, '문명화 과정'은 국가적 측면을 위한 지지가 종종 중립적이거나 혹은 심지어 잠재적으로 위기를 제거하는 경험이 될지도 모른다고 지적하고 있다.[13] 그러나 프랭크 코글리아노가 자신의 논문에서 밝히고 있듯이 야구가 점점 더 전 세계적인 스포츠로 확산됨에 따라 미국 예외주의에 관한 논쟁은 무의미해지고 있다. 마틴 폴리(Martin Polley)와 딜윈 포터(Dilwyn Porter)의 논문은 권리이전, 다문화주의, 그리고 국가 인식의 약화가 '잉글랜드에게 주는 의미가 무엇인가?'라는 의문이 어떻게 발생하는가를 보여주고 있다.

마틴 존스(Martin Johnes)와 로날드 코왈스키(Ronald Kowalski)가 20세기 말까지의 공동 연구에서 확인하고 있듯이 국가정체성은 어느

12_ Hobsbwam, *Nations and Nationalism*, p. 143.

13_ E. Dunning, "Figurational sociology and the sociology of sport", in E. Dunning and C. Rojek (eds), *Sport and Leisure in the Civilising Process : Critique and Counter–critique*, Toronto : University of Toronto Press, 1992, pp. 221–84 ; L. Allison, "Introduction", in L. Allison (ed.), *The Changing Politics of Sport*, Manchester : Manchester University Press, 1993, pp. 1–26.

곳보다도 켈트 족 국가인 웨일즈와 스코틀랜드의 가장 열띤 쟁점이었다. 톰 나이린(Tom Nairin)은 웨일즈와 스코틀랜드가 잉글랜드의 지배을 받고 있다는 열등감 때문에 자신들의 옛날 국가(old nation)에 대한 부족적인 충성심을 가지고 있다고 주장하고 있다. 스포츠, 특히 럭비유니언이나 축구는 민족주의의 가장 가시적이고 인기 있는 '문화적 이정표'를 제공해 왔다.[14] 그러나 그러한 주장이 오늘날에는 얼마나 타당성이 있을까? 1970년대의 영광을 재현하는 데 실패한 웨일즈 럭비팀은 소박한 노동계급, 도시와 농촌의 웨일즈인을 포함하고 있는 비국교도(nonconformist) 문화가 끝나가고 있다는 것을 보여주고 있다. 그러나 존스는 웨일즈 출신 록밴드의 인기와 함께 럭비 국가대표팀의 탁월한 경기력과 같은 현상이 전통과 민족적 고정관념에 구애받지 않은 산업화 이후 새롭게 부상한 것으로 보고 있다.

코왈스키는 이런 국가들이 때늦게 원형국가(proto-state)의 전 세계적 보증을 얻을 수 있게 되었을 때 몇 가지 명백한 이점을 누릴 수 있다는 나이린의 주장에 동의하면서 스코틀랜드가 그 논의에 가장 적합한 국가라고 주장하고 있다. 세계화는 국가적 스포츠 문화를 억압하기보다는 오히려 기회를 제공하고 있다. 축구와 럭비팀에게 거의 관심을 두지 않았던 스코틀랜드에게 스포츠 세계화는 도전과 기

14_ T. Nairn, *The Break-Up of Britain*, London : Verso, 1981. On how rugby in Pre-devolution Scotland temporarily supplanted football as vechicle of nationalist sentiment, see G. Jarvie, "Sport, nationaism and cultural identity", in Allison (ed.), *Changing Politics of Sport*, pp. 58–79.

회로 작용할 수 있다. 그러나 스포츠 영역에게 자본주의 세계 시장은 매력적이고 이미지 전환에 커다란 가치를 부여하고 그러한 조건을 충족시킬 수 있는 분야이다. 타탄 아미(Tartan Army)[15]는 20년 동안의 아일랜드 축구 서포터들의 성공을 열심히 모방하면서 국내에 분리주의, 인종주의와 관련된 문제가 남아 있음에도 불구하고 세계 무대에서 스코틀랜드의 긍정적인 이미지를 보여주기 위해 적극적으로 노력하고 있다.

폴리가 현 시대 잉글랜드 스포츠의 포스트모더니즘적 시나리오에서 추구하고 있는 것은 분리보다는 차이이다. 육상경기를 제외하면 어떤 주요 스포츠가 21세기에 들어서 잉글랜드의 다문화 사회를 정확하게 반영하는 국가주의적 측면을 과시할 수 있을까? 계급차별이 없고 인종적으로 혼합된 축구팀이 그러한 역할을 수행할 수 있는 것처럼 보일 수 있지만, 선수들 대부분이 노동자들의 일 년 연봉보다 더 많은 주급을 받고 있는 현실 속에서 축구는 어떻게 역할 모델이 될 수 있을까? 흑인인 제이슨 로빈슨(Jason Robinson)의 존재에도 불구하고 백인이면서 제대로 교육받은 중산계급이 주류인 잉글랜드 럭비팀은 놀라울 정도로 동질성을 유지하고 있다. 이러한 잉글랜드 럭비팀은 사회 전체 계급으로 구성되어 있기 때문이 아니라 경기에서 승리하기 때문에 잉글랜드에서 광범위한 지지를 받고 있다. 팀 주장의 가족사에도 불구하고 실력 있는 수많은 아시아계와 아프로-카리브

15_ 스코틀랜드 축구 대표팀 공식 서포터이다.역자 주

흑인 선수들을 차별하고 있는 크리켓팀은 분리되어 있고, 그리고 럭비에 비해 상대적으로 성공적이지 못하다. 《데일리 메일》(*The Daily Mail*) 지는 국가 상황의 표시로서 축구가 영국의 쇠퇴를 분석하는 소재를 제공했다고 주장했다. 딜윈 포터는 지난 30년 동안 사건이 유별나게 많았던 '잉글랜드의 상황'에 대한 논문에서 이 주제에 집중하고 있다. 적어도 크리켓에는 헤딩리 1981(Headingley 1981)팀이 존재하고 있었지만 당시에 축구에서의 위기나 축구장 안팎에서 국가 쇠퇴의 징후로 볼 수 있을까? 대처 수상은 축구장 안팎의 상황이 표출된 여러 가지 행동을 국가적 위기로 인식했다. 따라서 훌리건에 관한 대처의 정책은 단호했다. 대처는 잉글랜드 축구의 번영과 부활은 국가의 과도한 개입과 건강한 자유시장경제의 도입을 통해서 가능하다고 생각했다.

마크 키치의 논문은 개별적 스포츠가 국가 정신 혹은 아프리카 백인민족주의(Afrikanerdom)를 어떻게 구체화하고 예시하고 있는지를 보여주고 있다. 1995년 럭비 월드컵 결승전에서 만델라는 백인의 독점을 최종적으로 끝내기 위해 팀에 환호하는 모든 국민들과 팀에게 강력한 호소를 보내기 위해 단지 스프링복(springbok) 유니폼을 입었다는 것으로 충분했다. 사실상 TV가 럭비 경기에서 경쟁을 촉진하는데 기득권을 가지고 있기 때문에 영어권 국가에서 단일 스포츠를 가지고 동질성을 유지하는 곳은 거의 없다. 비록 존스가 럭비 구장에서 럭비공에 대한 열광이 유명한 전설이 주장하고 있는 만큼 보편적일 수 있었는지에 관해 문제를 제기하고 있지만, 남아공에서처럼 웨일즈와 심지어 뉴질랜드에서조차 럭비는 이전의 우월적인 지위를 누릴 수 없다. 데이비드 스토리(David Storey)와 존스는 스포츠 경쟁과 국가정체성의 관계에 문제를 제기하고 있다.

게릭(Gaelic) 식의 축구와 필드 하키(hurling)는 '아일랜드 섬'에만 시행되는 경기이고, 럭비는 모두 32개 국가에서 성행하고 있지만 축구만이 세계 스포츠 무대에서 아일랜드를 명백하게 대표하고 있다. 그러나 지난 20년 동안 아일랜드 축구의 뛰어난 성적이 주로 잉글랜드 출신이거나 그곳에 기반을 두고 있는 코치나 선수들의 역할에 기인한다는 사실을 어떻게 설명할 수 있을까? 이것은 아일랜드가 더블린 지향적인 폐쇄적 사고를 가지고 있기 때문에 오히려 아일랜드 디아스포라팀이 가톨릭, 농촌, 내부지향적인 아일랜드를 더 많이 변화시키고 있다는 것을 보여주는 것이다. 아일랜드 축구 대표팀을 응원하는 녹색 셔츠를 입은 사람들은[16] 록그룹 U2[17] 혹은 메리 로빈슨(Mary Robinson)[18]과 함께 아일랜드에게 자신감을 주었고 세계의 관심을 끌 수 있었던 지난 세 차례의 월드컵에서 거둔 성적만큼 켈틱 타이거(Celtic Tiger)[19]의 부적(talisman)이 되었다.

16_ 한국 축구 대표팀의 서포터인 붉은 악마가 붉은 옷을 입고 응원하는 것이 하나의 상징이 된 것과 같은 의미로 볼 수 있다.[역자 주]

17_ U2는 1976년 결성된 아일랜드 출신의 4인조 록밴드로 종교, 문명, 인종차별, 환경문제 등 사회인식과 따뜻한 인간애를 담은 노래로 음악 팬들의 사랑을 받아온 그룹이다.[역자 주]

18_ 1990년에 나이 많고 보수적인 남성들의 전유물이었던 아일랜드 대통령에 46세의 젊은 여성이 당선되었다. 아일랜드 사상 최초의 여성 대통령의 탄생은 국민들에게 신선한 충격이었다.[역자 주]

19_ 아일랜드의 경제기적은 1980년대의 적극적인 외자유치와 1987년 이후 5차

아일랜드 럭비팀은 스포츠 국가대표가 국경에 의해 결정될 필요가 없다는 것을 분명하게 보여주고 있다. 강력한 지방분권에도 불구하고 각 지역은 국가대표팀의 부활에 적극적인 역할을 했다. 단지 럭비유니언만이 영국 전체를 대표하고 있다고 주장하지만 럭비의 두 코드인 럭비유니언과 럭비 리그는 영국의 다국적 팀들을 잘 포용하고 있다. 따라서 홈네이션(Home Nations)[20]의 충성심이 나타날 수 있는 경우는 단지 순회경기에서만 가능하다고 생각되었다. 사실상 잉글랜드와 아일랜드팀들이 홈구장에서 경기할 때 그 럭비팀들은 관중들에게 그 팀의 휘장을 제공하고 있다. 그러나 서인도제도의 크리켓팀은 또 다른 혼합의 국가대표팀이지만 지역 내에서 국가대항전 형식의 정기전을 치르고 있다. 케이스 샌디포드(Keith Sandiford)의 논문은 카리브 해의 크리켓의 위기가 얼마나 뿌리 깊고 그 지역에게 얼마나 많은 영향을 미치고 있는 것을 고찰하고 있다. 1995년 이전에는 무적 '윈디스' (Windies : West Indies)는 27연승을 했지만 그 이후에는 80차례 경기에서 23번 승리했을 뿐이다. 카리브 해의 크리켓팀은 무서

례에 걸쳐 체결된 사회협약 덕분이었다. 노사관계의 안정을 가져온 이 협약으로 '선성장 후분배'의 원칙이 확립됐고, 1990년대에 연평균 8.7%라는 고도성장을 거듭했다. 그때부터 아일랜드는 '켈틱 호랑이' (Celtic Tiger)라는 별명을 얻고 있다.역자 주

20_ 잉글랜드, 스코틀랜드, 북아일랜드, 웨일즈를 대표한다. 영국인들은 이 네 민족집단을 홈네이션(home nations)이라 부른다. 지금은 거행되지 않지만 과거에는 홈네이션들 사이에 대회를 개최하고 이를 홈인터내셔널(Home International)이라 불렀다.역자 주

운 광속구와 자신감 넘치는 가공할 만한 타선의 파괴력을 가지고 있었지만 자기 만족, 사기저하, 리더십의 부재, 추진력의 약화, 그리고 참신하고 젊은 선수들의 부재 탓이라는 자기 부정과 함께 급격하게 쇠퇴했다. 카리브 해 젊은이들은 미국에서 시작된 농구에 관심과 눈을 돌리고 있다. 농구는 크리켓 대표선수가 되는 것보다 고도의 에너지를 필요로 하지만 경기하기 쉽고 잠재적으로 돈벌이에 유리한 것으로 인식되고 있다. 이러한 흐름 속에서 가이아나를 포함한 카리브 해 영어권 지역에서 역사적 차이와 분리를 넘어서 세력을 결합하고 통합할 수 있는 역할을 수행하는 크리켓이 생존할 수 있을까? 사실 전통적으로 카리브 해 섬들의 경쟁이 점차 강력해지고 대립적이 되고 있기 때문에 역설적으로 크리켓이 잠재적 분열의 세력이라는 데 관한 논쟁이 있는가?

서인도제도에서 크리켓은 세계화, 공격적인 자유시장경제, 만연되어 있는 마약문화, 그리고 대서양주의자들의 헤게모니 희생자로서 묘사되고 있다. 샌디포드는 초국가적 경제와 너무 심한 사회변화, 그리고 2003년 2월 크리켓 월드컵에서 조기 탈락으로 인한 실망스러운 결과가 서인도제도의 집단적인 후기 식민주의적 정체성을 뒷받침하는 주요한 문화적 현상으로서 크리켓의 종말이라고 주장하는 것에 의문을 제기하면서 카리브 해 지역 크리켓의 미래 부흥에 대한 더 낙관적인 근거를 호주 크리켓 아카데미 헤드코치의 상상력 있는 약속에서 발견하고 있다. 아드리안 스미스가 주장했듯이 호주 사람들은 자신들의 전문적인 기술을 수출하는 데 관대하고 또 그럴 만한 여유를 가지고 있다. 행운의 나라라고 할 수 있는 호주는 자신만의 패러다임을 유지하고 있다. 따라서 호주는 스포츠가 위기라고 생각되는 그 순간에 적극적으로 대응방법을 채택하면서 성공의 관점으로 회복시키고 있다.

1. 현대 잉글랜드의 스포츠와 국가정체성

마틴 폴리 Martin Polley

브리타니아(Britannia), 그녀는 반쪽 잉글랜드인이다.
그녀는 집에서는 라틴어를 사용하고 있다.
성(聖) 조지(St Geroge)는 레바논에서 태어났지만
그가 어떻게 영국에 오게 되었는지 나는 모른다.
그리고 당신 셔츠 위의 세 마리 사자들,
그 세 마리 사자는 결코 잉글랜드의 진흙 속에서 솟아올랐던 것은 아니었다.
그 사자들은 반쪽 잉글랜드인이고 나 역시 반쪽의 잉글랜드인이다.

빌리 브래그(Billy Bragg), 「잉글랜드, 반쪽의 잉글랜드인」[1]

2002년에 잉글랜드 남자 축구 국가대표팀은 월드컵 결승전에 진

1_ Billy Bragg, "England, Half English", on Billy Bragg and The Blokes, *England, Half English*, Cooking Vinyl, 2002.

출할 수 있는 경기력을 갖고 있었다. 뮌헨에서 독일 대표팀을 5–1로 대파하고 그리스 대표팀과의 경기에서 경기 막판에 동점골을 이끌어 낼 수 있었던 잉글랜드 대표팀의 저력은 1966년 이후 처음으로 월드컵 우승을 할 수 있는 가능성을 높였다.[2] 한 · 일 월드컵이 시작되었을 때 잉글랜드 대표팀에 대한 기대로 그동안 스포츠 경기에서 볼 수 없었던 규모로 잉글랜드 깃발을 흔드는 모습이 광범위하게 확산되었다. 2002년에는 영국(United Kingdom) 국기인 유니언 잭(the Union Jack)에서 잉글랜드 스포츠의 상징으로서 성 조지(St. George)의 깃발 쪽으로, 확대 해석하면 잉글랜드 정체성 쪽으로 이동해 가는 것을 보여주었다.[3] 잉글랜드 정체성이 확산됨에 따라서 5월과 6월 사이에 엘리자베

2_ 데이비드 베컴은 2001년 10월 영국 맨체스터에서 열린 그리스와의 2002년 한·일월드컵 유럽 예선 마지막 경기에서 후반 인저리 타임 극적인 동점골을 성공시켜 잉글랜드가 월드컵 본선에 진출하는 데 결정적인 역할을 했다.[역자 주]

3_ 영국의 정식명칭은 "The United Kingdom of Great Britain and Northern Irenland"이다. 하지만 잉글랜드, 웨일즈, 스코틀랜드, 북아일랜드로 각각 국가명을 가지고 있으며, 정치적으로 영연방을 구성하고 있다. 그러나 경제·사회·문화적으로 독립하고 있으며, 그들은 각자 자기가 독립국가라고 자부와 긍지를 가지고 있어 자존심이 무척 강하며, 국기도 각기 사용한다. 영국의 국기명은 'Union Jack'이라고 부르며 잉글랜드와 스코틀랜드, 북아일랜드의 3개 기(旗)를 서로 합쳐서 만든 것이다. 현재 영국 국기는 십자 모양과 대각선 모양이 합쳐진 것인데, 가운데 붉은 십자가는 잉글랜드를, 흰색 사선 십자가는 스코틀랜드를, 적색 사선 십자가는 아일랜드를 상징한다. 1277년 성인(聖人) 세인트 조지의 기(백색 바탕의 빨간색 십자가 모양)를 잉글랜드의 국기로 처음 사용한 이래 1603년 스코틀랜드 왕인 제임스 6세가 잉글랜드 왕인 제임스 1세를 겸하게 되어 스코틀랜드와 잉글랜드 연합왕국의 국기가 만들어졌고, 이후 1801년 아일랜드가 합병되면서 아일랜드기의 디자인인 적색 사선 십자가가 추가되어 오늘의 영국 국기가 완성되었다. 그러나 웨일즈의 상징은 현(現)

스 여왕 2세(Queen Elizabeth II) 즉위 50주년 축하 행사장은 붉은색, 하얀색, 그리고 녹색으로 장식되었고, 성 조지 깃발은 잉글랜드팀 경기가 있는 곳이면 어디서든 쉽게 볼 수 있었다. 잉글랜드인들은 가정, 펍(pub, 선술집), 상점 그리고 차량에 잉글랜드 깃발을 게양했다. 심지어 어떤 사람들은 자신들의 외벽을 잉글랜드 깃발 디자인으로 도배하기도 했다. 잉글랜드 깃발의 대부분은 잉글랜드 대표팀이 준결승전에서 브라질에게 패배한 직후에 사라졌다. 그러나 어떤 깃발은 차 라디오 안테나에 매달려 낡고 천덕꾸러기 취급을 당하면서 겨울까지 남아 있었다.

잉글랜드 정체성에 대한 이러한 공개적 과시가 갖는 의미는 순수하게 스포츠에 한정된 것이 아니었다. 유니언 잭을 넘어서 성 조지 십자가(St. Geroge cross)를 선택한 것은 많은 잉글랜드 사람들이 역사로부터 깨어나고 있고, 당연하게 잉글랜드를 상징하기 위해 영국 깃발을 사용하는 게 더 이상 의미가 없다는 것을 암시했다. 북아일랜드, 스코틀랜드 그리고 웨일즈 민족주의가 잉글랜드적 정체성 추구를 자극했다. 축구 팬들의 잉글랜드 분리주의 요구와 2002년 월드컵 때

영국 국기에 반영되지 않았는데, 그 이유는 영국 국기가 최초로 만들어질 당시인 17세기 초에 이미 웨일즈가 잉글랜드에 통합된 상태였기 때문이다. 유니언잭의 가로와 세로의 비율은 2-1이다. 요즘도 국제경기나 또는 잉글랜드 지역이나 스코틀랜드 지역에 가면 고유의 잉글랜드 기와 스코틀랜드 기를 흔히 볼 수 있는데, 잉글랜드 기(St. George)는 흰 바탕에 적색으로 십자가 모양으로 되어 있고 스코틀랜드 기(St. Andrew)는 청색 바탕에 흰색으로 대각선 모양으로 되어 있다.역자 주

잉글랜드 깃발의 확산을 이해하기 위해서는 영국 노동당 정부가 추진하는 지방분권정책의 맥락에 주목해야 한다. 이러한 경향은 국민국가가 위로부터는 연방주의, 아래로부터는 지역주의의 확산이라는 새로운 유럽적 환경의 산물이었다. 이러한 시기에 잉글랜드적인 것(Englishness)이라는 역사적인 상징으로 포장된 잉글랜드 축구팀은 많은 사람들에게 정체성을 표현할 수 있는 매력적인 방법이 되었다. 마이클 빌리그(Michael Billig)가 주장한 '일상적 민족주의'(banal nationalism)인 매일 깃발 게양이[4] 한 달 동안 깃발 흔들기라는 더욱 적극적 민족주의로 대체되었다. 잉글랜드 깃발을 흔들고 있었던 사람들이 단지 백인 서포터들만 아니었다는 점 또한 주목할 만한 것이었다. 1970년대와 1980년대에는 깃발이 극우단체라는 강한 연상을 불러일으켰지만 2002년은 카리브 해 흑인(Afro-Caribbean)과 아시아의 배경을 가진 많은 잉글랜드 팬들이 함께 축하하고 있는 것이 특징이었다. 이러한 분위기를 사진작가 레비 디퍼스(Ravi Deepers)가 포착했는데, 디퍼스가 개최한 2003년 애국자 전시회(Patriots exhibition)는 잉글랜드 축구 팬들이 새롭고 가시적인 다양성을 가지고 있는 것을 배경으로 하고 있었다. "나는 시크교도 남자들이 잉글랜드의 성 조지 십자가로 장식된 터번들을 착용하고 있는 것을 보았다. 성 조지 십자가는 인도인 식당과 작은 상점 밖에서 훨씬 더 많이 볼 수 있었다." 디퍼스가 잉글랜드 깃발로 장식하고 있는 흑인과 아시아계 잉글랜드 팬들

4_ M. Billing, *Banal Nationalism*, London, Sage, 1995.

의 태도에 대해서 백인 잉글랜드 팬들에게 물었을 때 백인 팬들은 대부분은 전혀 상관하지 않았다. 사실 백인 축구 팬들은 오히려 그러한 질문을 이상하게 생각했다.[5]

이러한 간결하고 인상적인 묘사는 현대 잉글랜드 스포츠와 국가정체성 문제에 대한 주제의 유용한 사례였다고 할 수 있다. '잉글랜드'(English)에 관련된 애매함과 다양한 가능성, 때때로 지역주의, 국가주의, 그리고 세계화라는 갈등적 길항(拮抗)관계는 축구팀을 위해 특정한 깃발 흔들기와 같은 단순한 행동 속에서 많은 것을 이해할 수 있다. 팀 에덴서(Tim Edensor)는 이러한 현상을 '사람들이 정체성을 추구해 나가는 평범한 무의식적 행위' 중의 하나라고 주장한다.[6] 이 장에서는 이러한 관점이 초점을 맞추고 있는 문제들을 탐구하고, 최근 몇 년 동안에 잉글랜드에서 스포츠와 국가정체성 사이에서 발생했던 두드러진 몇 가지 추세를 개략적으로 설명·분석하는 것을 목적으로 하고 있다. 본 논문은 두 가지 주제를 통해 연구목적에 접근할 것이다. 첫째, 스포츠에서 잉글랜드적인 것(sporting Englishness)의 전통적인 모델이 문화적이고 인구통계학적 변화와 관계 속에서 좀 더 다양하고 유연해지는 방법에 관심을 가질 것이다. 두 번째, 스포츠 세계화가 전통적인 모델에 끼쳤던 영향을 검토할 것이다. 따라서 다양성,

5_ *Guardian*, 12 February 2003.

6_ T. Edensor, *National Identity, Popular Culture and Everyday Life*, Oxford : Berg, 2002, p. 69.

도전 그리고 적응성이 본 논문의 중심적인 맥락을 형성하게 될 것이다.

스포츠와 국가정체성

케이스 케머런(Keith Cameron)은 국가정체성이 자주 사용되고 있지만 정의가 불가능한 용어 중 하나라는 것은 진부하다고 주장하고 있다.[7] 세계화, 유럽제국들의 쇠퇴, 그리고 세계 전역에서 정치적·문화적 분리주의자들의 움직임이 출현하고 있지만, 이러한 것들이 국가정체성을 설명하기 어렵다는 분위기를 만들어냈다. 정체성의 상식적 개념들은 출생지, 언어, 부모의 국적, 그리고 인종과 같은 전통적이고 실체적인 기준에 근거하고 있다. 그러나 정체성 연구에는 이러한 보수적인 개념을 인정할 수 없는 수많은 사람들의 생생한 경험으로 인하여 새로운 접근법이 요구되고 있다. 이러한 시점에서 인식, 이미지, 민족성, 그리고 소속감과 같은 것에 근거를 두고 국가정체성을 주장한 각 개인의 자서전이 중요한 역할을 하고 있다. 이러한 자서전을 통해서 이중적 혹은 다각적인 정체성의 가능성을 파악할 수 있다. 잉글랜드에서 이러한 주관적 기준의 복잡성들은 군사적·경제적·종교적·문화적 연계가 활발했던 제국주의 기간 동안 제국주의 권력과

7_ K. Cameron, "Introductuon", in K. Cameron (ed.), *National Identity*, Exeter : Intellect Books, 1999, p. 1.

식민지 지배로 유래했던 다양한 가족사들의 네트워크로 인해 확실하게 나타나고 있다. 1940년대 이후 수많은 아시아계와 카리브계 가족들의 잉글랜드 이민과 정착은 지속되어 온 정체성 네트워크의 분명한 상징이 되었다.[8] 백인 잉글랜드인들을 물에 비쳐보았을 때 나타난 영상은 백인 잉글랜드라는 단순한 정체성 속에 로마, 스칸디나비아, 노르만 영향, 정복, 이민 그리고 식민지의 경험 등이 훨씬 복잡하게 얽혀진 것이다. 이러한 복잡한 정체성은 여전히 이름과 성(surnames), 그리고 성(gender) 속에 분명하게 남아 있다.[9] 1990년대부터 흩어진 세계 속에서 뿌리와 정체성 찾기가 점차 세계적으로 확산됨에 따라서 그러한 영향은 「조상을 만나자」(*Meet the Ancestor*)와 같은 인기 있는 고고학 TV 프로그램을 통해서 점차 접근이 가능하게 되었다.

이 장의 목적을 위해서 실제로 잉글랜드적인 것이 어떻게 정의되는 것과 상관없이 잉글랜드인 혹은 비잉글랜드인으로 느끼고 있는 이유들에만 집중하게 되면 국가정체성은 주관적 의미로 사용되고 있

8_ 이민과 정착의 다양한 측면을 위해서는 P. Fryer, *Staying Power : The History of Black People in Britain*, London : Pluto, 1984 ; C. Holmes, *John Bull's Island : Immigration and British Society 1871–1971*, Basingstoke : Macmillan, 1988 ; C. Holemes, *A Tolerant Country? Immigrants, Refugees and Minorities in Britain*, London : Faber and Faber, 1991 ; P. Rich, *Race and Empire in British Politics*, second edition, Cambridge : Cambridge University Press, 1990 ; R. Skellington, *"Race", in Britain Today*, second edition, London Sage, 1996 ; Y. Alibhai–Brown, *Who Do We Think We are? Imagining the New Britain*, London : Penguin, 2001 참조.

9_ 영국과 유럽의 맥락에서 영국의 역사에 대해 자세하고 아주 접근하기 쉬운 소개는 N. Davies, *The British Isles : A History*, Basingstoke : Macmillan, 1999에서 발견할 수 있다.

다는 것을 알 수 있다. 사실 스포츠는 그러한 연구를 위한 적절한 주제가 될 수 있다. 스포츠 선수들의 소속 국가는 정체성에 관한 가장 일반적인 근거이다. 이것은 근대 스포츠의 지배적 특징 중 하나인 지정학적 국가주의 이데올로기와 연계해 왔기 때문이다. 크리켓이 주요한 예외이지만, 근대적 형태를 갖춘 팀 스포츠의 발생은 19세기 후반에 시작되었다. 그러나 이 시기는 국민국가의 출현과 일치하고 있지는 않다. 시작된 지 12년 된 1908년 올림픽 경기는 각국을 대표하는 가장 우수한 스포츠 선수들을 출전시킴으로써 다국적 스포츠 행사의 역할을 비공식적으로 맡게 되었다. 이때부터 올림픽에 대한 미디어 취재와 정치적 후원이 이루어짐에 따라서 국가들이 남녀 스포츠 선수를 참가시켜 자국을 대표하고 있다는 담론을 확실히 확산시킬 수 있었다. 이러한 관계의 압축판이 되어온 올림픽은 20세기에 크게 발전할 수 있었다. 엘리트 모터 레이싱(elite motor racing)이 가장 중요한 예외이지만, 대부분의 팀 스포츠와 개인 스포츠는 국가대표를 만들어서 뛰어난 선수들끼리 경쟁을 촉진했다. 어떤 경우에 있어서 근대 국민국가 설립 이전부터 존재하고 있었던 해당 지역 내의 팀 스포츠는 분명한 정치적 의미를 가지고 있었다. 호주라는 국민국가가 설립되기 24년 전인 1876년에 호주지역 크리켓의 베스트 11명은 존재하고 있었고, 합스부르크 제국(Habsburg Empire)으로부터 완전하게 독립하기 22년 전인 1896년부터 존재한 헝가리 올림픽 팀은 복잡하고 강력한 민족주의 감정을 전달·표출하고 심지어는 촉진하는 실체로서 스포츠의 의미를 입증하고 있었다.[10] 19세기 말 이후 아일랜드, 북아일랜드, 스코틀랜드 그리고 웨일즈의 스포츠 역사는 이러한 사례를 보여주고 있다. 대부분 스포츠가 갖고 있는 육체적·경쟁적·초언어적 그리고 대중영합적인 속성은 집단정체성을 표현할 수 있는 완벽한 수단이 될 수 있다. 스포츠는 집단이 실제적으로 보유하고 있었던 신념을 평화적으로 구체화할 수 있다는 베네딕트 앤더슨(Benedict Anderson)의 스포츠 사회학 모델을 에릭 홉스봄의 '상상의 공동체'로 연결할 수 있는 분야이다.[11]

잉글랜드의 스포츠 팀과 제도는 스포츠가 가지고 있는 국민국가의 구조와 형태 사이의 연계를 발전시키는 데 중요한 역할을 했다. 올림픽 경기, 공식적 크리켓 경기, 축구 국가대표팀, 럭비유니언(rugby union), 국제 잔디 테니스(international lawn tennis), 동계 스포츠, 그리고 많은 활동의 공식적 발전에 있어서 잉글랜드팀, 협회 그리고 제도의 역할을 무시할 수 없다. 1930년부터 제2차 세계대전 이후까지 국제축구연맹(FIFA)이 개최하는 축구 월드컵에 잉글랜드가 관심을 갖지 않았던 것은 근대 스포츠의 발원지이며 종주국으로서 업적과 역할을 부정하는 것이다.

10_ L. Allison, "Sport and nationalism", in J. Coakley and E. Dunning(eds), *Handbook of Sports Studies*, London : Sage, 200, p. 354.

11_ B. Anderson, *Imagined Communities : Reflections on the Origin and Spread of Nationalism*, London : Verso, 1991. For sport, nationalism, and national identity, an excellent brief overview is Allison, "Sport and nationalism." See also A. Bairner, *Sport, Nationalism, and Globalization : European and North Amercian Perspectives*, Albany NY : State University of New York Press, 2001.

제2차 세계대전 이후 전통에 따른 새로운 정치발전이 이루어짐에 따라서, 영국을 대표하고 있는 국가 단위가 각 스포츠 종목의 차원에서 시간이 지남에 따라서 더욱 다양해지기 시작하였다. 올림픽 경기에서 영국(the United Kingdom)은 대영제국(Great Britain)으로 대표팀 명칭을 바꾸었다. 영국의 올림픽 경쟁상대는 1930년에 설립된 영연방 경기에서[12] 잉글랜드, 북아일랜드, 스코틀랜드 그리고 웨일즈라는 보다 작은 국가 단위였다. 영국 내 이 4개 국가는 분리된 축구협회와 분리된 축구대표팀을 갖고 있다. 럭비유니언에서 잉글랜드, 스코틀랜드 그리고 웨일즈는 계속해서 유나이티드 아일랜드(a united Ireland)팀, 그리고 브리티시 라이온(The British Lions)[13] 속에서 영국 대표팀과 함께 운영되었다. 라이더컵(Ryder Cup) 대표팀 골퍼들의 대표단위가 대영제국(Great Britain, 1927–1971)에서 영국열도(British Isles, 1973–1977)와 유럽(1979년 이후)으로 이동하고 있는 동안에 잉글랜드 크리켓팀은 로버트 크로프트(Robert Croft), 사이몬 존스(Simon Jones) 그리고 토니 루이스(Tony Lewis)와 같은 웨일즈 선수들을 포함시켰다. 많은 잉글랜드 사람들이 이러한 변화를 따라가는 데 혼란을 겪고 있음에도 불구하고 여러 스포츠의 잉글랜드 국가대표팀들은 대부분의 국

12_ 영연방 경기는 the Empire Games, 이어서 1950년에는 the British Empire and Commonwealth Games로 명칭이 바뀌었고 1978년에는 the Commonwealth Games로 바뀌었다.역자 주

13_ 각자 운영되는 영국의 4개 지역 팀인 England, Wales, Scotland, Ireland이 가끔 하나의 혼성팀을 만들어서 럭비대표팀을 운영하는 경우가 있는데, 이때 British Lions라고 부른다.역자 주

제경기에 모두 참가해서 다양한 성공을 거두고 있다.

잉글랜드적인 것은 1966년 월드컵 축구의 우승, 1981년 크리켓에서 호주에 대한 설욕전, 그리고 2002년에 호주, 뉴질랜드, 남아공 럭비팀의 격파 등과 같은 성공을 특별히 잉글랜드의 승리로 연결시키면서 외연을 확장할 수 있었다. 조셉 맥과이어(Joseph Maguire)가 주장했듯이 이러한 현상은 잉글랜드 남성 상류층의 가치를 지배하고 있는 매우 독특한 형태이다.[14] 용기, 단호함, 탁월해야 한다는 역사적 권리, 충성심, 강한 팀워크, 그리고 강력한 리더십 혹은 개인의 영웅적 역할 모델이 이러한 성공에 모두 적용될 수 있었다.[15] 사실 스포츠에서는 패배조차도 이러한 잉글랜드적인 것으로 포장될 수 있는 핵심 소재가 되었다. 1988년 캐나다 캘거리(Calgary)에서 개최된 동계올림픽에서 56명의 참가자 중 55위를 차지했던—56번째 참가자는 실격되었다—스키 점프 선수인 에디 '독수리' 에드워드(Eddie 'the Eagle' Edward)는 승패를 초월해서 최선을 다함으로써 특별히 잉글랜드적인 것을 보여주었다고 언론은 크게 다루었다. 또 잉글랜드 언론은 만일 상대팀이 독일이라면 경기를 잘했지만 패배한 팀은 잉글랜드의 불굴의 정신이 스포츠에서 구체화되었다고 여론을 형성해 나갔다. 잉글랜

14_ J. Maguire, "Globalization, sport and national identities : 'The empire strike back?' ", *Society and Leisure*, 1993, vol. 16(2), p. 295.

15_ For a survey of how sporting heroes have been represented in art , see J. Hountington–Whiteley(compiler), *The Book of British Sporting Heroes*, London : National Portrait Galley, 1998. Richard Holt provides a scholarly introduction.

드적인 것과 스포츠의 연계가 가장 분명하게 나타난 때는 잉글랜드와 서독의 축구 경기였다. 맥과이어는 잉글랜드가 서독과 1966년 월드컵 결승전을 앞둔 전날의 사설을 인용했다. "내일 만약 잉글랜드 대표팀과 서독 대표팀 경기에서 패배한다 하더라도 우리는 이미 서독팀과의 경기에서 두 번이나 승리했기 때문에 경기에 부담을 갖지 말자."[16] 잉글랜드가 월드컵 우승 이후 서독과 축구 경기가 거행될 때마다 제1, 2차 세계대전 당시 전시감정의 분위기는 반복되었다. 예를 들면 1996년에 영국의 한 일간지는 "서독 축구대표팀 훈련장 위로 제2차 세계대전 당시 영국 주력 전투기인 스피트파이어(spitfire)가 비행을 했다"고 주장했다. 반면에 '두 차례의 세계대전과 한 차례의 월드컵' (Two World Wars, One World Cup) 노래 속에 들어 있는 독일에 대한 잉글랜드 팬들의 조롱은 스포츠와 국수주의(chauvinism)의 관계를 분명하게 보여주는 것이다.[17]

그러나 이 장의 서두에서 언급되었던 잉글랜드 깃발의 확산에도 불구하고 잉글랜드라는 국가와 스포츠 사이의 분명한 결합은 더 이상 안정적이지 못하다. 남녀 스포츠 선수, 국가 그리고 대중을 연결했던 분명하고 직접적인 전통은 도전받고 있다. 그람시적 관점에서 볼

16_ Quoted in Maguire, "Globalization, sport and national identities", p. 296.

17_ See M. Polley, *Moving the Goalposts : A History of Sport and Society since 1945*, London : Routledge, 1988, p. 3. For a narrative history of the the Anglo-Greman footballing rivalry, see D. Downing, *The Best of Enemies : England v Germany*, London : Bloomsbury, 2000.

때 이 논리는 헤게모니 규범으로서 오랫동안 영향을 미치고 있다. 이 논리는 19세기에 출현한 근대 스포츠의 독특한 계급적 토대에서 형성된 견해이고, 그리고 스포츠와 국가정체성에 관한 대부분의 대중적 담론을 제공했다는 견해이다. 스포츠에서 잉글랜드라는 분명한 전통들에 대한 비판적인 해석에 따르면, 전통들이 드러내고 있는 잉글랜드에 대한 견해는 항상 제한적이고 선택적이라는 것을 알 수 있다. 언론은 잉글랜드를 국가대표팀과 연계시키기 위해서 '우리는 이겼다' (we won), '우리는 사기당했다' (we were cheated), '우리는 매우 수치스러워야 한다' (we have much to be ashamed of) 등과 같이 '우리' (we)라는 용어를 사용하고 있다. 그러나 현실은 더욱 복잡하다. 따라서 특정 스포츠의 성공이 잉글랜드의 많은 사람들에게 의미가 깊을 수 있지만 다른 스포츠의 경우에는 전혀 적절하지 않을 수도 있다. 스포츠학과 학생들의 비공식 여론조사에서 젊고 교육을 잘 받은 스포츠 골수 팬들이 이러한 경우에 해당된다는 것을 보여주고 있다. 이 여론조사는 "대다수의 남학생들과 단지 소수의 여학생만이 '우리'라는 의식을 가지고 잉글랜드 남자 축구대표팀을 좋아한다"에 포함되었다고 주장하고 있다. 이러한 성에 따른 입장 차이는 여자 축구대표팀의 경우에는 상황이 역전이 되었지만, 잉글랜드 학생들 어느 누구도 2002년 동계올림픽에서 스코틀랜드 여자 컬링팀에게 전혀 관심을 갖지 않았다. 볼링 혹은 승마 경기의 영국 대표팀은 '우리'라는 단어를 사용하지 않았다. 축구와 크리켓 같은 '국민 스포츠' 조차도 진정으로 국민적이라 할 수 없는 전통 지지자들이 존재하고 있다.[18]

사회계급, 지역, 성(gender), 그리고 연령과 연계된 정체성은 잉글랜드 역사 속에서 뚜렷한 국가 공동체를 약화시켰고, 많은 언론의 스포츠 보도에서 표현하고 있는 '우리'라는 말은 항상 제한적으로 사용되어 왔다.

다양성과 대안적 정체성

국가와 스포츠의 밀접한 관계는 전후, 특히 1960년대 이래로 안정적이지 못하다. 동등한 기회보장 문화의 성장과 잉글랜드 인구의 인종적 다양성은 폐쇄된 잉글랜드를 넘어서 다양한 국가정체성의 발전을 촉진하고 있다. 문학, 대중음악 그리고 스포츠는 다양한 정체성을 드러낼 수 있는 문화적 광장이다. 여러 인종의 증가는 전후 잉글랜드 정체성을 다양하게 확산시키는 주요한 원인이 되었다. 이러한 인구의 다양성은 다음과 같은 인종집단 순서로 카브리계 흑인(black Caribbean), 아프리카계 흑인(black African), 그 밖의 흑인(black other), 흑인혼혈(black mixed), 인도인, 파키스탄인, 방글라데시인, 그리고 중국인 등을 포함하고 있다. 2001년 국립통계청의 집계에 따르면 영국(Great Britain) 인구의 대략 7.1%가 백인이 아니라는 것을 보여주고 있다. 영국의 인구 중 유색인종은 대략 400만 명에 이르고 있다는 것이

18_ "무엇이 국민적인 스포츠를 구성하고 있는지에 관한 논쟁의 소개를 위해서는 Bairner, *Sport, Nationalism, and Globalization*, pp. 17–20 참조.

다.[19] 이 숫자는 영국열도, 이전의 자치령(dominions), 그리고 유럽대륙의 다른 지역에서 온 20세기의 이민자들 뿐만 아니라 잉글랜드에 오래 전부터 정착한 백인 인구 내에서의 인종적 다양성은 포함되지 않는다. 그러나 이 숫자를 통해서 영국의 인종적 다양성의 규모를 이해할 수 있다.[20]

잉글랜드 사람들은 근대가 시작되면서 남/북과 도시/농촌이라는 뚜렷한 다양성 속에 여러 가지 방법으로 잉글랜드를 경험할 수 있었다. 18세기 초반 당시 잉글랜드의 상황을 설명한 린다 콜리(Linda Colley)의 주장은 파케 리포트의 포커스 그룹(Parkeh Report's focus group) 직원들 중 한 사람이 주장했듯이 잉글랜드가 다양한 인종들이 유입되기 전 잉글랜드 문화의 동질성의 신화적 상황을 알 수 있는 좋은 글이라고 할 수 있다.[21] 콜리는 잉글랜드와 스코틀랜드를 합친 1707년의 연방법(Act of Union)이 제정되던 당시의 영국을 다음과 같이 기록하고 있다.

19_ Office of National Statistics, *UK 2002 : The Official Yearbook of Great Britain and Nprthern Ireland*, London : The Stationery Office, 2002, p. 116. *The Report of the Commission on the the Future of Multi−Ethenic Britain* (*The Parekh Report*) of 2000, using 1998 figure, provides a detailed analysis of ethnic groupings' distribution across the regions of England : see *The Future of Multi−Ethenic Britain*, London : Profile Books, 2000, pp. 372−7.

20_ Parkeh Report's focus group : 포커스 그룹이란 광고회사 같은 곳에서 시장조사나 시장연구를 위해 실시하는 미팅 같은 것으로, 될 수 있으면 다양한 그룹의 사람들을 골고루 섞어서 모아놓고는 이런저런 질문들을 해가면서, 또 토론 같은 걸 시켜가면서 리서치를 하는 일이다.**역자 주**

21_ *The Future of Multi−Ethnic Britain*, p. 229 참조.

> 웨일즈적인 것(Welshness), 스코틀랜드적인 것(Scottishness), 그리고 잉글랜드적인 것에 대한 불확실한 영역이 강한 지역적 애착에 의해 극복되었고, 마을, 읍내, 가족과 전원풍경에 대한 충성심으로 충만했던 작은 지역보다도 독립과 자의식이 훨씬 떨어지는 세 국가들의 집합체였다.[22]

비록 경제적 · 정치적인 변화에 따라 이 차이점이 개선되었지만 21세기에도 이러한 영향은 분명하게 남아 있다. 이 차이점은 스포츠에서 항상 명확하게 나타나고 있다. 지역차원에서 근대 이전의 모습이 많이 사라졌지만 지역정체성은 강하게 남아 있다. 북부지방 카운티에서 럭비 리그와 크리켓이 발달했고, 북부와 남부지방 사이의 FA 컵 결승전은 다른 문화들의 충돌이 주기적으로 재현되고 있는 것을 보여주고 있다.[23] 이러한 차이점은 1980년대 말의 경제상황 속에서 분명하게 표출되었는데, 런던 축구 클럽 팬들은 낙후된 북부지방에서 온 서포터들에게 "너희들은 결코 일자리를 얻지 못할 것이기 때문에 마음 속에 희망도 갖지 말고 직업소개소에 이름이나 등록하라"고 조롱하면서 지폐를 흔들었다. 그러나 전후 카리브인, 아프리카인, 그리고 아시아 이민자들의 인구통계학적인 결과에 따르면—2001년에

22_ L. Colley, *Britons : Forging the Nation 1707–1837*, London : Pimilico, 1992, p. 17.

23_ 북부 영국의 다양한 스포츠 소개를 위해서는 J. Hill and J. Williams (eds), *Sport and Identity in the Northern of England*, Keele : Keele University Press, 1996 참조.

400만 명에 달하는 비백인들—콜리가 주장했던 애향심이 다양하게 나타나고 있다는 것을 보여주었다. 수많은 이민자와 그 후손들은 잉글랜드 정체성과 태어난 곳에 자신들을 연결시키는 정체성이라는 적어도 이중의 정체성을 가지고 사는 법을 배워야 했다. 따라서 이들은 이전 세대들이 경험했던 소속감이라는 상대적으로 직접적인 의식에 잉글랜드적인 것과 고향의 정체성을 가지고 있다. 특히 종교와 언어의 차이와 함께 국내외적인 문화적 차이가 너무 두드러졌을 때, 이민자와 그 후손들은 출신지역이 가장 큰 혼란스런 문제가 되었다. 이민자 가정의 아이들은 그 상황을 더욱 복잡하게 인식했다. 이것은 매시브 어택(Massive Attack)이 1991년에 부른 '블루 라인스' (Blue Lines)의 '카리브인의 배경을 가지고 잉글랜드에서 자랐다' (English upbringing, background Caribbean)[24]라는 노랫말 속에 분명하게 나타나 있었다. 이와 같은 것은 제디 스미스(Zadie Smith)가 벵갈(Bengali) 가족의 유산을 원망하고 있는 런던에서 태어난 십대인 밀라트(Millat)에게 제시한 생각인데, 이 내용은 그녀의 소설 「하얀 이빨」(*White Teeth*) 속에 다음과 같이 언급되고 있다.

> 그는 어디 출신이든지 상관없이 파키(Paki)였고, 카레 냄새가 나고, 성적인 정체성이 없고, 다른 사람 일자리를 빼앗고, 혹은 직업이 없거나, 국

24_ C. Marshall, A. Vowles, R. Del Naja, A. Thaw, "Blue Lines", on Massive Attack, *Blue Lines*, Circa Records, 1991.

> 가에 부담을 주거나, 모든 직업을 그의 친척들에게 주고, 축구 선수 혹은 영화감독이 아니라 치과의사나 상점주인, 혹은 카레 운반하는 사람이 될 수 있고, … 밀라트처럼 생겼거나 혹은 밀라트처럼 말하거나 혹은 밀라트처럼 느끼는 사람들은 자신이 살해되지 않는다면 뉴스거리가 될 수가 없다는 것을 알고 있다. 결국 그는 이 나라에서 얼굴도 목소리도 없다는 것을 알고 있었다.[25]

많은 사람들에게 정체성의 혼합은 잉글랜드적인 것의 희석과 충성심의 분화를 의미하는 것이므로 이러한 변화는 해결책을 찾기 어려운 것이다. 이러한 움직임에 대한 반동으로 국민전선(the National Front), 국민운동(the British Movement), 영국국민당(the British National Party)과 같은 극우정당이 급속하게 성장했다. 비록 1960년대 초반 이후 이민법이 점차 엄격해졌지만, 특히 동동한 기회 보장 문화로 알려진 전후 복지주의와 자유주의의 영향을 받았던 주류 정당들의 정책은 훨씬 융통성이 있었다. 법령을 넘어서 다문화주의를 포용하고 있는 문화와 교육 프로젝트는 잉글랜드적인 것의 다양성을 수용하는데 도움이 되었다. 잉글랜드적인 것의 다양성은 흑인 배우들이 오델로(Othello) 이외의 역할을 하고 있는 드라마에서, 그리고 크리스 오필리(Chris Ofili)와 같은 탈식민지적 진정한 예술가들의 성공 속에서 잘 나타나 있다. 흑인계 영국인이 출연하는 「데스몬드 상점과 이런,

25_ Z. Smith, *White Teeth*, London : Penguine, 2000, pp. 233–4.

맙소사」[26] (Desmond's and Goodness Gracious Me)라는 드라마, 그리고 앵글로-아시아계 문화를 기반으로 성장해 온 TV와 라디오 드라마, 멜로드라마, 그리고 프로그램 속에서 소수 인종들이 성공한 등장인물들로 부각되는 것은 다문화정책이 뿌리내린 확실한 증거이다. 대중음악 역시 다문화정책에 일정한 역할을 해왔다. 소울(soul), 레게(reggae), 스카(ska)[27] 그리고 춤을 통한 수많은 흑인의 영향, 그리고 '코너샵' (Cornershop)과 '아시안 덥 파운데이션' (Asian Dub Foundation)과 같은 앵글로-아시안의 뿌리를 가진 밴드들의 상업적 성공은 잉글랜드 문화를 다양하게 확산시킬 수 있었다. 이는 세계 다른 지역에서 볼 수 있는 잉글랜드의 얼굴과 잉글랜드를 위해 자랑스러운 무엇인가로 제시되었던 활동과 업적이 백인들만의 것이 아니라는 것을 증명하고 있다. 이러한 발전 속에서 스포츠가 할 수 있는 역할은 무엇일까?

26_ 데스먼드의 상점(Desmond's)은 1989년부터 1994년까지 채널 4에서 방송된 영국 TV 시트콤이다. 이 시트콤은 잉글랜드 런던의 페컴(Peckham)에서 만들어지고 촬영되었는데, 연기력이 뛰어난 서인도제도 출신 배우들이 등장했다. 데스먼드 상점은 다양한 종류의 동네 사람들을 위한 집합소였다. 이 시트콤은 이 상점을 통해서 벌어지는 상황을 통해서 잉글랜드에서 인종차별을 묘하게 비꼬면서 백인 우월주의를 밟아버리는 서인도인들의 후예들의 좌우충돌하면서 겪고 있는 서인도계 영국인들의 애환을 그리고 있다.
이런, 맙소사!(Goodness Gracious Me)는 원래 BBC 라디오 4에서 BBC 영어로 진행되는 스케치 코미디쇼(sketch comedy show)였고 나중에 BBC 채널 2에서 방영되었다. 이 코미디는 4명의 아시아계 영국인들이 주도하면서 1996-1998년에 라디오 시리즈로 방송되었고 1998-2001년까지 TV 시리즈로 반영되었다.[역자 주]

27_ 자메이카 기원의 대중음악, 초기의 레게 음악이다.[역자 주]

스포츠가 이러한 문화적 변화와 깊이 관련되었다는 것은 잉글랜드의 대표적 남녀 스포츠 선수들의 다양한 인종적인 배경에서 알 수 있다. 제국주의 정책의 결과로 소수의 흑인과 아시아계 선수들이 18세기 이후 잉글랜드에서 경기에 참가해 왔다. 크리켓 선수 쿠마 쉬리 란지트신지(Kumar Shri Ranjitsinhji : Ranji), 영국 올림픽 단거리 선수 잭 런던(Jack London), 맥도날드 베일리(MacDonald Bailey)와 같은 선수들은 국가대표급이었다.[28] 1960년대와 1970년대 이후 이민자와 이주민 출신의 국가대표급 남녀 운동선수들 수가 두드러지게 증가되었다. 이민자 사회가 잉글랜드 스포츠에 접근할 수 있었던 최초의 스포츠는 복싱이고, 복싱을 통해서 인종적 다양성을 볼 수 있었다. 18세기에 다니엘 멘도자(Daniel Mendoza), 그리고 양차대전 사이의 런던 출신 잭 '키드' 버그(Jack 'Kid' Berg)와 테드 '키드' 루이스(Ted 'Kid' Lewis)라는 이름으로 시합한 거손 메데로프(Gershon Medeloff)가 유대인 출신 복싱 선수들의 계보를 이었다. 전후에는 백인 어머니와 기아나계 흑인 아버지의 아들인 랜돌프 터핀(Randolph Turpin)이 1951년에 유럽 챔피언에 이어 세계 미들급 타이틀을 획득한 이후 많은 잉글랜드의 유명한 복서들은 흑인이었다. 비록 일부 흑인 잉글랜드 복서들이 복싱기구에서 계속해서 차별을 당했지만 1970년대 이후 존 콘스(John Conth), 모리스 호프(Maurice Hope), 프랭크 브루노(Frank Bruno), 그리고 레녹스 루이스(Lennox Lewis)는 계속해서 터핀의 뒤를

28_ E .Cashmore, *Black Sportsmen*, London : Routledge, 1982, pp. 11–36.

이었다. 세필드(Sheffield)에 있는 예멘 가정에서 태어난 나셈 하미드(Naseem Hamid)는 엘리트 복싱의 인종적인 측면을 더욱 다양화시켰다. 잉글랜드 대표 육상경기인 10종경기 선수 데일리 톰슨(Daley Thompson), 투창 선수 테사 샌더슨(Tessa Sanderson), 그리고 육상 선수 린포드 크리스티나(Linford Christie), 존 레지스(John Regis), 소니아 레나만(Sonia Lannaman)과 켈리 홈즈(Kelly Holmes) 등 1970년대 말 이후 주요 흑인 선수들의 활약이 두드러졌다. 잉글랜드 축구 국가대표팀은 1978년에 최초 흑인 선수인 비브 앤더슨(Viv Anderson)을 포함시켰고, 20세기 말부터 혼성팀이 정기적으로 경기에 참가하고 있다. 잉글랜드 럭비 리그의 최초 흑인 선수는 웨일즈 출신 클리브 셜리반(Clive Sullivan)이지만, 잉글랜드팀은 마틴 오피아(Martine Offiah)와 가람 밧(Ikram Butt)을 포함시키면서 인종적 다양성을 강화시켜 나가고 있다. 크리켓과 럭비유니언이 약간의 시차는 있었지만 20세기 말부터 국가대표팀에는 다양한 인종적 배경을 가진 선수들이 포함되기 시작했다. 럭비유니언에서 제레미 거스콧(Jeremy Guscott), 그리고 크리켓의 롤랜드 부처(Roland Butcher)와 나세르 후세인(Nasser Hussain)이 대표적인 예이다. 이 글을 쓰던 때 잉글랜드팀에서 후세인이 주장을 맡은 것은 잉글랜드의 인종적 다양성이 스포츠 주류 사회의 대세가 되었음을 보여주었다.

이러한 예는 스포츠에서 잉글랜드 국가정체성이 좀 더 포괄적인 방향으로 나가고 있다는 것을 보여주는 것이다. 잉글랜드 정체성의 다양화 과정에서 스포츠는 동등한 기회를 제공하기 위한 압력단체가 될 수 있고 상징성을 갖는 문화적 활동의 장이 될 것이다. 사실 많은 유명한 남녀 스포츠 선수들이 잉글랜드를 위해서 경기 이상의 역할을 수행해 왔다. 그들은 국가에 대한 충성의 전통적이고 독창적인 행동을 통해서 공개적으로 잉글랜드와 일체감을 표시했다. 좀 더 전통적인 충성의 표시는 승리 순간에 잉글랜드 깃발을 흔들거나 잉글랜드 깃발을 몸에 걸치고 운동장을 도는 것, 여왕이 작위를 수여하는 것 등을 통해서 대다수 사람들의 지지를 받는 것이었다. 선수 개인의 역사는 스포츠 국적과 소속감의 복잡성을 보여주는 창이다. 아샤 한센(Ashia Hansen)은 미국 인디애나 주에서 아메리칸-아프로-카리브(American-Afro-Caribbean)계 어머니에게서 태어나서 잉글랜드 여자와 가나인 남편의 가정에 입양되었다. 한센은 어린 시절을 가나와 런던에서 보냈다. 한센은 삼단뛰기 선수로서 2000년 올림픽에서는 영국을, 2002년 영연방 경기(Commonwealth Games)에서는 잉글랜드를 대표했다. 영연방 경기에서 금메달을 획득한 후에 한센은 잉글랜드 깃발을 몸에 감고 경기장을 한 바퀴 돌았다. 2003년 신년 서훈에서 한센은 대영제국 훈장(MBE : Member of the Order of the British Empire)을 수여받았다. 잉글랜드에 대한 자신들의 충성심을 증명하기 위해서 다른 문화적 전통을 가진 많은 남녀 스포츠 선수들은 잉글랜드적인 전통을 과시하고 있는 것이다. 대중음악에서 좋은 본보기는 1990년 월드컵에서 잉글랜드 축구팀의 공식적 응원가인 '월드 인 모션'(World in Motion)에서 나타났다. '새로운 질서'(New Order)라는 이름의 밴드와 함께 녹음된 그 노래에는 자메이카 태생의 잉글랜드 선수인 존

브래인스(John Branes)가 부른 랩이 포함되어 있다.[29]

1966년 월드컵에서 우승한 잉글랜드 축구대표팀의 수비수인 조지 코헨(George Cohen)에서부터 2004년 현재 잉글랜드 윙플레이어로서 럭비유니언에서 뛰고 있는 사촌 벤(Ben)에 이르기까지 가족 역사는 위에서 언급했던 복싱 선수들과 1920년대의 육상 선수 해롤드 아브라함(Harold Abrahams)이 만든 전통에 따라서 잉글랜드 정체성 속으로 유대인들이 잉글랜드에 동화했던 본보기라 할 수 있다. 오스카상을 획득한 「불의 전차」(*Chariots of Fire*, 1980)라는 영화 속에서 아브라함은 잉글랜드에 대한 자신의 충성을 의심하고 있는 잉글랜드의 백인 상류층을 경멸했다. 아브라함이 캠브리지 출신이고 잉글랜드인이라는 것을 확인시킨 반유대인 학장들에게 행한 열정적인 연설은 1980년대 초반 동안에 스포츠에서 잉글랜드를 대표하는 다양한 민족과 인종적 배경의 사람들을 위한 완벽한 텍스트가 되었다. 아브라함의 파급효과는 1995년에 자메이카 태생의 잉글랜드인이고 영국 단거리 선수인 크리스티에서 보여졌다. "영국을 대표함으로써 나는 우리가 가지고 있는 문제가 실제로 필요없다는 것을 보여주려고 노력하고 있는 중이다 … 흑인 스포츠 선수들은 영국을 단합시키고 있다."[30]

그러나 동화, 인정, 그리고 통합과 같은 당위적 설명이 잉글랜드

29_ England new order, "World in Motion", Factory Records, 1990.
30_ L . Christie, *To Be Honest With You*, London : Michael Joseph, 1995, pp. 37.

에서 유색인종이 자립하는 데 도움을 줄 수 있다는 인식은 대단히 순진한 발상이다. 소수의 엘리트 선수들의 성공에도 불구하고 잉글랜드 스포츠에서 소수 인종 출신들이 인종차별 혹은 일상생활에서의 고정관념에 의해 많은 불이익을 받고 있다. 스포츠 제도의 어떤 분야에서는 다양한 인종집단 출신의 사람들에게 차별이 심하다. 이것은 지역의 스포츠 단체와 프로 클럽에까지 중요한 영향을 미쳤고, 다양한 인종으로 구성된 지역의 많은 클럽들은 잠재적 서포터들을 자신들의 팬으로 끌어들이는 데 실패했다. 많은 아시아계 사람이 살고 있는 요크셔 카운티 크리켓 클럽과 웨스트 햄 유나이티드 축구 클럽은 인종에 관계없이 많은 서포터를 확보하는 데 성공했다. 폭넓게 자리잡은 고질적인 고정관념은 어떤 지역에서든 나타나는 보편적인 현상이다. 그러한 태도는 잉글랜드 대표팀에서 아시아계 남녀 스포츠 선수들의 저자세에도 물론 책임이 있을 수 있다. 1990년대 말 이후 젊은이들에게 문화영역에서 인종차별에 관한 교육이 태도를 변화시킬 것이라는 가정에 근거해서 수많은 스포츠들이 클럽과 지역사회 차원에서 인종차별 문제를 다루기 시작했다. 1993년에 인종평등을 위한 공동위원회와 잉글랜드 프로축구협회가 내걸었던 캠페인을 각 축구클럽과 잉글랜드 대표팀이 적극적으로 지지했다. 잉글랜드 국가대표 출신인 밧트가 운영하고 있는 브래드포드(Bradford) 속에서 럭비 리그의 교환경기와 같은 또 다른 계획도 관용을 촉진하는 도구로서 스포츠를 사용했다. 그러나 아시아계 청년 폭행 사건에 관한 리즈 유나이티드 축구 선수의 2001년 재판에서 보여주었듯이 인종차별과 무관심의 문화는 스포츠에 뿌리깊게 박혀 있다.

이러한 인종차별은 민족성(ethnicity), 정체성(identity), 그리고 충성심(loyalty)에 관한 논쟁에서 시작되었다. 가장 유명한 예는 크리켓과 관련한 것이다. 1990년에 보수당 의원 노만 테빗(Norman Tebbit)이 크리켓의 국가대항전을 규정한 것은 유명하다. 테빗은 크리켓 국가대표팀에 대한 2, 3세대의 흑인과 아시아계 영국인들의 선택이 '잉글랜드 사회'에 얼마만큼 통합되었는가를 보여주는 지표라고 주장했다. 테빗은 "만약 어떤 사람들이 자신들이 살고 있고 자신들의 가정이 있는 국가 대신에 그들 가족들의 출신 국가를 생각하고 있다면 그들은 잉글랜드에 진정으로 통합되었는가 아니면 단지 여기에서 거주만 하고 있는가?"라고 문제를 제기했다.[31] 테빗의 주장은 잉글랜드에서 인종적 긴장이 높았던 때에 나왔지만, 이것은 논쟁적이면서도 자극적인 주장이 될 수 있다고 마루쿠제(Marqusee)는 분석했다. 마루쿠제는 1995년에 영향력 있는《위스덴》(*Wisden*)지에서 잉글랜드팀에 있는 흑인과 아시아계 선수들의 충성심에 의문을 제기한 "혈액 속에 충성심이 있나?"(Is it in the blood?)라는 기사를 통해서 크리켓에서 나타난 또 다른 인종 논쟁에 관해 자세하게 설명했다. 마루쿠제는 "만약 잉글랜드를 대표하고 있는 유색인 선수가 잉글랜드가 굴욕을 당

31_ M. Marqusee, *Anyone but England : cricket, race, and calss*, second edition, London : Two Heads, 1998, p. 157에서 인용. Magurie, "Globalization, sport and national identities", p. 298–9를 보라.

하고 있는 것을 보고 잠재적으로 만족을 느끼는지를 물었고, 만약에 있다면 '그 침입자는' 11명의 잉글랜드 대표팀에서 자연스럽게 형성할 수 있는 팀 정신을 파괴하는 것이다"라고 주장했다.[32]

물론 테빗도 의도하고 있겠지만 그의 주장이 비판받는 것은 인종차별에 대한 이중적 기준이었다. 테빗은 다른 나라에 있는 잉글랜드인 이민자와 정착자 혹은 잉글랜드에 있는 백인 이민자들과 정착자들에 관해서는 문제를 제기하지 않았다. 많은 흑인과 아시아계 잉글랜드인들은 서인도제도, 인도, 파키스탄 혹은 스리랑카에서 오는 모국의 방문팀을 보고 응원할 수 있는 기회를 좋아했고, 그러한 경기들이 공동사회의 정체성과 유산을 표현할 수 있는 기회를 제공하는 장으로 인식하였다. 예를 들면 잉글랜드와 서인도제도 사이의 결승전의 유명한 축제적인 분위기는 앵글로-카리브인(Anglo-Caribbean) 사회에서 가장 흥미있는 사건이었다. 그러한 의식은 실시되었던 많은 동화정책에도 불구하고 이민자와 자녀들이 스포츠를 전통적 잉글랜드 정체성을 확인하는 수단으로서 사용하지 않는다는 것을 보여주는 것이다. 이민자 사회의 구성원들은 런던에 있는 오벌(Oval) 크리켓 구장과 버밍햄에 있는 에지배스턴(Edgbaston) 크리켓 구장에서 벌어지는 경기의 차원을 넘어서 수많은 스포츠, 특히 팀 스포츠를 충성심과 정체성을 유지하고 확인하는 방법으로 인식하고 있다.

이것은 새로운 현상이 아니라 제국주의 시대 이후 영국 이민자들

32_ Marquesee, *Anyone but England*, p. 290에서 인용.

에 의해 지속되어 왔고, 제국주의 이후에 여러 인종으로 구성된 사회가 잉글랜드 스포츠 클럽을 유지하는 것과 아일랜드 디아스포라 지역에서 설립되고 있는 게릭(Gaelic) 축구 클럽들은 이러한 추세의 본보기이다. 테빗의 주장을 비판한 테라 무케르지(Tara Mukherjee)가 "결승전이 호주에서 벌어졌을 때 어떤 쪽을 지지하고 있는지 호주에 있는 잉글랜드계 이주민들에게 물어보라"고 주장했다.[33] 이러한 추세는 제국주의 시대부터 영연방 출신들을 많이 고용하고 있는 잉글랜드의 클럽에서 발생했던 것이다. 가장 유명한 예는 대도시에 근거한 이민자 사회의 구성원들의 망명자 클럽으로 알려져 있는 런던-스카티시(London-Scottish, 1978년에 형성), 런던 웰시(London Welsh, 1885), 그리고 런던 아이리시(London Irish, 1898)를 보유하고 있는 럭비유니언이다. 런던 웰시가 공식적인 웹사이트에서 여전히 주장하고 있듯이, 그 클럽은 '외국인 지역에 이주해 온 런던 웰시먼'(London Welshmen)을 위해 설립되었다.[34] 특히 웰시와 아이리시는 현재 럭비유니언의 전통적인 문화를 따르고 있고 잉글랜드 사회에 배타적으로 행동하지 않는다고 주장했다. 예를 들면 런던 웰시는 2002-2003팀에 프랑스인 플로랑 로시뇨(Florent Rossigneux)와 잉글랜드인 그레그 보터먼(Greg Botterman)을 포함시켰다. 다양한 국적을 가지고 런던 아일랜드에서

33_ Marquesee, *Anyone but England*, p. 158에서 인용.
34_ "Highs and lows of London Welsh", LondonWelsh RFC, http://www.london-welsh.co.uk, accessed January 2003.

성공한 선수인 제프리 파렌손(Jeffrey Fahrensohn)은 현 시대 스포츠의 세계적인 속성을 보여주는 전형적인 사례이다. 뉴질랜드에서 태어난 파렌손은 런던에서 아일랜드 이민자들에 의해 설립된 런던 아이리시의 럭비 선수이지만 이제는 버크셔(Berkshire)에 근거지를 두고 있고, 그의 가족적인 혈통 때문에 독일 국가대표팀의 선수이다. 프로 정신과 팀 정체성에도 불구하고 런던 아이리시와 런던 웰시는 특히 상업적이고 기업적인 연계를 통해서 자신들의 원래 지지자들과 강한 유대감을 보유하고 있고, 양팀은 깃발, 휘장, 그리고 어휘 속에 비잉글랜드적 정체성의 상징을 계속해서 사용하고 있는데, 이 모든 것이 자신들 모국의 헤게모니에 어떤 복원력을 보여주는 것이다. 예를 들면 두 팀을 유럽에서 가장 성공한 클럽으로 발전하도록 촉진한 요인인 강한 프로 의식과 더불어 런던 아이리시는 공동체의 기반을 강조하는 오래된 아일랜드 정신을 계속 증진시키고 있다.

> 당신이 세계 어디에서 럭비와 관련되어 있을 때 런던 아이리시를 말해라. 그러면 당신은 미소로서 환영받는다. 그 팀이 관대하게 베풀고 있는 따뜻한 환영과 환대는 그 런던 아이리시의 명성 때문이다. 런던 아이리시는 아주 흥미있는 팀이어서 결승전의 '재미'(Craic)는 전설이다.[35]

35_ "The Club", London Irish RFC, http://www.london-irish.com/-new/html/the_club/n_introduction_01.html, accesed January 2003. Craic : 아일랜드 말로 재미라는 뜻.[역자 주]

좀 더 최근에 같은 모델을 채택하고 있지만 더욱 다양한 인종적·민족적 집단을 끌어들이고 있는 클럽들이 이 아일랜드계 클럽들에 합류했다. 주로 잉글랜드 사립학교에서 럭비를 배웠던 나이지리아 한 집단의 친구들에 의해서 1992년에 형성된 런던 나이지리안 RFC(London Nigerians RFC)가 가장 성공한 클럽이다.[36] 나이지리아인들은 키위(Kiwi) 럭비를 사랑하는 사람들이 조국을 떠나서 조국을 느낄 수 있는 장소로서 1998년에 설립한 런던 키위스(London Kiwis)를 포함시킨 일종의 부유한 이민자들의 럭비 클럽 문화를 형성했고,[37] 런던 스프링복스(London Springboks)팀은 '남아프리카의 럭비유니언에서 발견된 멋진 전통을 계승하는 럭비팀'을 발전시킬 목적으로 1996년에 설립되었다.[38] 이 모든 클럽들은 이민의 역사를 가지고 있는 잉글랜드 거주민—많은 경우 영국 국적—들에 의해 느껴지는 똑같은 감정의 토대를 제공하고 있다. 럭비 클럽은 조국의 전통과 문화를 가진 연결고리로 작동하고, 럭비팀의 회원자격은 관련된 개인이 순수한 '영국인'이 아니면서 정체성의 감정을 가지고 있는 공적인 표시로서 역할을 하고 있다. 게릭 스포츠는 브리스톨 웨스턴 게일스(Bristol's Western Gaels), 파넬스 오브 런던(Parnells of London), 그리고 브라더스 피어스 인 허드스필드(Brothers Pearse in Huddersfield)와 같은 잉글랜드에 근

36_ "History", London Nigerians RFC, http://www.londonnigerian.com, accessed January 2003.

37_ London Kiwis RFC, http://www.londonkiwis.com.

38_ London Springboks RFC, http://londonspringboks.com.

거지를 두고 있는 많은 클럽들이 게릭경기협회(GAA : Gaelic Athletic Association) 틀 내에서 활동하면서 이러한 전통을 유지하고 있다.

이 추세는 럭비유니언, 아일랜드계 혹은 백인 영연방 이민에 연결된 이민자 사회에 국한된 것은 아니었다. 유명한 예는 앵글로-아시안(Anglo-Asian) 사회에 자리잡고 있는 하키 클럽과 리그의 성장이다. 중부지방의 많은 도시들처럼 아시아계 인구가 많은 지역에서 작업장, 학교, 마을 그리고 신앙장소가 클럽들을 위한 기반이 되었다. 예를 들면 2001년에 코벤트리(Coventry)를 지역 연고로 하고 있는 하키 클럽 시크 유니언(Sikh Union)은 노팅엄, 울버햄튼, 버밍햄과 런던 지역으로부터 남아시아 사회를 결집해 민족적 행사를 주도했다.[39] 런던과 다른 도시에는 아프로-카리비안(Afro-Caribbean) 크리켓과 축구팀, 유대교회(synagogues), 학교, 그리고 애국운동(Maccabi movement)에 근거하고 있는 다양하고 많은 유대인 스포츠팀이 존재하고 있다. 유대계 잉글랜드인들은 또한 국제 유대인 스포츠 축제(international Jewish sports festival), 애국적 경기[40]에서 경쟁하고 있기 때문에 자신들

39_ S. Bhachu, "Talking balls", interview with Sunny Kanwal, 1 June 2001, BBCi Asian Life, http://www.bbc.co.uk/asianlife/sport/talkingballs/sunny_kanwal, accessed December 2002.

40_ 1932년부터 팔레스타인(지금의 이스라엘)에서 열리는 국제 운동경기이다. 1921년에 창설된 유대인의 국제 스포츠 기구인 세계 마카비 연맹이 주최한다. 경기종목은 육상, 수영, 수구, 펜싱, 권투, 배구, 축구, 농구, 레슬링, 테니스, 탁구, 유도 같은 종목이 포함된다. 이 대회는 세계 전역의 모든 유대인 선수들에게 개방되어 있다. 제1회 대회와 제2회 대회는 1932, 1935년에 개최되었는데, 제2회 대회에는 27개 나라에서 1,700명의 선수들이 참가했다. 1930년

의 민족적 정체성뿐만 아니라 인종적 정체성의 중요성을 강조하고 있다.[41]

이것이 보여주는 것은 테빗이 주장했던 편협한 가설은 결코 아니지만 사람들이 서로 비슷한 정체성을 유지하는 것이 가능하다는 것이다. 권투 선수인 나심 하미드(Naseem Hamid)는 자신의 복합적인 정체성을 다음과 같이 간략하게 설명했다.

> 나는 내 자신을 잉글랜드에서 태어나서 자란 아랍계 잉글랜드인으로 생각하고 있고, 잉글랜드인인 것을 나는 자랑스럽게 생각한다. 또한 아랍인이라는 것도 자랑스럽게 생각하고, 스스로 흑인임을 자랑스럽게 생각하며, 그리고 세필드 출신인 것을 자랑스럽게 생각한다. 나는 잉글랜드가 세계에서 가장 살기 좋은 나라 중의 하나이고, 그리고 세금 때문에 나는 다른 곳으로 이주하지 않을 것이다.

하미드의 전기 작가는 이 선수의 '다층적 정체성'을 언급하고 있다. 하미드 주장의 각 측면은 명백한 자부심과 다른 것에 대해 편견

대에는 유대인을 배척하는 풍조가 강해지자 마카비아 대회에 참가했던 많은 선수와 코치 및 트레이너들이 팔레스타인에 영구정착했다. 이 대회는 1950년에 다시 시작되어 1953년부터는 4년마다 1번씩 열렸다. 선수와 임원을 수용하기 위한 영구적인 마카비아 선수촌도 세워졌다. 1980년대에 이르자 이 대회에는 35개 나라에서 3,600여 명의 선수들이 참가하게 되었다.[역자 주]

41_ For an overview of the sport scenr in England, see the sports section of *The Jewish Chronicle*, available on-line at http://www.jchron.co.uk.

없이 흡수되었다.[42] 분명하게 많은 선수들과 팬들은 스포츠에서 이중적 정체성을 적절하게 결합했다. 많은 잉글랜드 백인 스포츠 팬들은 영국 올림픽팀에 있는 스코틀랜드 출신의 선수를 응원하지만, 축구 혹은 럭비에서 잉글랜드 대표팀이 스코틀랜드와 경기하고 있을 때는 전통적인 반(反)스코틀랜드 자세로 돌아가는 이중적 정체성에 익숙하다. 런던에 있는 매스컴 역시 또한 이중적 정체성을 인정하고 있다. 잉글랜드팀이 주요 경기에 출전할 수 없거나 예선에서 탈락할 때, 이 매스컴들은 신속하게 영국 내 다른 팀들 혹은 북아일랜드팀을 '우리 영국팀' 으로 호칭하기 시작한다. 그러나 정체성의 우선순위를 선택하는 개인과 사회의 영역에서 테빗의 논쟁은 그러한 선택에 관련될 수 있는 주장들을 강조하고 있다. 스포츠의 대중적이고 감정적인 측면, 그리고 스포츠와 가족과 지역사회 역사의 강한 연계는 표준적인 잉글랜드의 정체성에 집착하는 사람들에게 쉬운 목표를 만들고 있다.

그런데 21세기에 들어서 잉글랜드 정체성의 얼굴은 더 이상 배타적으로 백인들에게 국한되는 것이 아니다. 백인 아닌 수많은 개인들이 국가대표, 그리고 실제적인 남녀 영웅으로서 광범위하게 인정되고 있다. 용기, 강인함, 결단력, 그리고 탁월함과 같은 가치를 구체화했던 잉글랜드 스포츠 위인들의 역사기록에 프랭크 브루노, 린포드 크

42_ G. Evans, *Prince of the Ring : The Naseem Hamid Story*, London : Robson, 1996, p. 39.

리스티, 제레미 거스콧, 나심 하미드, 아샤 한센 나세르 후세인, 폴 잉스(Paul Ince), 데니스 루이스(Densie, Lewis), 그리고 테사 샌더슨(Tessa Sanderson) 등이 포함되어야 한다. 그러나 잉글랜드의 얼굴을 대표하고 있는 사람들 속에서 다양성을 보았던 것은 인종적 관점만이 아니었다.

제2차 세계대전, 그리고 특히 1960년대의 사회 · 문화적인 변화 이래로 스포츠에서 잉글랜드 국가정체성은 흥미있는 방식으로 발전하였다. 첫째, 우리의 관심을 끄는 여성 스포츠에서 국가대표팀의 구성과 국제적인 경쟁에 주목해야 한다. 어떤 스포츠에서 이것은, 특히 하키, 네트볼(netball), 라크로스(lacrosse) 육상과 크리켓에서 연속성의 문제가 있었다. 전후 시기는 다양한 잉글랜드팀들에게 더 많은 기회를 볼 수 있었고, 이 기회들은 그 이전 몇십년 동안에 있었던 것보다 더 많은 관심을 받았다. 축구와 럭비 규정과 같은 남자들의 제도가 여자들의 전통을 효과적으로 억압했던 스포츠에서 1970년대와 1980년대 들어서 대표적인 잉글랜드팀이 국제경기에 신속하게 참가하기 위해서 무에서 재출발하였다. 물론 이것이 남자 국가대표팀(특히 크리켓, 럭비유니언, 그리고 축구와 같은 남자 국가대표팀)이 전통적으로 여자 팀을 지원하지 않는다는 것을 시사하는 것은 아니다. 그러나 최근의 변화들은 여자들의 관점에서 잉글랜드 스포츠를 표현할 수 있는 기회가 많아졌다. 크리켓이 필드 최초의 여자 경기였고, 사실 남자 크리켓 월드컵이 개최되기 2년 전인 1973년 여자 크리켓 월드컵이 시작되었다. 잉글랜드 여자 크리켓팀은 1973년과 1993년에 월드컵에서 우승했다. 여자 축구 월드컵과 여자 럭비 월드컵은 1991년에 시작되었다. 1995년 잉글랜드 여자 축구 대표팀은 처음 출전해서 8강까지 진출했다. 럭비에서 잉글랜드 여자 대표팀은 1994년에 우승했고, 1991년과 2002년에는 준우승, 그리고 1998년에는 4강에 진출하는 등 크리켓보다 더 좋은 성적을 올렸다. 이러한 스포츠에서 다인종적 잉글랜드팀이 성장함에 따라서 분리된 여자 팀의 성장이 '우리'라는 인기 있는 담론에 포함되었다고 느낄 수 없었던 많은 사람들을 효과적으로 해방시켰고, 맥과이어의 '남성중심적'이고 상류층의 잉글랜드적인 것에 도움이 되었다. 전통적 모델은 여자들이 신체적인 접촉을 요구하는 스포츠에 참가지 못하게 되어 있는 성별 정치학(sexual politics)을 포함하고 있다. 여자 요트 선수 알렌 맥아더(Ellen MacArthur)는 과격한 스포츠를 통해서 개별 종목의 여자 스포츠 선수에 대한 전통적인 개념을 뛰어넘었다.

성별(sexuality)의 관점에서 동성애의 금기들이 완화됨에 따라서 민감했던 동성애자의 스포츠 문화를 발생시키면서 잉글랜드 스포츠의 다양성을 더욱 확대해 나가고 있다. 미국과 호주가 그 방식을 주도하고 있지만, 특히 포괄적인 올림픽의 대안으로서 게이 경기(Gay Games)를 설립하면서 영국의 남녀 선수들이 참가해서 성공을 거두고 있다.[43] 잉글랜드의 전통적 언론들이 게이 경기를 의도적으로 무시하고 있지

43_ For an wide-range discussion of sport and homosexuality, and a historical analysis of the Gay Games, see B. Pronger, *The Arena of Masculinity : Sports, Homosexuality,*

만, 이 경기는 주류 스포츠에서 시합할 수 있는 기회를 가질 수 없었던 소수 잉글랜드 사람들을 위해 기회를 제공했다. 1998년 게이 축구 경기에서 동메달을 획득한 런던 라이온스 스톤월(London Lions Stonewall), 혹은 1998년 볼룸댄스(ballroom)에서 금메달을 딴 로드니 브랭긴(Rodney Brangwyn)과 피터 라이언(Peter Ryan)은 운동을 좋아하는 잉글랜드 기질의 현대적 범주에 포함되어야 한다.[44] 비록 함축적이지만 주류 스포츠 제도와 매체가 게이들을 적대시하고 있지만, 이러한 발전이 새로운 형태의 국가 스포츠 정체성을 위한 환경을 만들어 가고 있다.

이러한 맥락에서 육체적 장애를 가진 사람들이 스포츠 경기를 할 수 있는 기회가 확장되고 있음을 이해할 수 있다. 정통적 방식으로는 경기를 할 수 없는 신체적 조건 때문에 전통적 형태의 스포츠 정체성으로부터 배제되었던 사람들이 엘리트 수준에서 잉글랜드를 대표할 수 있고 국가의 스포츠 정체성의 일부로서 언론매체와 스포츠 기관에 의해 비록 조건부이지만 수용되었다. 예를 들면 용감성, 결단성, 그리고 극기심과 같은 전통적인 국가적 덕목이 그들에게 인정되었다. 건강한 선수들과 같이 국제장애인올림픽팀이 영국 전역에서 구성되었지만 영연방 경기에서 잉글랜드를 대표하는 남녀 장애인 선수

and the Msaning of Sex, London : GMP, 1990. This predominantly North American survey has to be developed by British schorars.

44_ For results and ststistics, see http://www.gaygames.com.

들에게만 상대적으로 관심이 집중되었다. 이 중에는 2002년 맨체스터 대회 금메달 리스트인 시각장애인 단식 볼링(the blind single bowls)의 루스 스몰(Ruth Small)과 휠체어 단식 탁구의 수 길로이(Sue Gilroy)가 포함되었다.

여자 스포츠, 게이 스포츠, 그리고 장애인 스포츠 등을 통해서 국가정체성의 경계를 확장하고 있는 것들은 시대에 뒤처진 교조적인 것에 도전하는 정치적·문화적 중요성을 의미하고 있다. 주류 스포츠 내부에서 인종적 소수 집단의 통합을 인정한다면, 축구 경기에서 잉글랜드 대표팀의 상의를 착용하고 있는 베일로 가린 무슬림 여자에 의해 상징되고 있는 새롭게 드러나는 유연한 잉글랜드 정체성은[45] 스포츠와 국가정체성 사이의 연계가 잉글랜드 속에서 강하게 남아 있다는 것을 시사하고 있다. 그러나 스포츠가 세계적 추세라는 맥락 속에서 이러한 정체성을 보여주는 것이 중요하다. '축소되고 있는 공통성과 증가되고 있는 다양성'이라는 맥과이어의 고전적인 모델을 사용한다면 스포츠에서 잉글랜드 국가정체성이 어디까지 도전받고 있는지를 고려해야 한다.

세계화의 도전들

스포츠 내부에서 잉글랜드의 국가정체성에 관한 개념적 유동성

45_ Ravi Deepres quoted, *Guardian*, 12, February 2003.

은 잉글랜드에만 한정된 것은 아니다. 세계화에 따른 문화적이고 경제적인 추세가 모든 생활영역에 파급되었고, 사람들이 국민국가와 동일시하고 있었던 여러 부문에 영향을 주었다고 볼 수 있다.[46] 정체성 확인에 주도적 역할을 수행했던 스포츠가 세계화의 흐름에 가장 큰 영향을 받았다.

세계화는 잉글랜드의 국가정체성이 역사의 어느 때보다도 스포츠 애호적 기회를 더 많이 발현시키는 환경을 조성하는 데 실질적인 역할을 하였다. 올림픽은 제2차 세계대전에서도 살아남았고, 세계 최고의 다양한 스포츠 행사로 통합되면서 동계올림픽 또한 인기가 높아지고 있다. 2000년 시드니 하계올림픽 경기에서 199개 국가의 팀이 참가했지만 2002년 솔트레이크시티 동계올림픽에는 77개국이 참가했다. 영연방 경기는 특히 영국에서 개최되었을 때 대단한 인기와 대중매체의 관심을 받았다. 1930년에 시작되어서 현재 최종 32개국

46_ Globalisation has a vast literature. see, for example, K. Ohmae, *The Borderless World*, London : Fontana, 1990 ; K. Ohmae, *The End of the Nation State : The Rise of Regional Economies*, New York : Free Press, 1995 ; J. Bird, B. Curtis, T. Putnam, G. Roberttson and L. Tickner (eds), *Mapping the Futures : Local Cultures, Global Change*, London : Routledge, 1993 ; R. Holton, *Globalization and the Nation-State*, Basingtoke : Macmillian, 1998 ; P. Preston, *Political/Cultiral identity : Citizens and Nations in a Global Era*, London : Sage, 1987 ; A. D. Smith, *Nations and Nationalism in a Global Era*, Cambridge : Polity Press, 1995 ; M. Waters, *Globalization*, London : Routledge, 1995. For an influential survey of sport and globalization, see J. Maguire, *Global Sport : Identities, Spcietes, Civilizations*, Cambride : Polity Press, 1999. For a brief introduction, see J. Maguire, "Sport and globalization", in Coakley and Dunning (eds), *Handbook of Sports Studies*, pp. 356–69.

이 본선에 진출하는 축구 월드컵은 유럽 챔피언십(European Championships)과 같은 지역 경기에 성공적으로 적용된 역할 모델이 되었다. 축구 월드컵의 구성 모델은 럭비유니언, 럭비 리그에 영향을 주었고, 그리고 시간 제한이 없었던 크리켓 경기를 1일 크리켓(one-day cricket)으로 발전시켰으며, 같은 종목의 여자 경기에도 적용되었다. 좀 더 전통적인 국제 크리켓 경기의 구성과 결승전은 월드컵과 같은 수준에서 잉글랜드와 함께 경기를 하고 있는 다른 9개국으로 확산되었다. 육상과 수영 같은 개인 스포츠에서도 올림픽 경기와 더불어 유럽과 세계선수권대회를 발족시켰다. 잔디 테니스(lawn tennis)와 골프의 프로 순회경기(the professional circuits), 그리고 데이비스컵(Davis Cup)과 라이더컵(Ryder Cup)과 같이 국가 간 경기들이 증가하고 있는 것은 이러한 차원에서 접근할 수 있다. 이러한 세계화의 추세에 따라 많은 스포츠 클럽들은 국가대항전에 참여할 수 있는 기회를 가졌다.

잉글랜드 축구 클럽들이 1985년 헤이젤(Heysel) 참사 이후 5년 동안의 공백에도 불구하고 유럽 클럽 축구에서 뛰어난 성적을 거두었고, 1950년대에 경쟁적 유럽 클럽 축구의 도입은 스피드웨이(speedway), 럭비연맹, 럭비 리그, 미식축구, 그리고 아이스하키를 포함해서 다른 스포츠에서도 잉글랜드의 클럽들을 위한 유럽 리그와 유럽선수권 참가가 동시에 진행되었다. 이것들은 또한 제2차 세계대전 이후 잉글랜드 국가대표를 위한 기회가 어떻게 성장해 왔던 것인지에 대한 몇 가지 예일 뿐이다.

이 모든 것들은 선수, 서포터, 그리고 매스컴들이 국가정체성을 전달하기 위한 수단으로서 스포츠를 이용할 수 있는 환경을 만들었다. 여행 중인 잉글랜드 관중들이 깃발을 흔드는 것은 축구, 양대 럭비 코드(럭비 리그와 럭비유니언), 크리켓, 육상, 그리고 다른 스포츠경기에서 벌어지는 모든 국가대항전에서 볼 수 있는 현상이 되었다. 모든 스포츠에서 연령과 성, 그리고 다양한 인종적 배경을 가지고 있는 관중들 가운데 잉글랜드 서포터들은 레플리카(replica, 복제 셔츠)를 입고, 빨갛고 하얀색의 어릿광대의 모자를 쓰고, 그리고 잉글랜드 깃발을 기본으로 얼굴 색칠을 하고서 잉글랜드 깃발을 흔드는 공통적인 모습을 드러내고 있다. 잉글랜드 크리켓팀을 따라다니면서 스스로 미친 군대로 부르면서 전개되는 응원이 경쟁적으로 부활한 것은 잉글랜드 축구팀을 따라다니는 폭력적인 응원단인 훌리건(hooligan)과 함께 확실한 반사회적 행동으로 보여질 수 있다. 정치단체, 매스컴, 그리고 스포츠 기관들이 잉글랜드 팬들과 관련된 어떤 형태의 훌리건을 신속하게 비난하지만, 훌리건의 행동이 잉글랜드적인 것과 너무 강하게 연계되어 있기 때문에 쉽게 무시할 수는 없다. 잉글랜드의 많은 스포츠 팬들은 잉글랜드 깃발과 잉글랜드적인 것에 정통적 충성심을 보이고 있다. 잉글랜드 팬들의 대부분의 목표는 1998년 프랑스와 2000년 벨기에에 살고 있던 북부 아프리카인들처럼 자신들이 방문하는 도시에서 인종적 소수 사회에 주어지는 특별한 관심을 가지고 비잉글랜드적인 것으로 인식받는 것이다. 이미 언급했던 것처럼 독일 팬들에게 '두 차례의 세계 전쟁과 한 차례의 월드컵', 그리고 '만약 그것이 잉글랜드를 위한 것이 아니라면 당신은 벨기에에 있는 독일 병정이다'와 같은 많은 욕설적인 구호 속에서 잉글랜드 역사를 끌어내고 있다. 이러한 현상은 클럽 수준에서 특히 흥미있는데, 클럽은 적어도 정부와 매스컴의 눈에는 모두가 잉글랜드의 대리 대표팀이 되는 것이다. 1985년 벨기에의 헤이젤에서 리버풀(Liverpool)과 유벤투스(Juventus) 서포터들 사이에 발생한 축구장 사고로 인해 39명의 관중이 사망했을 때 유럽 축구협회로부터 출전 금지를 받은 사람들은 잉글랜드인이 아니라 잉글랜드 클럽이었다. 어떤 잉글랜드 클럽이 유럽에서 뛰어난 성적을 올리고 있을 때 잉글랜드 매스컴들은 모든 잉글랜드 팬들이 그 클럽들의 승리를 기원한다고 보도한다. 물론 실제로 이것은 항상 효과가 있는 것은 아니다. 그러나 매스컴의 관점은 스포츠의 국가정체성이 계속 번성할 것이라는 것이다.

그러나 세계화는 국가정체성을 표현할 수 있는 더 많은 공간을 만들어낼 수 있으나 또한 스포츠에서 잉글랜드 국가정체성의 확립과는 상반되는 환경이 되어 왔다. 이 과정에서 특히 두 가지 환경요인이 주목할 만하다. 첫째, 몇몇 남녀 스포츠 선수들이 실천하고 있는 국적에 대한 유연한 태도에 따라 '편의상 게양하는 스포츠용 국기'(sporting flags of convenience)의 사용이 증대되고 있다. 둘째, 잉글랜드 스포츠에서 상업적 이익과 국가정체성의 융합이다.

세계화가 스포츠에서 국가정체성에 도전하고 있는 가장 명백한 형태 중의 하나는 많은 남녀 프로 선수들이 다양한 길을 모색함에 따라서 이주하고 있는 것이다.[47] 이러한 이주는 잉글랜드에서 스포츠와 국가정체성 사이에서 역사적 관계가 약화될 수 있는 잠재적 원인이 되고 있다. 이러한 약화는 복잡한 가족사를 가진 개인이 잉글랜드와 연계보다는 좀 더 명백한 연계에 우선순위를 둘 때 발생하는 것이다. 잉글랜드를 선택한 유명 스포츠 선수 중 가장 논란이 되었던 경우는 복서인 레녹스 루이스와 테니스 선수인 그렉 루세드스키(Greg Rusedski)였다. 자메이카계이면서 런던에서 태어난 루이스는 어린 시절에 캐나다로 이주했고, 1988년 올림픽에서 캐나다 복싱 대표선수로 출전했다. 그러나 루이스는 런던에서 프로 선수를 시작했고, 잉글랜드를 위해 싸웠으며, 잉글랜드인으로서 세계 타이틀을 획득했다. 루세드스키는 어릴 때 캐나다로 이주한 잉글랜드 태생의 어머니로부터 북미에서 태어났다. 그는 런던에서 프로 선수로 출발을 결정한 후 데이비스컵에서 잉글랜드를 위해 경기할 수 있는 자격을 얻었다. 루이스와 루세드스키의 성공을 환영하면서 두 사람들을 둘러싼 매스컴의 보도와 대중적인 담론은 각각 프랭크 브루노와 팀 헨만(Tim Henman)과 같이 더 동정적으로 동시대의 잉글랜드인으로 취급하고 있었다. 개인 선수들이 자신의 고국보다는 잉글랜드에서 기준이 훨씬 낮기 때문에 성공할 가능성이 높아서 결혼 혹은 귀화를 통해서 잉글랜드를 선택하면 상당히 냉소적인 대접을 받는다. 2003년 2월에 첼시 FC의 이탈리아 출신 감독 클라우디오 라니에리(Claudio Ranieris)는 클럽의

47_ For a collection of chapers on this theme, see J. Bale and J. Maguire (eds), *The Global Sports Arena : Athletic Talent Migration in an Interdependent World*, London : Frank Cass, 1994.

이탈리아인 골키퍼 카를로 쿠디치니(Carlo Cudicini)가 이탈리아를 위해 경기할 수 있는 기회보다는 잉글랜드를 위해 경기할 수 있는 더 많은 기회를 갖고 있기 때문에 체제 기간을 기준으로 잉글랜드 국적을 부여해야 한다고 주장했다.[48] 결과적으로 쿠디치니가 이런 제안을 거절했지만 라니에리의 대중적 문제제기는 '편의에 따른 국기 게양' 문화의 확산에 기여했다. 이러한 관행은 유럽대륙 축구, 특히 라틴아메리카 출신 축구 선수들 사이에서 훨씬 지배적인 현상이다.

물론 그렉 루세드스키와 대조적인 축구 선수 라이언 긱스(Ryan Giggs)가 있다. 맨체스터 유나이티드(Manchester United) 축구 선수인 긱스는 웨일즈 카디프(Cardiff)에서 태어났지만 어린 시절에 잉글랜드로 이주했다. 긱스는 잉글랜드 대표팀으로 경기할 수 있는 기회와 자격이 주어졌음에도 불구하고 자신의 선택에 따라 최고의 수준에서 경기할 수 있는 기회를 철저하게 제한받을 수 있는 것을 알면서도 웨일즈를 선택했다. 조지 베스트(George Best)처럼 긱스는 월드컵 경기에 참가해 본 적이 없는 잉글랜드가 아닌 위대한 영국 선수 중의 하나이다. 모든 사람들이 잉글랜드를 선택하기를 원하는 것은 아니지만, 일부 선수들이 자신들의 직업을 위해서 잉글랜드를 선택한다는 것은 스포츠에서 잉글랜드 국가정체성의 잠재적 약화를 시사하고 있다. 비영국인 코치들을 채용하고 있는 잉글랜드 국가대표팀으

48_ BBC Sport, "Cudicini given England tip", http://news.bbc.co.uk/sport1/hi/football/teams/c/chelsea/2739845.stm, 8 February 2003 ; accessed 8 February 2003.

로 인하여 확산되고 있던 선수들 이민문제에 대한 논쟁을 증폭시켰다. 잉글랜드 축구협회(FA)가 스웨덴 출신 스벤 예란 에릭손(Sven Goran Eriksson)을 지명한 것은 축구의 명확한 정책 때문에 가장 많은 주목을 받았다. 에릭손이 임명되었을 때 보수적인 타블로이드 신문인 《더 데일리 메일》(*the Daily Mail*)지의 제프 포웰(Jeff Powel)은 "우리는 우리의 생득권(birthright)을 일생의 반을 어둠 속에서 스키나 타고 해머나 던지는 인구 7백만 국가의 협곡(fjord)에 팔아버렸다"고 주장했다. 프로리그 감독협회의 존 반웰(John Barnwell)도 같은 불만을 나타냈다. 그는 해외 출신 감독 임명을 "잉글랜드 민족 유산의 배신"이라고 주장했다.[49] 농구에서 헝가리 출신 감독 나즐로 네메트(Laszlo Nemeth)처럼 외국 출신을 영국 대표팀 감독에 임명하는 실험을 하고 있는 다른 스포츠들에서도 비슷한 논쟁이 유발되었다.

두 번째 도전은 다른 일부 스포츠에서 상업적 이익과 민족 이익의 융합에서 시작되고 있다. 입장 관중 수가 감소하고 비용이 상승하고 있을 때인 1960년대 이후 척박한 재정환경 속에서 많은 스포츠는 수입증가와 관중을 다양하게 확보하는 수단으로 상업적 후원을 받기 시작했다. 예를 들면 이러한 추세는 1960년대 말에 육상과 크리켓, 1970년대에 럭비유니언, 그리고 1980년대 초반의 축구처럼 시차를 두고 여러 스포츠에서 나타났다. 상업적 후원의 영향 중 하나는 국제

49_ Both quoted in S. Hughes, "Eriksson is a credit to visionaries", *Daily Telegraph*, 2 September 2001. Online, http://www.telegraph.co.uk/sport, accessed December 2002.

경기에서 다양한 형태로 스폰서 이름이 자주 등장하고 있는 것이다. 크리켓은 잉글랜드 결승전에서 보험회사 콘힐(Cornhill)이 모든 시합의 첫머리에 자신의 이름을 사용하게 함으로써 1981년에 경기 스폰서십을 인정했다. 크리켓, 럭비유니언, 그리고 럭비 리그는 스폰서 로고의 크기와 디자인이 국가 기장(national badge)보다 훨씬 크고 눈에 잘 띄게 하고 스포츠 용품에도 스폰서들의 상표를 계속 사용하고 있다. 2004년 현재 잉글랜드 크리켓팀은 통신회사인 보다폰(Vodaphone), 그리고 럭비유니언팀은 보다폰의 경쟁회사인 오투(O2)와 후원관계를 맺었다. 경기장 외곽 경계선과 경기장 내 공간들에 광고물을 설치하는 광고회사와 상업적 후원자들에게 더 많은 기회가 제공되고 있다. 규정에 따르면 잉글랜드 축구협회는 셔츠 앞에 상업적 후원사의 상표를 내세울 수 없지만, 훈련용품 광고와 경기의 재정적인 후원을 위해서 영국은행 및 보험회사인 네이션와이드 빌딩 소사이어티(The Nationwide Building Society)와 제휴를 맺고 있다. 지금까지 잉글랜드 국가대표팀은 나이키가 브라질 축구 대표팀을 지배하고 있는 정도의 상업적인 영향력의 정도를 경험하지 않았다. 그러나 국가대표팀의 기장 옆의 스폰서 상표가 등장하기 시작한 것은 상업적 영향력이 스포츠에 미칠 수 있는 미래를 예측할 수 있는 지표로 볼 수 있다. 스포츠 골수 팬 세대들은 상업적 모델 없이 성장했기 때문에 상업주의가 스포츠와 국가정체성 사이의 연계에 심각한 위협이 될 수 있다고 생각하고 있다. 포뮬러 1(Formula 1) 자동차 경주, 요트 경기, 극한 스포츠와 같이 국민국가와 공식적 관련이 없는 스포츠의 인기는 이러한 맥락에서 이해할 수 있다.

잉글랜드 스포츠 정체성을 약화시킬 수 있는 상업적 요소에도 불구하고 우리는 2002년 월드컵 동안에 잉글랜드 깃발의 확산이라는 처음의 이미지로 되돌아가야 한다. 세계화는 국가대표 존재 의의를 높일 수 있고 증대시킬 수 있는 기회로 작용하고 있다. 그리고 아무리 많은 국가대항전이 상업적 이익과 언론매체의 아젠다에 의해 추진된다 하더라도 국가주의가 이민/이주, 미디어, 그리고 상업적 이해로부터 아무리 많은 영향을 받는다 해도 많은 스포츠 팬들은 국가대표팀과 국가정체성 사이의 연계를 유지하고 있다. 잉글랜드 스포츠 팬들에 대한 잉글랜드 정체성의 존속에 관한 한 조사를 통해서 볼 때, 우리는 성 조지 터번을 한 시크교도로부터 성 조지 문신을 한 훌리건까지 변화의 전반적 영역에 주목할 필요가 있다. 국가와 스포츠가 그러한 극단을 조정할 수 있는 것이 21세기 잉글랜드의 다양성에 따른 특징이라 할 수 있다.

2. "당신 아이들이 졌어!" 잉글랜드 축구와 영국의 쇠퇴, c. 1950-1980

딜윈 포터 Dilwyn Porter

넬슨 경! 비버브룩 경! 윈스턴 처칠 경! 안토니 이든 경!
클레먼트 아틀리 경! 헨리 쿠퍼! 다이아나 왕비!
매기 대처-내 목소리가 들려요 매기 대처! 당신 아이들이 졌어요!
당신 아이들이 졌다고요![1]

현대 축구는 잉글랜드적인 문화적 특징(englishness)[2]을 잘 나타내

1_ 노르웨이 TV 해설가인 비욘 밍게(Bjorne Minge), 1981년 9월 9일 노르웨이가 잉글랜드에게 패배한 직후 "10대 스포츠 논평", *Observer Sports Magazine*, 6 October 2002 참조 ; N. Edworthy, *The Second Most Important Job in the Country*, London : Virgin, 1999, p. 159에는 보르게 릴렐리언(Borge Lillelien)에 대한 논평이 실려 있다.

2_ 상이한 단어인 'England' (english)와 'UK' (british)는 우리말로 옮길 때 보통 '영국' (영국적인, 영국인)이란 단일한 어휘로 구분 없이 번역된다. 그러나 이 글에서는 두 단어를 구분해야 할 필요 때문에 'British', 'UK', 'The Great Britain'은 '영국(의)' 으로, 'England' (english)는 '잉글랜드(인)' 로 번역하는 것을 원

는 것으로서 익히 알려져 왔다. 20세기 초의 잉글랜드 사회에 대한 최근의 연구에서도 스포츠는 "잉글랜드 민간문화의 가장 중요한 요소 중의 하나"이며, 축구는 "잉글랜드의 가장 위대한 스포츠"라는 것을 밝히고 있다.[3] 오랫동안 잉글랜드인들은 자신들이 만든 제도가 다른 나라의 것보다 우수하다는 자신만만한 시각에 축구의 역사를 분명하게 결부시켰다. 1950년대에 유행했던 농담에서 알 수 있듯이 두 명의 잉글랜드인이 무인도에 떨어지면 그들은 우선 '축구협회' 에 의해 정해진 규칙에 따라 경기할 수 있는 리그와 FA컵 대회 일정을 조정하였다는 것이다. 축구가 세계적인 경기로 성공할 수 있었던 비결은 아마도 이것이 '잉글랜드 제품' 이고 잉글랜드적 삶의 방식을 규정짓는 특정한 규범을 내포하고 있었기 때문일 것이다. 위에 인용한 책에 따르자면 축구는 "조직에 있어서 잉글랜드의 천재성"의 산물이기 때문이다.[4] 축구가 잉글랜드 해안을 떠나서 스스로 발전해나갔다는 점은 나중에 자세히 다룰 예정이다. 그러나 그 기원에 대한 발자취는 중요하다. 축구가 세계적인 경기가 되는 과정에서도 "잉글랜드의 영향은 결정적이었다"[5]고 평가할 수 있다.

칙으로 한다. 다만 문맥상 두 단어를 굳이 구분할 필요가 없을 경우에는 두 경우 모두 '영국' 혹은 '영국인' 으로 옮겼음을 미리 밝힌다. 역자 주

3_ R. McKibbin, *Classes and Cultures : England 1918–1951*, Oxford : Oxford University Press, 1998, pp. 332, 339–50.

4_ D. Batchelor, *Soccer : A History of Association Football*, London : Batsford, 1954, pp. 1–2.

5_ J. Walvin, *The Peoples's Game : A Social History of British Football*, London : Allen

축구는 또한 수많은 인공산물들 중의 하나이고, 이것들을 함께 '잉글랜드 문화'라고 정의할 수 있다. 1950년대 스포츠를 진지하게 다루었던 최초의 사회사학자인 아사 브릭스(Asa Briggs)는 엘리어트(T.S. Eliot)가 19세기 영국 문화의 특징을 고딕양식 교회, 삶은 배추, FA컵 결승전 등으로 열거했던 것을 발견했다. 이 중 FA컵 결승전이 가장 중요했는데, 그것은 많은 잉글랜드인들에게 있어서 축구는 '삶 그 자체'였기 때문이다.[6] 스포츠 일반, 특히 축구는 잉글랜드의 노동자 문화의 일부분으로 인정받게 되었다. 리차드 호가트(Richard Hoggart)는 북부 잉글랜드 노동자 계급의 삶에 대한 그의 고전적인 연구에서 작업장에서는 "스포츠와 섹스가 대화의 주요 주제"라고 설명한다.[7] 이러한 사실을 망각하는 고상한 정치인들은 실패할 수밖에 없었다. 1940년대 후반, 정부가 노동자들의 결근을 막기 위해 주중 오후 시간의 프로 축구경기를 폐지하자 정부는 "노동자의 스포츠에 개입할 권리가 없다"는 주장을 들어야만 했다. 이것은 축구가 잉글랜드에서 관람할 수 있는 가장 인기 있는 경기라는 것, 또한 테일러(A. J.P. Taylor)가 후에 주장했듯이 잉글랜드의 "가장 민주적인 스포츠"라는 것을 증명하고 있다.[8]

Lane, 1975, p. 112.

6_ Briggs, "Football and culture", *Encounter*, 1955, no. 16, p. 69.

7_ R. Hoggart, *The Uses of Literacy*, London : Pelican, 1958, p. 84.

8_ S. Fielding, P. Thompson and N. Tiratsoo, *'England Arise' : The Labour Party and Popular Politics in 1940s Britain*, Manchester : Manchester University Press, 1995, p. 161 ; A. J. P. Taylor, *English History 1914–1945*, Oxford : Oxford University Press.

사람들, 특히 잉글랜드 남성들이 스포츠와 섹스를 말하지 않을 때 이들은 국가적인 쇠퇴라는 문제를 고민하게 되었다. 1950년대 중반부터 대중매체에서 나오는 뉴스와 논평을 분석하면 이 문제가 지속적으로 언론의 주요 주제가 되어왔다. 1960년대 말, 데이비드 프로스트(David Frost)와 안토니 제이(Antony Jay)는 도처에서 발견되는 쇠퇴의 징후를 냉소적으로 표현하였다.

> 폐허와 빈곤은 비평가들이 잉글랜드를 바라보는 시선이었다. 막대한 부채, 비효율적인 산업, 구태의연한 노조, 경쟁력 없는 경영진, 부적합한 수출상품, 외환보유고의 고갈, 억제된 임금, 정체된 도로, 부패한 도시, 무책임한 청소년, 불경한 성직자, 탈옥범, TV 중독, 그리고 근시안적인 관료. 모두가 무기력한 제국의 무너지는 폐허를 무력한 군대, 의심스런 파운드화, 그리고 가운데 구멍 난 로얄민트 사탕으로 지탱하려고 하였다.[9]

비록 이전 세대보다 더욱 잘 먹고, 잘 입고, 더 좋은 집에 살며, 잘 교육받고 형편이 좋아졌지만 전후 시대를 살아가고 그 시대에 태어난 잉글랜드인들은 좋은 시절이 가버린 국가에 살고 있다는 생각에 익숙해졌다.

이러한 시각은 시대에 민감한 비평가만의 시각은 아니었다. 이 점

1965, p. 313.

9_ D. Frost and A. Jay, *The English*, New York : Stein and Day, 1968, pp. 11–12.

은 전후 시대에서 일반적으로 관찰되는 것이다. "영국에서 산다는 것은 (과거의) 흔적에 참가한다는 것이다."[10] 간혹 특별한 사건—1956년 수에즈 운하에서의 철군, 1967년 파운드화의 평가절하, 1978-1979년의 소위 '불만의 겨울'—은 분노를 자극하고 좌절감을 부추겼다. 영국인들의 불만은 이들의 일상적인 대화의 내용에서도 완화된 형태로나마 장기적으로 표출되었다. 1960년대 초부터 상대적인 경제적 쇠퇴에 대한 높아진 근심과 지속적인 우려가 영국을 지배하고 있었다. 여기서 상대적이라는 의미는 영국의 경제를 다른 선진국과 비교했을 때의 상대적이란 의미이다. 이러한 경험은 상처를 남겼다. 물론 "전후 시대 동안 영국 시민들이 자신의 상황을 전적으로 향상시키지 못했다는 점을 입증하는 경제적으로 증명된 삶의 질에 대한 지표는 존재하지 않았다."[11] 그럼에도 불구하고 과거에 비해 상대적으로 양호한 경제적 상태는 여론조사에서 분명히 보여주듯이 여론에 거의 영향을 미치지 않았다. 1960년과 1979년 사이, 매년 말에 실시된 여론조사에서 영국인들에게 다음 한 해를 "경제적 번영" 혹은 "경제적 어려움" 중 하나로 예견하라고 질문하면 한 번을 제외하면(1964년) 항상 비관론이 낙관론보다 우세했다.[12]

10_ J. Paxman, *The English : A Portrait of a People*, London : Penguin, 1999, pp. 233-4.

11_ I. Budge, "Relative decline as a political issue : Ideological motivations of the politico-economic debate in post-war Britain", *Contemporary British History*, 1993, vol. 7(1), pp. 10-12.

12_ End-of-Year Poll : British trends, *Gallup Political Index*, Report no. 232, December 1979, p. 16.

전후 시대의 현실에 익숙해지는 일은 자신을 우선 '영국인' (british)으로보다는 '잉글랜드인' (english)으로 보는 자들에게는 더욱 어려울 것이다. 제국의 쇠퇴와 국제사회에서의 영국의(Britain's) 지위 약화는 특히 잉글랜드인들에게 큰 충격을 주었다. "우리는 세기말에 처해 있다." 이것은 "잉글랜드가 브리티쉬라고 칭했던 제국을 잃는" 세기라는 의미이다.[13] 이 세기는 또한 영국(United Kingdom)을 이루고 있는 가장 강력한 개별민족으로서의 잉글랜드의 위세가 점차적으로 약화된 시기였다. 비록 스코틀랜드와 웨일즈는 민족주의 감정이 충만하지 못했기 때문에 이 두 지역이 1978년 정치적 자치권을 획득하는 데 실패했지만, 당시 거리의 벽에는 머지않은 미래에 '영국의 분열'을 점칠 정도로 많은 구호들이 적혀 있는 것이 관찰되었다. 스코틀랜드 사회주의자인 놈 내른(Nom Nairn)은 "구영국 국가(old British state)가 지금 쇠퇴하고 있다는 것은 의심의 여지가 없다"고 주장했다.[14] '구영국 국가'가 잉글랜드의 피조물이라면 이것은 잉글랜드인들이 고통스러운 조정을 해야 할 것인데, 이는 그들이 자신을 보는 방식뿐 아니라 그들과 함께 잉글랜드 섬을 공유하고 있는 켈트 민족을 보는 방식도 바꾸어야 한다는 것을 요구한다.

게다가 경제적 쇠퇴에 대한 인식이 널리 퍼지게 되자 영국에서 정

13_ N. Danziger, *Danziger's Britain : A Journey to the Edge*, London : Harper-Collins, 1996, p. 1.

14_ T. Nairn, *The Break-Up of Britain : Crisis and Neo-Nationalism*, London : Verso, 1977, p. 13.

치적 · 경제적으로 지배적 민족인 잉글랜드에게는 비난의 대부분을 피하는 것이 어려워지게 되었다. 이에 대해서 내른은 다음과 같이 관찰했다.

> 외국 지식인들에게 그토록 강력하게 어필했던 그 목가적인 잉글랜드는 또한 1950년대 초부터 더욱 분명하고 돌이킬 수 없는 쇠락의 길로 떨어지는 잉글랜드이기도 했다—영원한 경제위기와 삶의 수준 하락, 파산한 정부, 미국에 대한 노예적인 종속, 그리고 근시안적인 편법을 일삼는 대영제국.[15]

1980년대 초반 영국 경제의 쇠퇴에 대한 문화적 비판이 인기를 얻었을 때 현대화에 저항하고 산업적 기업정신을 무시하는 잉글리쉬 문화가 문제의 핵심으로 대두되었다.[16] 더욱 빈번하게 영국 병은 '잉글랜드 병'으로 불리어졌다.

간단히 말하자면, "전후 영국이 쇠퇴한다는 강박관념이 국가에 대한 생각 그 자체를 좀먹고 있다"는 제레미 팩스맨(Jeremy Paxman)의 최근 불평에 대해서 뭔가 말해야 될 것이다.[17] 다른 방식으로 이 문제

15_ Nairn, *Break-Up*, p. 45. 이 부분에서 '잉글랜드'로부터 'United Kingdom'으로의 한결같은 이행은 매우 의미심장하다.

16_ M. J. Wiener, *English Culture and the Decline of the Industrial Sprit*, Cambridge : Cambridge University Press, 1981, pp. 3-24.

17_ Paxman, *The English*, p. 264.

에 접근하자면, '쇠퇴주의' 와 관계될 수 있는 것들이 전후 시대를 통틀어 영국의 국가정체성의 변화를 형성하는 데 도움을 주고 있다는 점을 말해야 할 것이다. 이 장에서는 잉글랜드 축구가 이 과정에 기여한 방식에 대해서 지적할 것이다. 리차드 홀트(Richard Holt)와 토니 매이슨(Tony Mason)은 1945년 이후 잉글랜드의 스포츠에 관한 연구에서 축구와 국가정체성 간의 확인할 수 있는 관계를 밝혔다. 1950년대 중반 이전에는 외국의 도전에 대항할 수 있는 영국의 능력에 대하여 여유로운 시각을 갖는 것이 지배적인 경향이었다. 이러한 시각은 수에즈 사건이 가져다 준 커다란 충격, 이후 제국의 포기 및 전후 미국과 소련으로 대표되는 양대 초강대국이 지배하는 세계에서 영국은 더 이상 국제무대에서 강력하지 않다는 인식으로 발전했다. 이후 영국인들은 국가적 노력을 여유롭게 바라볼 수 없게 되었다. 대중언론에서 '이기는 것이 더욱 중요하다' 는 국수주의적 논조가 강화되었다.[18] 홀트는 최근 잉글랜드 스포츠에서 나타나는 민족주의 경향은 "과거 형식으로 표현되고 있으나 사라져 버린 제국주의적 역할"을 더욱 강조하고 있다고 지적했다.[19]

여기에서는 잉글랜드 축구에 끊임없이 붙어다니는 어려움이 가끔 승리의 순간도 있었지만 이것이 넓게는 어떻게 영국의 쇠퇴와 관

18_ R. Holt and T. Mason, *Sport in Britain 1945-2000*, Oxford : Blackwell, 2000, p. 129.

19_ R. Holt, *Sport and the British : A Modern History*, Oxford : Oxford University Press, 1989, pp. 272-3.

련된 영국의 공적 담론의 일부분이 되었는지를 보여주고자 한다. 국가대표팀의 패배는 특히 월드컵과 같은 중요 경기의 최종 예선단계에서 탈락하였을 때 세계질서가 바뀌는 것과 같은 고통으로 작용했다. 1973년, 잉글랜드가 성공에 대한 "신성한 권리"가 없다는 점을 인정하면서《타임스》는 냉정하게 논평했다.

> 모로코, 자이레 혹은 잠비아, 다른 한편으로는 호주나 한국과 같이 축구에 관한 전통이 거의 없거나 축구 변방의 국가들이 올 여름 월드컵 최종예선에 진출하고 축구의 선구자들이 장외에서 이를 지켜봐야 한다는 것은 아니러니가 아닐 수 없다.[20]

사람들은 무엇인가 중요한 것이 없어졌거나 치유할 수 없을 정도로 손상되었다는 근심과 같은 일종의 문화적인 상실감을 드러내는 방식으로 점점 더 축구에 대해서 쓰고 말하기 시작했다. 1950년대 후반 이후에는 잉글랜드 축구의 정신력에 대해서 많은 공개적인 비판이 있었다. 브라이언 글랜빌(Brian Glanville)과 같은 영향력 있는 축구 저널리스트에게는 1973년 10월 웸블리에서 로이 맥파랜드(Roy McFarland)가 폴란드 공격수에게 가한 반칙은 상징적인 것이었다. "당신이 이 정도로 비열해지면 경기는 더 이상의 의미가 없다."[21] 이

20_ *The Times*, 19 October 1973.
21_ D. Russel, *Football and the English : A Social History of Association Football in*

러한 주제는 제임스 왈빈(James Walvin)의 수필 『축구와 영국의 쇠퇴』(*Football and the Decline of Britain*)에서 강력히 전개되었다. 이 책은 1985년 브래드포드와 헤이셀에서의 소름끼치는 경기장 비극 이후 잉글랜드 축구를 둘러싼 절망적 성찰을 담고 있다. 과거 빅토리아 시대 설립자들에 있어서 축구가 진보에 대한 신념을 반영하고 있었다면, 1980년대의 축구는 "가정생활을 괴롭히는 대표적인 그 무엇이 되었다." 왈빈은 그가 강조한 문제들이 잉글랜드에만 국한되는 것이 아니라 스코틀랜드에서도 어느 정도 발견된다고 시인했다. 그럼에도 불구하고 "재앙은 잉글랜드적이며, 차후의 처벌은 잉글랜드 축구를 겨냥하고 있다는 점"을 부인할 수 없었다.[22]

축구에 관련된 논쟁의 많은 부분은 20세기 후반기를 살고 있는 잉글랜드인에게 영국이 과거에는 위대한 국가였으나 현재로서는 과거의 수준에 올라설 수 없거나 주요 경쟁국과 효과적으로 경쟁할 수 없다는 것을 뜻한다. 이러한 방식으로 잉글랜드 축구, 그리고 잉글랜드 축구를 보도하거나 해석하는 사람들은 잉글랜드의 쇠퇴에 대한 지속되는 불안과 이 쇠퇴가 초래하는 위기의식을 조장했다. 축구협회 사무총장 테드 크로커(Ted Croker)는 1974년 월드컵 최종예선에

England 1863–1995, Preston : Carnegie Publishing, 1997, p. 162 ; *Sunday Times*, 21 October 1973.

22_ J. Walvin, *Football and the Decline of Britain*, Basingstoke : Macmillan, 1985, p. 128 ; preface. J. Moynihan, *The Soccer Syndrome*, London : Sportspages/Simon and Schuster, 1987, author's note.

서 잉글랜드가 탈락한 직후 "모든 스포츠 중에서 축구는 국제적으로 우리가 탁월해야 하도록 기대되는 종목이다"라고 말했다. 그는 또한 "만약 우리가 실패했으면 우리가 비판받는 것은 당연하다"고 덧붙였다.[23] 비록 크리켓의 경우도 이와 비슷하게 적용할 수 있지만 여기서는 변화의 상당 기간 동안 잉글랜드 국가정체성의 의미가 파생되고 형태를 갖추게 한 신화를 지탱하고 그 내용을 채우는 데 있어서 축구가 지닌 특별한 역할과 관계된다. 잉글랜드 대표팀은 간혹 잉글랜드 그 자체 그리고 잉글랜드적인 것으로 상징되기 때문이다.

쇠퇴에 관한 끝없는 논쟁

더욱 일반적인 차원에서 볼 때 축구가 영국에서 삶에 대한 지표로 간주된다는 생각은 현대에 후자에 대해 서술한 모든 장르의 글에서도 폭넓게 채택되고 있다. 19세기 후반 이래 "축구는 사회적·정치적·경제적 힘이 미세하게 작용하고 있는 육체의 정치학이다"라고 1960년대 후반, 진지한 학자들 중 한 명이 지적하였다.[24] 1966년 이후 잉글랜드 국가대표팀이 상상의 국가에 대한 강력하고 포괄적인 이미지를 생성할 수 있었다는 점은 이후 다른 논평가들이 채택하고 발전시키는 주요 테마가 되었다. 1980년대를 되돌아보면 존 클라크

23_ Ted Croker interviewed, *Daily Mirror*, 19 October 1973.

24_ P. M. Young, *A History of British Football*, London : Stanly Paul, 1968, p. 201.

(John Clarke)와 찰스 크리쳐(Charles Critcher)에게는 국제대회에서 국가대표팀의 성공 혹은 실패는 "국가의 상태에 대해서 매우 민감하게 반응하는 대중적 지표"가 되었다. 국제 축구계의 강국이었던 잉글랜드의 현저한 쇠퇴는 "제국뿐 아니라 과거 제국의 역할과 지위까지 잃어버린 잉글랜드의 쇠락하는 운명을 확실히 보여주는 것이었다." 이것은 소위 '스포츠적 오류'의 예, 즉 "스포츠에서 보여주는 잉글랜드 대표팀의 능력을 잉글랜드 자체의 상태를 파악하는 징후로서 간주하는 경향"으로 삼는 대중적 오류에 해당될 것이다.[25]

여기에서 잉글랜드의 쇠퇴와 관련된 끝없는 논쟁이 존재하고 있으며, 이것들은 특정한 이념적 틀 속에서 만들어져서 종종 정략적인 이해관계가 내포되었다는 점을 인정하는 것이 중요하다. 1950년대 이래 수년간 국가가 쇠락하고 있다는 주장은 좌파이건 우파이건 야당에게는 특별히 유용했는데, 이것은 정부가 허약하다는 이슈를 제공하기 때문이었다. 국가적 쇠퇴라는 주제는 "다양한 근심에 호소하기 위해 매우 구분 없이 사용될" 수 있었으며, 이것은 동시에 "폭넓은 불안감"을 조성했다.[26] 이것은 본질적으로 모든 사안을 포괄하여 많

25_ J. Clarke and C. Critcher, "1966 and all that : England's World Cup victory", in A. Tomlinson and G. Whannel (eds), *Off the Ball : the Football World Cup*, London : Pluto, 1986, pp. 120–1 ; F. Wheen, "The athletic fallacy", in A. McLellan (ed.), *Nothing Sacred : The New Criket Culture*, London : Two Heads, 1996, pp. 107–8. 또한 M. Polley, *Moving the Goalpost : A History of Sport and Society since 1945*, London : Routledge, 1998, pp. 35–6.

26_ Budge, "Relative decline", pp. 14–15.

은 사안들, 특히 냉전기에 국제적 경쟁이 격화됨으로써 축구를 포함해서 다양한 사안들에 수많은 방식으로 연계될 수 있는 것이었다. 스테판 웨그(Stephen Wagg)는 주장하기를 1950년대부터 런던의 언론가(街) 기자들은 독자들의 상상의 잠재의식을 탐사하듯이 두 개의 고도의 확실한 걱정—대영제국의 해체에 기인한 상처받은 국가적 자존심과 공산주의에 대한 공포—을 더욱 활용하였다.[27] 과거 ‘우리’가 손쉽게 제압할 수 있었던 헝가리와 폴란드 팀처럼 동구권에서 온 팀에게 이제는 종종 패배한다는 점을 세계에 대한 우리의 실망스럽고 공포에 찬 시각과 동일시하는 것은 상대적으로 용이했다.

잉글랜드의 경제적 쇠퇴와 관련된 논쟁의 기원에 대한 최근의 연구도 여기에서 또한 시사적이다. 짐 톰린슨(Jim Tomlinson)은 ‘쇠퇴주의’가 하나의 이데올로기적 특징을 지니게 되었다는 점을 제시한다. 이것은 정치적 의미를 띠는데, 왜냐하면 쇠퇴를 문제로 보는 인식은 ‘경제적 능력을 향상하기 위해 무엇인가를 해야 하고 할 수 있다’는 것을 함축하기 때문이다. 그는 또한 쇠퇴에 대한 생각이 근거가 있기 위해서는 상대적 경제력에 대한 인식이 “경제력에 대한 현대적 측정과 평가”에 기초해야 한다고 지적한다.[28] 이 점에 있어서 잉글랜드 국

27_ S. Wagg, “Playing the past : the media and the England football team”, in A. Lc-Lellan and S. Wagg (eds), *British Football and Social Change : Getting into Europe*, Leicester : Leicester University Press, 1991, pp. 221–2.

28_ J, Tomlinson, “Inventing ‘decline’ : The falling behind of the British economy in the postwar years”, *Economic Histroy Review*, 1996, vol. XLIX, pp. 731–3.

가대표팀에 대해서 쓰여지고 말해지는 방식과의 상당한 유사점이 발견된다. 이들 논평 대부분은 단순히 감독을 경질하는 것일지라도 '무엇인가를 해야 한다' 라는 주장을 함축하였다. 《데일리 텔레그래프》의 도날드 선더스(Donald Saunders)는 이 점을 1973년도에 정확하게 포착하였다. 그는 "현재 잉글랜드는 세계 축구계에서 이류의 위치로 내려앉았다"고 주장하면서 "엘리트 팀들은 내년 월드컵 본선 경기를 준비하는 동안 길고 힘든 국가대표팀 재건작업을 즉각 시작하여야 한다"고 주장했다.[29] 동시에 국제적 경쟁의 고조, 특히 유럽국가 간의 경쟁은 다른 국가 선수들에 비해서 잉글랜드 축구 선수들의 능력을 현실적으로 평가할 수 있는 다양한 방법을 제공했다. 1950년에 시작된 잉글랜드의 월드컵 참여는 이 점에서 중요한 발전이었으며, 이것의 효과는 1964년 이후 유럽축구선수권대회(European Nations Championships)에 참여함으로써 더욱 강화하였다. 이후 잉글랜드의 국제대회에서의 경쟁력은 지속적인 평가의 주제가 되고 대중의 더욱 엄밀한 감시를 받게 되었다.

영국이 세계 최초의 산업국가로서의 지위에서 하락하게 된 이유에 대해 많은 설명이 제시되어 왔다. 산업체를 소유하거나 경영하는 자들의 자기 만족과 근시안주의는 좌파로부터 나온 비판의 성격을 띠었다. 영국의 조합화된 노동력의 경직성과 변화에 대한 저항은 우

29_ *Daily Telegraph*, 19 October 1973.

파 논평가가 자주 지적하는 문제점이었다. 마틴 위에너(Martin Wiener)[30]의 글과 같은 문화적 설명은 더욱 복잡한 역사적 논거를 근거로 해서 왜 영국의 쾌적한 땅에서 현대화가 지속적으로 혼란을 일으켰는지를 밝히고 있다. 1970년대와 1980년대 학계의 논쟁이 활발해지면서 문제의 원인을 "잉글랜드의 제도에 내재된 경직된 경향"에서 많이 찾았다.[31] 이에 따라 잉글랜드 축구의 부진을 유사한 방식으로 설명하려는 경향이 상식화되었으며, 이는 최근의 글에서도 분명하게 나타나고 있다.

선더랜드의 전설적인 축구 선수였던 렌 쉐클톤(Len Shackleton)은 자신의 자서전에서 '축구에 대한 감독들의 평균 지식'을 백지상태로 보여줌으로써 이 시대의 비관론을 이끌었다.[32] 푸줏간 주인, 빵집 주인, 막대사탕 가게 주인들의 비판이 잉글랜드 축구 리그의 모든 클럽의 게시판에서 발견되었고, 이것은 국가적인 측면에서 심각한 후퇴를 가져오는 비난의 일부분이 되었다. 변화에 대한 축구협회의 저항은 여러 방식으로 표출되었다. 1946년부터 1963년까지 잉글랜드 국가대표팀 감독이었던 월터 윈터보툼(Walter Winterbottom)은 다음과 같

30_ 마틴 위에너는 미국의 사학자로 그의 가장 대표적인 저작은 1981년 출간된 『영국 문화와 산업정신의 쇠퇴 : 1850–1980』(*English Culture and the Decline of the Industrial Spirit : 1850–1980*)이다.[역자 주]

31_ See M.W. Kirby, "Institutional rigidities and economic decline : reflections on the British experience", *Economic History Review*, 1992, vol. XLV, pp. 637–56.

32_ D. Jack (ed.), *Les Shackleton, Clown Prince of Soccer : His Autobiography*, London : Nicholas Kaye, 1955, p. 78.

이 익숙하게 대답했다. “그러나 월터, 당신은 수년간 이렇게 해왔어요, 그런데 왜 변화하려고요?”[33] 그가 알프 램지는(Alf Ramsey)에게 자리를 물려준 후 공석인 축구협회 사무총장직에 대한 윈터보틈의 요구는 무시되었다. 어떤 이는 그가 “경기방식을 혁명적으로 변화시킬 수도 있었다”고 주장한다. 그러나 윈터보틈은 “축구협회의 보잘것없는 인물들의 방해 때문에” 좌절했다.[34] 램지는 1966년에 만끽했던 성공에도 불구하고 몇 년 후 같은 방식으로 제지당했다고 믿고서 사퇴 이후 “아마추어들이 다시 자리를 차지했다”고 불평했다.[35] 축구협회와의 관계에 관한 브라이언 클로우(Brian Clough)의 이야기는 이러한 맥락에서 의미가 있다. 1973년과 1977년 그는 잉글랜드 국가대표 감독 자리가 비었을 때 클럽에서의 훌륭한 성과에도 불구하고 선임되지 않았다. 클로우는 축구협회와의 면담에서 “과거 잉글랜드 축구를 망쳐놓은” 연로한 인사들로 구성된 패널과 충돌했다.

> 1977년 내가 잉글랜드 국가대표 감독이 되는 것을 거부한 사람들은 그들이 당시 무엇을 놓쳤는지 전혀 모를 것이다. 그러나 그들은 자신들에게 닥쳐올지도 모르는 일에 대해 매우 두려워했다.[36]

33_ D. Bowler, *Three Lions on the Shirt : Playing for England*, London : Orion Books, 2000, pp. 110−11. 또한 Edworthy, *Second Most Important Job*, pp. 59−60. 참조.
34_ J. Greaves and N. Giller, *Don't Shoot the Manager : the Revealing Story of England's Soccer Bosses*, London : Boxtree, 1933, p. 18. 또한 Bowler, *Three Lions*, p. 111 참조.
35_ Greaves and Giller, *Don't Shoot the Manager*, pp. 45−6 ; D. Bowler, *Winning Isn't Everything : A Biography of Sir Alf Ramsey*, London : Victor Gollancz, 1998, p. 293.

클로우는 제도적 노화와 경직성의 모든 징후를 보이는 기득권자들에 의해 좌절된 축구 현대화론자로 자신을 보았던 것 같다.

1953과 그 모든 것

이번 장과 다음 장에서 1950년부터 1981년까지 주요 국제대회에서의 잉글랜드팀의 성적을 추적하는 한편, 이를 국가적 쇠퇴의 논의와 연계하여 편입된 잉글랜드 축구의 발전과정과 역사적 순간을 살펴볼 것이다. 이것은 1950년 벨로 호리존테(Belo Horizonte) 경기장에서 예상치 않았던 미국전 패배(0–1)부터 31년 후 이 장의 제목으로 인용한 유명한 TV 논평까지 받은 오슬로 실패까지이다. 이 시기의 초기까지는 쇠퇴와 관련된 걱정은 아직 대세가 아니었다. 이 시기 말기가 되면서 쇠퇴는 잉글랜드의 정치적 아젠다에서 고정된 항목이 되었다. 여기에서 제시하는 것은 쇠퇴주의가 신문 독자, 라디오 청취자 및 TV 시청자들의 경험에 덧붙여 하나의 이데올로기로 구축되면서 축구는 이를 확인하는 일반적인 경로가 되었다는 점이다.

축구는 이 기간 동안 강력한 방법으로 잉글랜드 국민들의 분위기에 영향을 줄 수 있는 능력을 갖추고 있었다. 이러한 효과는 TV 중계가 확대되면서 축구가 시청자들에게 '국가적 소속감'을 고취시킬 수

36_ Clough, *Clough—the Autobiography*, London : Partridge Press, 1994, pp. 174–5. 또한 Roy McFarland's comments in Bowler, *Ramsey*, p. 287 참조.

있었을 때 확실하게 증명되었다.[37] 니알 에드워시(Niall Edworthy)는 이러한 현상을 다음과 같이 주장했다. "국민의 절반이 TV 앞에 앉아 잉글랜드 국가대표의 경기를 지켜볼 때, 경기결과에 따라 국가적으로 '기분이 좋아지는' 요소가 변화할 수 있다"는 것을 이해하는 데 정치적 안목을 지닌 사람이 필요하지 않다.[38] 공장의 생산은 증가할 수도 감소할 수도 있다. 번화가 상점의 계산대 서랍 벨소리가 빈번하게 울릴 수도 있고 울리지 않을 수도 있다. 그러나 주요 국제대회에서 잉글랜드가 좋은 성적을 내는 만족스러운 경기로 많은 잉글랜드인이 자신의 국가적 정체성과 자부심을 느끼는 것은 당연하다. 축구팀이 패할 경우 그 반대의 방향으로 영향을 미칠 것이다. 1981년 잉글랜드가 노르웨이에게 패한 직후 버밍햄 시티의 감독인 짐 스미스(Jim Smith)는 "국가 전체, 즉 잉글랜드 국민 모두가 실망했다"고 말했다.[39]

글랜빌(Glanvill)은 1955년 "잉글랜드 축구의 이야기와 대외적 도전은 어리석음, 근시안적 태도 및 방자한 섬나라 근성으로 인해 희생된 광대한 우월감의 이야기"라고 썼다.[40] 이것은 1953년 웸블리 구장에서 헝가리팀에게 패배했을 때 나온 "무한한 자괴감"의 표현이었다.

37_ G. Whannel, *Fields in Vision : Television Sport and Cultural Transformation*, London : Routledge, pp. 135–8.

38_ Edworthy, *Second Most Important Job*, p. 5.

39_ Smith quoted, *Sun*, 11 September 1981.

40_ B. Glanville, *Soccer Nemesis*, London : Secker and Warburg, 1955, p. 1.

과거에도 물론 잉글랜드 축구가 수치스런 패배를 경험한 적이 있었다. 1950년 벨로 호리존테에서의 패배의 충격은 그다지 크지 않았다. 당시 찰튼 애슬래틱에서 뛰던 말콤 알리슨(Malcolm Allison)은 이 패배가 "잉글랜드 축구계에서 가장 강력한 목소리를 갖고 있는 멍청하고 무덤덤한 인사들"에게 거의 충격을 주지 않았다고 회상했다.[41] 사실 당시 지구 반대편에서 벌어진 사건에 대한 잉글랜드 대중들의 관심도 그리 크지 않았다. 언론의 일반적인 상황은 열악했으며, 이 때문에 런던 언론가의 기자들이 패배에 대해서 가혹하게 보도할 수 있는 기회가 없었다. 더군다나 이 경기는 TV로 중계되지도 않았다. 이러한 점이 잉글랜드 축구 역사상 가장 치욕적인 패배로 간주될 만한 사건에 대한 반응이 "이상할 정도로 없었다"는 점을 설명해 준다.[42]

먼 남미에서의 예상 밖의 경기결과에 대해서는 무시하는 것이 가능했지만 잉글랜드팀의 국내 경기력에 대한 언론의 집중적인 관심은 피할 수 없었다. 1950년대와 1960년대 초《데일리 미러》와《데일리 익스프레스》같은 선정적인 대중매체뿐 아니라 고급수준의 신문에서도 스포츠에 대한 기사가 신문의 타이틀을 장식하게 되었다. 1950년대 초반만 하더라도《미러》의 경우 축구를 위시한 스포츠 기사는 전체 기사의 4분의 1에 불과했다. 1960년대 말, 스포츠 기사는 지면의

41_ M. Allison, *Colours of My Life*, London : Everest Books, 1975, p. 27.

42_ Edworthy, *Second Most Important Job*, pp. 26–8 ; Holt and Mason, *Sport in Britain*, p. 115. Tom Finney 참조. 언론이 '매우 비판적'이었다는 사실은 기록되고 상기하여야 한다. Bowler, *Three Lions*, p. 48 참조.

절반 이상을 차지하게 되었다.[43] 《타임스》의 제오프리 그린(Geoffrey Green)과 《맨체스터 가디언》의 돈 데이비스(Don Davies)와 같은 기자들은 고급 일간지에서 축구를 중요한 기사로 취급하게 됨으로써 대중 스포츠에 대한 상류층 지식인들의 친밀감을 높이고 스포츠의 사회적 위상을 높이는 데 공헌했다. 고급 일간지들이 축구를 다루게 됨으로써 유럽대륙 축구에 대한 관심도 증대시켰다. 데이비스는 "대륙의 스타 플레이어들의 경기력에 환호"했지만, 글랜빌은 《선데이 타임스》에서 "잉글랜드 축구는 유럽대륙과 남미에 의해 지속적으로 추월당해 왔기 때문에 계속적으로 쇠퇴"하고 있다고 주장했다.[44] 이러한 경향은 동·서 진영의 냉전 격화구도에서 국가적 쇠퇴를 주요한 정치적 사안과 근심거리로 여기는 세태와 일치했다. 신문의 스포츠면에서, 특히 각각 470만 부와 400만 부의 판매부수를 가지고 있는 《미러》와 《엑스프레스》의 스포츠 면에서 피터 윌슨(Peter Wilson)과 데스몬드 해켓(Desmond Hackett)은 "잉글랜드 국가대표팀에 관한 기사에서 애국주의적 독설을 퍼붓기 시작했다."[45]

이러한 상황 속에서 1953년 웸블리, 1954년 부다페스트에서의 대

43_ Russel, *Football and the English*, p. 197.

44_ Ibid., pp. 140–1 ; J. Cox, *Don Davies : 'An Old International'*, London : Sportsmans Book Club, 1963, pp. 159–62 ; B. Glanville, *Football Memories*, London : Virgin, 1999, p. 96.

45_ Wagg, "Playing the past", p. 222. 전국적인 발행부수에 관해서는 C. Seymour-Ure, *The British Press and Broadcasting since 1945*, Oxford : Blackwell, 1991, Table 3.2 pp. 28–9.

헝가리전 패배(6–3, 7–1)는 공산주의의 승리로 포장되면서 경각심을 불러일으켰다. 웸블리전 직전 윌슨은 헝가리팀이 "한 점의 의혹도 없이" 패하기를 진정으로 희망한다고 밝혔다. 윌슨은 헝가리를 방문하고 "헝가리가 다른 전체주의 국가와 마찬가지로 스포츠에서의 승리를 통해 '체제의 우월성'을 정당화시키는지를 알게 되었다."[46] 헝가리의 승리는 축구를 발전시킨 사람들이 더 이상 축구의 주인이 아니라는 것을 강력하게 시사했다. 따라서 헝가리가 잉글랜드 축구에 대한 승리를 정권 선전의 기회로 삼지 않도록 방지하는 것이 중요했다. 다른 한편, 잉글랜드의 승리는 모든 것이 잘 돼가고 있다는 스포츠적 오류를 무의식적으로 신봉하는 자를 안심시킬 수 있었다. 이러한 점에서 대헝가리전의 패배는 당시 《타임스》 독자에 따르면, "우리 팀의 프로 축구 선수들이 모든 경제학자들의 소리보다 더욱 적절한 국가 상태의 지표"라고 생각했던 "보통 사람들"을 어리둥절하게 만들었다.[47] 이 모든 것이 의미하는 바와 같이 잉글랜드 대표 선수들이 주요 국제대회에서 보여주는 실망스러운 결과는 국가적 쇠퇴와 관련되면서 '불편한 감정'을 확산시키는 효과를 만들어내기 시작했다.

잉글랜드가 방문 팀에게 한 번도 패한 적이 없었던 웸블리 구장에서 헝가리가 승리한 날, 《뉴크로니클》은 헝가리팀 골키퍼인 기율

46_ *Daily Mirror*, 24 November 1953, see also S. Wagg, "Naming the auilty men : Managers and the media", in Tomlinson and Whannel, *Off the Ball*, p. 40.

47_ *The Times*, 1 January 1955, Clarke and Critcher, "1966 and all that", p. 120.에서 인용.

라 그로식스(Gyula Grosics)가 물구나무서기로 걷는 사진을 실으면서 헤드라인을 다음과 같이 장식했다. "이제 세상은 정말로 거꾸로 되었다."[48] 역사적 맥락에서 이 순간의 의미를 찾는 것이 중요하다. 잉글랜드 내에서 국가적 쇠퇴를 대중들이 하나의 정치적 사안으로 간주하기 시작한 때는 1953년이었다. 이때는 대중매체들이 엘리자베스 2세 즉위 보도를 통해서 잉글랜드의 힘과 위상에 대한 일련의 이미지를 세계에 확신시키는 역할을 했던 시기였다. 스포츠에서 잉글랜드 상태에 대한 하나의 지표를 찾기 원했던 사람들은 오랫동안 소망해 왔던 애쉬즈(Ashes) 시리즈[49]에서 호주를 상대로 승리하고 로드 코트의 두 번째 경기에서 왓슨과 베일리가 보여준 영웅적인 활약에 크게 만족했다. 에베레스트 정복과 함께 이 모든 상황이 잉글랜드는 영광스러운 '새로운 엘리자베스' 시대로 진입하고 있다는 낙관론적 신념을 갖도록 도와주었다. 그렇지만 잉글랜드 대표팀이 웸블리 구장에서 헝가리에 패한 충격은 감당하기 힘든 것이었다.

따라서 1953년 11월 패배가 결정적인 전환점이 되었다는 것을 과소평가하는 것이 아니다. 이것은 당시 경기를 관람했던 많은 사람들이 여러 측면에서 인식하고 있었던 것이다. 전 잉글랜드 국가대표팀 주장인 찰스 부칸(Charles Buchan)은 시합 전에 헝가리 선수들이 "위

48_ *New Chronicle*, 26 November 1953.

49_ 애쉬즈 시리즈(The Ashes)는 잉글랜드와 호주가 2년마다 교대로 주최하는 국제 크리켓 대회이다.역자 주

대한 선수처럼 인상 깊었지만 격찬할 정도는 아니었다”고 말했다. 부칸은 그 경기 이후 “웸블리의 새로운 마술사들”이라고 헤드라인을 장식한 헝가리팀을 칭찬하고 “월드컵 전까지 잉글랜드 선수들이 무엇인가 해야 한다”고 역설했을 뿐이었다고 말했다.[50] 글랜빌은 이후에 잉글랜드 축구팀에 관해서 주장할 때 부칸의 말을 염두에 두고 있었다.

> 이 경기의 결과는 해외에서 당했던 모든 패배를 몰랐던 장님에게도 눈이 번쩍 뜨이게 만들었다. 갑자기 … 모두가 다 현명해졌고, 모두가 희생양과 변명거리를 찾았으며, 비로소 모두가 30년 이상 존재해 왔던 위기를 알아차리게 되었다.[51]

글랜빌은 나중에 부칸을 “키가 크고 순박한, 친절하고 평범한 외모를 가진 남부 런던 사투리로 장황하게 말하는 사람”으로 기억했다.[52] 부칸은 존경받는 축구 기자로, 또 라디오 중계방송 해설자로도 알려졌다. 또한 그는 1950년대 중반, 신참으로서 이탈리아의 경기에 대한 관심과 지식을 통해 두각을 나타냈던 글랜빌보다는 더 많이 잉글랜드 축구를 대표하고 있었다. 따라서 헝가리 선수들이 부칸의 눈

50_ *New Chronicle*, 24, 26 November 1953.
51_ Glanville, *Soccer Nemesis*, p. 182.
52_ Glanville, *Football Memories*, pp. 2–3.

이 번쩍 뜨이게 만들었다는 것은 매우 의미심장한 일이었을 것이다.

"헝가리안 빅토리—나는 거의 (헝가리안) 랩소디로 말할 뻔했다—는 협회 관계자들에게 동요를 일으켰다"라고 부칸은 회상했다.[53] 잉글랜드 축구협회는 "넓게는 잉글랜드 축구, 특별히 잉글랜드 국가대표팀의 경기력 수준을 향상하기 위한 방법에 관해서 논하기 위해" 잉글랜드 프로 축구팀의 감독들을 초청했다. 1954년 월드컵 이후 헝가리 축구팀으로부터 배운 교훈이 강조되었으며, 잉글랜드 국가대표팀 감독은 "향후 4-5년 동안 국가대표팀의 모든 수준을 높이려는" 많은 개혁을 시도했다.[54] 이것은 미흡한 전략이었으나 서포터들의 눈에는 잉글랜드 축구의 명성을 되찾는 출발점으로 보였다. 잉글랜드팀은 1958년 스웨덴 월드컵 본선에서 신뢰할 만한 경기력을 보여주었다. 잉글랜드팀은 만약 유망주 던컨 에드워드를 포함한 맨체스터 유나이티드의 선수들이 뮌헨의 비행기 사고로 사망하지 않았다면 더 좋은 성적을 올릴 수도 있었다. 존 모이니한(John Moynihan)은 1966년 처음 발간된 수필에서 매트 버스비(Matt Busby)가 이끄는 젊은 팀의 부상을 강대국 잉글랜드의 쇠퇴라는 1950년대 중반과 다른 맥락 속에서 유럽에서의 하나의 새로운 힘의 등장으로 묘사했다. 모니한은 당시 잉글랜드가 수에즈 운하 사건 이후 국제적 위신이 급락할 때 맨

53_ Buchan, *A Lifetime in Football*, London : Phoenix House, 1955, p. 209.

54_ The Football Association, London : Senior, Intermediate and Technical Sub-Committees, minutes of meeting, 1 February 1954 ; International Senior Selection Committee and Technical Committee, minutes of meeting, 22 July 1954.

유가 "환영받을 만한 위안거리"를 제공했다고 회상했다.[55] 이러한 주장은 몇 년 전만 하더라도 불분명했던 잉글랜드의 쇠퇴에 대한 경계심을 약화시키는 것이었다.

1966년으로부터의 길

1958년 스웨덴 월드컵과 1966년 잉글랜드 월드컵 사이 동안 잉글랜드에서는 많은 것이 변화했다. 잉글랜드 국민들은 풍요로운 사회를 경험하고 있었으며, 그 이전 시대까지 사치품으로 간주되었던 소비재의 급속한 판매성장이 이루어졌다. 1957년, 해롤드 맥밀리언(Harold Macmillan) 수상은 대부분의 국민들이 "이토록 좋은 상황에 처한 적은 없다"고 자랑했고, 당시 전국의 TV 수상기는 690만 대였다. "우리 중 대부분은 TV를 보면서 많은 시간을 보내게 되었다"는 점을 상기할 필요가 있다. "이렇게 해서 TV에서 스포츠를 보여줌으로써 우리가 세상을 보고 이해하는 방식을 부분적으로 형성하게 만들었다."[56] 화창한 오후에 웸블리 구장에서 보비 무어(Bobby Moore)가 줄리메(Jules Rimet)컵을 들어올렸던 1966년에는 TV 수상기 보급이 1,350만 대에 달했다. 잉글랜드의 최근 역사에서 지속적인 쇠퇴주의 경향성을

55_ Moynihan, *Soccer Syndrome*, p. 31.

56_ G. Whannel, *Blowing the Whistle : The Politics of Sport*, London : Pluto, 1983, pp. 62–3.

고려할 때, "무엇이 잘 나갈" 뿐만 아니라 "무엇이 잘못 되었는지"를 기억하는 것이 중요하다.[57]

역설적으로 이러한 변화는 영국이 세계무대에서 더 이상 강대국이 아니라는 수많은 암시를 동반하고 있었다. 수에즈 운하 사건 직후 영국의 식민지들이 연달아 독립을 선포했다. 대영제국은 사실상 해체되었다. 두 개의 초강대국이 지배하는 세계에서 영국의 역할에 대한 논의는 민감한 반응을 불러일으켰다. 무엇이 잘못되었는지에 대한 열띤 논쟁을 일으켰으며, 영국의 무기력한 경제에 활력을 불어넣기 위해서 국가를 쇠퇴하게 만든 제도들을 철폐해야 한다는 점이 부각되었다. 이러한 논의의 연장선상에서 현대화의 이슈는 1964년 총선거에서 노동당이 간신히 승리할 수 있는 요인이 되었으며, 이것은 1960년대를 통해서 정치적으로 중요한 이슈가 되었다. 1966년 월드컵에서의 잉글랜드 축구팀의 우승에 대한 일부 글은 혁신지향적이고 '과학적 경영'의 상징으로서 당시 대표팀 감독인 알프 램지를 평가했다.[58]

이 기간 동안 영국 경제 쇠퇴에 대한 지속적인 근심은 다른 국가와 비교하는 데 관심이 집중되었다. "과거 영국이 주도했던 분야에서

57_ J. Obelkevich, "Consumption", in P. Catterall and J. Obelkevich (eds), *Understanding Post-War British Society*, London : Routledge, 1994, pp. 141-54의 논의를 볼 것. TV 방송권에 대해서는 Seymour-Ure, *British Press and Broadcasting*, Table 4.2, pp. 76-7 참조.

58_ 특히 Clarke and Crichter, "1966 and all that", pp. 122-3 참조.

다른 나라들이 약진하는 방식에 대해서 무관심했다면 아무런 변명의 여지가 없다"고《타임스》는 주장했다.[59] 영국 정부가 유럽경제공동체에 가입하려고 최초로 시도하면서—궁극적으로 실패로 끝났지만—당시 '경제기적'을 누리는 프랑스, 이탈리아, 서독이 성취했던 것에 비하면 상대적으로 보잘것 없었던 영국의 성과에 관심이 집중되었다. 비교지표는 급격히 증가했으며, 이것은 영국이 뭔가 기회를 놓치고 있다는 의심을 확인해 주었다. 국가 간 경쟁에서 축구를 자국의 지위를 평가하는 하나의 기준으로 삼는 사람들에게 있어 유럽국가 간 대항전의 확대는 아마도 이와 유사한 효과를 가져왔을 것이다.

TV는 여기서 특히 중요했다. TV는 "잉글랜드 축구를 그토록 오랫동안 격리시켰던 섬나라 근성의 견고한 벽을 허물게 해주었다."[60] 유럽컵 축구대회에 대한 TV 중계는 축구 실력의 새로운 기준에 대한 관심을 확대하는 데 도움을 주었다. 레알 마드리드와 밀란 간의 1958년 결승전은 당시 축구 경기의 전설 혹은 고전으로 인식되었다. 물론 이 경기는 브뤼셀에서 개최되어 그다지 잉글랜드 언론의 관심을 끌지는 못했다. 그러나 1960년 레알 마드리드가 아인트라흐트 프랑크푸르트를 7-3으로 제압한 경기는 '잉글랜드의 신문과 라디오, TV의 앞마당 스코틀랜드 글래스고우에서' 치러졌었다. 축구해설가

59_ *The Times*, 23 September 1964.
60_ J. Walvin, *The People's Game : The History of Football Revisited*, Edinburgh : Mainstream, 1994, pp. 180-1.

인 제랄드 신스타트(Gerald Sinstadt)는 이 경기가 엄청난 관심을 일으켰다고 나중에 회상했다.[61] 유일한 아르헨티나전 승리를 제외한다면 TV로 중계된 1962년 칠레 월드컵 원정의 불행한 경기들은 그다지 좋은 장면을 만들지 못했다. "우리는 조국에 돌아와서 따뜻한 환대를 받지 못하였다"고 대표팀의 한 일원은 회상했다. 램지가 대표팀 감독으로 선임된 지 얼마 지나지 않은 시점에서 잉글랜드가 1966년 월드컵을 차지할 수 있을 것이라고 예측했을 때, 이 예측에 대해서 심하게 의심하고 있었던 선수들은 대표팀 레프트백인 래이 윌슨(Ray Wilson)뿐이 아니었다. 윌슨은 나중에 "램지는 우리가 모르는 어떤 것을 알고 있었던 것이 분명합니다"라고 회상했다.[62]

1966년에도 아직 변화되지 않은 것은 영국(British)의 국가정체성에서 잉글랜드적인 것(Englishness)의 지배적 인정이었다. 1966년의 월드컵 결승전 날은 본질적으로 영국보다는 잉글랜드 문화사의 한 순간이었다. 처음부터 램지는 "잉글랜드 축구뿐 아니라 잉글랜드와 잉글리랜드 사람으로서 자신의 신념"을 공언했다.[63] 램지는 잉글랜드-스코틀랜드 간의 경쟁관계의 역사를 충분히 이해하고 있었다. 예를 들자면, 전체 영국과 함께 일구어낸 잉글랜드의 승리, 심지어 1, 2차 세계대전에서의 독일에 대한 승리도 스코틀랜드와 나누어 가질 수

61_ *The Times*, 20 November 1977.
62_ 이 경기 예측에 대한 논평 및 이에 대한 반응은 D. Thomson, *4-2*. London : Bloomsbury, 1996, p. 70 참조.
63_ Bowler, *Ramsey*, p. 155에서 Ramsey 인용.

없고 또 나누어 가져서도 안 된다고 말할 정도였다. "이날은 우리 모두가 기다려온 날이다"라고 언급하면서 BBC의 중계를 맡은 케네스 올스던홈(Kenneth Wolstenholm)은 경기 시작을 알렸다.[64] 그러나 어떤 사람들은 자신이 "우리 모두"에 포함되지 않는다는 완강한 입장을 갖고 있었다. 스코틀랜드인 데니스 로우(Denis Law)는 오후의 골프를 끝내고 잉글랜드의 4–2 승리가 그에게 가져다 준 소감을 회상하면서 "나는 그것을 세상의 종말로 여겼고, 당시 스코틀랜드와 잉글랜드 사이에는 경쟁의식이 대단했으며, 잉글랜드가 월드컵 우승을 했다는 사실에 나는 기분이 상했었다. 물론 월드컵 우승은 잉글랜드 축구에게 일어난 위대한 사건이었지만 말이다"라는 말을 덧붙였다.[65]

물론, 1966년 월드컵 우승은 잉글랜드 민족에게 일어난 가장 위대한 사건 중 하나였으며, 잉글랜드 현대사에서 1945년의 제2차 세계대전 승리와 1953년의 엘리자베스 여왕의 대관식에 비견할 만큼 국가정체성의 고양을 재확인해 주는 기회이기도 했다. 잉글랜드 축구의 발전은 과거 "축구"에 무심했던 사람들도 축구에 관심을 가지게 만들었으며, 이것은 '축구에서 우연히 발견한 하나의 민족주의'의 지표로 주장되기도 했다.[66] 축구가 발생시킨 국가정체성의 표현은 맥주를 마시고 취한 최근 서포터들의 공격성향과 달리 대부분이 온순

64_ Thomson, *4–2*, p. 9.
65_ R. Taylor and A. Ward, *Kicking and Screaming : An Oral History of Football in England*, London : Robson Books, 1995, p. 173에서 재인용.
66_ Clarke and Critcher, "1966 and all that", p. 121.

했다. 더욱이 램지는 유럽대륙의 경기 스타일을 흉내내지 않고 잉글랜드 축구의 독특한 장점을 극대화시켜서 성공했다고 할 수 있다. "따라서 우리는 모든 분야에 있어서 용기와 힘 그리고 지구력이 있었으며, 우리의 위대한 선수들이 효과적으로 활동할 수 있는 환경을 만들고 잉글랜드 축구의 능력에 대한 신념을 회복하였다"라고 램지 자서전은 결론맺는다.[67] 결국 월드컵 우승은 축구가 종가 잉글랜드로 다시 돌아오는 계기가 되었고, 사람들에게 큰 위안을 가져다 주었다.

1966년 잉글랜드의 월드컵 우승이 1970년대와 1980년대 잉글랜드에서 확산되고 고착되어 버린 쇠퇴주의와 어떤 관계가 있을까? 월드컵 우승은 홈 어드밴티지를 감안하더라도 그 명목적인 가치를 보자면, 1953년 헝가리가 잉글랜드에 승리한 이후 상대적인 열등감을 극복할 수 있었던 것과 같았다. 잉글랜드의 우승으로 조성된 대표팀의 역동적인 경기력은 1970년대까지 세계적 수준을 유지하게 해주었다. 잉글랜드팀이 1970년 멕시코 월드컵에서 우승팀인 브라질과 서독에게 아깝게 지고 귀국하였을 때에도 전혀 문제가 되지 않았다. 알란 볼(Alan Ball)은 "물론 결과는 실망스러웠지만 우리는 멋진 경기에 참가했고, 멋진 축구를 한 잉글랜드팀의 일부분이었으며 정말 훌륭한 경기를 펼쳤다"라고 회상했다.[68] 1970년대 이후 잉글랜드 대표

67_ 1966년 램지가 천재적으로 실행한 잉글랜드 축구의 경기력 향상에 관한 분석은 Bowler, *Ramsey*, pp. 301–2 참조. 또한 Clarke and Critcher, "1966 and all that", p. 123 참조.

68_ Taylor and Ward, *Kicking and Screaming*, p. 242에서 재인용.

팀의 성적에서 알 수 있듯이 잉글랜드 매스컴은 1966년 월드컵의 우승을 잉글랜드가 쇠퇴하기 전의 최종점으로 규정하고, 과거에는 존재했으나 현재는 잃어버린 국가적 위대함의 문화적 상징의 또 다른 항목으로 간주했다.

사실 잉글랜드 축구의 역사에 대한 최근의 저술에는 국제적 수준에서의 미래의 실망의 씨앗이 1966년에 이미 뿌려졌다는 것을 암시한다. 1994년 봅 스틴(Bob Steen)은 다음과 같이 말하였다. “잉글랜드인들이 비밀로 하고 있는 몇 가지 생각들이 있는데, 예를 들어 ‘매기(마가렛 대처)의 머리 위에 폭탄이라도 터졌으면’, ‘신이여 미국에게 축복을’과 같은 것이다. 그러나 무엇보다도 1966년 월드컵은 우리 국가대표팀에게 일어났던 가장 나쁜 일이었다는 생각은 절대로 발설하면 안 되는 것이었다.” 이후 어쨌든 이러한 시각은 축구에 대한 글에 더욱 자주 나타났으며, 이제는 거의 상식이 되어버렸다. 1996년에 데이비드 톰슨(David Thomson)은 1966년 월드컵 우승을 기념하는 글에서 “1966년 잉글랜드의 우승이 이후의 패배의 개연성을 더 높인 측면이 있다”라고 주장했다. 4년 후 비드 다우닝(David Downing)은 잉글랜드와 독일의 축구관계에 대한 역사를 쓰면서 “그날의 결정적인 우승이 잉글랜드적 우월감을 강화시키고 다른 지역의 경기력 향상에 대처하거나 이러한 변화에 대한 적응을 어렵게 만들었다”고 지적했다.[69] 여기에서 1980년대부터 나오는 쇠퇴주의에 관한 글들이 분명히 영향을 주었다고 할 수 있다. 특히 코렐리 바넷(Correlli Barnett)의 『전쟁의 결산』(*Audit of War*)에서 영국의 전후(前後) 혼란이 “전쟁

당시 영국의 희망, 환상 그리고 현실"에 기인한다는 주장은 차후 서술에 있어서 많은 영향을 끼쳤다.[70]

축구 역사의 서술에 있어서 이러한 경향의 전조는 1972년 UEFA컵 당시 서독과의 경기, 그리고 1973년 폴란드와의 월드컵 예선전에 대한 언론의 논평에서 분명히 나타났다. 1972년 4월 웸블리에서 멋진 축구를 구사했던 서독에게 3–1 패배, 그리고 몇 주 후 베를린 원정에서 둔하고 방어적이며 매우 체력적인 경기력을 통해 얻어낸 0–0 무승부는 잉글랜드 국가대표팀은 1966년 이후 정체되었던 반면 서독팀은 경기력이 향상되었다는 것을 보여주었다. 이것은 당시 영국과 서독의 상대적인 국력에 대해 발표된 많은 글들과 일맥상통하는 것이기도 했다. 예를 들면 당시 여론은 유럽경제공동체의 가입과 관련된 문제에 있어서 영국은 "유럽의 경제적 장애인"으로서 근근이 비참하게 존재한다는 생각에 사로잡혀 있었다.[71]

《데일리 미러》는 잉글랜드는 1966년 월드컵 우승 이후 고질화된 습관이 주기적으로 반복되고 있다고 주장했다. "이번에도 마찬가지

69_ R. Steen, *The Mavericks : English Football When Flair Wore Flares*, Edinburgh : Mainstream, 1994, p. 27 ; Thomson, 4–2, p. 221 ; D. Downing, *The Best of Enemies : England v. Germany, A Century of Football Rivalry*, London : Bloomsbury 2000, pp. 110–18.

70_ C. Barnett, *The Audit of War : The Illusion and Reality of Britain as a Great nation*, London : Macmillan, 1986, pp. 1–8, 304.

71_ *Economist*, 30 December 1972, cited in K. O. Morgan, *The People's Peace : British History 1945–89*, Oxford : Oxford University Press, 1990, p. 340.

로 잉글랜드는 과거에 안주하는 것으로 만족했으며, 다른 나라들이 우리를 따라잡고 추월할 때까지 과거의 승리에 대한 자가도취에 빠져 있었다"고 피터 윌슨(Peter Wilson)은 주장했다.《선데이 타임스》는 "브라이언 제임스(Brian James), 1966년 월드컵 우승을 비난하다"라는 제하의 기사에서 유사한 분석을 하였다. 1966년 이후 잉글랜드는 램지의 팀이 우승할 수 있었던 '당당한 용맹성'을 계속 믿고 있었다. 반대로 서독의 경우 패배 뒤에는 재평가가 따랐다. "1966년 월드컵에서 잉글랜드팀에게 패배한 뒤 잊고 있었던 서독팀은 중남미의 최고팀의 경기력에 근접했다."[72] 이 메시지는 잉글랜드가 1973년 10월 웸블리 구장에서 폴란드팀의 수비진을 돌파하지 못해 1974년 월드컵 본선 진출이 좌절된 후 강화되었다. 이것은 1950년 잉글랜드가 월드컵에 참가한 이후 본선 진입에 최초로 실패한 경우였다.

비록 램지의 전술에 많은 비판이 집중되었지만 데비드 보울러(David Bowler)가 "그들은 세계 챔피언에서 무명으로 전락했다"고 평가한 것처럼 잉글랜드 축구가 "8년 동안" 퇴보했다는 점을 인정하는 분위기였다.[73] 이 사건에 대해서 언론이 내린 가장 낙관적인 해석은 잉글랜드팀이 경기 운이 없다는 것이었다. 잉글랜드 매스컴은 국가대표팀의 미래 최고의 희망을 근본적인 개혁에서 찾았다. "축구가 모

72_ *Daily Mirror*, 1 May 1972 ; *Sunday Times*, 14 May 1972. 이 경기에 대한 언론의 반응은 Downing, *Best of Enemies*, pp. 141–6 참조.

73_ Bowler, *Ramsey*, p. 287.

든 공차기일 때"(*WHEN FOOTBALL IS ALL KICKS*, 축구가 동네북이 되었을 때)라는 제하의 《데일리 미러》의 기사에서는 만약 경기결과가 '각성'(a shake-up)을 촉구하는 결과를 가져온다면 폴란드전이 "잉글랜드 축구에게 좋은 전환점이 될 수도" 있다고 제안했다.[74] 이는 "우리"는 이전에도 이런 경험이 있었다라는 다소 감정적인 습관성 조건반사 반응이라 할 수 있었다. 《타임스》의 지오프레이 그린(Geoffrey Green)은 잉글랜드 축구가 경기력과 전술 향상을 재검토할 수 있는 4년이라는 시간이 주어졌다는 것을 강조했다. 그는 "만약 우리가 이 과업을 현명하고 탁월한 지도력 밑에서 수행한다면 1978년 이전에 잉글랜드팀은 새롭게 탄생할 것이다. 마치 20년 전의 대헝가리전의 역사적인 패배가 잉글랜드 축구의 근저를 흔들어 놓았듯이 말이다"라고 기분 좋은 논평을 덧붙였다.[75]

이런 긍정적인 전망은 1970년대 동안 시야에서 대부분 사라져 버렸다. 잉글랜드는 1974년 월드컵 본선 진출에 실패했을 뿐만 아니라 1978년 월드컵 예선에서도 탈락했다. 잉글랜드 축구는 부활을 거부하는 것 같았다. 1976년 11월, 로마에서 이탈리아에게 당한 결정적인 패배에서 램지의 후계자인 돈 레비(Don Revie)가 지휘한 대표팀은 패배가 일상화된 잉글랜드 축구의 약점을 지속적으로 보여주었다《데일리 미러》의 프랭크 멕기(Frank McGhee)는 "잉글랜드 축구팀은 열

74_ *Daily Mirror*, 19 October 1973.
75_ *The Times*, 18 November 1977.

심히 뛰고, 공을 쫓아다니고, 격렬하게 몸싸움하고 땀 흘리는 선수들이 있다. 잉글랜드 축구 선수들은 그 경기에서 모두 남자답게 땀 흘렸다. 그러나 불행하게도 이탈리아팀은 경기를 풀어나갈 수 있는 선수들을 보유하고 있었다”라고 결론내렸다. 그러나 이 경기는 잉글랜드팀에게 하나의 위안거리를 제공할 수 있었다. 월드컵 본선 진출이 이미 좌절된 상태에서 1년 후 이탈리아팀과의 웸블리 구장에서의 리턴 매치는 잉글랜드팀에게 기대할 것이 거의 없었다는 것을 다시 한 번 확인시켰다. 멕기는 “잉글랜드를 위해 북을 칠 수 있는 날들, 그리고 어떤 성공의 확신을 갖고 대담하게 경기를 예측할 수 있었던 날들은 이미 오래 전에 가버렸다”고 경기 시작 전에 논평했다.[76]

잉글랜드 언론들은《타임스》의 노만 폭스(Norman Fox)가 “잉글랜드 축구의 빈곤”이라고 정의한 쇠퇴주의 논법을 충실히 따랐다.[77] 스코틀랜드가 두 번 연속해서 월드컵 본선에 진출한 것은 잉글랜드인에게 아무런 의미도 없었고 위안도 주지 못했다. 일간지 스포츠 면에서의 잉글랜드팀에 대한 우울한 자기 반성은 쇠퇴문학의 과잉과 완벽한 조화를 이루었다. 이러한 쇠퇴문학은 영국 경제의 고질병을 해결하기 위해서 좌파와 우파 정부 양쪽에서 과감한 정책을 실시했으나 아무런 성과를 내지 못했던 1970년대 후반기부터 쏟아져 나왔다. 실업률이 전후 최고조에 달하면서 영국 전체에 “더 이상 나쁠 수가

76_ *Daily Mirror*, 17 November 1976 ; 16 November 1977.
77_ *The Times*, 18 November 1977.

없다"라는 분위기가 팽배했다. 이러한 심리상태는 1950년 이후 다른 국가에서 이루었던 '경제기적'이 영국을 상대적으로 뒤처지게 했다는 의식이 높아지면서 상승효과를 가져왔다.[78]

이러한 상황에서 1981년 9월, 평범한 노르웨이팀과의 경기에서 기대하지 않던 패배(2-1)는 3번 연속 월드컵 본선 진출 실패 가능성이라는 우려 때문에 잉글랜드 축구의 화장(火葬)을 촉발시키는 계기가 되었다. 이 시기에《선》의 유통부수(370만 부)가《데일리 미러》(360만 부)를 앞지르면서《선》은 영국 노동계급이 선호하는 대중지가 되었다.《선》의 기자들은 이 신문이 매국노라고 지칭한 자에 대한 경멸과 함께 국가적 위대함의 원시적 개념에 기초한 환상의 세계를 건설했다.《선》의 축구 관련 기자들은 축구 종주국의 위상에 걸맞는 수준을 요구했다.[79] 이 수준에 도달하지 못하면《선》은 잉글랜드 대표팀을 혹독하게 비판했다. 노르웨이전 패배를 "잉글랜드에게는 세상의 종말"이라는 헤드라인으로 "세상의 웃음거리"를 제공한 선수들을 겨냥하여 비판했다. 그리고 잉글랜드는 이제 "축구계의 바나나

78_ S. Pollard, *The Wasting of the British Economy : British Economic Policy 1945 to the Present*, London : Croom Helm, 1982, pp. 1–21 참조. 또한 N. Tiratsoo, "You've never had it so bad? Britain in the 1970s", in N. Tiratsoo (ed.), *From Blitz to Blair : A new history of Britain since 1939*, London : Weidenfeld and Nicolson, 1977, pp. 163–4도 참조할 것. 쇠퇴와 관련된 유용한 현대 저술에 대한 개요는 D. Coates and J. Hillard (eds), *The Economic Decline of Modern Britain : the Debate between Left and Right*, Brighton : Wheatsheaf, 1986 참조.

79_ Wagg, "Playing the past", p. 225.

공화국 수준으로 전락"했다는 주장과 함께 비교의 척도가 제시되기도 하였다.[80] 경기 종료시에 마이크에 대고 외친 유명해진 노르웨이 캐스터의 마지막 멘트는 영국 역사에 대한 그의 교활한 이해력을 넘어 결정적으로 모욕을 주는 것이었다. 그러나 선정주의의 근저에는 잉글랜드 신문들의 모든 지면이 수년 동안 탐닉했던 것을 잃어버린 독자들에게 주는 메시지는 근본적으로 같았다. "노르웨이 2-잉글랜드 1"이라는 제하의 기사에서 지미 그리브스(Jimmy Greaves)는 잉글랜드 축구를 "구하기 위한" 자신의 계획을 강조하면서 노르웨이전 패배는 "오랫동안 지체되어 온 혁명을 시작하기 위한 계기"가 될 수 있었다고 주장했다.[81]

잉글랜드인이라는 중요성

잉글랜드는 "단순한 국가로서의 존재가 아니라 마음의 안식처가 되었다"는 것을 암시한다.[82] 이 논의를 정리하면서 본장이 의도한 것은 국제수준에서의 잉글랜드 축구의 경기력과 이것이 대중매체에 의해 대중적으로 소비되는 방식을 포착함으로써 20세기 후반 잉글랜드

80_ *Sun*, 「그것은 '세상의 종말'이 아니었다. 잉글랜드는 본선진출을 향해 나아갔다」 10 September 1981.

81_ *Sun*, 11 September 1981.

82_ Dr David Starkey in *The Times*, 20 April 1996, Paxman, *The English*, p. 264에서 인용.

인의 마음 속에 잉글랜드의 이미지가 어떻게 형성되는지를 보여주는 것이었다. 계급의식만큼이나 국가정체성을 공유한 경험, 특히 국가 구성원들의 집단적 경각심이 형성되는 방식은 이들이 조우하는 타인과는 근본적으로 다른 경험에 의해서 만들어진 점을 지적해야만 할 것이다. 국제 스포츠는 이 과정에서 중요한 역할을 한다. 비록 대부분의 사람들은 대량으로 생산되는 언술과 이미지의 소비를 통해 간접적으로 경험을 하더라도 말이다. 축구 국가대표팀의 성쇠를 추적한다는 것은 잉글랜드인이 자신을 어떻게 보며 그들이 사는 세상의 의미를 어떻게 만들어 가는지를 파악하는 데 도움을 준다.[83]

1970년대 영국의 쇠퇴에 관한 논의에 포함시켜야 할 것은 피터 제이(Peter Jay)가 묘사했듯이 영국 국민들은 대부분 "혼란에 빠지고 불행했다"는 것이다. 제이는 영국민들을 불행하게 만든 것은 번영의 기초가 허물어지고 있다는 명백한 증거를 이들이 실감했기 때문이며, 한편 "이러한 퇴행에서 빠져나올 수 있는 확실한 구제책에 대해서 아무런 합의도 찾지 못했다"는 점이었다고 주장했다. 영국민들이 혼란에 빠진 것은 이것이 왜 자신들에게 일어났는지에 대해, 즉 "그것이 … 정부의 무능, 국가적 결함, 역사의 리듬, 단순한 운(運)이 아니면 무엇인지"에 대해 만족할 만한 설명을 찾는 데 실패했기 때문이었다. 이러한 조건들은 더 많은 것을 요구하는 대중과 상대적으로 적

83_ J. Hill, *Sport, Leisure and Culture in Twentieth-Century Britain*, London : Macmillan, 2002, pp. 43-57에서의 논의 참조.

은 것만을 줄 수밖에 없는 지도자 간의 악순환으로 정의되는 "잉글랜드병"(Englanditis)이라는 만성적인 불안증을 낳았다.[84] 이 논리를 너무 극단화시키지 않는 것이 중요하지만 여기에서 불행과 혼동에 관한 일련의 항등식이 존재한다. 이는 비록 더욱 간헐적이고 덜 중요한 현상이지만 1966년 잠시 중단되었던 세계 축구계에서의 잉글랜드 위상의 지속적인 하락으로 인해 촉발되었다.

가장 대중적인 여가활동이며 시청률이 가장 높은 스포츠인 축구는 국가의 상태에 관한 높은 수준의 논쟁에 대해 대중적 관점을 접근할 수 있게 해주었다. 비록 잃어버린 제국이 세계 지도상에서 적색 지역으로 비교적 쉽게 파악될 수 있고 과거의 식민지들이 사자의 꼬리를 잡아당기더라도 영국 경제의 문제를 대중에게 설명하는 것은 항상 더욱 어려운 것이었다.《데일리 미러》금융 면의 편집자인 로버트 헤드(Robert Head)는 "나는 가능하면 '시티'(City)라는 단어를 사용하지 않는다"라고 설명했다. 독자들에게는 "시티는 토요일 유나이티드를 3-0으로 이긴 팀"이었기 때문이었다.[85] 사실《미러》독자들에게는, 그리고《선》을 읽는 사람들에게 있어서도 국가적 쇠퇴에 대한 생각은 일간지의 앞면에서가 아니라 뒷면에서 처음으로 접하는 기사였다. 따라서 타블로이드 신문을 사는 많은 사람들이 신문을 뒷부분

84_ P. Jay, "Englanditis", Coates and Hillard (eds), *Economic Decline*, pp. 115–22에서 재인용.

85_ B. Calvert, *The Popular Press, Privatisation and Popular Capitalism in Britain During the 1980s*. unpublished PhD thesis, Coventry University, 2000, p. 65.

부터 읽는다는 점을 상기할 필요가 있었다. "이들에게는 뒷면(스포츠면)이 사실상 앞면이었다."[86] 대재앙으로 여겨지는 잉글랜드 축구팀의 패배에 대한 원인분석은 일부 독자들이 좁은 시각이지만 쇠퇴에 관해서 직접적으로 참여할 수 있는 기회의 장이 될 수 있었다.《데일리 미러》는 1972년 서독전 패배 이후 가장 많은 독자의 편지를 받았다. 그 편지의 내용은 분명히 핵심을 담고 있다. "과거에 안주하지 말고 지금이 변화의 적기이다"였다.[87] 1970년대 잉글랜드인의 전형이 국가적 쇠퇴의 징후 앞에 걱정하고 몰두하는 것이라면, 국가대표팀 경기결과에서 시작된 걱정들이 쇠퇴에 대한 최소한 상징적 의미를 띠고 있었다.

이것은 웨일즈인, 스코틀랜드인, 아일랜드인 혹은 영국인과는 달리 잉글랜드인이라는 것이 무엇을 뜻하는지에 대해서 이해하는 데 중요한 실마리를 제공했다. 육상과 럭비 같은 일부 스포츠 종목은 영국(Great Britain)을 위해 싸우는 기회를 제공하고 있지만 축구의 국제적 대표성은 4개의 민족으로 분할되어 있다. 스포츠 행위를 민족과 연결시켜 묘사하는 언론의 경향을 감안해 볼 때, 잉글랜드 축구를 따르는 사람들은 자신들의 과장된 이미지를 이상화(理想化)시키고 있다. 리즈 크롤리(Liz Crolly)와 데이비드 핸드(David Hand)가 주장하듯

86_ R. Grose, *The Sun-sation : Behind the Scenes at Britain's Bestselling Daily News-paper*, London : Angus and Robertson, 1989, p. 80.

87_ *Daily Mirror*, 18 May 1972.

이 "이들의 담론은 '잉글랜드적인 것'에 대한 폭넓은 시각과 연결되어 있으며, 이것은 잉글랜드인은 무엇이어야 하는지에 대한 비교적 간단한 일련의 신념 위에 기초한다." 그 신념 속에는 '불독정신'으로 오랫동안 여겨지고 있는 정직한 노력, 체력적 용기 그리고 열정적인 헌신에 대한 단순한 미덕이 포함되어 있었다.[88] 1966년의 경우처럼 잉글랜드 국가대표팀의 승리는 잉글랜드의 민족적 스타일로서 즉각적으로 인식되었고, 이것은 대중매체를 통해서 잉글랜드적인 것의 긍정적인 자기 확신으로 이해되었다. 분패 혹은 실망스러운 경기력을 보일 때는 부정적인 충격을 주었다. 이렇게 해서 승리와 패배는 모두 잉글랜드적인 것을 주기적으로 나타내는 기회를 제공했으며, 각 경기의 결과는 잉글랜드에 관한 긍정적 혹은 부정적인 평가를 수반했다.

더 나아가 영국국제축구대회(British international football)는 잉글랜드적인 것에 특별한 관심을 가질 수 있는 일상적 기회가 되었다.[89] 이 시기 잉글랜드 리그에 속해 있는 클럽들이 유럽 클럽 대항전에서 눈부신 성공을 거두었다. 그러나 이것이 국가대표팀의 성공으로 연결되지 않은 이유는 이 팀들이 아일랜드를 비롯해서 4개의 지역에서

88_ L. Crolley and D. Hand, *Football, Europe and the Press*, London : Frank Cass, 2002, pp. 19–32 참조.

89_ 영국 본토 국제 축구대회와 민족적 다양성에의 관심에 대해서는 H. F. Moorhouse, "One state, several countries : Soccer and nationality in a 'United' Kingdom", in J. A. Mangan (ed), *Tribal Identities : Nationalism, Europe, Sport*, London : Frank Cass, 1996, pp. 70–2.

선수를 충원하기 때문이었다. 홈인터내셔널챔피언십(Home International Championship)[90]은 잉글랜드와 스코틀랜드의 경쟁의식이 잉글랜드와 영국 간의 국가정체성의 구분을 애매하게 한다는 비판이 고조되었던 때인 1984년까지 매년 열렸다. 잉글랜드의 월드컵 우승의 정당성은 잉글랜드의 경계선 북부에서는 부인되었으며, 다음해 웸블리 구장에서 스코틀랜드가 3-2로 잉글랜드에 승리함으로써 이 경기는 이 두 지역 간의 경쟁관계에서 중대한 국면이 되었다. 1966년 월드컵 결승에서 논란이 되었던 영국의 3번째 골을 인정한 궤프 허스트(Geoff Hurst) 주심은 35년이나 지난 후에도 스코틀랜드인들은 외국인처럼 공항 라운지에서 그를 만나면 다가가서 "조그만 아저씨, 그 때 그 공은 골인되지 않았어요"라고 속삭인다고 불평했다.[91] 잉글랜드가 1974년 독일 월드컵과 1978년 아르헨티나 월드컵 본선 진출에

90_ 'Home International'이라고 불리며 영국 현대 축구사의 첫 페이지를 장식했던 잉글랜드, 스코틀랜드. 아일랜드 그리고 웨일즈 네 팀 간의 대항전은 그 역사가 100년에 달하는 유서 깊은 대회였다. 1884년 1월 26일, 벨파스트에서 아일랜드(독립 이전의 아일랜드 공화국+북아일랜드)와 스코틀랜드의 경기를 시작으로 이 대회의 100년 역사가 시작된다. 첫 대회에서는 현대 축구의 발상지 스코틀랜드가 3전 전승으로 당당히 우승을 차지했다. 대회방식은 단순해서 홈 & 어웨이의 구분 없이 4개 팀이 라운드 로빈 방식으로 순위를 가리는 것이었다. 또한 이 대회는 월드컵 예선전과 유럽선수권대회 예선전으로도 각각 두 차례씩 활용되었다. 국내 리그를 제외하면 축구 역사상 가장 오랫동안 존속했던 국제경기이자 그 자체로 상당히 많은 에피소드를 만들어냈던 대회였다.[역자 주]

91_ G. Hurst (with M. Hart), *1966 and All That : My Autobiography*, London : Headline, 2001, p. 3.

실패했을 때 스코틀랜드에서 환희는 자제될 수 없었다. 1978년 월드컵을 기념한 엔디 카메론(Andy Cameron)의 싱글 앨범인 ‘Ally's Tartan Army’[92]의 가장 유명한 가사는 잉글랜드가 ‘탈락했다’는 사실을 강조한다. 이것은 스코틀랜드 축구팀이 원정경기에서 패했을 때 분출되는 잉글랜드인의 환희와 대비된다. 1978년 월드컵 당시 《데일리 메일》은 “가장 형편 없는 팀”인 “스코틀랜드가 여기서 낙마하다”라는 제목의 톱기사로 일면을 장식했다.[93] 잉글랜드 대표팀 감독 알프 램지 경(Sir Alf)은 어떤 기대도 갖고 있지 않았다. “스코틀랜드에 온 것을 환영합니다”라는 말로 1967년 프레스트윅 공항에서 접대받으면서 램지는 특별히 인내를 요하는 언어로 답변했다고 회자되고 있다.[94]

이러한 모든 것들은 ‘우리’ 잉글랜드인이 ‘영국 국민’(British)으로서 스코틀랜드를 응원해야 한다는 언론에 의해 유포되고 있는 차분한 전제와 반대적인 현상이었다. 이는 오래 전에 사라져 버린 제국의 필요에 의해 날조되었던 대영제국의 국가정체성으로부터 고통스

92_ Ally's Tartan Army는 스코틀랜드가 1978년 아르헨티나 월드컵 본선에 진출한 것을 기념해서 Andy Cameron이라는 스코틀랜드 코미디언이 취입한 음반이다. ‘Tartan Army’는 스코틀랜드 서포터를 칭하며 ‘Ally’는 당시 국가대표 감독의 이름(Ally McLeod)이다.[역자 주]

93_ M. Wilson, *Don't Cry for Me Argentina : Scotland's 1978 World Cup Adventure*, Edinburgh : Mainstream, 1998, p. 139 ; *Daily Mail*, 8 June 1978.

94_ G. Tibballs, *'Do I Not Like That' : One–Liners, Wise Words, Gaffes and Blunders from the World's Greatest Football Managers*, London : Virgin, 1999, p. 229. 램지의 스코틀랜드에 대한 또다른 반감의 예는 Bowler, *Ramsey*, p. 159 참조.

럽지만 필연적인 잉글랜드적인 것으로의 분화과정이라는 깔끔하지 못한 출발점이었다. 1966년에 시작된 '상처받은 30년', 그리고 제국의 상실과 불안한 영국 경제는 잉글랜드의 국가정체성에 대한 긍정적 확신이 어렵다는 것을 확인하는 데 도움이 되었다.

3. "매일 나는 일어날 때마다 웨일즈인이라는 것에 대해 신에게 감사한다"[1] 전후 웨일즈의 스포츠와 국가정체성

마틴 존스Martin Johnes

역사가인 과윈 윌리암스(Gwyn A. Williams)는 "웨일즈는 웨일즈인들에 의해 만들어진 인위적인 산물이며 매일, 매년 새로 만들고 재건해 간다"고 말한다.[2] 그러나 이러한 인위적 산물이 명확하게 무엇인지, 그리고 웨일즈의 미래, 민족국가의 부재, 내부의 지리적 · 언어적 · 인종적 분할에 관련된 정치적 논쟁이 아직까지 계속되고 있다. 통합된 하나의 독립체로서 웨일즈는 '상상 속의 공동체' 일 뿐만 아니라,

1_ Chorus to title track on Catatonia's *International Velvet album*, Blance Y. Negro, 1998.

2_ G. A Williams, *The Welsh in their History*, London : Croom Helm, 1982, p. 200. 또한 과윈 윌리엄즈(Gwyn A. Williams)의 저서로는 『웨일즈 역사 속의 웨일즈 사람들』(*When was Wales?*)이 있는데, 이 책은 한 '민족' 과 주관적으로 동일시한 상태에서 씌어졌지만 보기 드물게 민족을 그 역사적 맥락과 순수성의 측면에서 다루고 있다.**역자 주**

웨일즈적인 것은 웨일즈를 소유하고 만든 사람들에게 있어서 다양한 의미로 받아들여지고 있다.[3]

웨일즈를 정의함에 있어서 스포츠가 구현하는 것이 시간과 장소 그리고 상황에 따라 다르게 나타나기는 하지만, 웨일즈의 명확치 않은 국경 내외부에서 웨일즈인들의 국가정체성을 확립하고 유지하는 데 기여하고 있는 스포츠의 역할을 부인하기는 어렵다. 비록 웨일즈인들의 언어와 음악 그리고 종교가 웨일즈를 유지하는 데 어느 정도 역할을 해왔다고 하더라도, 실제적인 측면의 웨일즈 국가정체성을 표현하는 데 있어서 스포츠처럼 잘 갖추어진 문화적 양식은 사실상 없다. 웨일즈의 정서, 국가의 상징, 엠블럼, 노래들과 경연들은 웨일즈인들의 결집된 생각을 표현하는 완벽한 매개물이다. 스포츠는 웨일즈 사람들이 갖고 있는 다양한 국가성의 의미를 희석시키고 잉글랜드의 내부적 분열과 정치·사회 그리고 문화적 영향 하에서 자신들이 웨일즈인임을 주장하고 이해하게끔 한다. 에릭 홉스봄(Eric Hobsbawm)이 지적한 바와 같이 이와 같은 상상 속의 공동체는 11명으로 구성된 팀으로 표현되어 더욱 현실성을 띠게 된다.[4] 이 장에서는 1945년 이후 웨일즈의 국가정체성과 스포츠와의 상관관계를 살펴본다. 비록 광범위한 국가정체성의 개념으로 스포츠의 영향을 간단하게 규

3_ B. Anderson, *Imagined Communities : Reflections of the Originals and Spread of Nationalism*, London : Verdo, 1983.

4_ E. J. Hobsbawm, *Nations and Nationalism since 1780*, Cambridge : Cambridge University Press, 1990, p. 143.

정하기는 어렵지만 사실상 웨일즈의 국가정체성을 만들고 유지하는 데 실질적인 요소는 스포츠이다.[5]

럭비의 전성기

제2차 세계대전의 종전과 더불어 영국 사회에는 빈곤과 번영이라는 두 가지 상반된 모습이 나타났다. 당시 웨일즈의 산업은 경제적 호황과 더불어 완전고용 그리고 상징적인 국유화를 통해 되살아났으며, 1930년대의 경기 침체기를 극복하는 과정에서 럭비는 경제부흥에 큰 역할을 한 것으로 여겨졌다. 럭비유니언의 하부조직 결성과 더불어 경기장 시설들이 개선되었고, 럭비 클럽들은 여성과 어린이들에게 개방적인 것으로 변모하는 등 사회의 중심이 되었으며, 새로운 세대의 선수들이 등장했다. 1950년 웨일즈는 퇴역군인과 육체노동자, 대학의 트레이닝 교수로 이루어진 팀을 구성하고 이를 통해 1911년 이후 첫 번째의 완벽한 챔피언십과 트리플 크라운(Triple Crown)[6]을 쟁취했다. 1950–1956년의 기간 동안 웨일즈는 3번에 걸쳐 챔피언십 우승을 하였고 두 번의 준우승을 거두었다. 이제 럭비는 노동자 계급에 있어서 매우 중요한 부분이 되었고, 경쟁적이기는 하지만 교육

5_ For the social history of sport in Wales see M. Johnes, *Sport in Wales, 1800–2000*, Cardiff : St. David's Press, 2004.

6_ 프로 축구에서는 보통 한 팀이 정규 리그와 리그컵, 각 나라의 FA컵, 지역별 챔피언스 리그 가운데 3개 대회를 석권하는 것.역자 주

과 정치 그리고 스포츠의 업적을 공표하고 가치를 부여하는 공동의 문화가 되었다. 이 당시 럭비와 함께 웨일즈의 이상은 소위 '모계중심 사회로 일요일은 교회에서 보내는' 관습을 전통으로 여기고 있는 론다(Rhondda)[7]지역에서 나타난다. 비국교회 집안에서 성장한 국가대표 플라이 하프(fly half)[8] 출신의 클리프 모건(Cliff Morgan)은 스포츠의 도덕적이고 전통적인 가치에 대해서 찬양했으며,[9] 그가 가지고 있던 아마추어 원칙들과 더불어 웨일즈 럭비는 선수들에게 더 많은 실질적인 이익을 제공하게 되었다. 럭비는 청소년 선수들에게 더 좋은 기회를 제공하면서 일종의 묵계적이고 호혜적인 이해관계로 작용했다. 각종 상여금과 출전비, 출장비, 그리고 공짜 맥주와 같이 매 경기와 관련하여 이전과는 다른 직접적인 혜택이 주어졌으며, 당시 웨일즈 럭비의 현실은 전통적이고 존경할 만한 이상과는 더 이상 조화되지 못했다.

웨일즈 럭비가 대중적인 이상과 필연적으로 연결되어 있다는 것을 입증시킨 것은 바로 1960년대 후반에서 1970년대로 이어졌던 팀들이었다. 배리 존(Barry John), 가레스 에드워즈(Gareth Edwards), 윌리암스(J. P. R. Williams)와 같은 수많은 스타들이 럭비유니언에서 웨일

7_ 영국 웨일즈 남부 미드 글러모건 주(州), 카디프의 북서쪽 30km 지점에 위치한 도시로 남부 웨일즈 탄전지대 동부지역의 중심지. 역자 주

8_ 스크럼 뒤에서 하프로부터 패스를 받는 하프백. 역자 주

9_ D. Smith and G. Willams, *Fields of praise : The Official History of the Walsh Rugby Union, 1881–1981*, Cardiff : University of Wales Press, 1980, p. 340. This book is the classic social history of Welsh rugby.

즈를 세계적 강자로 만드는 데 공헌했다. 이들의 활약으로 1968–1969년과 1978–1979년 기간 동안 5개국 선수권대회(the Five Nations Championship)에서 웨일즈는 여섯 번의 승리를 거두었을 뿐만 아니라 세 번의 그랜드 슬램과 여섯 번의 트리플 크라운을 달성했다. 웨일즈와 다른 홈네이션 국가들(잉글랜드, 스코틀랜드, 북아일랜드)[10] 간의 현격한 실력 차이는 브리티시 라이온즈(British Lions) 팀[11]의 성공적인 뉴질랜드 순회경기를 위해 웨일즈가 13명의 선수들을 보충해 주었던 1971년에 이르러 더욱 분명해졌다. 그것은 단지 웨일즈의 럭비 팬들을 기쁘게 했던 성공뿐만이 아니라 웨일즈의 풍습이었다. 웨일즈 럭비 중 유명한 스포츠 평론가들에 의해 가장 높은 평가를 받고 있는 부분은 백플레이(back play)이다. 경기가 있는 날 운 좋게 입장한 사람들은 빨간 장미꽃 장식과 자이언트 부추, 데포딜 꽃으로 치장된 내셔널 스타디움을 보았다. 또한 경기장은 광부 출신이자 시인, 행위예술가로 평가받는 맥스 보이스(Max Boyce)에 의해서 새롭게 만들어지고 전통이 된 응원가인 '오기–오기–오기, 오–오–오'가 울려퍼지는 등 웨일즈

10_ 2001년에 채택된 유럽축구연맹 규정 제5조 제1항은 연맹에 가입할 수 있는 회원의 자격으로서 "유럽대륙에 위치하고 유엔에 의해 독립국가로 인정되는 나라의 영토에서 축구 관련 업무의 조직 및 실행의 책임을 가진 협회"일 것을 요구하고 있다. 하지만 유럽축구연맹 소속 52개 협회 가운데 5개는 독립국가를 단위로 하고 있지 않으며, 그 중 4개는 잉글랜드, 스코틀랜드, 북아일랜드, 웨일즈를 대표한다. 영국인들은 이 네 민족집단을 홈네이션(home nations)이라 부르는데, 지금은 거행되지 않지만 과거에는 홈네이션들 사이에 대회를 개최하고 이를 홈인터내셔널(Home International)이라 불렀다. 역자 주

11_ 두 개의 럭비팀인 The British and Irish Lions가 British Lions로 일컬어짐. 역자 주

의 상징이 되었다. 선수들과 관중들은 이전에 보지 못했던 새로운 스타디움과 음향장치에 특별한 애정을 가지게 되었고, 많은 사람들에게 이들의 경기장은 '럭비의 세계적인 성지'가 되었다.[12] 럭비의 진원지로서 암스 구장(Arms Park)은 1955년 이래 공포되었던 카디프를 수도로 발전시키는 데 크게 기여했다.[13] 국가대표 15인의 승리는 경기장에서 관전하는 사람들에게 큰 영향을 주었다. 정기적인 승리를 지원하는 데 관심을 가진 애국적인 언론과 TV는 국제 럭비 경기를 오지에 있는 사람들에게까지 관심을 가지게 할 정도로 국가적 이벤트로 만드는 데 기여했으며, 웨일즈에 있었던 BBC 방송국은 럭비를 국가건설을 위한 도구로서 간주할 정도였다.[14] 일 년 중 네 번, 토요일 오후에 치러지는 럭비 경기는 스포츠에 대해 문외한인 사람들까지 관심을 가지게 할 정도로 대부분의 웨일즈 사람들을 열광시켰다. 이제 럭비의 사회적 기반은 확장되었고, 시대를 풍미하던 해방적인 민족정신과 조화되어 1960년대 후반부터는 많은 여성들이 럭비를 이해하고 시청할 정도가 되었다. 북웨일즈의 전통적인 축구 변방에서조차도 새롭게 떠오르는 럭비에 대한 신선한 열정이 있었고, 발라(Bala)와 베데스다(Bethesda)와 같은 새로운 클럽이 결성되었다.

12_ J. P. R. Williams, *JPR : The Autobiography of J. P. R. Williams*, London : Book Club Associates, 1979, p. 15.

13_ J. Davies, *A History of Wales*, Harmondsworth : Penguin, 1993, p. 644.

14_ J. Davies, *Broadcasting and the BBC in Wales*, Cardiff, University of Wales Press, 1994, p. 320.

소위 '럭비의 왕'이라고 알려진 배리 존처럼 웨일즈 럭비 스타들의 인기는 상당했다. 존은 자신의 자유와 사생활을 되찾기 위해 조기 은퇴했는데, 그들의 명성에도 불구하고 1970년대까지 럭비 스타들은 여전히 국내에서 활동하고 있는 아마추어일 뿐이었으며, 선수들은 자신들을 존경해 주는 사회에 정착하여 살게 되었다. 영어와 웨일즈어를 말하는 사람들의 혼합 속에서 노동자연맹과 광신적인 럭비 선수를 배출했던 그래머 스쿨(grammar schools) 등이 이루어낸 성과들은 웨일즈인들의 생활을 반영하는 것이었다.[15] 웨일즈의 산업이 서서히 쇠퇴의 길로 접어들고 교사, 학생, 의사 및 다른 공공 부문의 노동자 수가 점차 증가했다. 영국 자본의 흡인력은 젊고 야망 있는 웨일즈 사람들에게 지속적으로 발휘되었다. 뿐만 아니라 웨일즈 럭비에서 프로 선수들의 중요성은 1960년대 말과 1970년대 초반에 정식으로 국가대표 선수들을 충원했던 런던 웨일즈 럭비 풋볼클럽(RFC)의 등장에 의해서 증대되기 시작했다.[16] 에드워즈(Edwards), 존(John), 제랄드 데이비스(Gerald Davies)와 같은 많은 럭비 선수들은 교육을 통해서 사무직으로 전환한 육체노동자들의 2세들이었다. 이들은 교육과 더불어 사회적인 발판을 위해 웨일즈의 존경할 만한 상징으로서 보

15_ The careers, lives and context of some of the stars of this era are explored in H. Richards, P. Stead and G. Willams (eds), *Heart and Soul : The Character of Welsh Rugby*, Cardiff : University of Wales Press, 1998 ; and *More Heart and Soul : The Character of Welsh Rugby*, Cardiff : University of Wales Press, 1999.

16_ E. Jones (ed.), *The Welsh in London,* Cardiff : University of Wales Press, 2001.

여겼다. 웨일즈에서 가장 성공적인 코치들인 클리브 로우랜드(Clive Rowlands), 카윈 제임스(Carwyn James)와 존 도우스(John Dawes) 등도 실제로 교사 출신이었다. 이와 같이 럭비 선수들의 아마추어리즘과 웨일즈인들의 정체성은 교육에 대한 열망과 함께 했다.

웨일즈 럭비에 대한 영국 언론의 보도는 민족성에 지나치게 의존했지만 그것은 또한 다른 것을 없애는 데 도움이 되었다. 역사학자인 존 데이비스는 "테피(Taffy)와 그의 동족은 더 이상 순수한 신앙인이 아니라 사후의 세계를 믿지 않는, 단지 술꾼에 불과하다"고 여기고 있다.[17] 웨일즈 럭비 선수 15명은 '마술적'·'시적이고', '율동이 있고', '빈틈 없고' 그리고 '전사'라는 단어들로 묘사되었으며,[18] 많은 선수들은 스스로 럭비가 켈트족과 웨일즈의 정서적 기질을 반영하고 있다고 생각했다. 배리 존(Barry John)은 럭비를 "스스로 조절된 폭력, 특별한 기술들과 지식, 두뇌와 근육의 결합, 관중과 선수들이 정서적으로 융합된 거칠고 빠른 남자들의 경기"로 간주했으며, "럭비가 항상 웨일즈인들의 기질에 강하게 호소했다"고 주장한다.[19] 이와 같은 민족적 특징들은 현실에서 근거를 가질 수 있었을지도 모르지만 매우 애국주의적인 것으로 간주되었다. 선수들은 웨일즈 대표팀의 셔츠를

17_ Davies, *History of Wales*, p. 644.

18_ J. Maguire and J. Tuck, "Global sports and patriot games : rugby union and national identity in a United sporting Kingdom since 1945", in M. Cronin and D. Mayall (eds), *Sporting Nationalisms : Identity, Ethnicity, Immigration and Assimilation*, London : Frank Cass, 1998, pp. 103–26.

19_ B. John, *The Barry John Story*, London : Fontana, 1975, pp. 13–14.

입는 것으로부터 자부심을 가졌고, 감독들은 경기력을 향상시키기 위해서 애국주의 감정에 호소했다. 리차드 홀츠(Richard Holts)는 “웨일즈적인 감정은 강력한 연대의식과 귀속감을 가지고 육체노동의 세계에서 탈피한 선수들에게 있어서 뚜렷하게 나타날지도 모른다”고 추측했다.[20] 1977년, 주장인 필 베넷(Phil Bennett)은 “여러분들이 곧 부딪치게 될 이 잉글랜드 놈들은 우리들의 석탄, 물, 그리고 철광석을 빼앗아 갔을 뿐만 아니라 우리들의 집을 사서 일 년에 2주일씩 휴가를 보내고 있다. 수세기에 걸쳐서 이 잉글랜드 놈들은 우리들을 착취하고 약탈했지만 오늘 오후에는 우리가 이 잉글랜드 놈들을 가지고 놀자!”[21]고 선언함으로써 동료 선수들의 감정을 자극했다.

이와 같은 불평들과 함께 1960년대 웨일즈의 정치적 민족주의가 성장했다. 웨일즈청이 1964년에 신설되었지만 웨일즈 민족주의 정당인 ‘플레이드 쿰리’ (Plaid Cymru)의 등장을 막지는 못했다. 1966년 플레이드 쿰리가 최초의 의회선거에서 승리한 이후 지방분권이라는 혁명적인 조치에 대한 압력이 증가했다. 이와 함께 훨씬 급진적이지만 주변적인 웨일즈어학회(Cymdeithas yr Iaith : Welsh Language Society)와 웨일즈 해방군(Free Wales Army) 운동이 일어났다. 웨일즈어학회는 영어로만 표기되어 있는 도로표지판의 삭제를 포함하는 방식으로 웨일

20_ R. Holt, *Sport and the British : A Modern History*, Oxford : Oxford University Press, 1989, p. 253.

21_ Quoted in M. Polley, *Moving the Goalposts : A History of Sport and Society Since 1945*, London : Rourledge, 1998, p. 60.

즈 언어의 보다 많은 인정과 사용을 위한 운동을 전개했다. 소위 웨일즈 공화국을 위해 웨일즈 해방군은 이와 같은 터무니없는 운동 속에서 폭발물과 군복에까지 손을 댔다. 따라서 전 세계적인 차원의 많은 자유주의 운동과 같이 1960년대는 웨일즈 민족의식이 새롭고 더 강하게 결합된 시대를 상징하고 있었다. 곧 럭비는 민족의식에 기여했을 뿐만 아니라 이를 반영하는 것이었다. 럭비 국가대표팀은 군중들 속에서 웨일즈 해방군 티셔츠를 입고 '여왕폐하 만세' (God Save the Queen)를 외치는 등 동시에 야유함으로써 더욱 더 공공연하게 민족주의적인 것으로 간주되었다. 국제경기에서 응원가를 부르는 횟수가 줄어들었을 뿐만 아니라, 새롭게 등장한 세상은 보수적이고 나이 든 세대를 화나게 만들었다.[22] 종종 응원가를 대신했던 톰 존스(Tom Johns)의 「딜라일라」(Delilah)와 맥스 보이스(the Max Boyce)의 노래는 비록 종교적이거나 전통적이지는 않았을지 모르지만, 이들의 노래는 1960년대와 1970년대의 상업적인 대중문화를 대표했다.

변화와 변천

웨일즈의 대중적 자부심에도 불구하고 주류 웨일즈 정치의 적은 잉글랜드가 아닌 토리당이었다. 사실상 이 시기의 럭비는 민족정서

22_ Smith and Williams, *Fields of Praise*, p. 375.

를 위한 가치로서 간주되었다. 웨일즈 럭비의 자부심과 성공이 최고조에 달했던 10년 동안 유권자의 11.9%(선거 참여자 전체의 20.3%)만이 1979년의 지방분권 국민투표에서 웨일즈 의회 구성에 찬성했다. 1981년의 글에서 모겐(K. O. Morgan)은 다음과 같이 주장한다.

> 럭비 경기장에서 잉글랜드 사람들에 대한 폭력 사용을 당연한 것으로 여기고 있는 웨일즈의 정체성은 국가 독립의 추구와 함께 민족주의자들의 관점으로 너무도 쉽게 전환되었다. 럭비와 관직부여(investitures), 대중들의 빵과 서커스는 정치적 열망을 가라앉히기 위한 평화적인 치료제가 되었고, 대부분의 웨일즈인들은 그와 같은 방식에 만족했다. 웨일즈인들은 자신들의 럭비실력에 자부심을 가졌고, 거의 의문을 제기하지도 않았다.[23]

스포츠가 웨일즈인들에게 어느 정도 애국심을 고취시키는 데 기여했을지는 모르지만 정치적 민족주의를 최소화시켰다고 보기는 어렵다. 정체성은 전후관계적이면서 상황적이기 때문이다. 특히 노동당의 헤게모니가 의회는 말할 것도 없고 지방정부를 효과적으로 운영할 수 없었을 때, 럭비 경기장에서 자신의 국가에 자부심을 갖고 있는 것과 지방분권이라는 측면은 별개의 문제이다. 웨일즈인은 럭비 경기가 진행되고 있는 80분 동안만의 애국자(eighty-minute patriots)가

23_ K. O. Morgan, *Rebirth of a Nation : Wales, 1880–1980*, Oxford University Press, 1981, p. 134 ; also see p. 348.

아니라 웨일즈 정체성의 복잡한 다수를 이해하고 있는 경제적이고 정치적인 실용주의자들 중의 하나이다.

1979년에 실시되었던 지방분권에 대한 국민투표가 부결됨에 따라 1980년대 웨일즈는 극적인 변화의 시기를 맞게 된다. 시장자유화라는 대처리즘[24]의 공약은 현대 웨일즈을 건설했던 전통적인 중공업의 몰락을 의미하는 것이었다. 광산과 철강공장은 증가되고 있던 실업에 의해 대체되었고, 남자만큼 여자를 고용했던 일본계 전자공장과 같은 현대식 벤처기업 등이 등장하면서 사라졌다. 1981년 당시 웨일즈에는 27,000명의 광부들이 있었으나 1990년에 이르러서는 단지 한 군데의 탄광만이 남아 있었다. 1980년대 중반에 미드글러모건 주(Mid Glamorgan)[25]에서 16–19세의 남성 3명 중 1명이 이전의 광산 공동체에서 실업급여를 받았다. 제1, 2차 세계대전 시기에 나타난 모습처럼 럭비는 웨일즈의 경제하락을 반영하는 것으로 보여졌다.[26] 1970년대를 유지했던 영광들은 반복되지 않았으며, 1980년대는 웨일즈 럭비의 쇠퇴 기간으로 이어진다. 1987년에 호주와 뉴질랜드에서 개최된 럭비유니언의 첫 번째 월드컵은 웨일즈 럭비에 어느 정도 희망을 제공하는 것처럼 보였다. 웨일즈는 3위를 차지했지만, 준결승전에

24_ 영국 경제의 재생을 꾀한 대처 수상의 사회·경제정책의 총칭.역자 주

25_ 영국 웨일즈 남부에 있던 주(州). 1996년에 폐지.역자 주

26_ For Welsh rugby in the 1980s and 1990s see D. Smith and G. Williams, "Beyond the fields of praise : Welsh rugby, 1980–1900", in Richards et al.(eds), *More Heart and Soul*, pp. 205–32.

서 뉴질랜드에게 49−6의 참패를 당하는 것을 본 어느 누구라도 말할 수 있듯이 이전 시기의 영광은 아직 멀었다는 것을 보여주었다. 1988년에는 트리플 크라운을 달성했지만 이 성과들은 뛰어난 선수인 조나단 데이비스(Jonathan Davies)라는 한 선수에게 너무 많이 의존하고 있었다. 데이비스가 럭비 리그에서 경기하기 위해 북쪽으로 떠난 후 웨일즈는 두 시즌에 걸친 5개국 대회(Five Nations match)[27]에서 한 번도 승리하지 못했고, 잉글랜드는 1963년 이래 처음으로 암스 구장에서 승리했다.

많은 웨일즈인들이 럭비의 근본적인 쇠퇴 원인을 보았다. 웬드래스(Gwendraeth) 그래머 스쿨은 1940년 이후로 매 10년마다 세계적인 아웃사이드 하프 선수인 카윈 제임스,[28] 베리 존, 가레스 데이비스와 조나단 데이비스 등과 같은 유명한 선수들을 배출했다. 학교의 노력과 더불어 수많은 남학생들이 럭비에 관심을 가지게 되었고, 럭비에 대한 학교들의 열정은 럭비가 웨일즈 축구를 얼마나 많이 희생시키고 웨일즈 교육의 문화 속에 어떻게 배어들었는가를 요약해 보여주었다. 그러나 1980년대에 접어들어 그래머 스쿨은 전국적인 것이 되

27_ 2000년 이전까지 5개국 선수권대회(the Five Nations Championship)로 알려진 6개국 선수권대회는 6개의 유럽 국가들, 즉 잉글랜드, 프랑스, 아일랜드, 이탈리아, 스코틀랜드, 그리고, 웨일즈가 참가하고 있는 연례 국제럭비유니온의 시합이다. 5개국 대회와 홈네이션 선수권(Home Championship, 영국 내 국가들의 시합)이 발전한 6개국 대회는 북반부 최고의 국제 럭비유니언 대회이다. 과거에는 국제선수권(The International Championship)으로 알려졌다. 역자 주

28_ Carwyn James(1929−1983), 웨일즈의 럭비 선수이자 코치로 활동. 역자 주

었고, 영국 전역에서 그랬던 것처럼 학교 스포츠의 지위와 속성이 변화되었다. 대처 정부의 교육정책에 대한 항의로써 체육에서 교사들의 자발적인 특별활동에 대한 개입이 줄어들었다. 경쟁적 스포츠에 대한 부분이 약화되고 농구 경기와 댄스 활동 등과 같은 체육교육이 다양화되었다. 비디오 게임, BMX 자전거, 스케이트 보드와 다른 새로운 형태의 세계화된 오락 등 남학생들과 선생님들 사이에서 보다 다양한 형태의 스포츠와 레저에 대한 관심이 출현했다. 최종적인 결과는 다양해지고 보편화된 웨일즈의 문화가 되었고, 럭비는 훨씬 주변적인 것으로 여겨졌으며, 심지어 한동안 그래머 스쿨에는 럭비 대표팀 베스트 15인이 존재하지도 않았다. 더 이상 그래머 스쿨은 특별한 것이 아니었으며, 다른 웨일즈의 그래머 스쿨들도 사라지거나 통합되는 등 웨일즈 럭비의 중요한 활성축은 사실상 사라져 버렸다.[29] 이것은 웨일즈 정체성의 표현을 방해했을지도 모르지만, 스포츠 능력에 근거하지 않았던 학교들 내에서 보다 민주적인 문화를 가능하게 했던 것일 수 있다.

1980–1990년의 기간 동안 웨일즈는 탈산업사회의 현실에 적응하기 위해 노력했다. 웨일즈 경제는 외자를 유치하는 데 있어서 부적절하게 적응했다. 국가 교육과정과 S4C(웨일즈 텔레비전 채널), 제2차 웨일즈 언어법(Welsh Language Act)은 부분적으로 웨일즈 언어의 미래

29_ R. Holt and T. Mason, *Sport in Britain, 1945–2000*, Oxford : Blackwell, 2000. p. 50 ; Smith and Williams, "Beyond the fields of praise", pp. 219–20.

를 확고하게 했지만, 영국의 집권 노동당과 웨일즈 민족당인 플레이드 큄리는 세계의 현실과 1979년에 치러진 국민투표의 부결에 적응하기 위해 자신들의 계획을 재정의했다. 이러한 변화들에 대해 실용적인 적용이나 철학적인 부분이 배제되었는지 이에 대한 감정적이고 정치적인 논쟁이 자주 수반되었다. 웨일즈 럭비를 개혁하려는 시도 또한 성공적이지 못했고, 많은 어려움을 가져왔다. 몇 년 동안의 논쟁 이후 1990년에 이르러 절실했던 내셔널 리그가 도입되었다. 경기에 대한 전망 부족, 형편없는 경기력과 허약한 웨일즈 경제는 럭비 리그의 결점들을 더욱 부각시켰다. 1985년, 테리 홈즈(Terry Holmes)는 10년 기간 동안에 북쪽으로 떠난 최초의 뛰어난 웨일즈 선수였다. 1988년 3번째의 트리플 크라운(Triple Crown)팀은 20만 파운드의 기록적인 보수를 받고 위드니스(Widness)팀에 합류한 조나단 데이비스가 웨일즈 경기 운영에 환멸을 느꼈던 것과 같이 프로 경기에 영향을 받지 않았다.[30] 떠나야 했던 명백한 이유가 있었음에도 불구하고 선수들은 종종 부당 이익을 취한 자 혹은 배신자로 비난을 받았다. 스완지(Swansea)팀에서 세인트 헬렌(St Helen)팀으로 이적한 스코트 깁스(Scott Gibbs)는 다음과 같이 주장했다.

> 선수들과 직원들이 럭비유니언에서 실제로 일어나고 있는 문제에 대해 계속 은폐하고 있으면서 거꾸로 나를 매춘부라고 부르는 것은 무척

30_ J. Davies with P. Corrigan, *Jonathan : An Autobiology*, London : Stanley Paul, 1990.

> 화가 나는 일이다. 웨일즈에 있는 모든 선수들은 토요일 경기에서 승리하게 되면 경기 후에 비로소 돈을 받는다는 것을 알고 있다.[31]

변화와 불확실성의 분위기 속에서 아마추어 규정에 대한 정의는 훨씬 취약해지고 있었다. 대중에게 노출되고 있다는 두려움으로 인해 선수들이 최선을 다하지 못할 수도 있지만 자신들의 수입 공개는 웨일즈 선수들이 지속적으로 북쪽으로 진출하게 하는 동기가 되었다.

1992년, 웨일즈 의회는 한때 국가적 자부심의 근원이었던 웨일즈 럭비가 현재 웨일즈의 정체성을 급격하게 침식시켰다고 선언했다.[32] 1970년대 이후에 웨일즈 럭비의 쇠퇴는 웨일즈인의 자긍심을 줄어들게 하였을지는 모르지만 더욱 근본적인 정체성의 위기는 전통적인 웨일즈 산업의 쇠퇴에 있었고, 웨일즈를 지탱하고 있는 보수당 정부의 규정이 명확하지 않은 데 있었다. 1979–1997년 시기에 보수당 정부가 야기한 사회적 · 정치적 문제는 오히려 지방분권에 대해 비판적인 부분으로 작용했고, 웨일즈는 잉글랜드의 정치적인 요구와는 별개라는 것으로 사람들의 의식을 변화시켰다.[33] 그러나 1997년 지방분

31_ Quoted in A. Smith, "Civil war in England : the clubs, the RFU, andthe impact of professionalism on rugby union, 1995–1999", in A. Smith and D. Porter (eds), *Amateurs and Professionals in Post–War British Sport*, London : Frank Cass. 2000, p. 150.

32_ Quoted in M. Stephens, *Wales in Quatation*, Cardiff : University of Wales Press, 1999, p. 128.

권에 대한 국민투표에서 찬성표는 50.3%로 총 투표자 중에서 단지 6,821표만을 획득하는 데 그쳤다. 이처럼 지방분권을 위한 지지도를 높이기 위해 인기 있는 웨일즈 스포츠 스타들과 다른 유명인사들을 이용한 것은 전혀 성공적이지 못한 결과를 가져왔다.[34]

국민투표 결과가 이처럼 빈약했음에도 불구하고 정치평론가들은 18년 만에 처음으로 실시한 노동당 정부의 선출과 지방분권을 위한 투표가 웨일즈의 새로운 애국적 신뢰와 일치하거나 혹은 이를 발생시킨 것으로 평가했다. 토니 블레어 총리가 '새로운 멋진 영국'(Cool Britannia)이라고 말했던 반면, 웨일즈의 미디어는 '멋진 웨일즈인'(Cool Cymru)이라는 용어를 개발해냈다. 이러한 용어가 가장 명백하게 표현된 것은 수많은 웨일즈 출신 록밴드의 성공에서 찾을 수 있다. 가장 인기 있는 그룹 중의 하나인 카타토니아(Catatonia)는 「매일 나는 일어날 때마다 내가 웨일즈인이라는 것에 대해 신에게 감사한다」(Every day when I wake up I thank the Lord I'm Welsh)라는 곡을 세상에

33_ For accounts of the changing political climate in Wales, 1979–99 see J. B. Jones and D. Balsom (eds), *The road to the National Assembly for Wales*, Cardiff : University of Wales Press, 2000, Chapters 1 and 2 ; and K. Morgan and G. Mungham, *Redesigning Democracy : The Making of the Welsh Assembly*, Bridgend : Seren, 2000, part one. For changing attitudes in Wales see also G. Evans and D. Trystna, "why was 1997 different?", in B. Tylor and K. Thomson (eds), *Scotland and Wales : Nations Again?*, Cardiff : University of Wales Press, 1999, pp. 95–117.

34_ L. Andrews, "Too important to be left to the politicians : the 'yes' for Wales story", in Johns and Balsom, *Road to the National Assembly*, pp. 50–69. The No campaign also tried to use celebrities, with footballer Gary Speed countering Ryan Giggs'-support for a Yes vote. D. McCrone and B. Lewis, *The Scotland and Wales*, p. 32.

발표했다. 매우 인상적인 초현대식 새천년 경기장을 카디프(Cardiff)[35]에 새롭게 건설하고 1999년 럭비유니언을 웨일즈가 성공적으로 개최한 것은 웨일즈 럭비의 부흥을 위해 많은 여건들이 갖추어져 있는 것으로 보여졌다. 심지어 1999년에 《BBC 웨일즈》는 '우리가 잉글랜드를 이길 수 있다면 상관없어' (s long as we beat the English we don't care)라고 노래하는 그룹 스테레오포닉스(Stereophonics)의 켈리 존스에 집중하였을 뿐만 아니라, 럭비 중계를 위해 TV 트레일러를 운영할 정도로 아주 과감해졌다. 웸블리 구장에서 마지막 순간의 트라이로, 웨일즈가 1999년에 잉글랜드를 격파했을 때 《웨스턴 메일》(Western Mail)의 사설은 "자신감은 환상적인 마음의 상태이다. 현재 웨일즈팀은 큰 자신감을 가지고 있고, 더 중요하게 자신감이 웨일즈의 다른 지역으로 확산되었다. 자랑스러운 날이다"[36]라고 격찬했다. 웨일즈에서 이처럼 과시된 자부심은 마음을 편안하게 했다. 1998년에 《웨스턴 메일》은 잉글랜드와의 럭비 경기 충돌과 오웨인 그린드워(Owain Glyndwr)의 15세기 반란을 극적으로 연관시켰다.[37] 그러나 웨일즈에서 《웨스턴 메일》의 자부심에도 불구하고 신문편집은 보다 광범위한 영국의 주 속에 귀속되어 있는 웨일즈의 위치를 확고하게 유지했

35_ 브리스틀 해협으로 통하는 세번 강 북안, 잉글랜드와의 경계에 가까운 타프 강 하구에 위치하는 해항으로 19세기 남웨일즈의 석탄 · 철강업의 번영과 함께 발전하였으며, 최성기에는 세계 제일의 석탄 수출항.[역자 주]

36_ Quoted in Stephens, *Wales in Quotations*, p. 135.

37_ *Western Mail*, 1 August 1966.

다. '멋진 웨일즈'라는 과대 선전의 순간은 지나갔다. 새천년이 도래함에 따라 웨일즈 의회의 미래는 없는 것 같았다. 록그룹 카타토니아는 피로 때문에 시간을 낼 수 없었고, 웨이즈 럭비 국가대표팀은 다시 패배하기 시작했다.

1990년대 말, 짧은 럭비 르네상스는 1998년에 뉴질랜드 출신의 그레이엄 헨리(Graham Henry)가 국가대표 감독으로 부임하면서 시작된다. 비록 전폭적인 환영은 받지는 못했지만 헨리의 지명은 웨일즈 럭비가 이제 전문적인 시대에 들어가고 있다는 것으로 여겨졌다. 헨리는 웨일즈의 전통에서 벗어나 있고 다소 혈통이 의심스러운 선수들을 선발함으로써 럭비의 전문화를 더욱 확실하게 보여주었다. 비록 이러한 선발방식이 일부 팬들과 선수들로부터 비판을 받았지만 웨일즈가 세계의 럭비 국가들과 완벽하게 경쟁하기 위해서는 피할 수 없는 것이었다. 그러나 뉴질랜드 출신이며 뛰어난 선수들인 세인 하워스(Shane Howarth)와 브레트 신킨슨(Brett Sinkinson)의 과거가 거짓으로 드러난 '그레이니 추문'(Grannygate scandal)[38] 등으로 인해 이와 같은 선발방식은 실패로 돌아갔다.

38_ 럭비유니언에서 그레이니는 2000년 3월에 국가대표 선수들의 자격에 관한 추문이다. 국제럭비위원회는 선수들이 부모나 조부모가 출생한 국가를 위해 경기하는 것을 허용하고 있다. 대안으로 규정된 일정 기간 동안 그 국가에 거주한 것을 기준으로 자격을 가질 수 있다. 그레이니 추문에 관련된 선수들은 세인 하우스와 베레트 신킨슨였다.[역자 주]

프로의 도전과 해외선수들의 선발은 웨일즈 사회와 럭비의 관계를 다시 보게 하는 계기가 되었다. 의미 있는 방식으로 국가를 대표하는 팀보다 승리가 더 중요한 문제인가? 그러나 논쟁의 시작은 럭비가 웨일즈와 잉글랜드 문화를 구별하는 대중문화를 제공했다는 것으로부터 비롯되었다. 남부 웨일즈의 럭비에서 노동계급의 기반은 경쟁 상대인 잉글랜드의 중간계급과 다르게 만들었고, 오래된 적과 국가대항전에서 사회적 갈등을 심화시켰다. 더욱이 웨일즈 럭비의 자부심은 선수들이 대표하고 있는 곳에서 자신들이 살고 일하고 있다는 사실에서 유래했다. 어느 누구도 자신의 뿌리로부터 재정적으로 배제되고 있는 선수들을 시기하지는 않았지만, 웨일즈와 단지 보잘것 없는 관계를 유지하고 있는 최고 선수들에게 있어서 경기장에서 혜택이 분명하지 않았을 때 새로운 문제가 제기되었다. 새로운 임금 계산서 때문에 럭비 클럽들은 재정적 한계 상태에 빠져들었고, 그 충격에서 회복하기 위해서 노력했다. 럭비 클럽들은 지역사회의 조직에서 함께 존재했던 많은 광산, 공장 그리고 철강공장과 같은 방식으로 위험에 처해가고 있었다. 웨일즈의 국가정체성은 세계적 대중문화 속에서 하락하고 있었다. 많은 팬들은 '웨일즈-웨일즈-웨일즈' 라는 응원가와 같이 축구의 단어들은 알고 있었지만 웨일즈 국가(國歌, Hen Wlad fy Nhadau)에 대해서는 알지 못했다. 웨일즈가 2002년 말 새천년 경기장에서 뉴질랜드와 경기를 치를 때 1970년대부터 불려졌던 응원가 녹음 테입이 확성기 시스템을 통해서 들려졌다.[39] 진정한 애국심에도 불구하고 웨일즈의 문화는 시장의 힘과 유행이라는 현실 속에서 변화의 영향을 받았다.

웨일즈, 잉글랜드 그리고 영연방

프로 스포츠의 현실과 국가적인 이상을 조화시키는 것은 웨일즈의 축구가 오랫동안 직면했던 문제였다. 제2차 세계대전 이전 국가대표 11명의 선수들이 잉글랜드 클럽으로 입단하고 있는 반면에 웨일즈의 프로 선수들이 자주 웨일즈인이 아니기 때문에 남부 웨일즈에서 축구는 종종 외국 스포츠로 이름붙여졌다.[40] 그러나 적어도 1920년대 이후로 아직까지 축구는 웨일즈에서 사실상 가장 인기 있는 스포츠였다. 웨일즈에 있어서 축구의 인기는 특히 리버풀과 에버튼이 잉글랜드 머지사이드(Merseyside) 주[41]의 문화적인 영광과 경제적인 매력 덕분에 헌신적인 지지자들을 끌어들일 수 있는 웨일즈 북부에서 분명하게 나타났다. 심지어 남쪽으로 멀리 떨어져 있던 애버리스트위스(Aberystwyth)에서의 《리버플 데일리 포스트》(*Liverpool Daily Post*)의 판매는 젊은이들의 스포츠에 대한 열정을 보여주는 것이었다. 웨일즈에서 축구에 대한 열광적인 지지는 웨일즈 스포츠로서 축구에

39_ *The Independent*, 3 December 2002.

40_ See M. Johnes, *Soccer and Society : South Wales, 1900–1939*, Cardiff : University of Wales Press, 2002.

41_ 머지사이드 주(州)는 잉글랜드 북서부에 위치하고 있다. 주 수도는 Liverpool이다.[역자 주]

대한 인식을 만들기에는 충분하지 못했다. 어쨌든 축구는 세계적으로 폭넓은 지지를 누릴 수 있었다. 만약 웨일즈가 축구부문에서 계속적인 성공을 향유할 수 있었다면 이것은 문제가 되지 않았을 것이다. 보다 큰 국가의 경제적·정치적·문화적 영향 속에서 살고 있는 주변의 작은 국가는 자신과 연관시킬 수 있는 영광에 집착할 수 있다. 그러나 웨일즈 축구는 그러한 성공을 제공하지는 않았다. 1958년의 월드컵 본선 진출과 1976년의 유럽 선수권에서 8강에 오른 것은 1946년 이후 국제적인 축구에서 웨일즈의 유일하고 중요한 업적이었다. 국가대표 럭비팀이 절망만큼이나 영광을 제공한 반면에, 국가대표 축구팀의 업적은 좌절의 일반적인 이야기 속에 스쳐지나 가고 있었다. 비록 웨일즈가 존 찰스(John Charles)와 라이언 긱스(Ryan Giggs)와 같은 세계적인 선수들을 배출해내고 있었지만, 선수들은 국제무대에서 성공적으로 경기할 자격이 있는 기회를 거절당하면서 일반적으로 저니맨(journeymen)[42] 신분으로서 경기를 해왔다. 이와 같은 능력 있는 선수들은 웨일즈에서 아주 유명해졌지만, 그들의 개인적인 성공이 주로 잉글랜드 팀에 의해 이루어졌기 때문에 그 선수들만으로 웨일즈에서 국제적인 축구 이미지를 바꾸기에는 충분하지 않았다. 대신에

42_ 선수들이 클럽들의 이익에 따라 이 팀 저 팀을 옮겨다니는 것을 "저니맨"이라 한다. 저니맨 선수들은 임대 혹은 단기 계약을 맺어가며 돌아다니며, 클럽들은 이 선수들을 임시방편의 수단으로 여겨고 있고 필요에 따라 여러 팀을 전전하게 한다. 잉글랜드 프리미어 맨체스터 유나이티드에서 뛰고 있는 박지성을 포츠머츠가 임대를 요청한 것이 대표적인 예이다.[역자 주]

대부분의 선진국과 후진국에서 행해지고 있는 경기, 즉 그러한 맥락에서 웨일즈와 같은 작은 국가에서 의미 있는 영향력을 가질 수 없는 축구보다는 국가적 스포츠로서 간주될 수 있었던 것은 오히려 독특하고 포괄적인 럭비였다.

그러나 축구는 웨일즈의 정체성이 특별하지도 편협한 것이지도 않다는 것을 보여주고 있다. 영국의 대중언론과 라디오에서 축구 중계에 대한 꾸준한 증가는 잉글랜드 일부 리그(the English First Division)가 1950년대부터 이미 남부 웨일즈에서 큰 관심을 끌고 있었다는 것을 반증한다. 텔레비전은 잉글랜드 축구가 또한 영국적인 감성을 가지고 있었던 웨일즈의 시청자에게 접근하기가 아주 용이했다는 것을 의미했다. 1966년의 월드컵 우승에 대한 영광을 웨일즈 전체에서 누리게 되었고, 《웨스턴 메일》의 사설은 "영국 전체가 자부심을 느낄 수 있고 전체로서 영국 축구에 속하는 업적으로서 잉글랜드의 최고의 승리"(England's superb victory)라고 선언했다.[43] 1990년대의 집중적인 텔레비전 중계와 축구의 새로운 유행은 웨일즈 내에서 상위 잉글랜드 클럽에 대한 열정적인 지지를 촉진시켰다. 2001년 말까지 웨일즈 전역에 걸쳐 12개의 맨체스터 유나이티드 서포터 클럽의 공식 지부가 생겨났다.[44] 심지어 맨체스터 유나이티이드(Manchester United)와

43_ *Westerm Mail*, 1 August 1966.

44_ Manchester United official website. Online. Available HTTP://www.manutd.com/supporters/brancheswales.sps (accessed 9 October 2001).

리버풀(Liverpool)의 티셔츠가 빨래줄에 널려 있는 모습은 웨일즈의 스완지(Swansea)[45]와 랙섬(Wrexham)[46] 지역에 있는 가정집 베란다에서 쉽게 볼 수 있는 풍경이 되었다. 잉글랜드가 최근의 월드컵 경기나 유럽 챔피언십에서 중요한 경기를 했을 때, 웨일즈의 선술집과 생활공간에서 많은 서포터들을 쉽게 발견할 수 있었다.

그러나 잉글랜드 경기에 대한 열광에도 불구하고 웨일즈 축구 내부에 복잡하고 다양한 형태이지만 국가적 감정(nationality)은 웨일즈 축구 팬들에게 하나의 쟁점으로 남아 있다. 웨일즈 국가대표 11명이 잉글랜드팀과 거의 대등하기 때문에 축구 팬들은 웨일즈 정체성과 타협하고 있다는 느낌 없이 오랜된 적인 잉글랜드팀을 응원할 수 있었다. 특히 웨일즈 축구 리그의 서포터들 중에서 어떤 잉글랜드팀이 경기를 하든지 간에 응원을 하는 실질적인 수의 축구 팬들이 존재하고 있었고, 이는 웨일즈 사람이 된다는 것에 대한 이해와는 다른 것이었다. 그럼에도 불구하고 잉글랜드 리그가 아닌 곳에서 경기를 하는 세 개의 세미 프로팀들의 서포터들뿐만 아니라 그러한 팬들 사이에서조차도 웨일즈 리그에 참가하는 데에는 강한 반대가 있었다. 이런 움직임은 경기수준을 더욱 낮추고 관중 수를 더욱 적게 하는 것이었다. 경기력의 수준과 재정적인 확보는 독립적으로 자립하는 데 있어서 어떤 개념보다 훨씬 중요한 것으로 여겨졌다. 사실 카디프 시

45_ 영국 웨일즈 웨스트글러모건 주(州)의 주도로 해양 휴양지로 유명. 역자 주
46_ 웨일즈 북부 탄전지역에 있는 대표적인 도시이자 상업중심지. 역자 주

(Cardiff City), 스완지 시(Swansea City), 그리고 렉섬(Wrexham)의 팬들에게는 웨일즈 리그보다는 잉글랜드팀에서 경기하는 것이 다른 잉글랜드팀을 조롱하고 패배시킬 수 있는 기회에도 불구하고 사실상의 웨일즈적인 것을 선언하는 하나의 방법이었다. 1960년대 말에는 더욱 호전적인 젊은 축구 팬들의 문화가 영국에서 나타났으며, 웨일즈에서는 국가정체성의 폭넓은 변화와 더불어 자기 주장이 강하고 확고한 국가의식으로 나타났다. 1970년대까지 카디프 시의 응원가들은 ‘창립회원’(supertaffs)과 “피에 굶주린 잉글랜드놈들(bloody English), 모두가 사생아이고(all illegitimate) … 모든 놈이 개자식”(Bastards every one) 등 매우 비판적인 단어와 내용을 포함하고 있었다.[47] 이제 웨일즈의 경기장에서 반칙을 하는 선수들과 의심스러운 판정을 내리는 심판들에게 ‘너는 개자식 잉글랜드를 응원하고 있지’(You cheating English bastard)라는 합창으로 야유를 보내는 것이 다반사가 되었다. 방문팀 팬들은 최근에 잉글랜드팀을 패배시킨 어떤 팀의 이름으로도 조롱받고 있는데, “똥으로 가득 찬 잉글랜드놈(England's full of shit), 잉글랜드 축구의 송가(anthem)인 세 사자(Three Lions)의 선율에 묻히게 될 것이다”라는 조롱이 상당하다. 비록 현대 웨일즈 축구가 웨일즈 정체성의 복잡성과 모순을 설명하고 있다 할지라도 경쟁, 증오, 그리고 분열을 찬양하고 조장하는 축구 문화의 맥락 속에서 이해

47_ P. Harrison, “Soccer's tribal wars(1974)”, in p. Barker(ed.), *The Other Britain : A New Society Collection*, London : Routledge, 1982, p. 246.

될 필요가 있다.[48]

"웨일즈 축구 팬이 되는 것은 열정을 가지고 잉글랜드를 증오하는 것이다"라는 말과 같이 팬들의 공격적인 주장조차도 재미와 허세로 감안해서 받아들여져야 한다.[49] 다른 스포츠들은 확실하게 그러한 공격적이고 반잉글랜드적인 것을 특징으로 하고 있지 않다. 결국 단일한 웨일즈 정체성은 없으며, 잉글랜드와의 관계는 웨일즈의 정체성을 이해하는 데 있어서 매우 중요하다.

린다 콜리(Linda Colley)는 다음과 같이 주장했다.

> 남자와 여자들은 자신들이 누구이고 무엇을 하는 사람인지를 명확히 결정해야 한다. 일단 확연하게 이질적인 '그들(잉글랜드)'과 대결하게 되면 자신들에게 용기를 주거나 혹은 절망을 줄 수도 있기 때문이다.[50]

웨일즈 사람들에게 웨일즈를 만들고 개조하도록 추동했던 매개체들 중의 하나는 잉글랜드와는 다른 존재라는 감정이다. 이것은 공

48_ G. Armstrong and R. Giulianotti (eds), *Fear and Laading in World Football*, Oxford : Berg, 2001.

49_ Cardiff City fan in D. and E. Brimson, *England, My England : the Trouble with the National Football Team*, London : Headline, 1996, p. 192. Occasionally, anti-English chanting throws up debates on fan websites about whether in constitutes some form of racism. The dominant opinion seems to be that such behavior should be regarded light-heartedly.

50_ L. Colley, *Britons : Forging the Nation, 1707-1837*, London : Pimlico, 1992, p. 6.

통의 유산이라는 정서 혹은 켈트 인종의 특성이라고 할 수 있는 것에서 유래했을지 모르지만, 이민의 역사를 가진 많은 국가들에서 확실하게 나타나는 신화적인 속성들이다. 스포츠가 이루어낸 것은 스포츠가 아니었다면 거의 볼 수 없고 종종 소원할 수 있었던 웨일즈와 잉글랜드 사이의 관계에서 '다름'과 차이의 감정을 나타나게 했고, 때로는 대립적으로 드러나는 웨일즈와 잉글랜드 사이의 이질성이나 차별성의 감정을 더욱 생생하게 했던 것이다.

웨일즈가 그 '다름'에 어떻게 반응하는냐는 여러 스포츠들, 장소, 그리고 시간에 따라서 다양하게 나타난다. 제2차 세계대전 이전에 남부 웨일즈 탄광지대에서 웨일즈인들과 잉글랜드 이민자들 사이에 일어난 갈등과 관련된 실제적인 증거는 거의 없다. 아마도 이 시기 동안 잉글랜드와의 스포츠 대항전은 부분적으로 사람들 사이에 동시대의 잉글랜드-스코틀랜드 축구 경기에서 나타나는 격렬한 반잉글랜드 적대감보다는 우호적인 경쟁이 스며든 것으로 보인다.[51] 웨일즈 스포츠에서 반잉글랜드적인 것의 증가는 1960년대로 거슬러올라가는데, 웨일즈 민족주의가 더욱 명백하고, 대담하고, 그리고 심지어 대립적인 성격을 가지고 있었다. 적어도 웨일즈 축구와 비교하여 오늘날 웨일즈 클럽 럭비 리그의 건전한 상태와 탁월한 TV 중계는 웨

51_ C. Williams, *Captialism, Community and Conflict : The South Wales Coalfield, 1898–1947*, Cardiff : University of Wales Press, 1998, p. 70. For national identity and sport in Wales pre–1939 see Johne, *Soccer and Society*, Chapter 6.

일즈에서 잉글랜드 럭비 클럽을 응원하는 사람이 극히 소수이고 웨일즈 팬과 잉글랜드 선수 사이에 개별적인 일체화가 거의 없다는 것을 의미한다. 웨일즈인들은 자신들의 럭비와 잉글랜드 럭비를 동등한 수준으로 보고 있다. 비록 이러한 웨일즈인들의 생각에 상응하는 현재의 성공적인 성과는 없지만 이들은 과거의 승리에 대한 공유된 기억은 가지고 있다. 그러므로 잉글랜드 럭비 국가대표 15인들은 콧대가 꺾어져야 하고, 그리고 꺾여질 수 있는 교만한 이웃 국가라는 가면을 쓰고 있어야 한다. 이러한 가면은 웨일즈에서 럭비의 대중적인 이미지와 비우호적으로 대조를 이루고 있는 잉글랜드 럭비의 중산층과 제도권 기관에 의해서 더욱 발전되었다. 1990년대에 전통적인 응원가는 감소되었던 반면에, '너의 전차를 너의 똥구멍까지 밀고 가자' (Shove your chariots up your ares)는 잉글랜드와 경기를 지켜보고 있는 웨일즈의 해외 관중들의 재치 있는 곡목들로 대치되고 고정되었다.[52] 웨일즈 팬들은 다른 '켈트' 국가는 말할 것도 없고 비잉글랜드 측과 경기하는 잉글랜드를 거의 응원하지 않는다. 그런데도 웨일즈 리그에서보다 좀 더 완전하게 웨일즈 선수들을 발전시킬 수 있는 잠재력과 이점으로 인해 영국 리그에 대한 광범위한 지지가 존재한다. 반잉글랜드적인 것은 대영제국을 인정하는 것과 양립할 수 없다. 사실 대영제국은 반잉글랜드 감정을 분출할 수 있는 것이 될 수

52_ This is a reference to the song "Swing low, sweet chariot", which English rugby union fans have adopted as an unofficial anthem.

있다.

1997년에 잉글랜드와 글러모건(Glamorgan)의 크리켓 선수인 로버트 크로프트(Robert Croft)는 국제경기에서 잉글랜드를 위한 경기에 선발되는 것이 대영제국을 위해 뽑힌 것과 같다고 말한 반면에, 자신과 자신의 동료들이 글러모건을 위해 소집되었을 때에는 웨일즈를 대표했다고 말했다.[53] 웨일즈의 스포츠는 국가정체성을 합리화하기 위해 팬들과 선수들에게 일관성 있는 요구를 해왔다. 자부심이 강한 선수들은 대영제국 국가대표로 뽑힌다는 것이 개인적 직업에서의 인정과 성취를 넘어 영국적인 자부심을 암시하는 것이라고 주장했다. 스포츠는 전쟁기간 동안에 웨일즈 내에서 가장 영국적인 것임을 암시했다. 웨일즈의 운동선수들은 올림픽에서 대영제국을 위해 경기를 하고 웨일즈 팬들은 유니언 잭(Union Jack)[54]을 위해 달리고 점프하는 잉글랜드, 스코틀랜드 그리고 북아이랜드 선수들에게 환호한다. 1996년의 영국 사회 태도 조사결과는 69%의 웨일즈 응답자들이 스포츠에서의 영국의 승리를 '아주' 또는 '다소' 자랑스러워했다는 것을 보여준다. 그러나 이것은 영국의 군대에 관해서 질문을 받았을 경우인 85%의 비율에 비교된다.[55] 웨일즈 자신의 정체성을 가진 분야인 스포츠는 영국적인 정서를 위한 가장 강력한 배출구는 아니었

53_ Quoted in *The Times*, 29 December 1997.
54_ 영국 국기.[역자 주]
55_ L. Dowds and K. Young, "National identity", in R. Jowell *et al.*(eds), *British Social Attitudes : The 13th Report*, Aldershot : Darmouth Publishing co., 1996, p. 145.

던 것이다.

1997년의 국민투표 조사는 웨일즈 사람들이 어떻게 자신들의 국가정체성을 바라보고 있는지에 관해 매우 분열되어 있음을 보여주었는데, 단지 17% 정도의 웨일즈인들이 영국의 정체성을 가졌다는 것을 부인했다. 게다가 스스로가 영국인이 아니라 웨일즈 사람이라고 간주했던 조사 샘플의 23% 정도가 지방분권 선거에서 여전히 반대표를 던졌다.[56] 스코틀랜드와는 대조적으로 '지방분권이 웨일즈인들에게 긍정적 이익들을 주고 있는가' 하는 문제는 많은 사람들이 가지고 있는 의구심이다. 세계적 수준의 경기장은 말할 것도 없이 국가는 그 자신의 의회를 가질 수 있음에도 불구하고 다양한 정체성 속에서 자부심을 가질 수 있는 영국과 영국 문화에 맡겨버렸다.

포괄적인 국가

다양한 정체성들은 웨일즈적인 것과 영국적인 것이라는 단순한 생각을 넘어서는 것이었다. 1950년대와 1960년대에 영연방의 대규모 이민으로 웨일즈는 다문화 국가로 변화되었고, 현재의 많은 웨일즈 스포츠 스타들을 배출하게 되었다. 이주의 결과로 스포츠는 인종통합을 촉진하는 데 일정부분 기여했다. 콜린 잭슨(Colin Jackson),[57] 나

56_ Curtice, "Is Scotland a nation?", in Taylor and Thomson, *Scotland and Wales*, p. 129.

이젤 워커(Nigel Walker), 스티브 로빈슨(Steve Robinson), 라이언 긱스와 같은 대중적인 스포츠 스타들의 성공은 웨일즈 국가정체성의 상징이 모두가 백인이 아니라는 것을 확인해 주었다. 스포츠가 촉진시킬 수 있는 통합의 적절한 예시는 파키스탄 출신의 크리켓 투수(bowler)인 와커 유니스(Waquer Younis)에 대한 대우였다. 1997년 글러모건 카운티 챔피언십(Glamorgan county championship)[58]에서 그의 기여는 '와커는 웨일즈 사람'(Waquer is a Welshman)이라는 찬가가 생길 정도로 군중들에게 환영받았다. 그러나 스포츠는 인종차별에 대한 태도에서 항상 진보적이지는 않았고, 이민자들에게는 훨씬 추한 모습을 보여주었다. 빌리 보스톤(Billy Boston)은 1934년 서인도계와 아일랜드계 부모 사이에서 태어났다. 비록 빌리 보스톤이 니스(Neath)를 위하여 럭비를 했고 웨일즈 소년 클럽의 주장이 되었지만, 인종차별적 태도는 그가 글러모건을 위하여 크리켓 경기를 하고 웨일즈를 위하여 럭비 경기를 하는 자신의 야망을 실현시킬 수 있는 기회를 거의 갖지 못하게 했다. 따라서 빌리 보스톤은 위건(Wigan) 럭비클럽 리그에 합류했고, 최고의 럭비 선수가 되었다.[59] 보스톤은 럭비 리그에서

57_ 콜린 잭슨은 2002년 유러피언컵 허들 110m 1위를 했고, 1992년 바르셀로나 올림픽 영국 허들 국가대표 선수와 1988년 서울 올림픽 영국 허들 국가대표 선수였다.[역자 주]

58_ 카운티 챔피온십은 대영제국 주로 잉글랜드 내에서 국내 최초의 고전적인 크리켓 경기이다. 하나를 제외한 모든 팀이 역사적인 잉글랜드 카운티의 이름을 따서 짓거고 대표하고 있는데, 예외가 웨일즈 카운티인 글러모건이다.[역자 주]

59_ P. Melling, "Billy Boston", in Richards *et al.*, *Heart and Soul*, pp. 47–58 ; R. Gate,

흑인들이 유명해지기 이전에 럭비유니언에서 '무시되었던' 수많은 재능 있는 흑인 웨일즈 럭비 선수들 가운데 단 한 명이었다. 1983년에 되어서야 비로소 폰티플 RFC(Pontypool RFC)의 마크 브라운(Mark Brown)이 럭비유니언에서 웨일즈 주장이 된 최초의 흑인이 되었다. 경기장에서 웨일즈 축구와 흑인 럭비 선수들은 특히 아마추어와 파크 게임(park games)에서 수시로 상당한 인종차별적 욕설로 인해 고통을 당했다. 1990년대 말에 웨일즈 국가대표 축구팀의 감독이었던 바비 고울드(Bobby Gould)는 그의 팀 공격수였던 나단 블레이크(Nathan Blake)에 의해 인종차별 혐의로 고소되기까지 했다.[60]

잉글랜드 스포츠와 같이 웨일즈 스포츠도 자주 민족성뿐만 아니라 계급, 성별 그리고 지역과 같은 사회적 분열에 의해서 특징지워졌다. 더 나아가 국가정체성의 확립과 유지라는 측면에서 스포츠의 역할은 사람들 모두가 스포츠를 좋아하지 않는다는 간단한 사실에 의해서 제한되고 있다. 웨일즈인 600,000명이 1999년 웸블리 구장에서 열린 웨일즈 대 잉글랜드의 럭비 인터내셔널(rugby international)[61]을

Gone North : Welshmen in Rugby League, vol. 1, Rippenden : published by author, 1986, pp. 108–20.

60_ N. Evans and p. O'Leary, "Playing the game : sport and ethnic minorities in modern Wales", in N. Evan, p. O'Leary and C. Williams (eds), *A Tolerant Nation? Ethnic Diversity in Wales*, Cardiff : University of Wales Press, 2003 ; M. Burley and S. Flemming, Racism and regionalism in Welsh soccer", *European Physical Edcation Review*, 1997. vol. 3 (2). pp. 183–94.

61_ 영연방 국가들의 럭비 선수권대회이다.[역자 주]

TV로 시청할 정도였다. 비록 이것이 펍과 클럽에서 시청한 사람들을 포함하지 않았고, 잉글랜드에서보다 시청자 수가 상당히 높은 비율이기는 하지만 웨일즈에서는 단지 5명 중 1명만 시청하는 정도에 해당하는 것이다.[62] 심지어 럭비의 전성기였던 1970년대에도 웨일즈 가정의 절반 미만이 TV로 국제경기를 시청했다.[63] 1997년의 웨일즈 국민투표 연구에서 표본의 49%만이 웨일즈 럭비팀을 아주 자랑스럽게 생각한다고 여겼다.[64] 럭비와 더불어 축구도 많은 사람들이 믿고 싶어하는 지배적인 웨일즈의 **관념**(obsessions)은 아니다.

럭비와 축구는 지속적으로 여성들의 지지를 끌어들였지만 항상 남성들이 지배해 왔고, 때로는 의도적으로 여성들을 배제시켰다. 데이비드 앤드류(David Andrews)는 빅토리아 여왕 말기와 에드워드 시대의 새로운 웨일즈의 국가정체성은 여성을 배제하고 가부장적인 사회의 본질을 강화한 강력한 남성 구성체였다고 주장했다. 이러한 정체성을 촉진시키는 데 있어서 럭비의 역할은 남성 지배를 강화하는 것이었다.[65] 전통적인 남성 스포츠에 여성들의 응원과 참가는 20

62_ Communication with BBC Information Wales, 8 July 2002.

63_ Davies, *Broadcasting and the BBC*, p. 358.

64_ Although the survey identified rugby as second to the landscape in prompted cultural sources of national pride, the response was only three per cent higher than for male voice choirs. Curtice, "Is Scotland a nation?", in Taylor and Thomson, *Scotland and Wales*, p. 127.

65_ D. Andrew, "Sport and the masculine hegemony of the modern nation : welsh rugby, culture and society, 1890–1914", in J. Nauright and T. J. Chandler (eds), *Making Men : Rugby and Masculine Identity*, London : Frank Cass, 1996. pp. 50–69.

세기 후반부터 증가했을지 모르지만, 여성들은 그러한 스포츠의 문화와 그 스포츠가 투영하고 있는 국가정체성 내에서 여전히 주변적인 존재이다. 더 나아가 성차별이 점차 사회적으로 용납되지 않았기 때문에 스포츠는 심지어 남성 지배와 성적인 역할(gender roles)의 전통적인 정서로 작용할 수 있었다. 1993년에 웨일즈가 잉글랜드를 격파한 후에《옵서버》지의 한 럭비 전문 기자가 "오늘 잉글랜드가 침몰했기 때문에 교회에서 찬송가 소리가 하늘 높이 울려퍼질 것이고, 펍은 흥정망청해질 것이며, 웨일즈 여인들은 웨일즈 케이크를 구우면서 그 선수들을 애인으로 삼을 것이다"[66]라고 기고했다. 비록 이것은 진지하지 않은 언론일지도 모르지만, 또 다른 측면에서 이와 같은 수사적 표현은 웨일즈적인 것이 무엇인지, 스포츠가 웨일즈적인 것에 적합한지에 대한 인식을 보여주고 있다. 스포츠만이 국가정체성에서 여성들의 변화에 책임이 있는 것은 아니다. 여성들이 아직까지 완전하게 등장하지 못한 것은 웨일즈의 2차적인 지위의 상징적인 반영이라 할 수 있다. 그럼에도 불구하고 사람들은 자신의 존재와 국가성의 확립을 인식하기 위해서 스포츠로부터 벗어나거나 혹은 적극적으로 관심을 가지거나 하는 등 이와 관련될 필요가 없다. 1945년 이후 스포츠에 관한 미디어 보도와 더불어 대중매체에서 실제적인 독자층이 증가함에 따라서 사람들이 스포츠에 대해 인식하거나 더욱

66_ Quoted in J. Maguire, "Sport, identity politics, and globalization : diminishing contrasts and increasing varieties", *Sociology of Sport Journal*, 1994, 11(4). p. 412.

영향을 받게 되었다. 많은 여성들이 직접적으로 그 과정에 포함된 것을 느끼지 못했을지라도 광범위한 언론 보도는 확실히 국가정체성을 투영하는 대리인로서의 스포츠의 역할을 유지하고 발전시켰다.[67]

따라서 스포츠는 웨일즈 정체성의 복잡성을 보여주면서 국가정체성의 확립에 기여하고 있다. 20세기에 많은 사람들이 애국심을 강력하게 주장했던 열정에도 불구하고 여전히 웨일즈는 영국과 높아져 가고 있는 세계문화 속에서 존재하고 있다. 주도적인 지방분권 운동가인 팀 윌리엄스는 다음과 같이 주장했다.

> 우리들에게 있어서 웨일즈는 메시지를 받을 수 있는 팀이고 좋은 곳이다. 웨일즈는 스포츠의 목적과 정서를 위해 존재하고 있다. 투표로부터 전쟁에서 싸우는 것까지 모든 중요한 목적을 위한 우리의 '나라'(country)는 우리의 국가인 영국(the United Kingdom)이다.[68]

윌리엄스의 의견은 많은 부분에서 논쟁을 야기하고 있지만, "웨일즈 TV에서 얻을 수 있는 어떤 것보다도 우리의 관심과 좀 더 만족스러운 것들을 샐포드 거리(Salford street), 리버풀 구장(Liverpool close)

67_ Such ideas are briefly developed in G. Whannel, "Individual stars and collective identities in media sport", in M. Roche(ed.), *Sport, Popular Culture and Identity*, Brighton : Meyer and Meyer, 1998, pp. 34–5.

68_ T. Williams, *The Patriot game : Reflections on Language, Devolution and the Break-up of Britain*, vol. 1, Beddau : Tynant Books, 1997, p. 16.

그리고 코크니 버러(Cockney borough)에 있는 우리 동료 시민들의 시련, 고난, 그리고 승리에서 볼 수 있다"는 인기 있는 TV 드라마를 참고로 해서 주장하는 그의 말이 정확하다. 남부 웨일즈 사람들의 역사적인 경험은 시골인 서북부 웨일즈 지역보다는 영국의 다른 산업화된 지역들과 훨씬 더 가깝다. 네일 에반스(Neil Evans)가 주장했듯이 웨일즈는 통합된 사회 그 이상의 것이라고 볼 수 있다.[69] 많은 이유에서 스포츠는 이 생각을 현실화시켰다. 머핀 존스(Merfyn Jones)는 웨일즈가 공유된 직업상의 경험, 공통의 종교적인 유산, 고대 유럽 언어의 생존, 웨일즈의 인종적인 전통에 대한 공헌이 아니라 오히려 웨일즈인들이 거주하고, 영향받고, 반응하고 있는 제도와 관련해서 규정되고 있다고 주장했다.[70] 웨일즈는 국제적 정치무대에서 존재감이 없을지 모르지만 상당한 미디어의 관심을 끌 수 있고 역사가 오래된 국가대표팀과 협회를 가지고 있다. 이러한 제도들은 20세기 과정 동안에 존재했던 제한된 웨일즈 시민사회에 없어서는 안 될 부분을 형성했다. 그 제도들은 웨일즈인들이 웨일즈와 스스로의 웨일즈 국민성을 정의하기 위해서 사용할 수 있는 것들이었다. 문화적 정체성은 쌍방향의 과정이고 스포츠는 다른 사람들이 웨일즈의 국민성을 받아들이는 데 도움이 되었다.[71] 더욱이 스포츠 기관들은 1960년대 지방

69_ N. Evans, "Writing the social history of modern Wales : approaches, achievements and problems", *Social History*, 1992, vol. 17 (3), p. 485.

70_ R. M. Jones, "Beyond identity? The reconstruction of the Welsh", *Journal of British Studies*, 1992, vol. 31 (4), p. 356.

분권 후에 성장해 온 수많은 국가 기관보다 훨씬 더 대중성을 누려왔다. 스포츠는 웨일즈인들에게 단순한 정서적인 것 이상으로 작용했는데, 이것은 웨일즈인들의 생각과 더불어 이들의 관심을 사로잡기 위한 국가와 언어 기관들에 의한 노력의 결과였다.[72] 적어도 웨일즈에서 가장 인기있는 스포츠는 일상생활의 사회적 · 정치적 분열을 통해 대중적인 웨일즈 국가정체성을 유지하게 했던 집단적인 경험이었다.

71_ Holt, *Sport and the British*, p. 237.
72_ Williams, *Patriot Game*, p. 17.

4. "아르헨티나여, 우리를 위해 울어라" 20세기 후반 스코틀랜드의 스포츠와 국가정체성

로날드 코왈스키Ronald Kowalski

1707년 잉글랜드와 스코틀랜드의 의회가 통일된 이후에도 스코틀랜드는 강고한 국가정체성을 계속 유지해 왔다.[1] 특히 계몽운동과 산업혁명이 일어난 스코틀랜드 남동부지역에서 국가정체성이 강하게 남아 있었다. 국가정체성은 톰 나이린(Tom Nairn)이 주장한 것처럼 부분적으로는 '답답하고 정체되고, 퇴영적이고 편협한 것'이었지만, 스코틀랜드인들은 최근 아더 헤르만(Arthur Herman)이 '현대 세계의 창조'의 중심이라고 주장한 바와 같이 번뜩이는 지적인 풍조를 조성했다.[2] 또한 잉글랜드의 제도, 특히 교회, 법체계 및 교육체계와

1_ 스코틀랜드는 영국의 대부분을 차지하는 그레이트브리튼 섬의 북쪽 1/3 정도의 지역이다. 스코틀랜드 지방은 독립국이었지만 1707년에 잉글랜드와의 연방법에 동의해 영국의 중요한 일부가 되었다.역자 주

2_ T. Nairn, *The Break-Up of Britain : Crisis and Neo-Nationalism*, London : New

구분되는 다른 종류의 스코틀랜드 제도들이 계속 존재해 왔기 때문에 스코틀랜드 정체성은 강화되었다. 그러나 이러한 정체성 강화에도 불구하고 스코틀랜드가 19세기와 20세기 초 동안 유럽의 많은 다른 작은 국가들이 자치권 운동을 활발하게 추구했던 것만큼의 역동적 민족주의 운동이 일어나기까지 2세기 이상의 시간이 걸렸다.

많은 역사가들은 스코틀랜드의 이러한 '특수성'을 잉글랜드와 연방을 구성한 결과라고 보고 있다. 나이린이 다시 지적한 바와 같이, 19세기에 스코틀랜드의 부르주아 계급이 급격하게 증가한 것은 연방 내에서 뿐만 아니라 대영제국 내에서도 이익이 되는 것이었다. 20세기 초반에 존 포스터(John Foster)는 스코틀랜드 자본가 계급이 영국 정부(Westminster)의 정책결정 과정에서 확고한 중심 계급이 되었다고 결론을 내렸다. 더욱이 당시 잉글랜드가 지배하고 있던 연방은 스코틀랜드의 진취적이고 지적인 엘리트들의 야망과 여러 곳에서 일어나고 있는 민족주의 운동의 열망을 꺾지는 못하였다. 대조적으로 스코틀랜드 출신 군인들이 대영제국 군대에서 탁월하고 때로는 잔인한 역할을 하게 되면서 영국에서 급성장하고 있는 제국주의 관료로 흡수되었다. 마이클 프라이(Michael Fry)가 주장한 바와 같이, 스코틀랜드는 보다 광대한 잉글랜드(greater English) 건설을 위한 몇 가지 계획 속에서 단순한 잉글랜드 식민지가 아니었다. 산업과 제국으로부터

Left Books, 1977, pp. 129, 135, 145–6 ; A. Herman, *The Scottish Enlightenment : The Scots' Invention of the Modern World*, London : Fourth Estate, 2002.

얻는 이익이 스코틀랜드의 정치적 민족주의를 약화시켰고, 린다 콜리(Linda Colley)가 묘사한 영국 민족주의에 많은 스코틀랜드인들이 동의했다. 스코틀랜드 민족주의에서 살아남은 것은 하부문화적 민족주의(sub-cultural nationalism)였고, 나이린이 '축구 골수 팬이 없는데' 라고 한탄했지만 하부문화적 민족주의 중에서도 축구는 정치보다 훨씬 더 중요한 것이었다.[3]

1992년에 당시 스코틀랜드 민족당(SNP : Scottish National Party)의 지도자였던 짐 실라스(Jim Sillars)는 신랄한 풍자와 함께 나이린의 분석을 부연설명했다. 그해 총선 후에 가장 많이 회자되었던 「90분간의 애국자들」(ninety minute patriots)이라는 연설에서[4] 실라스는 스포츠, 특히 축구의 영향에 대해서 강하게 비판했다. 글래스고우(Glasgow)에 있는 국립 축구장인 햄덴파크(Hampden Park)에서, 그리고 나중에는 스코틀랜드 럭비 홈구장인 에딘버러(Edinburgh)에 있는 머레이필드(Murray field)에서 표출된 '민족주의 분출' 과 같은 주요 스포츠 이벤트에서도 스코틀랜드인들은 독립운동에 적극적으로 동참하지 않았다. 실라스의 분노는 선거결과에 대한 실망으로 폭발했다. 스코틀랜드

3_ Nairn, *Break-Up*, pp. 173-4 ; J. Foster, "The twentieth century, 1914-1979", in R. A. Houston, and W. W. J. Knox (eds), *The New Penguin History of Scotland : From the Earliest Times to the Present Day*, London : Allen lane, 2001, pp. 417-18 ; M. Fry, *The Scottish Empire*, Edinburgh : Tuckwell Press, 2001, p. 494 ; L. Colley, *Britons : Forging the Nation 1707-1837*, London : Pimlico, 1994, p. 5.

4_ 축구 경기 전후반 90분 동안 스코틀랜드의 명예를 위해 스코틀랜드의 애국자와 같이 열심히 경기를 한 선수들을 상징하는 연설 제목임.**역자 주**

유권자의 3/4은 존 메이저(John Major)가 이끄는 친연방보수당(pro-Union Conservative Party)을 강력하게 반대했지만 잉글랜드 유권자의 지지로 정권을 유지할 수 있게 되었다. 실라스의 개입은 스포츠가 국가정체성의 중요한 구성요소로서 무의식적으로 이바지했다는 역사적 사실들을 반영한 것이었다. 그러나 정확히 말하면 스포츠가 어떻게 그러한 역할을 해왔는가에 대해서는 큰 논쟁거리로 남아 있다. 그러나 어떤 다른 사람보다 마틴 폴리(Martin Polley)가 깨우쳐 주었듯이 스포츠는 사회·경제적 또는 정치·문화적 진공상태에서 기능할 수 없다.[5] 그러므로 20세기 후반에 스코틀랜드 정체성을 형성하는 데 스포츠의 역할을 역설하기 전에 스코틀랜드와 스코틀랜드인이 스스로를 발견할 수 있는 변화하는 상황을 고려할 필요가 있다. 실라스의 절망에도 불구하고 이러한 상황으로 인해 비록 명백한 독립까지는 아니지만 지방분권에 대한 지지율은 뚜렷하게 높아졌다.

경제쇠퇴는 1960년대 이후 정치적 민족주의 출현에 중요한 기반을 제공했다. 스코틀랜드 중공업, 특히 광업, 조선업, 철도 엔지니어링 분야의 붕괴로 수만 개의 일자리가 사라졌고, 정부 투자 지원을 받는 자동차, 트럭과 철강공장은 없어져 버린 일자리를 보충해 주지는 못했다. SNP는 경제불안에 대한 두려움이 증가되면서 반사적으로 많은 정치적 이익을 얻게 되었는데, 1968년 5월 지방선거에서 투표자의

5_ M. Polley, *Moving the Goalposts : A History of Sport and Society since 1945*, London : Routledge, 1998, pp. 12–13.

34%라는 경이적인 득표를 하였다. 1970년 6월에 선출된 에드워드 히스(Edward Heath)의 보수당 정부의 경제실패, 특히 오래된 '사양산업'에 대한 지원을 거부함으로써 1974년 10월 총선거에서 투표자의 거의 1/3 정도만을 득표했기 때문에 SNP에게 새로운 자극제가 되었다. 아마도 영국 정부는 스코틀랜드 동북해안 근해인 북해(North Sea)에서 새롭게 발견된 유전을 거대 다국적 석유회사에 매각함으로써 스코틀랜드의 강력한 요구에 거의 관심을 가지고 있는 것 같지 않았다. 이에 대해서 여론조사 증거가 시사하고 있듯이 비록 독립까지는 아니지만 지방분권을 지지하는 스코틀랜드인들은 점점 증가했다.

SNP는 선출된 스코틀랜드 의회가 스코틀랜드의 미래를 안전하게 보장하기 위해 힘을 가지기를 원했다. 지방분권이라는 대안이 연방국가를 분열시킬 수 있다는 것을 두려워했던 1974년에 집권한 노동당 정부는 당시의 쟁정현안에 대한 1979년 3월 1일의 국민투표 실시에 결국 마지못해 동의했다.[6] 지방분권자들의 대의명분은 실패했다. 스코틀랜드인이지만 런던에 지역구가 있는 노동당 평의원인 조지 커닝햄(George Cunningham)이 제안한 수정안은 처음부터 불리했다. 이 수정안은 새로운 스코틀랜드 의회 창설에 스코틀랜드 전체 유

6_ C. Harvie, *Scotland and Nationalism : Scottish Society and Politics, 1707–1977*, London : Allen and Unwin, 1977, pp. 172–4, 245–7 ; Foster, "Twentieth Century", pp. 478–80 ; a report outlining Labour fears was leaked to the *Scotsman*, 9 February 1976 ; *Daily Record*, 17 May 1976.

권자 중 최소 40%가 찬성투표 해야 한다고 요구했다. 단지 63.8 % 만이 선거에 참여했고, 찬성투표는 가까스로 50%를 넘었다. 1978년 아르헨티나 월드컵 축구에서 스코틀랜드의 실망스러운 성적이[7] 선거 결과에 중요한 영향을 미쳤는지에 대해서는 심증은 있지만 물증은 없다.[8]

뒤이어 실시된 1979년 5월 총선거에서 보수당 정부가 다시 들어서면서 SNP의 세력은 급격히 약화되었다. SNP는 유효 투표 1/5 미만의 지지를 받았고, 이전 11명 하원의원 중 두 명만 당선되었다. 정치적 민족주의는 익사한 것처럼 보였다. 당시 수상이었고 완고한 연방주의자였던 마가렛 대처(Margaret Thatcher)가 '스코틀랜드인들의 새로운 해머' 로 간주되었다.[9] 역설적으로 대처는 민족주의자들의 대의명분을 지켜준 구세주였다. 1979–1992년 사이에 실시된 영국(United Kingdom)의[10] 총선거에서 보수당이 승리했지만 보수당에 대한 지지가 급락한 스코틀랜드에서는 상황이 달랐다. 점차 증가하고 있는 절대다수의 스코틀랜드인들은 겨우 명맥만 유지하고 있는 전통 산

7_ 잉글랜드가 지역예선에서 탈락해 스코틀랜드팀이 유일하게 영국 국민들의 염원을 가지고 월드컵에 참가했는데 페루에 3–1패, 네덜란드에 3–2승, 그러나 이란에 1 : 1로 비기면서 조별 예선에 탈락했다.역자 주

8_ T. M. Devine, *The Scottish Nation 1700–2000*, Harmondsworth : Penguin, 2000, pp. 587–90 ; C. Harvie, *Scotland and nationalism : Scottish Society and Politics from 1707 to the Present*, third edition, London : Routledge, 1998, p. 197.

9_ 이 별명은 13세기 초에 영국 왕인 에드워드 1세에게 처음으로 적용되었다.

10_ 대브리튼과 북아일랜드를 합친 왕국이다. 공식 명칭은 the United Kingdom of Great Britain and Northern Ireland이고 수도는 런던이다.역자 주

업의 실질적 붕괴, 공공 서비스에 대한 대규모 삭감, 그리고 잉글랜드에 도입되기 1년 전인 1988년에 스코틀랜드에 부과된 악명 높은 인두세인 주민세 부과를 초래했던 대처리즘(Thatcherism)을 거부했다. 윌리엄 키건(William Keegan)이 지적한 바와 같이 북해 석유에서 나오는 수익도 역시 다른 곳에 사용되었다. '페트로 파운드' (petro-pound)는 영국 산업이 외국에서 경쟁할 수 없을 정도의 수준까지 상승했지만, 석유수입 중 많은 부분이 대처가 강조하고 있는 자유시장경제 정책으로 인해 높아진 실업률 해결을 위한 재원으로 사용되었다.[11] 스코틀랜드인들의 모든 항의는 무시되었다. 스코틀랜드 보수당(Scottish Conservative Party)은 지방분권 문제는 '결코 포기하지 않는' 정책으로 계속 지지했고, 대부분의 스코틀랜드인들은 대처리즘을 스코틀랜드인의 이익에는 무관심한 잉글랜드 민족주의(English nationalism)의 표시로 간주했다.

지방분권주의자와 민족주의자의 대의(cause)에 대한 보수당을 제외한 모든 스코틀랜드 정당들의 지지는 1980년대 말부터 새로운 전환점을 맞게 되었고, 노동조합과 교회들도 어떠한 형태로든 지방자치를 확고하게 지지했다. 본인이 스코틀랜드인이면서 당시 자유민주당(Liberal Democratic Party) 지도자였던 찰스 케네디(Charles Kennedy)가

11_ C. Harvie, "Scotland after 1978 : from referendum to Millennium", in Houston and Knox(eds), *History of Scotland*, p. 502. See also W. Keegan, Britain Without Oil, Harmondsworth, Penguin, 1985, *passim*.

"대처 수상이 모든 스코틀랜드 민족주의자 중 가장 위대한 사람인 것으로 판명되었다"고 단정한 것은 다소 놀림조의 말이긴 하지만 전혀 근거가 없는 것은 아니었다.[12] 그러나 정국을 개편하기 위한 1997년 5월 총선에서 (스코틀랜드에서는 단 한 명의 보수당 의원도 선출되지 않았음) 노동당이 압승했다. 스코틀랜드 지방분권을 위한 국민투표가 1997년 9월에 실시되었다. 18년 전과는 대조적으로 스코틀랜드인의 거의 3/4 정도가 새로운 스코틀랜드 의회 구성에 찬성투표했고, 거의 2/3 정도는 의회가 세금을 인상할 수 있는 권리를 갖는 것에 찬성했다. 비록 이전의 실라스와 달리 SNP의 지도자인 알렉스 샐몬드(Alex Salmond)가 축구의 성공이 지방분권에 찬성하는 정서를 자극했다고 주장했지만 1988년 프랑스 월드컵에서 스코틀랜드의 본선 진출이 그 선거결과에 거의 영향을 미치지 않았다는 것은 확실하다.[13]

스포츠와 스코틀랜드 정체성

1970년대 이후 스코틀랜드의 정치발전은 스포츠, 특히 축구와 럭비유니언(rugby union)이라는 프리즘을 통해 굴절되었다. 1990년대

12_ Harvie, "Scotland after 1978", pp. 514–18 ; Charles Kennedy cited in Devine, *Scottish Nation*, p. 605.

13_ Devine, *Scottish Nation*, pp. 606–17 ; G. Jarvie and I. A. Reid, "Sport, Nationalism and Culture in Scotland", *The Sports Historian*, 1999, vol. 19 (1), pp. 106–7, 110.

스코틀랜드인들이 가장 많이 즐겼던 스누커(Snooker, 당구 경기)는 주로 팀 스포츠가 아니라 개인 경기였기 때문에 중요한 국민정서를 자극할 수 없었다. 자비(Jarvie)와 레이드(Reid)가 주장한 것처럼 "… 스포츠 문화는 … 반드시 정치적이다. 틀림없이 통치권이 없는 국가의 스포츠 문화는 아마도 더욱 민감하게 정치적일 것이이다."[14] 문제는 어떤 방식에서 정치적인 것인가이다. 폴리(Polley)는 스포츠와 정치의 상호작용을 이해할 수 있는 세 가지 방식을 다음과 같이 정리했다. 스포츠 경기는 '민족주의 대리인으로서, 국가정체성의 유일하고 진정한 광장으로서, 그리고 민족적 차이의 상징으로서' 작용할 수 있다.[15] 1992년 연설에서 실라스는 이 이론들 중 첫 번째 주장인 민족주의를 위한 대리인을 분명하게 지지했다. 크리스토퍼 하비(Christopher Harvie)는 두 번째 견해 쪽이다. 비교적 온건하게 비난했던 나이린은 특히 19세기 말 독립적인 스코틀랜드 리그 창설 이후의 축구가 '스코틀랜드적인 것'(Scottishness)을 계속 유지하게 하는 데 기여했다. 버트 무어하우스(Bert Moorhouse)는 스코틀랜드에서 스포츠가 잉글랜드에 대항하는 계속적인 민족적 감정을 자극한다는 것을 강조하면서 이 견해를 더욱 발전시켰다.[16] 스코틀랜드인들은 확실하게 '오랜 적' 잉

14_ Jarvie and Reid, "Sport, Nationalism and Culture", p. 98.

15_ Polley, *Moving the Goalposts*, p. 99.

16_ Harvie, *Scotland and Nationalism*, p. 38 ; H. F. Moorhouse, "One state, several countries : Soccer and nationality in a 'United' Kingdom", *International Journal of the History of Sport*, 1995, vol. 12, p. 58.

글랜드에게 승리하는 것에서 큰 기쁨을 얻었고, 그런 경우 사건들이 종종 로버트 브루스(Robert the Bruce)[17]가 지휘했던 스코틀랜드 군대가 잉글랜드 에드워드 1세(Edward 1)의 군대를 패배시켰던 1314년의 배녹번(Bannockburn) 전투[18]에 대한 민족적 기억(folk memories)을 불러일으켰다. 가장 최근의 예는 스코틀랜드가 2000년 머레이필드(Murrayfield)에서 모든 강팀과 경기하면서 특히 잉글랜드 럭비유니언의 '그랜드 슬램' (Grand Slam)을 저지했을 때였다. 유명한 스코틀랜드 스포츠 저널리스트들의 생각에 공감하면서 무명의 스코틀랜드인 휴 맥킬반니(Hugh Mclvanney)는 다음과 같이 주장했다. "잉글랜드를 타도하는 것보다 더 좋은 것이 단 하나 있다. … 그것은 경기 후 저녁식사에 아홉 명의 잉글랜드인과 합석하는 것이다."[19] 이러한 감정은 SNP의 지도부를 포함하여 많은 정치인들이 스코틀랜드가 성장하기 위해서는 반감을 버리고 잉글랜드를 응원해야 한다(스코틀랜드는 2002 월드컵 축구 본선에 진출하지 못했다)라는 호소가 거의 절대적으로 조롱받았을 때인 2002년 월드컵 축구 경기 동안에 다시 나타났다. 소수 스코틀랜드인들에게 뿌리 깊은 잉글랜드 혐오증(Anglophobia)이 나타났으나 대다수는 잉글랜드 매스컴이 전달하는 '과대광고'에 짜증이 났다. 주요 경기의 본선에 잉글랜드가 진출할 때마다 구역질나도록

17_ Robert I, the Bruce(1274–1329)를 말함.역자 주

18_ 배녹번 전투(1314년 6월 24일)는 스코틀랜드가 독립전쟁에서 승리한 중요한 전투였음.역자 주

19_ *Glasgow Herald*, 3 April 2000.

반복되고 있는, 너무나 잘 알고 있는 1966년 월드컵 승리의 재탕은 많은 스코틀랜드인들을 참을 수 없게 만들었다.[20]

그러므로 스포츠는 마이크 크로닌(Mike Cronin)과 데이비드 메이올(David Mayall)이 단정한 국가의 '상서로운' 상징만은 아니다. 잉글랜드에 대한 스코틀랜드인들의 태도는 전혀 독특한 것은 아니었다. 유사한 분노는 '다른 국가'가 지배하는 나라에 살고 있는 고통받는 민족들' 사이에서 관찰되었다. 사이먼 쿠퍼(Simon Kuper)가 지적한 바와 같이 스페인에서 바르셀로나(Barecelona)는 프랑코 정권 시기 이후 카탈로니아 정체성의 상징이 되었다.[21] 소련의 통치 아래 있었을 때 우크라이나 디나모 키에프(Dinamo Kiev) 축구팀이 이와 유사한 우상과 같은 지위를 얻었다. 잉글랜드는 앵글로-스코틀랜드(Anglo-Scottish) 스포츠 대결에 큰 관심을 가지지도 않았다. 축구와 관련된 곳에서 독일은 지난 30년 동안 축구를 몹시 싫어했다. 그리고 럭비의 경우 1970년대에는 웨일즈가, 그리고 나중에 프랑스가 몹시 싫어했다.

일부 스코틀랜드인의 영혼 속에 잉글랜드 혐오증이 살아 있기 때문에 스포츠는 지난 30년 동안 스코틀랜드인의 정체성에 긍정적으로 기여했다. 인구 약 500만 명의 작은 나라가 지난 8차례 월드컵 축

20_ *Guardian*, 14 June 2002.

21_ M. Cronin and D. Mayall (eds), *Sporting Nationalisms : Ethnicity, Immigration and Assimilation*, London : Frank Cass 1998, p. 2 ; S. Kuper, *Football against the Enemy*, London : Orion Books, 1994, pp. 85–92.

구에서 여섯 차례나 출전 자격을 획득한 것은 진정한 의미로 민족 자긍심을 불러일으켰다.[22] 스코틀랜드가 1991년 럭비유니언 월드컵에서 준결승에 진출했다는 사실도 역시 민족 자긍심을 높여주었다. 스코틀랜드 축구팀의 해외 원정에 따라다니는 자칭 '타탄아미'(Tartan Army)는[23] 잉글랜드팀을 망치는 훌리건 과격집단과는 의식적으로 그리고 공공연하게 다르다는 것을 보여주기 위해 스코틀랜드의 사절로서 적극적인 역할을 하고 있다. 그러나 존 버넷(John Burnett)과 그랜드 자비(Grant Jarvie)가 최근에 자주 주장했던 것처럼 스포츠가 '현재의 스코틀랜드와 같은 동질의 공동체'를 만들어냈다고 확신하는 것은 현명하지 못할 것이다. 성(gender), 지역, 종교, 심지어 인종에 기초한 구분이 지속되고 있다. 소위 '국기'(national game)라는 축구는 19세기 후반 이후 스코틀랜드를 망친 분파적 구분의 영속화를 위해 여전히 중요한 기준을 제공하고 있다. 이것들은 글래스고우 셀틱(Glasgow Celtic)의 스코틀랜드-아일랜드 가톨릭(Scots-Irish Catholics)과 글래스고우 레인저스(Glasgow Rangers)와 관련된 개신교도(그리고 연방주의자) 세력 사이의 계속되고 있는 '올드 펌'(Old Firm) 경쟁관계에서[24]

22_ *Glasgow Herald*, 26 October 1991, Where Brian Meek praised the Scottish rugby team's achievement.

23_ 스코틀랜드 축구 서포터 명칭.[역자 주]

24_ 올드펌(the Old Firm)이란 이름은 글래스고우의 축구 클럽들, 레인저스와 셀틱을 일컫는 말이다. 현대에 들어와서는 단순히 두 클럽을 한꺼번에 말할 때 쓰는 단어이다. 예를 들자면 그 둘의 더비 매치를 이를 때 사용된다. 하지만 그 바탕에는 두 클럽이 항상 다른 스코틀랜드 클럽들을 이기고 우승을 다투

가장 명백하게 나타난다. 이와 비슷한 구분이 에딘버러에도 존재하는데, 그곳에서 하이베리안(Hibernian) 팀은[25] 스코틀랜드-아일랜드계(Scots-Irish)를 대표하고, 하트 오브 미들로시안(Heart of Midlothian) 팀은 개신교를 대표하고 있다. 국경지대의 섬유와 농업지역을 제외하고 럭비유니언은 오랫동안 에딘버러와 글래스고우의 좀 더 잉글랜드화된(Anglicised) 중간 계급의 영역이었던 반면에 여성들은 축구의 매력에 대체로 영향을 받지 않았다. 스코틀랜드의 북부와 북서부 지방(Highlands)에서 독특하고 매우 많은 소수자들의 스포츠가 널리 인기가 있었다.[26]

이 장의 나머지 부분에서는 스코틀랜드 정체성에 대한 긍정적이고 부정적인 측면이 축구와 럭비를 통해 드러났던 방식에 대해 탐구

었다는 것을 비꼬는 단어이다. 두 클럽의 스코틀랜드 축구 평정과 사회적·문화적·정치적인 중요성 때문에 셀틱과 레인저스는 스코틀랜드 사람들의 생활에서 영국 내의 다른 어떤 클럽보다도 중요한 위치를 차지하게 되었다. 두 클럽 간의 경쟁은 단순한 축구 라이벌 그 이상의 관계에 뿌리를 두고 있다. 종교(가톨릭과 프로테스탄트)와 아일랜드가 중심에 있는 여러 가지 문제들 때문이다. 그 결과 셀틱과 레인저스 팬 사이의 지속되는 증오심은 같은 도시에 연고를 둔, 한 나라의 축구계를 휘어잡고 있는 두 클럽 간의 라이벌 관계보다 더한 것이 되었다. 그 증오심은 종종 폭력사태나 가끔은 죽음으로까지 이어지기도 했다. **역자 주**

25_ 미들로시아는 스코틀랜드의 옛 주. Heart of Midlothian F. C.(Hearts로 가장 많이 언급됨)는 스코틀랜드 프리미어 리그에서 경기하는 스코틀랜드 에든버러의 프로 축구 클럽이다. 이 팀은 에든버러에서 하이버니안(Hibernian)과 경쟁 관계에 있는 주요 축구 클럽임. **역자 주**

26_ J. Burnett and G. Jarvie, "Sport, Scotland and the Scots", in G. Jarvie and J. Burnett (eds), *Sport, Scotland and the Scots*, Phantassie : Tuckwell Press, 2000, p. 18.

할 것이다. 스코틀랜드 정치문화가 또 다른 '종파' (persuasion) (가톨릭) 또는 민족성(ethnicity)의 정치문화와 완전히 융합되지 못했기 때문에 분파주의와 인종주의 문제는 하부 주제를 제공하고 있다.

축구

19세기 말 이래로 '피트바' (fitba, 축구)는 국가의 중심 벨트, 특히 글래스고우와 서부지역, 그리고 그곳의 남성 노동자 계급과 관련된 경기였지만 '국기' (national sport, 國技)였다. 한 언론인이 1974년에 잉글랜드와의 연례 정기전에 관해 지적한 바와 같이, 비록 '불균형적으로 향상되긴' 했지만 축구는 스코틀랜드인의 '남성다움의 상징' 이 되었다. 특히 잉글랜드에 대한 승리는 '가끔 불안정하고 그 불안정을 숨기고 싶어하는 국민들에게 희망과 발전을 가져다 주었고' '잃어버리고 무시된 땅' 에 위안을 가져다 주었다.[27] 그러한 견해는 닐 애쳐슨(Neal Ascherson)이 그의 『돌의 목소리-스코틀랜드를 찾아서』(*Stone Voices-the Search for Scotland*)에서 '성 앤드류의 실수' (the St. Andrew's Fault)로 규정했던 것을 예시해 준 것이었다. 애쳐슨은 스코틀랜드인들이 '자기 불신' 으로 가득 차 있고 자신들의 정체성에 대해 자신감이 부족하다고 주장했다. 스코틀랜드인들은 '우리는 누구인가' 라는 증후군으로 알려진 것을 강조함으로써 보상받으려 했다.[28]

27_ See Ian Archer in the *Glasgow Herald*, 18, 20 May 1974.

많은 스코틀랜드인에게 축구는 이러한 증후군을 집약적으로 보여주었다. 스코틀랜드 국가대표팀은 몇 번의 모욕적인 패배를 당하였다. 1954년 월드컵 본선에서 우루과이에 7-0으로 패배했고, 그리고 더 최악인 것은 잉글랜드에 1955년에 7-2, 1961년에 9-3, 1975년에 5-1로 각각 패배했을 때였다. 더욱이 월드컵과 유러피언 네이션스컵(European Nations Cup)에서 본선 진출에 계속 실패했다. 그러나 이러한 좌절에도 불구하고 스코틀랜드 축구는 오랜 기간 동안 실력이 뛰어나다는 평가를 받아왔다. 19세기 말 이래로 실력 있고 재치가 뛰어난 스코틀랜드인들이 사실상 모든 잉글랜드 클럽팀의 핵심이었고, 어떤 사람들은 스코틀랜드 클럽들, 심지어 강력한 셀틱과 레인저스팀조차도 가장 재능이 있는 선수들을 계속 팀에 남게 할 수 있는 재정적 능력이 부족하다는 사실에 위안을 받고 있다는 것은 잘 알려진 사실이다. 신화는 1928년 웸블리 구장에서 뛰어난 재능과 특별한 능력으로 잉글랜드팀을 5-1로 패배시켰던 '웸블리 마법사들'(Wembley Wizads)의[29] 전설에 의해 강화되었다. 아이러니하게도 양 팀(스코틀랜드 국가대표팀과 잉글랜드 국가대표팀)은 홈 네이션스 챔피언십(Home Nations Championship)에서 꼴찌를 면하기 위해 경기를 하고 있었다.[30]

28_ N. Ascherson, *Stone Voices : the Search for Scotland*, London : Granta, 2002, *passim*.
29_ 헝가리 국가대표팀 명칭.[역자 주]
30_ 브리티쉬 홈 챔피언십[(British Home Championship) 또는 홈 인터내셔널 챔피언십(Home International Championship)으로 알려져 있음]은 UK의 네 개 내셔널 팀[잉글랜드, 스코틀랜드, 웨일즈, 아일랜드(1921-1922년 이후에는

비록 자주 맹목적 애국주의 경향을 가진 스코틀랜드의 타블로이드판 신문은 이러한 객관적 비교를 통해서 놀라울 정도로 진실한 보도를 했지만, 양 팀은 1950년 초반 헝가리의 '마법의 팀'(golden team)과 같은 매우 훌륭한 팀들에게 자극을 주었다.

스코틀랜드 축구의 우수한 실력에 대한 믿음이 많이 과장되긴 했지만 그 믿음은 1945년 이후 오랫동안 지속되었다. 그러한 믿음은 스코틀랜드가 1967년 웸블리 구장에서 당시 세계 챔피언인 잉글랜드에 승리함으로써 더욱 확고해졌다. 스코틀랜드 타블로이드판 신문인 《데일리 레코드》(*Daily Record*)지에 기고했던 휴 테일러(Hugh Taylor)는 스코틀랜드팀의 성과를 높이 평가했으며, 특히 새로 스코틀랜드 감독이 된 바비 브라운(Bobby Brown)을 칭찬했다. 테일러는 브라운이 "1970년 월드컵에서 우리가 승리하는 것을 돕는 데 필요한 장기 전술을 숨겼다"고 과장해서 결론내렸다. 테일러는 실제 3–2 승리보다는 6–2로 승리하기를 바랐지만 스코틀랜드가 잉글랜드를 이겼다는 그 사실에 위안을 받았다. 켄 존스(Ken Jones)는 《데일리 미러》(*Daily Mirror*)지에서 짐 백스터(Jim Baxter)[31]의 행위를 혹평했지만, 즉 백스

북아일랜드)]으로 구성되어 있다. 네 개 내셔널 팀은 정기적으로 매년 경기를 하며, 각각의 홈네이션 축구협회(The Football Association of England, the Scottish Football Association, the Football Association of Wales and the Irish Football Association)는 서로 다른 축구 규칙을 가지고 있었다. 경기시에는 홈팀의 규칙을 따른다. 몇 가지 문제점을 해결하기 위해서 1982년 12월 6일 네 협회는 모임을 가지고 하나의 규칙을 만들었다. 또한 이 규칙을 변화시킬 때 필요한 IFAB(International Football Association Board)를 설립했다.**역자 주**

터의 성숙하지 못한 접근은 (잉글랜드를) 완패시켰다는 생각을 갖게 하기보다는 오히려 "비천한 아일랜드인"이라는 인식을 갖도록 했지만 백스터는 잉글랜드 굴욕의 상징으로 인식되었다. 데니스 로(Denis Law)는 4년 전에 9−3으로 대패당한 것을 되갚기 위해 잉글랜드에 완승하기를 원했기 때문에 이러한 견해를 가지고 있었지만 나중에 백스터의 태도 때문에 그를 용서했다. '우리는 어떤 모습일까?' 라는 독특한 스타일을 발전시키는 것은 많은 스코틀랜드인들에게 여전히 가장 중요한 것이었다.

《스캇츠맨》(*Scotsman*)지의 축구 통신원인 존 라퍼티(John Rafferty)가 나중에 주장한 것처럼 "득점이 패배한 상대를 우롱하거나 괴롭히거나 굴욕을 주는 것만큼 중요하지 않다"는 것이 독특한 스코틀랜드 정서였다.[32] 5주가 지난 후에 스코틀랜드인들의 우월감은 확인되었다. 글래스고우로부터 30마일 내에서 태어난 11명의 스코틀랜드 태생으로 구성된 셀틱(Celtic)은 유러피언컵(European Cup)에서 승리했을 뿐만 아니라 스코틀랜드, 잉글랜드, 그리고 유럽대륙의 사실상 거의 모든 관중들의 상상력을 사로잡았던 지속적인 공격으로 강력한 수비 축구를 하는 인터 밀란(Inter Milan)과의 경기에서도 승리했다.[33] 레

31_ 백스터는 브라운 직전의 아일랜드계 감독이었음.[역자 주]

32_ *Daily Record, Daily Mirror*, 17 April 1967 ; *Scotsman*, 20 May 1974. 한 인터뷰에서 백스터는 그는 영국을 "호되게 겁내주기를 원했을 뿐"이라고 나중에 고백했다. *Daily Record*, 13 November 1999.

33_ H. McIlvanney, *McIlvanney on Football*, Edinburgh : Mainstream, 1994, pp. 17−20.

인저스 서포터들과 스페인 경찰 사이의 폭력적인 충돌로 인해 그 의미가 약화되었지만, 1972년 유러피언컵 위너스컵(European Cup Winners' Cup) 결승전에서 레인저스(Raingers)의 예상치 못한 승리 이후 스코틀랜드는 그후 몇 년 동안 환호할 만한 일이 거의 없었다. 그러나 1970년대 이전의 스코틀랜드 축구의 자긍심이 잉글랜드를 '타도하기 위한' 바람과 혼동되어서는 안 된다. 1967년의 건축설계자인 백스터와 로는 정열적인 스코틀랜드인이었지만 둘 다 연방주의(the Union, 1707년에 잉글랜드와 스코틀랜드의 연방 합의)의 장점과 영속성에 대해 의문을 갖지 않았다. 대부분의 서포터들 역시 그랬다는 어떠한 증거는 없었지만 영국 국가(British national anthem)를 야유하기 시작한 것은 1970년대 초부터였다.[34]

1974년에 스코틀랜드가 독립국임을 상징하는 것으로 축구에 대한 믿음이 부활하는 것을 목격할 수 있었다. 그해 5월, 스코틀랜드는 라이언 램펀트 깃발(Lion Rampant flags)[35]로 화려하게 장식된 민족주의적 열정이 강한 햄덴(Hampden) 구장에서 잉글랜드를 2–0으로 완패시켰다. 그러나 그 승리는 나중에 스코틀랜드청(Scottish Office)의 한

34_ Jarvie and Reid, "Sport, nationalism and culture", pp. 114–17 ; R. Holt, "The king over ther border : Denis Law and Scottish football", in G. jarvie and G. Walker (eds), *Scottish Sport and the Making of the Nation : Ninety Minute Patriots*, Leicester : Leicester University Press, 1994, p. 60.

35_ 스코틀랜드의 라이언 램펀트(Lion Rampant)는 뒷다리로 서 있는 사자의 문양이고, 잉글랜드의 삼사자(Three Lions)는 사자 세 마리가 세 개의 층을 이루고 있는 문양임.역자 주

장관(junior minister)이 「우리는 잉글랜드를 증오한다」라는 노래를 반복하는 것은 '스코틀랜드 민족주의의 추한 표현'이라고 비난했기 때문에 그 의미가 훼손되었다.[36]

축구와 민족이 좀 더 건전하게 결합될 수 있었던 것은 1974년 서독 월드컵에서 스코틀랜드가 행한 행위 때문이었다. 미숙한 판정과 결합된 브라질과 유고슬라비아의 노골적인 작전 때문에 잘 훈련되어 있고 잘 조직된 스코틀랜드팀은 골 득실차로 준준결승에 진출하지 못하게 되었다. 스코틀랜드가 자이레를 2−0 이상으로 승리하지 못한 이유는 실망한 나머지 적극적으로 경기를 하지 않았기 때문이었다. 그러나 축구는 세계무대에서 스코틀랜드를 자랑스럽게 대표할 수 있게 해주었다.[37] 수천 명의 스코틀랜드 서포터들도 스코틀랜드를 자랑스럽게 만들었다. 스코틀랜드 서포터들은 마시고, 노래 부르고, 춤추며, 특히 브라질 서포터들과 화기애애하게 응원하였다. 도르트문트(Dortmud)와 프랑크푸르트(Frankfurt)의 당국자들은 이러한 때문지 않은 '타탄아미'의 행동에 놀랐고 기분도 좋아졌다. 또한 안도감을 느끼기도 했을 것이다.[38]

눈에 띄게 증가되고 있는 반잉글랜드 감정과 결합된 민족주의 감정은 1976년 홈네이션스 챔피언십 기간 내내 계속되었다. 잉글랜드

36_ *Glasgow Herald, Scotsman*, 20 May 1974 ; For Frank McElhone's condemnation, see *Glasgow Herald*, 6 June 1977.

37_ *Glasgow Herald*, 18 June 1974 ; McIlvanney, *McIlvanney on Football*, pp. 185−9.

38_ *Glasgow Herald*, 15, 20 and 22 June 1974.

팀이 햄덴 구장에 왔을 때 스코틀랜드 서포터들은 심한 야유와 함께 국가인 「스코틀랜드의 꽃」을 부르면서 그들을 맞이했다. 이러한 행동은 부분적으로는 스코틀랜드 축구협회가 많은 지방언론과 대표팀 감독인 윌리 오르몬드(Willie Ormond)가 선호했던 「스코틀랜드의 꽃」(*Flower of Scotland*)을[39] 스코틀랜드 국가로 채택하는 것을 거부했기 때문이었다. 스코틀랜드가 2−1 승리로 끝난 경기에서 관중들은 반복적으로 「스코틀랜드의 꽃」을 불렀고, 그래서 그 노래를 완전히 익히게 되었다.[40] 이 경기에서 보여준 스코틀랜드팀의 실력에 고무된 스코틀랜드인들은 경기 운만 약간 따라준다면 1978년 월드컵에서 충분히 우승할 수 있는 전력을 가지고 있다고 억측했다.[41]

1978년은 축구가 스코틀랜드 정체성의 상징으로 확실하게 각인된 해였다. 강력한 스코틀랜드팀이 아르헨티나 월드컵 출전 자격을 획득한 후 스코틀랜드 전역은 도취감에 빠져 있었다. 비록 월드컵 우승까지는 아니더라도 스코틀랜드가 마지막 4강까지 진출할 수 있을 것이라는 신념이 널리 확산되었다. 당시 대표팀 감독이었던 알리 맥

39_「스코틀랜드의 꽃」[Flower of Scotland=Flüir na h−Alba(갤릭어 Gaelic)]은 과거의 「용감한 스코틀랜드인이여」(Scotland the Brave)에 버금가는 유명한 스코틀랜드의 비공식적인 국가(國歌)이다. '포크 그룹'(folk group), '더 코리스'(The Corries)가 1967년에 「스코틀랜드의 꽃」을 만들어 발표했다. 이 노래 가사는 1314년 배녹번 전투에서 로버트 더 브루스 왕(King Robert the Bruce)이 잉글랜드의 에드워드 II세(King Edward II)를 패배시켰던 사건을 담고 있으며, 스코틀랜드인의 승리를 의미한다.**역자 주**

40_ *Sunday Post*, 16 May 1976 ; *Glasgow Herald*, 17 May 1976.

41_ *Daily Record*, 17 May 1976.

로드(Ally McLeod)가 조심스럽게 표현한 견해가 그러한 믿음을 더욱 확신시켰다. 많은 축구 전문가들도 스코틀랜드가 최근에 좋지 않은 성적에도 불구하고 더 좋은 성적을 올릴 수 있는 실력이 있다는 데 동의했다.[42] 그러나 일부 언론인들은 월드컵을 위한 준비보다는 '상업적 투자'나 '돈을 벌 수 있는 계획'(cash grabbing schemes)이 더 중시되고 있다고 우려했다.[43] 그들의 걱정은 충분한 근거를 가지고 있었다. 스코틀랜드 축구 대표팀은 상당한 실력을 가지고 있었지만 평범한 페루팀에게 졌다. 더욱이 스크틀랜드팀은 같은 조의 가장 약체인 이란팀과도 비겼다. 조별 예선 마지막 경기에서 8강 진출이 확정된 네덜란드에게 승리했고, 이것이 흩어진 국가 자존심의 일부를 회복시켜 주었다. 그러나 스코틀랜드는 골 득실차로 조별 예선에서 탈락했다. 스코틀랜드의 왼쪽 공격수인 윌리 존스톤(Willie Johnston)이 페루와의 게임 직후에 약물 양성반응 때문에 불명예스럽게 귀국조치당하자 민족의 비극적 감정은 더욱 높아졌다.

곧바로 결과에 대한 원인 분석이 뒤따랐다. 스코틀랜드가 실패한 원인은 맥로드의 상대팀 연구 부족, 형편없는 선수 구성, 훈련 부족, 심지어 스코틀랜드 캠프에서의 음주 때문이라고 비난을 받았다. 제임스 노티(James Naughtie)가 보고한 바와 같이 특히 이란을 이기지 못한 후에 많은 스코틀랜드인들은 심한 우울증에 빠졌다.[44] 스코틀랜드

42_ *Scotsman*, 12, 30 May 1978 ; *Daily Record*, 20 May 1978.
43_ See leading article in the *Daily Record*, 17 May 1978 ; *Sunday Post*, 21 May 1978.

인들의 정체성 형성에 축구가 큰 역할을 한다는 주장에 대해 비판하는 세력이 급증했다.《글래스고우 헤럴드》(*Glasgow Herald*)지의 한 논설은 축구가 국가 자부심에 큰 영향을 미치는 결정요소가 되도록 허용한 국가에 대해 매우 비판적이었다. 물론 비판이 다소 약한 주장도 있었다.《스캇츠맨》지에 보내진 한 편지는 스코틀랜드는 자체의 의회가 없는 반면에, 축구 국가대표팀의 경기는 의회의 역할을 수행할 수 있다고 날카롭게 지적했다. 축구는 선수들을 유일한 대사(大使)로 가질 수 있는, 스코틀랜드 개별적 정체성을 소유할 수 있는 분야 중 하나로 남아 있다는 것이었다. 그러나 다른 독자는 축구는 단순한 경기일 뿐이고, 그래서 자치정부만이 가질 수 있는, 국가 소속감을 표현할 수 있는 적절한 대체물이 될 수 없다고 주장했다. 그는 축구가 국가정체성의 구현이나 외교적 역할을 담당하는 도구라고 주장하는 것은 스코틀랜드 축구 선수들에게 과도한 부담을 부과하는 것이라고 부연설명했다.[45]

매킬바니가 지적한 것처럼, 그리고 아르헨티나 월드컵에서 증명된 것과 같이 축구는 "스코틀랜드인들이 추구하는 감정적 표현의 짐을 운반하는 데 형편없이 부실한 장비였다."《스캇츠맨》지가 약 12년 뒤에 재확인한 바와 같이 '우리는 누구인가' 라는 낡은 정서를 대변하는 축구는 전환점을 맞이하게 되었다. 축구 선수들은 계속 국가대

44_ *Scotsman*, 8 June 1978.
45_ *Glasgow Herald*, 13 June 1978 ; *Scotsman*, 9, 13 June 1978.

표로 간주되었고, 그래서 경기장 안팎에서 좋은 행동을 하도록 기대되었으나 축구 선수들이 성취해야 할 기대는 점차 축소되었다. 1978년 국가대표팀 감독이 되었을 때 작 스타인(Jock Stein)은 약소국이 세계 제패자(world-beater)가 되는 것을 기대할 수 없을 것이라고 주장했다. 스타인의 현실주의는 매우 현명한 것으로 증명되었다. 그후 네 차례 월드컵 진출과 두 차례의 유럽 네이션 선수권(European Nations Championships) 출전이라는 괄목할 만한 성적을 거두었음에도 불구하고 스코틀랜드 축구에 대한 감정 표현은 점차 이상하게 변하기 시작했다. 스코틀랜드인 대부분의 마음 속에 간직하고 있는 목표는 더 이상 궁극적 승리가 아니었다. 그것은 스코틀랜드가 발전하게 될 것인지 그렇지 못하면 패배 속에서도 존엄을 지킬 수 있을 것인지에 관한 것이었다.[46] 역설적으로 국가대표팀의 성적이 하락함에 따라서 스코틀랜드 서포터들의 행동은 두드러진 몇 가지 예외가 있지만 현저하게 개선되었다. 1970년대 중반에 축구 경기장에 주류 반입 금지조치가 도입된 후에 홈구장에서 폭력은 급격하게 감소했다. 1988년에 홈 네이션 대회가 없어지자 2년에 한 번씩 때로는 술에 취해서, 그리고 폭력적으로 런던을 급습하는 일이 사라졌다. 1977년 웸블리 구장에서 잉글랜드와 스코틀랜드 경기가 있던 날 아침 《데일리 미러》지에 기고한 글에서 프랭크 맥기(Frank McGhe)는 술에 취해 비틀거리는 스코틀랜드 훌리건 무리에 의해 포위된 런던은 '불쾌하고, 추하고 그

46_ McIlvanney, *McIlvanney on football*, p. 202 ; *Scotsman*, 17 March 1990.

리고 바보가 되었다' 고 결론을 내렸다. 맥기의 평가를 부정할 수는 없지만 그러나 경기가 끝난 후인 월요일에 그가 쓴 비평은 편파적이었다. 기분 좋게 2-1로 승리한 후에 술에 취한 스코틀랜드 팬들이 웸블리 구장에 들어가 승리를 자축하면서 경기장을 파내고 골대를 망가뜨린 것은 사실이었다.[47] 비록 런던 경찰청(Metropolitan Police)이 잉글랜드에 대한 보복이 아니라 승리에 도취된 행동이었다고 공식 발표했지만, 《미러》지의 헤드라인 표제는 '살인자, 스코틀랜드인' (Jock the Ripper)이었고, 맥기는 스코틀랜드 서포터들을 어리석고 폭력적이라고 혹평했다.

《글래스고우 헤럴드》지가 수년 후에 1977년 웸블리 구장 사건을 회고하면서 잉글랜드 매스컴들의 반응은 '악의적이고 부당했다' 고 결론을 내렸다.[48] 1988년의 마지막 홈네이션스 대회에서 폭력이 다시 발생했을 때 스코틀랜드인을 '돼지들과 동물들' 이라고 비난한 보수당 의원 테리 딕스(MP, Terry Dicks)의 반응과 같이 매스컴의 반응은 하나같이 편파적이었다. 스코틀랜드 언론들이 인정한 것과 같이 반드시 '외국인 혐오증적인' 것은 아니었지만, 소수 스코틀랜드인들은 폭력을 휘두를 의도를 가지고 런던에 갔다. 더욱이 잉글랜드 접경 지역의 스코틀랜드 클럽 팀의 팬들을 중심으로 무리를 이룬 '부랑자

47_ Jock은 영국 군사 속어로서 '스코틀랜드 고지 지방의 병사' 또는 '시골 청년' 이란 의미.역자 주

48_ *Daily Mirror*, 4, 6 June 1977 ; *Glasgow Herald*, 13 November 1999.

들'이라 불리는 조직된 훌리건들은 경쟁자들을 응징하기 위해 홈네이션스 대회(Home Nations)를 이용하려 했다.《스캇츠맨》지가 보도한 바와 같이 비록 잉글랜드의 지원을 받고 있는 인종주의 국민전선 '추종자들' (racist National Front 'hangers-on')이 스코틀랜드에서부터 런던까지 따라갔던 '소수의 과격분자' (lunatic fringe)보다 더 폭력적이기 때문에 더 비난받아야 한다는 주장에는 근거가 있지만, 사실은 한마디로 말할 수 없는 해결하기 어려운 문제였다.[49] 많은 스코트랜드인들은 1988년부터 홈네이션스 대회가 폐지되어 잉글랜드인과 매년 만날 필요가 없어졌기 때문에 안심했다.

셀틱이나 레인저스 서포터들은 거의 없었지만 전문직 종사자들, 노동자들, 일부 여성들, 실업자들, 그리고 룸펜들을 포함하고 있는 가장 크고 이질적인 집단으로 구성된 스코틀랜드 서포터들인 '타탄아미' 회원들이 어느 누구보다 안심했다. '타탄아미'가 언제 출현했는지 여전히 확실치 않다. 타탄아미의 회원 중 한 사람으로서 역사를 연대순으로 기록하고 있는 이안 블랙(Ian Black)은, 타탄아미가 1974년 서독 월드컵에서 시작된 것은 사실이지만 1982년 스페인 월드컵 본선 때부터 조직되어 존재했다고 주장했다. '스코틀랜드 서부 타탄아미' 회장인 해미시 후스반드(Hamish Husband)에 따르면, 휴일에 많은 가족들을 포함한 20,000명의 팬들이 스페인으로 몰려갔다고 주장했다. 더욱 확실한 것은 스코틀랜드 축구 서포터들은 자신들의 이미

49_ *Scotsman*, 23 May 1988 ; also *Daily Record*, 23, 24 May 1988.

지가 곧 국가 이미지가 된다는 식으로 발전시켰다는 것이다. 타탄아미는 지역주민들을 즐겁게 하는 것을 추구할 때 항상 그랬듯이 술을 엄청 마시고, 계속 노래 부르고 춤추었다. 그러나 스코틀랜드 서포터들은 있기는 있었지만 폭력행위에 거의 개입하지 않았다. 성숙한 회원들은 어떤 잠재적 과잉행동을 통제하는 책임을 맡았다. 그들은 런던에는 따라가지 않았지만 국가대표팀이 가는 곳은 대부분 따라갔다. 블랙이 지적한 바와 같이 '타탄아미'의 회원들은 매 2년마다 웸블리 구장을 급습하는 '아마추어 여단'(amateur brigade)의 인종차별주의와 외국인 혐오증을 나타내는 그룹과 자신들을 구분하기로 결정했다. 잉글랜드팀의 성적은 확실하게 향상된 반면에 스코틀랜드팀의 성적은 저하되었기 때문에 많은 스코틀랜드 서포터들은 '오랜 적'(Auld Enemy)인 잉글랜드팀의 해외 원정을 망치고 있는 훌리건 극단주의자들과 자신들을 의도적으로 구분함으로써 타탄아미의 의미를 이상화시키고, 후스반드가 '적극적이고 홍보대사와 같은 민족주의자(positive, ambassadorial nationalism) 역할'로 묘사한 것을 기꺼이 받아들였다.[50]

그러나 1988년 이후 세 차례 경기에서 잉글랜드와 스코틀랜드의 명암은 교차했다. 1996년 잉글랜드에서 개최된 유러피언 네이션스

50_ Black, *Tales of the Tartan Army*, Edinburgh : Mainstream, 1977, pp. 62, 84 ; I. Husband in the *Observer*, 3 June 2001 ; S. Walsh, *Voices of the Old Firm*, Edinburgh : Mainstream, 1995, p. 217.

(European Nations) 본선에서 스코틀랜드가 웸블리 구장에서 잉글랜드에게 0–2로 패배한 것은 실망스러웠지만 폭력이 발생하지는 않았다. 반잉글랜드 감정을 일으키려는 노력에도 불구하고 스코틀랜드 타블로이드판 신문은 경기 전후에 이전 수준의 애국주의적 감정을 보이지 않았다. 아마 명백하게 선두를 달리고 있는 첼시(Chelsea)와 애버딘(Aberdeen) 두 팀에 관련된 사람들과 함께 잉글랜드 접경지역 남과 북에서 온 '부랑자들' 사이에서 산발적인 충돌이 발생하였다. 스코틀랜드를 응원하기 위해 접경의 남쪽으로 갈 수밖에 없었던 '타탄아미'는 이 충돌에 가담하지 않았다.[51] 그럼에도 불구하고 이처럼 가끔 발생하는 작은 충돌은 스코틀랜드와 잉글랜드의 축구협회에게 연례 정기전을 부활시키는 것이 현명하지 못하다는 믿음을 재확인시켜 주었다. 양 팀은 1999년에 유로 2000 본선 경기에서의 두 경기 몰수 팀으로서 한 조를 이루고 있었다. 1999년 11월까지 다시는 만나지 못했는데, 어느 곳에 있든지 스코틀랜드인들은 열정적으로 스코틀랜드팀이 잉글랜드팀에 승리하기를 원했다. 그러나 지방분권 이후 외국인 혐오증이 눈에 띄게 줄어들었지만 일부 반잉글랜드 감정은 명백하게 남아 있었다. 반잉글랜드 감정의 대부분은 너무 전형적인 잉글랜드 매스컴의 교만, 잉글랜드가 확실하게 우월하다고 주장하고 있는 잉

51_ R. Boyd and R. Haynes, *Power Play : Sport, Media and Popular Culture*, Harlow : Pearson, 2000, pp. 155–8 ; also R. Giulanotti and G. Armstrong *in Glasgow Herald*, 17 June 1996.

글랜드팀 주장인 토니 아담스(Tony Adams)의 간접적인 논평, 그리고 자신들이 사용하기 위해서 국가(national anthem)를 '강탈해 간' 잉글랜드에 대한 반응이었다. 스코틀랜드의 연방주의자들조차도 국가(national anthem) 강탈에 항의하는 것에 감동했다.[52] 스코틀랜드는 전형적인 상징물인 「스코틀랜드의 꽃」을 잃어버렸다. 햄덴 구장에서 잉글랜드에게 0−2로 패배할 때 매우 비극적이었던 한 여성 칼럼니스트는 그 경기를 보는 것은 분만하는 것보다 더 힘들었다고 주장했다. 스코틀랜드는 웸블리 구장에서 1−0으로 승리하면서 알렉스 살몬드(Alex Salmond)의 말처럼 '웸블리 축구장에서 자존심을 되찾았다.'[53]

'오랜된 적'인 잉글랜드와의 이러한 최근 경기로부터 두 가지 결론을 도출할 수 있었다. 첫째, 비록 소수가 일으킨 폭력이었음에도 불구하고 글래스고우와 런던 경기에서 발생한 폭력은 연례 정기전이 부활되지 않을 것이라는 사실을 확인시켜 주었다. 그러한 결정은 잉글랜드와 스코틀랜드가 더욱 성숙한 관계로 발전할 수 없게 만들었다. 둘째, 그 경기는 30년 전만큼 스코틀랜드인에게 크게 중요하지 않았고, 스코틀랜드인들은 햄덴에서 국가를 부르지 않았다. 패배는 마음에 상처를 주고 승리는 달콤한 것이 되겠지만 패배의 고통은 곧

52_ *Daily Record*, 9, 12, 13 November 1999 ; *Glasgow Herald*, 15 November 1999 ; *Scotsman*, 13 November 1999.

53_ Joan Burnie in *the Daily Record*, 15 November 1999 ; *Glasgow Herald*, 18 November 1999.

사라졌다. 스코틀랜드가 아직 매우 성숙한 사회에 도달하지 않았을지 모르지만, 《스캇츠맨》지에서 이안 벨(Ian Bell)이 조심스럽게 지적한 바와 같이, 스코틀랜드인의 46%는 더 나은 미래를 제공해 줄 수 있는 에딘버러에 설립된 새로운 의회에 기대했고 31%는 유럽에, 그리고 단지 8%만이 런던에 기대했다. 스코틀랜드인은 그들의 청소년기를 전부 버리지는 않았을지 모르지만, 애쳐슨(Ascherson)이 주장하는 바와 같이 대부분의 스코틀랜드인에게는 축구장에서조차 '잉글랜드인에게 대승하기를 바라는 것보다는 스코틀랜드인이 되기'를 희망하는 데는 그럴 만한 어떠한 근거가 있다.[54]

럭비유니언

럭비도 스코틀랜드에서 명백하게 국민적 지지를 받았고, 1990년에는 보수적인 것으로 악명 높은 스코틀랜드 럭비유니언(SRU : Scottish Rugby Union)조차도 영국의 국가인 「여왕폐하 만세」 대신에 「스코틀랜드의 꽃」을 공식적인 국가로 채택함으로써 이러한 분위기에 응답했다. 1970년대 이전에는 '오래된 적'인 잉글랜드와의 럭비 연례 정기전인 캘커타컵(Calcutta Cup)은 축구 경기 때 일어나는 대중적인 열광을 불러일으키지 못했다. 리차드 홀트(Richard Holt)는 에딘버

54_ Meek in the *Glasgow Herlad*, 15 November 1999, Bell in the Scotsman, 13 November 1999 ; for Ascherson see *Independent on Sunday*, 18 May 1997.

러 엘리트 양성 사립학교, 나중에는 글래스고우 엘리트 양성 사립학교가 잉글랜드와 스코틀랜드에서 대중적 관심 밖에 있던 럭비에 적극적인 관심을 가지고 있었다는 사실에 근거해 럭비유니언을 둘러싸고 있는 분위기를 좀 더 '진지하게' 설명했다. 만간(J. A. Mangan)이 주장한 바와 같이 이러한 사립학교들의 역사적 역할은 대영제국에 공헌할 수 있는 엘리트를 양성하는 것이었다. 스포츠, 특히 '럭비'와 크리켓은 지배계급에게 요구되는 특질인 '클럽을 통한 사교'를 육성하는 데 기여했다. 그러나 이러한 학교들의 결과물은 단순하게 잉글랜드를 모방한 것이 아니었고, 스코틀랜드인에게 철저하게 영향을 미친 것도 아니었다. 오히려 스코틀랜드인이 얻었던 것은 영국 정체성 의식과 대영제국에 대한 봉사와 의무였다.[55]

그 결과 럭비 경기장 안팎에서 잉글랜드와 스코틀랜드의 경쟁은 약화되었다. 그러나 좀 더 최근에 럭비 그 자체는 새로운 민족주의 물결을 만나게 되었고, 잉글랜드팀이 머레이필드 구장에서 원정경기를 할 때 뚜렷하게 나타났다. 럭비가 정치화된 것은 확실히 1990년대 이전이었다. 최초의 전조는 1970년대에 나타났다. 양국 사이의 정기전 100주년을 기념하기 위해 1971년 3월에 개최된 경기에서 스코틀랜드가 잉글랜드에 26-6으로 압승했던 것을 논평하면서《스캇

55_ R. Holt, *Sport and the British : A modern History*, Oxford : Oxford University Press, 1989, pp. 105, 255 ; J. A. Mangan, "Braveheart betrayed? Cultural cloning for colonial careers", in Cronin and Mayall (eds), *Sporting Nationalisms*, pp. 194–5, 202–5.

츠맨》지는 BBC 저녁 뉴스가 그 결과에 대해 어떠한 언급도 하지 않았다고 불평했다. 이틀 후에 기자들은 BBC가 오랫동안 친잉글랜드 성향의 편견을 가지고 있다는 것을 비난했다.[56] 5년 후인 1976년 2월에 영국 여왕이 캘커타컵 결승전 경기(Calcutta Cup match)가 열린 머레이필드 구장을 방문했을 때 많은 스코틀랜드 군중들이 영국 국가인 「여왕폐하 만세」를 야유했기 때문에 스코틀랜드 언론들은 여왕의 방문이 민족적 곤경이 되지 않을까 우려했다. 이러한 문제점이 발생하는 것을 방지하기 위해 스코틀랜드 럭비유니언은 국가보다 「스코틀랜드 용사」(Scotland the Brave)를 먼저 부르기로 결정했다. 이러한 결정의 성공 여부는 논쟁거리가 되었다. 《선데이 포스트》(*Sunday Post*)지와 《글래스고우 헤럴드》지는 그 계획은 성공적이었다고 주장했다. 《글래스고우 헤럴드》지는 '국가보다 스코틀랜드 용사를 먼저 부르는 것에 동의한 것과 같은 정중함이 무례한 쇼비니즘을 이겨냈다' 고 주장했으나 스코틀랜드인들도 자신들만의 국가를 가지는 것이 매우 적절하다고 덧붙였다. 《스캇츠맨》지는 관중석에 앉아 있는 사람들이 국가를 '열정적으로' 부르는 동안 테라스에 있던 많은 사람들은 휘파람을 불고 야유를 보냈다고 좀 더 정확하게 보도했다.[57] 그러나 스코틀랜드의 중산층 또는 그 일부는 스코틀랜드인

56_ Scotsman, 29, 31 March 1971.
57_ *Daily Record*, 21 February 1976 ; *Sunday Post*, 22 February 1976 ; *Glasgow Herald*, Scotsman, 23 February 1976.

정체성으로부터 영국인 정체성으로 돌아서고 있었다.

그러한 변화는 대처 수상 재임 기간 동안에 가속화되었는데, 1925년 이후 처음으로 '그랜드 슬램'(Grand Slam)을 달성한 1984년의 스코틀랜드의 성공에 대한 자부심에 의해 강화되었다. 아주 중요한 경기를 위해 잉글랜드가 스코틀랜드에 다시 왔을 때인 1990년 3월에 민족주의자들의 열정은 최고조에 달했다. 잉글랜드와 스코틀랜드 양 팀 모두 패할 수 없는 경기였다. 양 팀의 관심은 캘커타컵에 있는 것이 아니라 트리플 크라운(Triple Crown), '그랜드 슬램', 그리고 비공식 타이틀을 가진 '유럽 챔피언스'(Champions of Europe)에 있었다. 그 열기는 아주 다른 두 가지 근원에 의해 고조되었다. 첫 번째 근원은 '인두세'인데, 《스캇츠맨》지에 따르면 인두세는 연방주의에 진정한 위협이 되었다. 두 번째 근원은 《타임스》(*The Times*)지가 인정한 것처럼 오만한 잉글랜드 언론들이 '천하무적의 15인 용사들이 스코틀랜드팀을 쉽게 격파할 것'이라고 주장했기 때문이다. 《데일리 레코드》(*Daily Record*)지는 「스코틀랜드의 꽃」을 부르도록 자극하고 잉글랜드팀을 고향으로 보내는 것을 '다시 한 번 생각해 보자'고 스코틀랜드팀에게 주문하면서 배녹번 정신을 강조했다. 이런 분위기에서 스코틀랜드가 잉글랜드에 패하는 것과 같은 치욕적인 또 다른 플로든(Flodden)[58]은 생각할 수 없는 것이었다.[59]

58_ Flodden(플로든)은 영국 잉글랜드 동북부, Northumberland 주에 있는 언덕이다. 1513년에 James IV가 이끈 스코틀랜드군이 잉글랜드군에게 대패한 곳

스코틀랜드팀은 역사 속에서 보여주었던 잠재적인 역할을 충분히 인식하고 있었다. 스코틀랜드 럭비팀은 경기 당일에 팀의 공식적인 송가로 채택된 「꽃」의 두 구절을 부르는 데 동의하도록 SRU를 설득했다. 그리고 《글래스고우 헤럴드》는 친절하게도 첫 페이지에 그 두 소절을 게재했다. 검투사처럼 행진하는 스코틀랜드인들과 함께 양 팀이 경기장에 들어섰을 때 관중들은 환호했다. 럭비 전문 해설가들 중 원로인 빌 맥라렌(Bill McLaren)이 회고했듯이 「꽃」을 부르는 것은 '확실하게 모든 스코틀랜드인의 피를 끓게 하였다.' 이러한 열기 속에서 스코틀랜드 럭비팀의 15인 용사들의 사기는 높아졌고, 그들은 잉글랜드가 예측한 것과 달리 천하무적 잉글랜드팀을 격파했다. 그날 스코틀랜드의 윙-포워드(wing-forward)였던 존 제프리(John Jeffrey)는 다음과 같이 회상했다. "잉글랜드팀은 우리보다 더 실력이 뛰어났지만 잉글랜드 선수들은 매스컴의 과장선전을 믿었다… 그들은 이기기 위해 단지 출전하기만 하면 된다고 생각했다. 그들은 거만함을 넘어서서 오만방자했다."[60] 처음에는 오만했고 나중에는 몰락했다. 토요일 밤에 많은 스코틀랜드인들은 '배녹번 1314, 머레이필드 13-7'이라고 새겨진 스포츠 배지를 달고 다녔다. 경기결과가 스코틀랜드인에게 중요했지만 그 시합 자체는 훨씬 더 큰 의미를 가지고 있

임.[역자 주]

59_ *Scotsman*, 23 March 1990 ; *Daily Record*, 11 March 1990.

60_ *Observer Sport Monthly*, March 2003.

었다. 불과 14년 전만 해도 국가 부르는 것을 막았던 《글래스고우 헤럴드》지의 입장은 완전히 바뀌었다. 경기가 있던 날 아침 사설에서 잉글랜드 국가인 「여왕폐하 만세」를 부르는 것을 적극적으로 반대했다. 《글래스고우 헤럴드》지는 잉글랜드 국가를 스코틀랜드인들이 너무나 오래 불렀고, 가장 오랜 적인 잉글랜드가 스코틀랜드를 정복하는 것을 찬양하고 있는 '두려운 장송가', '비굴한 찬가'라고 묘사했다. 《글래스고우 헤럴드》지는 매우 보수적인 SRU가 「꽃」을 인정한 것에 대해 칭찬했는데, 이것은 모든 스코틀랜드인들이 오랫동안 억압받았던 정체성을 회복하는 데 도움이 되었다. 스코틀랜드의 중산층 일부는 하나의 목소리를 냈다.[61] 이러한 분위기를 보도한 것은 《헤럴드》(*Herald*)지만이 아니었다. 20년 전처럼 《스캇츠맨》지는 토요일 5시 뉴스 방송에 스코틀랜드의 승리에 대한 어떤 언급도 하지 않은 BBC를 비판하는 비평 기사를 게재했다. BBC는 잉글랜드 승리만이 가장 중요한 기사로 취급하는 것 같았다.[62] 잉글랜드 매스컴의 편견은 스코틀랜드 축구 서포터들만큼이나 스코틀랜드 럭비 서포터들을 짜증나게 하고 있었다.

1991년 10월에 럭비유니언은 국민적 열정을 고조시켰다. 머레이필드 구장에서 개최된 잉글랜드와 스코틀랜드의 럭비 월드컵 준결승전이 시작되기 직전에 전 국가대표 포워드였던 고든 브라운(Gordon

61_ *Scotsman*, 19 March 1990 ; *Glasgow Herald*, 17 March 1990.
62_ *Scotsman*, 20, 21 March 1990.

Brown)은 다음과 같이 선언했다.

> 스코틀랜드인들은 이 경기를 단순한 럭비 경기 이상으로 생각하고 있다. 이 경기는 스코틀랜드에서는 삶과 정치에 관한 것이고, 인두세와 잉글랜드 지배에 관한 것이다. 선수들은 누군가를, 심지어 정체성과는 아무 상관없는 일본에게조차도 이기기를 좋아하고 웨일즈와 아일랜드에게 이기기를 더 좋아하지만 특히 잉글랜드를 이기기 위해 살고 있다.

스코틀랜드의 한 현역 선수는 이와 같은 주장에 동의했다. 그는 익명을 조건으로 다음과 같이 말했다. "슬프게도 스코틀랜드 축구팀이 쇠락한다면 럭비가 독립국의 상징이 될 수 있다. 그래서 나는 감히 말한다. 대처리즘(Thatcherism), 인두세와 잉글랜드 정부(Westminster government)의 폐해를 바로잡기 위해 우리는 이 경기에 참여했다. 여러분은 크리켓을 좋아하는 잉글랜드 정부에 대항하여 럭비를 좋아하는 (노동당의 지도자인) 셀트 킨녹(Celt Kinnock)을 위해 우리가 경기하고 있다고 말할지도 모른다."[63] 그러나 스코틀랜드에서 국가정체성이 급격하게 고조되고 있는 것만큼 다른 한편에서는 어두운 측면도 그만큼 고조되고 있었다. 브리안 믹(Brian Meek)은 《글래스고우 헤럴

63_ Cited in J. M. Bradley, "Sport and the contestation of cultural and ethnic identities in Scottish society", in Cronin and Mayall(eds), *Sporting Nationalisms*, pp. 143, 147.

드》지에서 '잉글랜드에 관한 종족적인 분노의 표출'에 반대한다고 경고했고, 닉 케인(Nick Cain)은 《스캇츠맨》지에서 스코틀랜드인의 애국심이 잉글랜드에 관한 모든 것을 맹목적으로 증오하는 쪽으로 선회하는 것을 걱정했다. 만약 그렇다면 이러한 것은 스코틀랜드에만 한정할 수 없는 것이었다. 그래서 《글래스고우 헤럴드》지는 스코틀랜드인들은 잉글랜드를 패배시킴으로써 얻게 되는 거의 보편에 가까운 만족감을 아일랜드, 웨일즈, 오스트레일리아, 뉴질랜드, 그리고 심지어 아랍에미레이트 연방을 이겼을 때도 느꼈다고 주장했다.[64] 그러나 이 경기에서 스코틀랜드는 매우 아슬아슬하게 9−6으로 패배했고, 그 이후 2000년까지 한 번도 잉글랜드를 이기지 못했다.

2000년 경기에서 다시 큰 민족적 열정이 되살아났으나 이전의 4차례 국제경기에서 패배했기 때문에 대부분의 스코틀랜드인들은 이 경기에서도 같은 결과가 나올까봐 두려워했다. 이때까지만 해도 거침이 없던 잉글랜드팀은 14−1 정도로 승리할 것이 확실한 우승후보였고, 잉글랜드팀은 다만 다시 한 번 '그랜드 슬램'을 달성하기 위해서 출전하는 것 같았다. 놀랍게도 스코틀랜드 주장 앤디 니콜(Andy Nicol)이 선언한 바와 같이, 1990년대 초 이후로 들리지 않았던 활기로 「꽃」을 부르는 관중들의 열정에 자극받아 스코틀랜드가 이겼다. 승리는 보다 큰 환희의 원인이 되었고, 이 승리로 인해서 스코틀랜드 정체성은 더욱 성숙한 방식으로 반영되는 계기가 되었다. 전 국가대

64_ *Glasgow Herald*, *Scotsman*, 26 October 1991.

표 포워드였고 그후 《헤럴드》지의 럭비 담당 기자였던 존 비티에(John Beattie)는 잉글랜드가 '그랜드 슬램'을 달성하는 것을 저지한 것은 '매우 유쾌한 일'이라고 주장했다. 그러나 그는 또한 21세기에도 지속되고 있는 스코틀랜드 민족감정의 본질에 관하여 심각한 문제를 제기했다. 비티에는 약 9년 전쯤의 닉 케인의 주장에 공감하면서 많은 스코틀랜드인의 노골적인 외국인 혐오증에 대해 다음과 같이 강하게 비판했다.

> 잉글랜드를 증오하는 것이 스코틀랜드팀을 응원하기 위한 유일한 이유라면 우리는 하나의 국가에만 매몰되어 있는 것이다. 상황이 매우 악화되어 잉글랜드인이 우리의 증오의 목표가 되었을 때 그것은 우리가 최악의 상태에 도달했다는 것을 증명할 뿐이다.[65]

비티에는 새로운 '스코틀랜드를 위해서' 권리를 양도받은 스코틀랜드 의회와 더불어 잉글랜드에 대한 적대감으로 정체성을 규정하는 것을 초월할 때가 왔다고 암시한 것이었다. 일찍이 SNP가 유럽에서의 스코틀랜드의 비전을 촉구한 것처럼 스코틀랜드인들은 성장하고 스스로에 대해서 보다 긍정적인 견해를 가져야 한다. 비티에가 주장한 바와 같이 보다 건강한 의미의 국가정체성이 창출되기를 원한다면 종파주의와 인종차별주의와 같은 국내 문제점들을 해결해야

65_ *Glasgow Herald*, 1 April 2000.

할 것이다.

스포츠에서 종파주의와 인종차별주의

특히 축구는 스코틀랜드 사회에서 오랫동안 계속되어 온 종파주의와 좀 더 최근에는 인종차별주의 공간의 중심축이 되었기 때문에 통일된 국가정체성의 중요한 도구, '국가' 경기로서의 지위를 누릴 수 없게 되었다. 대부분의 이러한 문제점 연구는 셀틱과 레인저스의 '올드펌'에 초점을 맞추고 있다. 여러 연구들에 따르면 셀틱 서포터의 거의 절반이 스코틀랜드 국가대표팀보다는 아일랜드공화국의 성공에 더 많은 관심을 보였다. 반면에 많은 레인저스 서포터들과 그 집행부들은 영연방 속에 유지되는 것을 분명하게 밝히면서 SNP를 경계하고 있다. 셀틱과 레인저스의 서포터들은 '타탄아미'에 거의 소속되어 있지 않았으며, 레인저스 서포터들이 1970년대 초까지 스코틀랜드 서포터들의 대부분을 차지하고 있었다.[66]

종교개혁 이래로 특히 반가톨릭적인 종파주의는 스코틀랜드 사회에서 지속적인 특징이 되었다. 종파주의는 가난과 기근을 피해, 일자리를 찾아서 스코틀랜드의 새로운 산업에 수십 만의 아일랜드계 가

66_ R. Boyle, "'We are Celtic supporters …' : questions of football and identity in modern Scotland", in R. Giulanotti and J. Williams (eds), *Game Without Frontiers : Football, Identity and Modernity*, Aldershot : Arena, 1994, p. 86 ; *The Absolute Game*, May, June, July 1994.

톨릭교도가 유입되면서 19세기부터 전면에 등장한 것이었다. 매우 완고한 장로교의 나라에서 아일랜드 이주민은 아일랜드인을 열등한 종족으로 멸시하고 있는 절대다수의 스코틀랜드인들로부터 차별대우를 받았다. 이러한 단층선은 후에 레인저스와 셀틱 사이의 원한에 가까운 경쟁에 반영되었고, 이것은 두 개의 다른 문화의 충돌을 상징하게 되었다.[67] 가난한 가톨릭들을 위해 돈을 벌고 신앙을 유지하도록 하기 위해 1888년에 설립된 셀틱은 그 이후 아일랜드 가톨릭 정체성을 위한 중심지 역할을 해왔다. 그러나 조셉 브레들리(Joseph Bradley)가 주장한 바와 같이 그것은 또한 많은 아일랜드계 가톨릭들이 기꺼이 새로운 고국으로 통합할 조짐을 보여주고 있고, 아일랜드인도 아니고 가톨릭교인도 아닌 선수들과 계약하고 있는 셀틱의 의지 속에서 가장 뚜렷하게 나타났다. 셀틱의 가장 유명하고 성공한 감독이었던 작 스타인(Jock Stein)은 신교도였다.[68] 스포츠에서 가장 전형적인 신교도 우월성을 대표하는 레인저스는 단순히 아일랜드계 가톨릭들의 충성심 결집에 성공한 셀틱에 반응하기보다는 더 깊은 뿌리를 가진 편협함을 보여주었다. 이것은 20세기 대부분 동안 '다른 종파'에 속한 선수들과 계약을 거절하고 있는 것에서 가장 극명하게

67_ P. Dimeo and G, Finn, "Racism, national identity and Scottish football", in B. Carrington and I. McDonald(eds), *Racism, Sport and British Identity*, London : Routledge, 2001, pp. 35–6 ; B. Murray, *The Old Firm : Sectarianism, Sport and Society in Scotland*, Edinburgh : John Donald, 2000, p. xi.

68_ Bradley, "Sport and the contestation of cultural and ethnic identities", pp. 143, 147.

보여주었다.

종파주의는 20세기 동안에 확실히 약해졌다. 스코틀랜드를 계속해서 괴롭히는 분열에 대해 강한 비판적 입장을 유지하고 있는 폴 디메오(Paul Dimeo)와 게리 핀(Gerry Finn)은 '특별히 지난 30여 년에 걸쳐' 지역 간, 종교 간 관계가 현저하게 발전했다는 것을 인정했다. 버트 무어하우스(Bert Moorhouse)가 지적한 바와 같이, 최근 통계에 따르면 스코틀랜드에서 결혼한 사람들 전체의 40%는 가톨릭 신자와 신교도 사이의 '혼인'이다. 존 포스터(John Foster)는 실업자가 100,000명을 상회하고 북아일랜드에서의 '갈등'이 끔찍한 폭력으로 발전했던 무시무시한 1970년대에도 종파주의는 일반적으로 억제되었다는 것을 주장하면서 이러한 낙관적 견해에 동의했다.[69] 유감스럽게도 스포츠에서의 최근 일화는 이러한 고무적 추세에 역행하고 있다. 종파주의와 인종차별을 단속하는 것을 지지하는 선언을 했고, 레인저스가 개신교 출신 선수만 고수하는 정책을 포기했음에도 불구하고 1990년대 중반 이후로 종파적 폭력이 부활되었다. 경기 후에 두 클럽의 서포터들 사이에 서로 칼부림과 체포 사건이 자주 발생했다. 글래스고우 학생인 마크 스카트(Mark Scott)는 1995년 10월에 발생한 그러한 폭력사건으로 사망했다. 1999년 5월에 레인저스의 한 팬과 16살의

69_ Dimeo and Finn, "Racism, national identity and Scottish football", p. 37 ; H.F. Moorhouse, "On the periphery : Scotland, Scottish football and the new Europe", in J. Williams and S. Wagg(eds), *British Football and Social Change : Getting into Europe*, Leicester University Press, 1991, p. 205 ; Foster, "Twentieth century", p. 482.

셀틱 팬인 토마스 맥파덴(Thomas McFadden)이 칼에 찔려 사망했다.[70]

인종차별주의 또한 스코틀랜드 내에서 인정할 수 없는 어두운 그림자였고, 축구도 여기에서 제외될 수 없는 것이었다. 흑인 선수는 자주 인종적 모욕을 받아야 했다. 1983년 9월, 파이슬레이(Paisley)에서 거행된 UEFA컵 결승전에서 세인트 미렌(St. Mirren) 서포터들은 PSV 아인트호벤(PSV Eindhoven) 소속의 네덜란드 국가대표 선수인 루드 굴리트(Ruud Gullit)에게 욕설을 퍼부었다. 후에 스코틀랜드에서 다른 흑인 선수들은, 그 중에서도 특히 레인저스의 마크 월터스(Mark Walters)와 셀틱의 폴 엘리어트(Paul Elliott)는 관중들이 던진 바나나와 계속적인 '원숭이 소리'의 야유를 받았다. 무의식적으로 인종차별주의에 젖어 있는 레인저스의 팬들은 월터스를 방어하려는 목적으로 「나는 팀(Tim, 가톨릭)보다 검둥이가 되는 것이 낫다」는 노래를 불렀다.[71] 인종차별은 이사회에서도 명확히 존재하고 있었다. 가장 악명 높게도 파산상태에 있는 패르틱 시슬(Partick Thistle)의 회장인 짐 올리버(Jim Oliver)는 1995년에 그 클럽에 투자하려고 하는 아시아계 스코틀랜드 기업인의 노력에 반대했다. 올리버는 클럽을 '카레 가게나 운영하고 있는 어떠한 인도인들'에게도 양도할 수 없다고 주장했다.[72] 그러나 인종차별주의가 아프리카와 아시아계 후손들에게만 향

70_ G. Walker, "Identity questions in contemporary Scotland : Faith, football and future prospects", *Contemporary British History*, 2001, vol. 15(1), pp. 44, 55.

71_ *The Absolute Game*, January/February 1994, no. 36, pp. 12–14.

72_ For this episode see Dimeo and Finn, "Racism, national identity and Scottish

하고 있다고 생각하는 것은 어리석은 일이다. 그것은 또한 1992년 11월에 스코틀랜드가 레인저스 구장인 아이브락스 파크(Ibrox Park)에서 이탈리아와 월드컵 예선전을 치를 때에도 분명하게 존재했다. 지안카를로 리날디(Giancarlo Rinaldi)가 회고한 것과 같이 스코틀랜드에 거주하는 커다랗고 '잘 단결된' 이탈리아인 공동체로부터 응원을 받고 있던 이탈리아 선수들은 '왑스' (Wops),[73] '데이고우' (Dago)[74]그리고 '더러운 잡종들아 성교나 해라' (Fucking Fenian bastards)[75] 같은 모욕적인 말을 포함한 '끊임없는 인종적인 욕설' 에 고통을 받았다. 더욱 당황스러운 것은 스코틀랜드 축구협회(SFA)와 스트래스클라이드(Strathclyde)[76] 경찰 모두가 관중들이 어떠한 욕설도 사용하지 않았다고 강력하게 주장했다는 사실이었다.[77]

부정할 수 없는 종파적이고 인종차별적인 분열이 존재한다는 사실은 스포츠에만 한정되지 않는 좀 더 일반적인 문제였다. 가끔 격렬한 문제가 되긴 했지만 최근에는 보다 건강한 논쟁이 되었다. 종파주의와 인종차별적 분열은 가톨릭 성가의 작곡가인 제임스 맥밀란(James MaCmillan)이 비록 과장해서 말하긴 했지만, 스코틀랜드의 대다

football", pp. 32–3.

73_ (속어 · 경멸적) (이탈리아로부터의) 이주민 ; 타지방 사람.[역자 주]

74_ (속어 · 경멸적) 남부 유럽 사람(이탈리아, 스페인, 포르투갈 태생).[역자 주]

75_ Fenian은 페니어 회원, 즉 아일랜드의 독립을 목적으로 주로 재미(在美) 아일랜드 사람들로 이루어진 비밀결사체.[역자 주]

76_ 1975년에 신설된 스코틀랜드 남서부의 주로 수도는 글래스고우임.[역자 주]

77_ *The Absolute Game*, March/April 1993, no. 32, pp. 2, 12.

수 신교도들에게 만연되어 있는 편협성에 대해 신랄하게 비판했고, 이것은 1997년 8월에 있었던 에딘버러 축제(Edinburgh Festival) 동안에 언론의 표제를 장식했다. 분열되어 있고 국가가 재정지원하는 가톨릭 학교들에 대한 과장된 비판에 맥밀런은 그 학교들이 제공했던 훌륭한 교육을 적극적으로 옹호하는 것으로 대응했다.[78] 그러나 이러한 쟁점은 모든 스코틀랜드인의 4/5와 가톨릭 교인들의 3/5이 그런 학교들을 단계적으로 제거하기를 바란다고 주장하는 조사가 있음에도 불구하고 매우 큰 논쟁거리로 남아 있다. 가톨릭 교단은 통합을 향한 매우 신중한 움직임, 특히 분리되어 있는 가톨릭과 개신교 학교를 같은 캠퍼스에 두려는 의견조차 거부했다.[79] 과거에 가톨릭 학교들을 분리시키기 위한 근본적 이유가 무엇이었든 간에 가톨릭 학교들이 21세기 스코틀랜드에서 수행하기 위한 긍정적인 역할을 했는지에 관한 것은 확인할 수 없는 문제이다.

종파적 폭력문제에 관련된 질문에 응답한 스코틀랜드인의 1/4이 인종주의자로 생각한다는 2002년 9월의 여론조사에 따라서 스코틀랜드 의회는 행동에 착수했다. 스코틀랜드 정부는 우선 다문화와 비백인 소수자들의 포용을 장려하기 위해 '하나의 스코틀랜드, 다문화' 캠페인을 시작했다. 종파주의 범죄는 중형에 처해지고 유죄를 받은

78_ Murray, *Old Firm*, pp. 285–7 ; Walker, "Identity questions in contemporary Scotland", pp. 55–6.

79_ *Glasgow Herald*, 16 May 1988 ; *Guardian*, 13 March 2002.

사람에 대한 특별한 기록이 남겨지는 인종차별적 범죄와 같은 방식으로 다루는 법안이 의회에 발의되었다. 이러한 발의는 환영을 받겠지만 입법 그 자체가 신속하게 뿌리 깊은 편견을 제거할 수 있을지에 대해서는 의문으로 남아 있다.[80] 좀 더 최근에 논의되고 있는 축구 선수들에게 성호를 긋는 것을 금지하는 제안은 더욱 더 이해될 수 없을 것이다. 제널드 시난(Gerald Seenan)이 지적한 바와 같이 '페널티킥을 하기 전이나 골을 넣은 후에 선수가 자신을 축복하는 관습은 … 세계적 축구 전통의 일부' 이다.[81]

결론

실라스의 주장처럼 많은 스코틀랜드인들에게 스포츠는 오랫동안 정치적 민족주의를 위한 대용물로서 기여해 왔다. 오랜 기간 동안 축구장에서의 성공, 특히 잉글랜드를 패배시킨 것은 국가정체성이 불확실한 국가 없는 민족에게 구원자와 같은 것이었다. 1970년대 이후 럭비유니언 역시 비슷한 상황 속에서 민족주의 감정을 분출할 수 있는 기회를 제공해 주었다. 그러나 21세기가 시작되었을 때 대부분의 스코틀랜드인들에게 스포츠는 정체성 의식을 고조시키는 데 크게 기여하지 못하고 있다. 부분적으로 스포츠의 중요성이 상실된 이유는

80_ *Guardian*, 25 September, 1 December 2002.
81_ *Guardian*, 7 January 2003.

강력했던 스코틀랜드 축구가 약화되었기 때문이고, 더욱 최근에는 럭비유니언도 쇠퇴했기 때문이다. 잉글랜드에 대한 승리가 점점 더 어려워지고 있는 상황에서 잉글랜드에 대한 승리는 스코틀랜드인들에게 더 큰 특별한 기쁨을 주겠지만, 이안 벨(Ian Bell)이 주장한 바와 같이 '쉽게 지워질 수 없는' 오랜 역사가 그러한 승리를 가장 잘 설명해 줄 것이다.[82] 실라스는 스포츠가 스코틀랜드를 정치적으로 계속 퇴보시키고 있다고 비판했지만 그것은 지나친 비관주의로 판명되었다. 스코틀랜드인의 절대다수는 SNP에 의해 추진되는 전반적인 독립은 아니더라도 지방자치체로의 권한 이양 운동을 지지하고 있고, 스코틀랜드 의회를 구성하는 데 찬성투표했다. 그것의 성과와 과오가 무엇이든 간에 최근 여론조사에 따르면 스코틀랜드인의 90%는 지방분권 운동과 의회 구성을 계속 지지하고 있고, 그것은 정체성을 형성하는 데에 새로운 중심 역할을 하고 있다.[83] 지방분권과 의회 구성이 스코틀랜드의 축구와 럭비를 통합할 것으로 기대하는 것은 이상에 불과할 것이지만, 그리고 축구가 새로운 스코틀랜드 정체성을 구축할 수는 없겠지만 종파주의와 인종차별적 긴장을 제거할 수 있는 유용한 도구는 될 수 있을 것이다.

82_ *Scotsman*, 13 November 1999.
83_ *Guardian*, 2 January 2003.

◉◉◉ 감사의 말

필자는 패디 맥낼리(Paddy McNally)와 아드리안 스미스(Adrian Smith)의 격려와 충고에 감사한다.

5. 녹색 셔츠를 입은 저들은 누구인가? 아일랜드의 국가정체성과 축구

마이클 홈즈와 데이비드 스토리 Michael Holmes and David Storey

> 우리는 '**Amhrán na bhfiann**' [아일랜드 국가(國歌)역자 주]로 상징된다. 나는 발음대로 배워서 아일랜드어로 이 노래를 부른다. 나는 나의 나라와 이 노래, 그리고 내 모국어인 요크셔 지방의 사투리로 이 노래를 부르는 것을 자랑스럽게 생각한다.[1]

스포츠 국가대표팀이나 자기 나라를 대표하는 선수들을 후원하는 서포터 현상은 자기 나라에 대한 국민들의 정체성의 지표가 된다. 국가대표팀을 응원하는 대부분의 사람들이 통상적으로 열렬한 민족주의자이지는 아니겠지만 그들의 응원은 국가정체성에 따른 일체감

1_ M. McCarthy (with C. Dervan), *Ireland's World Cup 2002,* London : Simon and Schuster, 2002 , p. 227. 마이크 맥카시(Mick McCarthy)는 2002년 월드컵 본선의 아일랜드 대표팀 감독이었다.

의 표현이다. 많은 사람들이 세계에서 벌어지는 여러 경기에 자신들의 팀을 따라 기꺼이 소리 높여 응원하고 비용을 부담하는 것은 (스포츠에 대한 사랑을 초월하여) 국가정체성이 매우 뿌리깊이 자리 잡고 있기 때문이다. 국제 스포츠 경기는 국가의 각 구성원들이 거대한 추상적 집단의 일원임을 느끼게 해주는 행사로 비쳐질 수 있다.[2] 어떤 경우에는 이와 같은 방식으로 국가정체성을 표현하는 것이 더욱 명백히 정치적 형식을 대체하는 행동으로 보여진다. 이를테면 모간은 다음과 같이 지적하고 있다. 승리의 수단으로서, 특히 잉글랜드에 대한 승리의 수단으로서 럭비를 수용함에 따라 웨일즈 민족주의의 급진적인 형태는 어려운 처지에 놓이게 되었다는 것이다.[3] 비슷한 맥락에서 많은 국제 스포츠 인사들은 자국을 대표한다는 데 커다란 자긍심을 갖는다고 한다.

축구는 확실히 세계적인 경기이다. 그러나 상업주의가 더욱 증대되고 클럽 서포터의 초국가적 성향에도 불구하고 국제 경기는 여전히 주요한 이벤트로 인식된다. 국제 경기에서 많은 사람들은 '90분 동안의 민족주의자' 로서 행동한다. 국가대표팀 경기는 지도상에 특정 국가를 부각시킨다. 2002년 월드컵 본선에서의 세네갈은 이러한 모습을 충분히 보여주었다.[4] 축구와 국가정체성에 관해서 언급되는 많

2_ 다음을 참조. B. Anderson, *Imagined Communities. Reflections on the Origin and Spread of Nationalism*, revised edition, London : Verso, 1991.

3_ K. O. Morgan, *Rebirth of a Nation. Wales 1880–1980*, Oxford : Oxford University Press, 1990, pp. 134, 348. 또한 이 책의 존스(Johnes)의 논문 참조.

은 부분은 팬들과의 관계 혹은 국가대표팀의 성공과 실패로 인한 정치적 영향과 같은 폭넓은 맥락과 연관된다. 이번 장은 국제적인 축구 선수들, 특히 자신들이 태어난 나라보다는 다른 국가를 위해서 활약하도록 선발된 선수들에 초점을 맞추고 있다. 즉 이주민인 국제 스포츠 선수들이 갖는 국가정체성의 복합적 느낌에 관해서 주로 논의한다.

국제적 스포츠 선수들은 통상적인 경우와는 달리 국가정체성에 대하여 매우 공개적으로 선택을 강요받는다. 최근에 그러한 선택에 관해서 다양한 스포츠 영역에서 논쟁이 벌어지고 있다. 잉글랜드를 대표하는 스코틀랜드 스쿼시 선수, 캐나다를 대표하는 나이지리아 레슬링 선수, 그리고 파키스탄을 위하여 경기에 임하는 잉글랜드의 육상 선수 등의 문제를 포함하여 2002년 영연방 경기 동안에 발생한 여러 가지 사건들로 인하여 이 문제가 주목을 받게 되었다.[5] 여기에서 논의의 초점은 아일랜드 축구팀에 관한 것이다. 최근 들어 아일랜드 국가대표팀에는 아일랜드 이외의 지역에서 태어난 많은 선수들이 포함되어 있다. 이 장에서는 선수 선발(다른 말로 하면 선수들의 자격에 관한 축구협회의 규칙이나 규정)에 관한 제도적 배경에 대하여 분석할 것이다. 즉 아일랜드 선수들의 풀(환언하면, 아일랜드를 위하여 뛰는 선수들을 누가 뽑고 누구를 뽑는가)의 변화의 정도를 개관한다. 그리고 선

4_ *Guardian*, 14 June 2002.
5_ *Guardian*, 24 July 2002.

수들의 국적 공표가 문화적 혹은 사회경험과 연관된 요인들과 관련되는 정도를 시론적인 차원에서 분석해 볼 것이다. 이러한 논의 이전에 아일랜드의 차원에서 스포츠와 국가정체성을 둘러싼 논란을 간략히 정리하는 것이 필요할 것이다.

아일랜드에서의 스포츠와 국가정체성

아일랜드에서 스포츠와 정치적·문화적 이슈와 관련된 문헌들은 대체적으로 특정 스포츠와 구체적인 문화집단 사이의 관계에 초점이 맞추어져 있다. 게일인(아일랜드의 켈트 사람역자 주)의 경기, 게일 축구(주로 아일랜드에서 행해지는 1팀 15인의 축구역자 주), 헐링(역주 : 15명씩 두 팀이 하는 아일랜드식 필드 하키)은 게일 경기연맹(GAA : Gaelic Athletic Association)에서 조직하고 관할한다. 이 단체의 근원과 정신은 정치적·문화적으로 아일랜드인으로서 그리고 가톨릭 신자로서의 아일랜드 국가정체성과 긴밀하게 연관되어 있다.[6] 다른 한편 럭비연합회, 특히 크리켓은 엘리트 스포츠로 보여지고, 가톨릭 쪽보다는 개신교와 밀접하게 연관되어 있다. 따라서 아일랜드적 속성과는 상대적으로 거리가 있다.[7] 축구는 다른 곳에서처럼 노동계층의 스포츠로 보여지지

6_ M. Cronin, *Sport and Nationalism in Ireland. Gaelic Games, Soccer and Irish Identity since 1884*, Dublin : Four Courts Press, 1999, Chapter 4.

7_ 리머릭(Limerick)에서는 럭비의 노동계층적 속성에 따른 지역적 편차가 있다.

만 아일랜드에서의 상황은 처음 그 경기가 시작되었을 때를 고려해 보면 복합성을 띠고 있다. 이 경기는 잉글랜드 식민 당국의 주둔 군인들끼리 행한 게임으로서 아일랜드에 전해졌다.[8] 잉글랜드의 다른 게임들과 마찬가지로 축구는 혐오의 대상으로 치부되었다. 식민지배자들의 여가활동에 동조하기보다는 전통적 스포츠가 바람직한 것으로 평가되었다.[9] 따라서 계층, 문화적 정체성 그리고 정치적 이슈는 아일랜드에서 스포츠 경기에 반영되었다.

영국(United Kingdom)에 속하는 북쪽의 6개 지역과 1922년에 성립된 26개의 아일랜드 자유 주(1949년에 아일랜드에 포함됨)로 나누어진 아일랜드에 스포츠와 국가정체성의 복잡한 상호관계가 덧붙여지는 것은 그리 놀라운 일이 아니다. 예상대로 GAA는 국경을 넘어서서 아일랜드 럭비연맹처럼 32개 지역을 근거로 하여 운영된다. 럭비연맹의 경우에는 국가 연주나 국기 게양 등에 대한 논란이 불거진다.[10] 그러나 축구에서는 분리가 이루어져 이미 벨파스트(Belfast)에 근거를 둔 아일랜드 축구협회와는 별도로 더블린(Dublin)에 새로운 축구협회가 창설되었다. 수년 동안 아일랜드의 명칭을 사용하면서 대표팀 경기에 아일랜드의 양 지역으로부터 선수들을 차출하여 두 협회가

8_ D. Hannigan, *The Garrison Game. The State of Irish Football*, Edinburgh : Mainstream, 1998, p. 11.

9_ J. Sugden and A. Bairner, *Sport, Sectarianism and Society in a Divided Ireland*, Leicester : Leicester University Press, 1993, Chapter 3.

10_ Sugden and Bairner, *Sport, Sectarianism and Society*, pp. 52–63.

운영되었다.[11]

북아일랜드에서의 축구는 정체성을 둘러싼 이슈와 관련되어 있다. 따라서 북아일랜드 축구팀의 응원이 분리됨에 따라 가톨릭 신자 선수들에 대한 언어폭력이 가끔 발생한다. 이러한 일 중에서 최근에 발생한 악명 높은 사건은 2002년 가톨릭 신자 선수인 레논(Neil Lennon)에 대한 살해 위협이다.[12] 그 사건 이후 레논은 북아일랜드를 위해서 다시는 경기할 의사가 없음을 밝혔다. 벨파스트에서 유명한 린필드(Linfield) 클럽은 개신교의 보루처럼 여겨진다. 클럽의 구장 안이나 주변에는 자기들이 싫어하는 가톨릭에 대한 경고 낙서가 여기저기 보인다.[13] 이러한 상황 속에서 아일랜드를 위하여 북아일랜드팀을 따르는 가톨릭인들은 거의 없다는 것이 전혀 놀라운 사실이 아니다.[14]

국제 축구의 자격 규정

국제적인 축구 선수로서의 자격에 관한 규정은 복잡하고 시간이 지남에 따라 바뀐다. 규정의 변화는 어떤 사람이 특정 국가를 위해서

11_ Sugden and Bairner, *Sport, Sectarianism and Society* ; *Cronin, Sport and Nationalism in Ireland*, p. 74 ; S. Ryan, *The Boys in Green. The FAI International Story*, Edinburgh : Mainstream. 1997, p. 33.

12_ *Guardian* 22, 23 August 2002.

13_ A. Bairner and P. Shirlow, "Loyalism, Linfield and the terrirorial politics of soccer fandom in Northern Ireland", *Space and Polity*, 1998, vol. 2 (2), pp. 163–77.

14_ Sugden and Bainer, *Sport, Sectarianism and Society*, pp. 79–81.

선발될 수 있느냐의 여부에 커다란 영향을 미친다. 이는 국가정체성을 연구하는 데 국제 스포츠의 사례가 흥미 있는 틀이 된다는 것을 의미한다. 대부분의 사람들에게 다양한 정체성은 호기심을 자극한다. 스포츠에서 일반적인 규정은 어떤 사람이 한 국가 이상을 대표할 수 없다는 것이다. 따라서 여러 정체성을 가진 사람은 그 중에서 하나를 선택해야 한다. 그러나 규정은 예외가 있다. 한 국가 이상을 대표한 선수의 사례가 있다. 예를 들면, 1990년대 럭비에서는 어느 정도 복수의 국가정체성을 용인했다. 그러나 이것은 경기의 수준을 높이려는 특별한 조치의 일부분이었다. 축구도 비슷한 양상을 보였던 적이 있다. 많은 아르헨티나인들이 1920년대 초에 이태리로 이주했고, 꼭 이태리 클럽에서는 아니지만 이태리를 위해 뛰었다.[15] 스페인에서도 그러한 예를 잘 보여주고 있다. 즉 1950년대에 아르헨티나에서 스페인으로 이주해 두 나라를 위해 뛰었던 알프레도 스테파노(Alfredo di Stefano)는 유명한 사례이다.

결국 축구 관련 당국은 그러한 이주에 따른 국제기준을 설정해야 했다. 말하자면 국가대표팀의 자격을 관할하는 규정체계를 정립하는 것이다. 국적에 대한 일반적인 규정이 충분한 것으로 여겨졌다. 이를테면 특정 국가의 법에 따라 그 국가의 여권을 소지할 자격이 있다면

15_ C. Taylor, *The Beautiful Game : A Journey through Latin American Football*, London : Phoenix Books, 1998, p. 56 ; K. Radnedge, "Passport to confusion", *World Soccer*, 2000, vol. 41 (3), pp. 4–5.

그 사람은 그 나라를 위해 축구 경기를 할 수 있는 자격이 있다는 것이다. 또한 확실한 국가 여권을 소지하는 것이 세계축구연맹(FIFA)의 요구사항이다. 2001년 3월 안도라와 아일랜드의 월드컵 예선에서 FIFA 감독관은 양 팀의 모든 선수들이 적합한 여권을 소지하고 있는지 검사했다. 2001년 4월 월드컵 지역예선에 오세아니아 지역에 속하게 해달라는 운동을 폈던 사모아팀의 미국인들이 자격을 박탈당했다. 왜냐하면 많은 선수들이 적합한 여권을 가지고 있지 않았기 때문이다. 그러한 조치에 따라 사모아는 참패를 당했다.

그러나 여권을 소지하고 있다는 필요조건을 갖추었다고 해도 그것이 국적 확인의 충분한 척도가 되지는 않는다. 국적 취득의 국가별 요건이 불충분할 수 있다는 다양한 이유가 존재한다. 첫째로, 프랑스와 독일을 비교해 볼 때 표준이 될 수 있는 절차가 없다. 프랑스의 요건은 시민권을 가진 부모를 염두에 두고 해외의 영토를 포함해서 프랑스의 영토에서 태어난 것에 기초하고 있다. 이러한 사실은 최근 들어 팀의 복잡성의 원천이 되고 있다. 예를 들면 마르셀 디슬리(Marcel Desailly)는 가나에서 태어났다. 크리스천 카렘부(Christian Karembeu)는 프랑스령의 뉴칼레도니아 섬(New Caledonia)에서 태어났으며, 패트릭 비에이라(Patrick Vieira)는 세네갈에서 태어났다. 독일의 요건은 매우 엄격하고 인종적인 혈통을 중시함에 따라 독일에 있는 규모가 큰 터키인 지역에 있는 터키 사람들이 시민권 획득을 위해 모든 노력을 다하지만 용이하지 않다. 따라서 독일의 국가대표팀 선수로서 활약하는 터키 혈통을 가진 사람들은 거의 없다. 반면에 현재 터키 대표팀은 많은 수의 독일 태생의 선수들을 포함하고 있다.

국적은 거주를 통해서 혹은 결혼을 통해서 얻을 수 있다. 폴란드의 바르샤바로 이주한 나이지리아인 엠마뉴엘 올리사데베(Emmanuel Olisadebe)는 거주를 통해서 폴란드 국적을 얻었고, 폴란드 국가대표팀을 위해서 경기를 한다. 로이 웨겔(Roy Wegerle)은 남아프리카에서 태어났지만 미국인과 결혼을 한 후에 미국을 위해서 선수로 뛴다. 많은 국가들은 국적 취득 규정에 예외를 인정하고 있는데, 특히 우수한 스포츠 선수 개인에 대해서 그러한 경우가 많다. 게다가 점점 많은 국가들이 이중국적을 허용하고 있으며, 이러한 현상은 세계화 추세가 점증되면서 더욱 일반적인 경우가 되고 있다.

각국의 법률뿐만 아니라 축구 당국 스스로도 국적 자격 규정을 관할하는 법규를 바꾸려고 한다. 축구에서 먼저 이러한 움직임이 나타났고, 19세기 후반에 영국에서 법제화되었다. 이는 공식적인 식민관계—크리켓은 잉글랜드 엘리트층이 즐기는 스포츠였다—의 연관을 통해서가 아니라 경제적 연관관계를 통해 매우 신속하게 확산되었다. 첫 번째 잉글랜드의 축구 식민지는 유럽대륙과 남아프리카였다. 거기에서는 선구적 클럽들이 게임을 관할하는 그 나라의 축구협회가 발전되는 것과 맥락을 같이 하였다.[16] 곧바로 모든 축구 경기

16_ 일찍이 브라질에서 축구의 발전은 이러한 과정을 보여주고 있다. 다음 저작을 참고. A. Hamilton, *An Entirely Different Game : the British Influence on Brazilian Football*, Edinburgh : Mainstream, 1998. pp. 35–66.

는 일정한 규칙 하에 경기가 이루어지고, 각국 협회 사이의 관계를 규율하는 관할 조직을 세운다는 것은 흥미로운 일이다. FIFA는 벨기에, 덴마크, 네덜란드, 프랑스, 스페인, 스웨덴, 스위스 축구협회에 의해 1904년에 설립되었다. 1930년에 월드컵을 창설하였고, 지금은 다른 국제적으로 대표적인 경기도 주관하고 있다. 더불어 많은 지역적 연합체가 있다. 예를 들면 유럽축구연맹(UEFA : The Union des Associations Europeennes de Football, 1954)은 경기의 여러 가지 측면들을 규정하고, 많은 사항들 중에서 국제적 자격 규정에 관하여 조율하고 법제화하는 역할을 수행한다.

현재 FIFA는 규칙을 정립하는 데 우선적인 책임이 있다. 그러나 시간이 지남에 따라 많은 변화가 나타나고 여러 가지 새로운 고려사항이 등장한다. 이러한 사항에는 나이 제한—청소년 국가대표팀 선수들이 항상 특정 국가에 소속되는 것은 아니다—이나 태어난 곳, 부모 혈통, 조부모 혈통 등이 포함된다. 친선 경기에서의 출전은 포함시키지 않는다. 다만 국가 간 공식 경기에는 한 선수는 한 국가에만 소속되어 출전해야 한다. 기본적으로 출생 장소와 시민권 자격이 가장 중요한 기준이라는 것이다. 부모나 특히 조부모에 따라 시민권을 획득하는 경우, 선수들이 자신들이 태어난 곳보다는 부모나 조부모가 태어난 나라를 대표하는 상황을 설명해주는 '그래니 룰'(granny rule)이라는 용어를 만들어내게 되었다.

이러한 상황에 따라서 가족의 배경에 따르는 일부 선수들은 그들이 선택할 수 있는 하나 이상의 국가를 갖게 된다. 일반적으로 축구 선수들이 국적을 선택할 때 세 가지 점이 고려된다. 규정상황, 문화적 관련성 그리고 경력 혹은 경제적 고려 등이다. 이 중 첫 번째 사항의 복잡한 속성을 고려해 볼 때, 아일랜드 국가대표팀에 아일랜드 이외의 지역에서 태어난 선수들을 선발한다는 것은 관심이 문화적 관련성이나 경력사항의 중요성에로 옮겨지고 있다는 것을 의미한다.

앵글로들의 등장

여기서의 논의는 잭 찰튼(Jack Charlton)이 아일랜드 국가대표팀의 감독으로 임명된 1986년부터 시작한다. 찰튼은 잉글랜드의 국제적 선수였고, 1966년 잉글랜드 월드컵 우승팀의 일원이었다. 그의 임명은 먼저 아일랜드 서포터들의 분노를 자아냈다. 잉글랜드의 관중들 역시도 탐탁하게 생각하지 않았다.[17] 그 이후에 아일랜드 축구는 여러 가지 중요한 변화가 나타났다. 첫째는, 1988년 유럽 챔피언십에서의 결승전 진출을 비롯하여 1990, 1994, 2002년 월드컵에서의 16강 진출 등 예상 밖의 성공을 이루었다. 둘째는, 대표팀의 성공에 따라 팀에 대한 지원은 증대되고, 아일랜드 서포터들은 '즐거운 녹색집단'(jolly green army)이라는 명성을 얻었으며, 국제적인 축구 팬들 중 가장

17_ 찰튼은 자신의 감독 임명이 아일랜드에서 어떻게 수용될 것인가에 대해 약간의 우려를 했다고 회고했다. 다음을 참조. J. Charlton (with P. Byrne), *The Autobiography*, London : Corgi Books, 1997, pp. 246–47.

모범적인 응원단 중의 하나로 등장했다. 셋째는, 이민간 아일랜드 사람들, 특히 잉글랜드나 다른 지역에서 자라난 2세 아일랜드인들의 팀에 대한 관심이 급증했다. 넷째는, 그 팀은 국제적 자격요건을 규율하는 FIFA 규정의 변화에 많이 의존했다.

이러한 논의의 후반부가 이 장에서의 중심 요소이다. 아일랜드인 감독이 되는 찰튼의 중요한 결정은 국가 자격요건에 관한 FIFA 전체 규율을 활용한 것이다. 그러나 그가 결코 첫 번째 유일한 외국인 감독의 사례는 아니었다. 맨체스터에서 태어난 쉐이 브레넌(Shay Brennan)은 아일랜드에서 태어나지 않았으면서 그 나라를 대표해 1960년대에 활약한 첫 번째 선수였다.[18] 그러나 찰튼에 대한 정책은 많은 잉글랜드에서 태어난 선수들이 자신들의 부모 혹은 조부모가 태어난 곳이라는 이유에 근거해 아일랜드를 위해 선발될 수 있다는 것을 의미했다. 아일랜드는 일반적으로 소위 '그래니 룰'에 의존한다고 알려져 있다. 이러한 정책은 불공평하고 게임의 정신에 반한다고 아일랜드 바깥에서 수시로 비판을 받았다. 또한 아일랜드 안에서도 대표팀의 아일랜드 정체성을 희석시킨다는 비판이 제기되었다. 잉글랜드에서 태어난 선수들이 주로 아일랜드로 귀화함에 따라 때때로 잉글랜드로부터의 비판은 잉글랜드를 위해서 뛰어줄 선수를 잃은 것에 대한 분노로 표출된다. 1994년 월드컵 기간 동안 잉글랜드의 언론인

18_ 다음을 참조. P. Rowan, *The Team that Jack Built*, Edinburgh : Mainstream, 1994, p. 57.

인 짐 화이트(Jim White)는 《인디펜던트》(*Independent*)지에 기고를 통하여 예전의 아일랜드 국제적 선수인 리암 브래디(Liam Brady)를 "보기 드문 야성 … 아일랜드 억양을 가진 아일랜드의 국제적 선수"로 언급했다. 잉글랜드 선수인 크리스 웨들(Chris Waddle)과 비교하여 이렇게 표현했다. "유감스러운 것은 그의 조부모가 여기에서 태어난 불행한 사건으로 인해 이곳에서 경기를 하는 것이다."[19]

더욱 최근인 2002년 월드컵 최종예선에서 잉글랜드에서 태어난 선수의 아일랜드 선수로의 발탁에 관한 부정적인 평가가 신문지상에 실렸다. "이 선수들은 암소가 집에 돌아올 때까지 아일랜드 사람이라고 주장할 수 있지만 어떤 사람이 그것을 믿어줄 수 있을까?" 《옵서버》(*Observer*)지에서 다음의 헤드라인 제하에 문제제기를 하였다. "아일랜드의 의문 : 그들은 불행하고 용감한, 일단의 잉글랜드인일까?"[20] 이 이야기와 관련해 선수들을 둘러싼 많은 일화가 전해진다. 즉 아일랜드를 처음으로 방문하였다거나 아일랜드의 국가(national anthem)를 부르지 못하는 선수가 대표팀을 위하여 경기를 하였다는 등의 일화이다. 그러한 이야기들은 국가대표팀의 순수성을 훼손하거나 선수들의 동기 이면에 있는 금전상의 목적이나 전략적 이유 등을 지적한다. '돈을 목적으로 한다'는 딱지는 1993년 아일랜드와 북아일랜드 간의 월드컵 최종예선—아일랜드의 복잡한 역사 속에서 특별한 중요

19_ *Independent*, 20 June 1994.
20_ 다음을 참조. *Observer*, 23 June 2002.

성을 갖으며 동시에 북아일랜드 갈등의 폭력적 시기로 되돌아가는 것을 막아주는 경기—이전에 북아일랜드 감독 빌리 빙햄(Billy Bingham)에 붙여졌다.

아일랜드 내에서 '앵글로인'에 대한 태도는 메우기 힘든 간격이 존재한다. 과거의 사례로 비춰보면 많은 사람들이 아일랜드를 위하여 뛸 수 있는 권리의 정당성을 얻었다고 하지만 한편에서는 회의적이다. 일부의 '앵글로인'은 다른 국가들을 위하여 뛰는 돈벌이 하는 선수로 인정되지만 또 다른 사람들은 잉글랜드를 위하여 뛰기는 하지만 신통치 않은 이류 인물로 간주된다(물론 좋은 성과를 올린 앵글로 사람들은 그렇지 못한 사람에 비해서 덜 비판받는다). 이러한 일이 발생하는 한, 혈통보다는 출생 장소나 장기 거주 요건에 따라 규정된 아일랜드인으로서의 정체성이 더 중요하다고 여긴다. 어떤 경우에는 국가정체성에 대한 환원주의적 태도로 해석되기도 한다. 아일랜드 억양을 가지고 있다는 것은 진짜임을 나타내 주는 표시라고 한다. 이에 따라 아일랜드 이민의 후손을 주장하는 '앵글로인' 선수들을 골라내는 데 더욱 기여할 것이라고 여긴다.

이러한 정책의 산물로서 많은 흑인 선수들이 아일랜드를 위해 등장하기 시작했다. 멕그러스와 플래밍은 더블린에서 성장했기 때문에 '억양' 시험을 통과할 수 있었지만 크리스 휴톤(Chris Hughton), 폴 맥그러스(Paul Mcgrath), 테리 플런(Terry Phelan), 필 밥(Phil Babb), 커티스 플래밍(Curtis Fleming), 스티븐 레이드(Steven Reid) 그리고 클린턴 모리슨(Clinton Morrison)은 모두 잉글랜드에서 태어났다. 비록 지금은 은퇴한 맥그러스가 그의 경기력에 때때로 영향을 미치는 알코올 문제에도 불구하고 지속적으로 유명인물이라는 것이 중요하지만, 이 선수들까지 확장될 수 있는 것과 관련하여 아일랜드인으로의 인정이 좀 더 관대했기 때문이라는 추론을 할 수 있다.

찰튼 시기(1986–1996) 동안 대부분의 아일랜드 선수들은 아일랜드 바깥에 근거를 두고 있었는데, 대부분은 잉글랜드였다. 이러한 측면은 아일랜드팀의 오래된 특징이었다. 재능 있는 아일랜드 축구 선수들은 청소년기에 잉글랜드나 스코틀랜드 클럽으로부터 스카우트된다. 이러한 상황은 아일랜드 축구 클럽의 미발전된 상태나 잉글랜드나 스코틀랜드 주요 클럽들의 상대적인 경제적 우위를 반영한다. 데이비드 오릴리(David O'Leary), 프랭크 스태플턴(Frank Stapleton) 그리고 리엄 브래디(Liam Brady)와 같은 선수들은 모두 런던에 근거를 두고 있고, 10대 중반부터 아스널에서 뛰었다. 그러나 1980년대 중반부터 아일랜드팀이 중요해짐에 따라 대부분의 선수들은 잉글랜드를 위해서 뛰지 않았다. 찰튼의 감독직 수행에 따라 총 56명에 이르는 선수들이 아일랜드를 위해 경기를 하였다. 그 중 33명은 아일랜드 바깥에서 태어났다. 33명의 선수들은 이 기간 동안 첫 번째 대표팀에 속했고, 그 중 21명은 아일랜드 바깥에서 태어났다.[21]

21_ 선수들의 이력에 관해서는 다음의 두 자료를 주로 참조하였다. S. McGarrigle, *The Complete Who's Who of Irish International Football 1945–96*, Edinburgh : Mainstream, 1996 ; A. Ward, *Republic of Ireland. Gifted In Green*, London : Hamlyn, 1999. 또한 로스만의 축구 연감(The Rothman's Football Yearbook)의 여러 개정

1980년대 말부터 1990년대 초까지 '앵글로인'들이 많아짐에 따라 여섯 번의 경우(1987년에 한 번, 1988년에 두 번 그리고 1990, 1991, 1992년에 한 번 등)에서 팀은 9명의 아일랜드에서 태어나지 않은 선수들로 게임을 시작했다. 네 번의 경우(1990년에 세 번, 1992년에 한 번)에서 아일랜드는 10명의 아일랜드에서 태어나지 않은 선수들로 게임을 끝마쳤다. 1990년에는 이러한 일이 세 차례 발생했고, 아일랜드에서 태어난 오직 한 사람은 골키퍼인 패키 보너(Packie Bonner)였다. 1988년에서 1995년 사이에 아일랜드는 79번의 국제 경기를 치렀다. 이 가운데 오직 6번의 경우에만 5명 이상의 아일랜드에서 태어난 선수들로 팀이 구성되었다. 1988년의 유럽 챔피언십 결승에서 아일랜드 팀의 20명 선수들 중 13명이 아일랜드 바깥에서 태어났다. 1990년 월드컵 최종예선에서는 22명 선수들 중 16명, 1994년 월드컵 최종예선에서는 22명 중 15명의 선수들이 아일랜드 바깥에서 태어났다.

최근 들어 1996년부터 2002년까지의 미크 맥카시(Mick McCarthy) 감독 밑에서는 비(非)아일랜드계 선수들에 대한 의존도가 줄어들었다. 맥카시가 뽑은 63명의 선수들 중에서 29명이 아일랜드 바깥에서 태어났다. 더 중요한 것은 42명의 선수들이 맥카시 감독 밑에서 처음으로 대표팀에 발탁되었고, 주요 선수 26명은 아일랜드에서 태어났다. 부분적으로 이러한 의미 있는 변화는 1990년대 후반 이후 아일랜드의 많은 유소년 팀이 성공적으로 육성되었기 때문에 나타난 것

판들을 보충적으로 활용하였다.

이었다. 많은 젊은 아일랜드 태생의 선수들은 상급 팀으로의 진급을 통해서 육성된다. 그럼에도 불구하고 2002년 월드컵 최종예선전 팀 구성 선수의 23명 중 11명이 아일랜드 바깥에서 태어났다.

여기에서 세 가지 특징을 지적할 수 있다. 첫 번째는, 많은 경우 소위 '그래니 룰'에 따라야 하지만 선발된 대부분의 비아일랜드계 선수들은 최소한 한쪽 부모는 아일랜드인이어야 함은 기억해두어야 한다. 이 범주에 드는 세 명의 선수들인 오릴리, 맥그러스 그리고 플래밍 등은 잉글랜드에서 태어났지만 더블린에서 성장했다. 둘째는, 일종의 '눈사람 효과'라는 것이 있다. 점증하는 숫자의 선수들이 아일랜드를 위해서 뛰겠다고 선언함에 따라 이전에는 고려하지 않았던 선수들도 그에 따르는 것이 더욱 쉽게 되었다. 마지막으로는, 만약 대표팀의 성적이 변변치 못했을 경우에도 아일랜드를 위해 헌신하겠다고 선언한 선수들이 팀을 위해 뛰어줄지에 관해서는 명확한 답을 낼 수 없다. 아일랜드가 상대적으로 성공함에 따라 더욱 흥미 있는 제안이 도출되어야 한다. 물론 그러한 성공에 따라 논란이 되는 대표팀 선발정책에 대한 좀 더 많은 관심을 보일 것이다.

아일랜드적인 느낌

다음으로는 지금까지는 탐구되지 않았던 이슈로서, 이 선수들이 아일랜드를 선택하게끔 한 생각의 바탕과 자신들의 결정에 영향을 미친 요인들에 관해서이다. 여태껏 선수들의 태도에 대한 구체적인 자료는 거의 없다. 실제로 국가정체성 이슈에 관한 프로 스포츠 선수들의 태도를 분석한 연구는 거의 없다.[22] 그러한 연구가 없음에도 불구하고 선수들의 결정 이면에 있는 느낌이나 동기에 관한 단서가 될 수 있는 선수들의 전기나 언론 인터뷰 등의 자료들을 활용할 수 있다. 많은 아일랜드의 국제적 선수들은 아일랜드를 위하여 뛰었던 그들의 경험을 정리한 저작들을 최근에 내놓았다. 분명한 자료의 원천으로서 이 저작들을 활용하는 것은 분명 한계가 있다. 그러한 책들은 보통 대필되었으며, 여기서 제기된 의문들을 해결해 주기보다는 팬들에게 어필하기 위한 방안으로서 출간되곤 한다. 통상적으로 스포츠 자서전은 우선 상업적 성공을 목적으로 간행된다. 즉 팬들이 듣기를 원하는 내용들을 반영한다. 따라서 더 이상의 추가적인 정보가 부족하다 할지라도 선수들의 느낌에 관한 어떤 단서를 제공한다. 선수들은 통상적으로 인쇄매체나 방송매체와 인터뷰를 한다. 이 인터뷰는 유용한 자료의 원천이다. 자연스럽게 많은 인터뷰들은 아일랜드를 위해서 뛰는 선수들의 감정상태보다는 각 선수들의 활약이나 팀의 결과 등과 같은 경기의 좀 더 직접적인 측면에 초점을 맞추게 된다. 선수들이 팀에 집중했을 때도 팀 스포츠의 속성은 아일랜드와의 자동적인 일체화와 같은 팀과의 일체화를 반영한다. 그러나 이러한

22_ 드문 사례는 다음 저작을 참고함. J. Tuck and J. Maguire, "Making sense of global patriot games : rugby players' perceptions of national identity politics", *Football Studies*, 1999, vol. 2 (1), pp. 26–54.

다양한 자료들을 비판적으로 활용함으로써 선수들의 공언에 근거하여 시론적 수준의 결론에 도달할 수 있을 것이다.

1994년 이탈리아 월드컵 8강전에서 패하여 더블린으로 돌아왔을 때, 아일랜드 아버지를 두고 요크셔에서 태어났으며 나중에 감독이 되었던 대표팀 주장 맥카시는 팀의 모두는 110% 아일랜드인이라고 공표했다. 최근에 그는 자신이 스스로 아일랜드인이라고 생각한다는 점을 되풀이했다. "나는 결코 단절될 수 없는 아일랜드와의 심정적 유대를 가지고 있다. 나는 독특한 억양을 가지고 있다."[23] 신문의 한 지면에는 맥카시의 정체성에 대한 느낌에 관해 좀 더 자세한 조명을 하고 있다.

> 어릴 때 그는 집 근처의 운동장에서 그의 아버지가 나무를 휘두르는 것을 보았으며, 그 이미지는 그 장소에 대한 느낌의 원천이 되었다. 그는 언젠가 회상했다. "나는 나의 아일랜드인임을 알고 있지만 그것은 나의 나라가 아니었다. 나는 거기에서 태어나지 않았고, 나는 거의 대부분의 삶을 잉글랜드에서 살았다. 그러나 나에게 아버지의 아일랜드를 대표하라는 기회가 주어졌다는 것은 먼진 일이었다."[24]

더욱 최근에 그는 "처음 녹색 셔츠를 입었을 때 가졌던 소속감과

23_ *Guardian*, 25 May 2002.
24_ Mick McCarthy quoted, *Irish Independent*, 24 March 2001.

18살 이래 사라지지 않았던 자신의 정체성에 대한 자부심을 찾았다"고 말했다.[25]

또 다른 예전의 선수인 존 알드리즈(John Aldridge)는 리버풀에서 태어났고 자랐다. 그러나 그는 애틀론(Athlone)에서 태어난 증조모 덕분에 아일랜드를 위해 뛰었다. 알드리즈는 그의 자서전에서 아일랜드인으로서의 느낌에 어떤 의심도 들지 않게끔 노력했다고 하였다. 여권규정을 적용하면서 1993년 빙햄의 금전적 목적이라는 조롱에 화가 난 알드리즈는 "내가 가장 자부심을 갖는 소장품은 거의 금전적 가치가 없는 이 작은 책자이고 … 나의 아일랜드 여권이며, 그것은 나의 전부이다"고 말했다.[26] 알드리즈는 가족 중 어머니 쪽의 아일랜드 배경 속에서 자라났고, 그의 가족은 항상 아일랜드팀을 응원했다고 주장했다. "나는 잉글랜드에서 태어났지만 아일랜드에 살고 있는 5백만 아일랜드인들과 마찬가지로 아일랜드인임을 자각했다."[27]

만약 이러한 주장을 액면 그대로 수용한다면 조금은 다른 각도에서 알드리즈와 동일한 자격요건으로 아일랜드를 위하여 뛴 또 다른 선수를 살펴보게 된다. 코르크(Cork) 출신의 증조모가 있고 잉글랜드에서 태어난 미첼 로빈슨(Michael Robinson)이다. 로완(Paul Rowan)은

25_ McCarthy, *Ireland's World Cup 2002*, p. xii.

26_ J. Aldridge (with H. Jawad), *My Story*, London : Hodder & Stoughton, 1999. p. 145.

27_ Aldridge, *My Story*, p. 203. 알드리지의 인구 통계는 아일랜드 공화국이 아니라 아일랜드 섬의 것이다.

로빈슨의 아일랜드 정체성이 아일랜드를 위해 뛸 수 있게 되었을 때 어떻게 나타났는지를 기술했다. 그의 선수 초창기 시절에 잉글랜드를 위하여 뛰기를 원했던 기록이 있다. 이후 그는 아일랜드와 아일랜드 것에 대한 애정과 호의를 이끌려는 많은 언급을 하였다.[28] 프레스톤(Preston)에서 태어난 아일랜드 출신의 국제선수였던 마크 로렌슨(Mark Lawrenson)은 그의 아일랜드 어머니에 따라 아일랜드 국적을 얻었고, 최근에는 라디오 프로그램에서 자신을 가짜 아일랜드인(pseudo-Irishman)이라고 표현했다.[29] 그러나 이러한 정의는 토니 카스카리노(Tony Cascarino)의 경우에 적용하는 것이 더욱 적합하다.

그의 경력에서 카스카리노는 아일랜드를 위해서 경기를 하지 못했다고 밝히고 있다. 런던에서 태어난 그가 아일랜드게임을 주장하는 근거는 그의 외할아버지가 아일랜드인이라는 것이다.

> 왜 내가 아일랜드를 선택하지 못했을까? 솔직히 말해서 아마도 그들이 나를 뽑아주지 않았기 때문일 것이다. … 나는 아일랜드인으로서 강한 정서적 공감을 가지면서 성장했고, 우리와 함께 살았던 아일랜드인 할아버지인 미첼(Michael)에 대하여 매우 잘 알게 되었다.[30]

28_ Rowan, *The Team that Jack Built*, p. 56, 1980년대 초에 로빈슨과의 인터뷰에서 인용하였다. 로빈슨은 그가 가장 좋아하는 음악으로 그룹 울프 톤즈(The Wolfe Tones)와 더블린 시티 램블러스(The Dublin City Ramblers)의 곡을 꼽고 있고, 자신이 아일랜드에서 태어나지 못한 것에 크게 실망하였다고 하였다.

29_ Mark Lawrenson interviewed, *Radio 5 Live*, 1 November 2000.

30_ T. Cascarino (with P. Kimmage), *Full Time : the Secret Life of Tony Cascarino*, Lon-

책 속에서 이분이 그의 할아버지가 아니고, 그래서 카스카리노는 그 나라와 실질적인 혈연관계가 없다고 밝혔다. "나의 어머니는 내가 항상 믿고 있었던 오말리(O'Malley)가 아니다. 나는 아일랜드인이 될 자격이 없다. 나는 사기꾼이고, 아일랜드 사람임을 날조하였다."[31] 그 당시 카스카리노의 이러한 언급은 부분적으로 아일랜드인이었지만 국적기준에 관한 축구 규칙의 완화를 바라는 그의 속 마음을 드러낸 것이다.

경기장에서 아일랜드의 고유 색상을 입고 있는 선수들에 대한 국가정체성의 복잡한 이슈를 검증하는데, 가족의 배경이 여기서는 쟁점으로 가장 부각되는 것 같다. 1970년대와 1980년대 아일랜드의 국제적 선수인 토니 그릴리쉬(Tony Grealish)는 런던의 친밀한 아일랜드 가정에서 성장하여 갤릭(Gaelic) 구단에서 선수로 뛰었다. 비록 잉글랜드 청소년 팀과의 연습경기였지만 그는 아일랜드 선수로 뛰었다.[32] 또 다른 선수인 요크셔에서 태어난 세머스 맥도너(Seamus McDonach)는 자신의 정체성의 혼란에 대해서 말하였다. 잉글랜드에 사는 많은 2세대들처럼 맥도너는 아일랜드에서 어린 시절의 휴일을 보냈다. 2세대 아일랜드인으로서의 이것도 저것도 아닌 상태를 반영하듯이 맥도너는 아무에게서도 인정받지 못하는 느낌을 받았다. 아일랜드에서

---

don : Simon and Schuster, 2000, p. 16.

31_ Cascarino, *Full Time*, p. 180.

32_ Rowan, *The Team that Jack Built*, pp. 60–2.

그의 억양은 잉글랜드인처럼 구별된 반면에 잉글랜드에서 그의 이름은 아일랜드계임을 나타냈다. 먼저 잉글랜드 청소년팀에 선발되었을 때 맥도너는 아일랜드에 골을 넣는 25번의 대표선수가 되었다. 인터뷰할 때마다 맥도너는 아일랜드 역사와 문화에 대한 흥미를 토로하였다. 반아일랜드의 편견에 대한 그의 언급은 그의 상황에 대한 모호성을 아는 사람들을 암시한다.[33]

비슷하게 현재 아일랜드의 국제적인 선수 케빈 킬번(Kevin Kilbane)은 프레스톤(Preston)에서 성장했지만 그의 부모가 아일랜드인이고 아일랜드 환경 속에서 성장했다는 사실에 따른 아일랜드인으로서의 민감한 느낌을 갖고 있다.

> 나의 온 생애를 통해 나는 아일랜드의 도움을 받아왔다. 휴톤(Ray Houghton)의 잉글랜드에 대한 특별한 골이 나에게 주는 그 무엇을 기억하고 있다. … 모든 나의 친구들도 마찬가지일 것이다. 학교에서 아일랜드를 응원하는 친구녀석들도 있고 잉글랜드를 응원하는 친구들도 있다. 이 모든 것이 완전히 정상적인 것이다.[34]

그러므로 또 다른 인터뷰에서처럼 비록 잉글랜드 청소년팀 일원으로 선발되었지만 그는 선발될 생각이 별로 없었다.

33_ Rowan, *The Team that Jack Built*, pp. 62–4.
34_ Kevin Kilbane quoted, *Irish Times*, 13 November 1999.

> 거기에 나의 마음은 없었다. 나는 그 어떤 다른 나라가 아니라 항상 아일랜드를 위해 선수로 뛰기를 원한다. 내 아버지는 마유(Mayo) 출신이고 어머니는 워터포드(Waterford) 출신이다. 그래서 내 발음이 어떠하든 나는 항상 아일랜드임을 느낀다.[35]

헤로게이트(Harrogate)에서 태어났고 조부모가 아일랜드인인 앤디 오브라이언(Andy O'Brien)의 경우처럼 문화적 요인과 사회경험적 요인 간에는 유사한 긴장상태가 작용한다.

> 나는 아일랜드를 위해 뛰기로 결정했다. 나는 양쪽의 캠프(21세 이하에서는 아일랜드와 잉글랜드 양편을 위해 뛰었다)를 모두 경험했고, 또한 잉글랜드 캠프보다는 아일랜드 캠프에서 완벽하게 동화되었다. 잉글랜드 캠프에서는 점점 더 냉기를 느꼈다. 거기에서는 내게는 적합하지 않다는 딱 그러한 느낌이 있었다. … 아일랜드 캠프에서 따뜻함을 느끼는 것이 놀라웠다. … 전체적으로 아일랜드 친구들은 나를 더욱 친근하게 대했다.

특별한 국가적 선호를 반영한 이러한 언급에 더하여 오브라이언은 아일랜드 신문의 마음에서 우러나오는 구독자로서 다음과 같이

35_ Kevin Kilbane quoted, *Irish Examiner*, 17 November 1999.

덧붙였다. "잉글랜드 국가는 무언가 특별한 것이지만 나는 잉글랜드 국가를 부르지 못한다."[36]

그러나 어떤 선수들에게서는 아일랜드인으로서의 느낌이 별로 자연스럽지 않고 오히려 인위적인 것처럼 나타난다. 크리스털 팰리스(Crystal Palace)의 선수로 뛴 런던에서 태어난 클린턴 모리슨(Clinton Morrison)에 대하여 2000–2001년 시즌의 오래된 이야기가 알려졌다. 모리슨은 잉글랜드뿐만 아니라 그의 아버지가 태어난 자메이카, 그리고 할머니 때문에 아일랜드를 대표할 수도 있다. 그 당시에 모리슨에 관하여 신문에서는 다양한 여러 가지 요인이 작용하고 있다고 평했다. 먼저 그는 아일랜드 셔츠를 입고 그것에 대하여 열정적인 느낌을 갖게 된다고 하였다. 왜냐하면 그것은 국제 축구이고 모든 사람들이 국제 축구 경기를 원하기 때문이다.[37] 이야기가 진전됨에 따라 모리슨의 에이전트는—아직까지는 구체적으로 진행된 것은 없지만—아마 수일 안에 모리슨은 매우 아일랜드적인 느낌을 갖게 될 것이라고 언급했다.[38] 그에 따른 모리슨의 발언은 아일랜드 사람임을 강조하는 것처럼 비쳐졌다. 그가 어렸을 때 그는 할머니 댁에서 아일랜드 노래를 들었고, 가족의 대부분은 아일랜드를 위해 뛰라고 권했다고 하였다.[39] 모리슨이 아일랜드 서포터들에 인기를 얻게 됨에 따라 과거

36_ Andy O'Brien quoted, *Irish Times*, 13 January 2001.
37_ Clinton Morrison quoted, *Irish Times*, 27 January 2001.
38_ Neil Fewings, Clinton Morrison's agent, quoted, *Irish Times*, 13 January 2001.
39_ 다음의 헤드라인 제목의 기사를 참고. "Irish pretender at the Palace", *Irish Times*,

모리슨의 일부 발언을 정당화시켜 주지 않을 수 없었다.

그러나 아일랜드적 정체성은 아일랜드를 위한다고 선언한 모리슨이나 다른 사람들에게서처럼 변화될 수 있는 일이라는 것은 분명한 사실이다. 메이드스톤(Maidstone)에서 태어난 앤디 타운센드(Andy Townsend)는 아일랜드 할머니가 있어서 나중에 1994년 월드컵에서 아일랜드팀의 주장이 되었다. 첫 번째 발탁 이후 아일랜드를 위한 선수로 뛴다는 생각이 옳지 못했던 것 같다고 회상하면서 다음과 같이 덧붙였다.

> 25년 동안 나는 과거에 아일랜드에 발을 들여놓은 적이 없어서 더블린에 비행기가 내렸을 때 편치 않은 느낌이 들었다. 규정상 아일랜드인으로서 나의 잉글랜드적 정체성이나 나의 남부 런던 억양을 더욱 의식하지 않을 수 없었다.[40]

이를 의식하여 그는 다음과 같이 말하였다. "녹색 셔츠를 입었다고 해서 갑자기 내가 아일랜드인이 되는 것은 아니다." 그 팀과 국가, 그리고 국민들에 대한 나의 친밀감은 천천히 바뀌는 것이다.[41] 그러나 그의 국제적 경력이 늘어나고 "더욱 더블린으로 많이 여행함에 따

---

28 January 2002.

40_ Townsend (with P. Kimmage), *Andy's Game : the Inside Story of the World Cup*, London : Stanley Paul, 1994, p. 74.

41_ Townsend, *Andy's Game*, p. 76.

라 새로운 정체성에 대하여 더욱 편한 마음을 갖게 되었다."[42] 즉 성공적인 팀에 통합된 부분을 수용함에 따라 지금까지 잠재된 아일랜드적 정체성이 되살아난 것이다.

맨체스터에서 태어난 폴 버틀러(Paul Butler)가 아일랜드 여성과의 결혼에 따라 아일랜드를 위해서 뛴 최초의 선수가 된 더욱 비정상적인 경우가 2000년에 발생했다. 잉글랜드뿐만 아니라 그는 웨일즈를 위해 뛸 수 있는 자격을 얻었고, 이때에 웨일즈와 아일랜드 사이에 선택을 하라는 압력을 받았다. 그는 아일랜드를 택했고, 그가 언급한 생각의 일단은 다음과 같다.

> 두 팀의 자원들을 보았을 때 아일랜드팀에서 프리미어 리그에 포함된 여러 선수들과 함께 훨씬 더 잘할 수 있을 것 같았다. 로이 킨(Roy Keane), 로비 킨(Robbie Keane)과 같은 선수들과 같은 팀 구성원에 포함된다는 것이 내게는 매우 흥미있는 일이었다. 내게 좋은 인상을 준 또 다른 사실은 아일랜드가 경기하는 방식이었다. 그것은 나의 체력에 더욱 적합한 것 같았고, 그래서 내가 여기에 있게 되었다.[43]

그때 감독인 마이크 맥카시는 버틀러의 선택에 대한 비판적 의견에 실용적 해석을 하였다. "FIFA의 규정에 따르면 그는 아일랜드를

42_ Townsend, *Andy's Game*, p. 78.
43_ Paul Butler quoted, *Irish Times*, 22 February 2000.

대표할 수 있는 자격이 있고, 그것은 내게는 아주 만족할 만한 일이다."[44] 그때까지 버틀러는 아일랜드를 위해서 단 한번 출전했었고 후반전에 교체되었다.

물론 이것은 또 다른 차원의 일이다. 아일랜드를 위해 뛸 수 있는 자격을 가진 선수들은 많지만 이러한 선택을 하지는 않는다. 잘 알려진 현대의 사례는 아스널(Arsenal)의 수비수인 마틴 코윈(Martin Keown)의 경우이다. 그의 부모는 아일랜드인이다. 한 분은 북쪽 출신이고 다른 분은 공화국 출신이다. 그런데 옥스퍼드에서 태어난 코윈은 최근까지 잉글랜드팀의 공식 멤버였다. 아일랜드 신문과의 인터뷰에서 그는 잉글랜드를 위해 뛰는 것에 자부심을 갖는다고 말했다.

> 내가 잉글랜드를 위해 뛸 때 나보다 더 잉글랜드적인 사람은 없다. 나는 아무도 나의 참여에 의문을 제기할 거라고 생각지 않는다. 그러나 나는 나의 아버지에게 다음과 같이 이야기하는 많은 친척들, 그리고 사촌, 아저씨가 있다. "코윈이 잉글랜드를 위해 뛰도록 내버려두는 당신을 믿을 수 없다." 그러나 우리 아버지는 말씀하셨다. "여기는 당신들이 태어난 나라이고, 당신들은 자신의 모든 일에 대하여 스스로 결정을 한다." … 한 세대가 지나고 나면 나와 같은 아이들이 잉글랜드 문화를 수용한다. … 내가 어렸을 때 나는 아일랜드 사람임을 느꼈다고 생각된다.[45]

44_ Mick McCarthy quoted, *Irish Times*, 11 February 2000.
45_ Martin Keown quoted, *Irish Times*, 13 May 2000.

또 다른 선수인 데이비드 리니헌(David Linighan)은 비록 그가 실제로 선발되지 않았으며, 그의 형이 잉글랜드 선수로 뛰고 있음에도 불구하고 아일랜드를 위하여 뛰는 것을 소망한다고 피력했다. 또한 아일랜드를 위해 뛰기를 희망하지만 실제로는 그렇게 되지 못한 다른 사람들도 있다. 그 선수는 영국에서 태어난 비니 존스(Vinnie Jones)이고, 아일랜드 혈통이 밝혀졌지만 나중에 웨일즈의 주장으로 뛰었다.

함의

이 장에서의 논의는 국제적인 축구 선수들이 국가정체성을 공개적으로 선택해야 하는 것을 포함하는 어떤 결정을 해야 하는 상황에 관한 것이다. 선수들의 경력이나 언론 인터뷰로부터 알 수 있는 제한된 자료에 근거하여 제한적인 결론을 끌어낼 수 있다. 이러한 논의에 등장하는 토니 그릴리쉬와 세머스 맥도너 같은 선수들은 두 문화 사이에서, 그리고 그 융합 속에서 성장함에 따른 모호성으로 인해 완전한 아일랜드인도 아니고 완전한 잉글랜드인도 아님에 따라 양쪽에서 소외되는 듯한 느낌을 갖게 된다. 이러한 현상은 영국에 사는 아일랜드 사람의 일상 속에서 빈번한 이슈로 나타난다.[46] 노먼 테비트

46_ M. Hickman, and B. Walter, *Discrimination and the Irish Community in Britain*, London : Commission for Racial Equality, 1997. See also J. MacLaughlin (ed.), *Location and Dislocation in Contemporary Irish Society : Emigration and Irish Identities*, Cork : Cork University Press, 1997. 영국에 있는 아일랜드 사람들에 관한

(Norman Tebbit)의 크리켓 테스트는 한 사람이 상황에 따라 달라져야 한다는 점을 강조한다. 이것은 복잡한 현실을 간과하지만 흩어진 팀원들이 혼성의 정체성을 갖게 된다. 둘 중에 하나의 선택보다는 양편에서 조금씩을 공유하는 느낌을 가진다. 문화연구 분야의 최근의 발전을 통해서 문화적 혼합성의 이해가 중요함이 밝혀졌다.[47] 특히 이러한 측면은 외부로의 이주의 역사가 오랜 국가들이나 영국이나 미국처럼 이민자 커뮤니티가 많은 사회와 연관이 있는 것 같다.

이 연구의 목적은 한정된 공간으로서 아일랜드와 본래적으로 연관되는 국가정체성 개념을 폭넓게 성찰하는 데 있다. 집단 이주라는 관점에서 아일랜드 정체성을 인식하는 것이 더욱 적절하다. 아일랜드의 실질적 국경에 따라 정해진 한정된 공간의 정체성은 더 이상 의미가 없기 때문이다.[48] 전체적으로 보면 여러 가지 요소들로 인해 최근 아일랜드의 커다란 사회적·경제적·문화적 변화를 촉진시킨다. 이주의 역사와 관련시켜 보면 섬과 연결된 한정된 영토에 아일랜드 정체성의 한계를 지우는 것은 적절하지 못한 것 같다.[49] (특정한 국가지상주의적 정체성이 아니라) 정체성의 개념이 더욱 포괄적이 됨에 따라 국제적으로 스포츠 팀의 혼합적 속성이 좀 더 정확하게 21세기 초

계속되는 상세한 연구는 다음을 참조 : http://www.apu.ac.uk/geography/progress/irish2/index.html.

47_ H. K. Bhabha. *The Location of Culture*, London : Routledge, 1994.

48_ A. Brah, *Cartographies of Diaspora*, London : Routledge, 1996.

49_ F. O'Toole, "The ex-isle of Erin. Emigration and Irish culture", in MacLaughlin (ed.), *Location and Dislocation in Contemporary Irish Society*, pp. 158–78.

라는 시기의 사람과 공간 사이의 복합적 관계의 성격을 반영한다는 것이다. 이것이 아일랜드를 대표하기 위해 선발된 선수들의 입장에서는 자신들의 정체성을 주장할 수 있는 가장 효과적인 방법이다. 출생지나 억양에 따라서 다른 지역 출신인 것으로 비쳐질 수 있지만, 녹색 셔츠를 입을 때는 아주 공식적인 방법으로 아일랜드인임을 주장할 수 있다. 게다가 이 장에서 살펴본 바와 같이 선수 선발에 있어서 최근의 경향은 선수들의 국적 선택에 있어서 상당한 융통성이 있었던 과거에 비해서 더욱 유동적 상황으로 돌아가는 것으로 보여진다.

전체적으로 앵글로 선수들의 속성에 관하여 이론화하는 것이 가능하다. 선수들의 결정에 영향을 미치는 요인들은 문화적 근접성에서부터 경력 관련 요소들에 이르기까지 폭넓은 스펙트럼이 존재한다. 어떤 선수들에게 있어서 그들의 아일랜드적 요소들은 항상 가장 두드러지는 부분으로 나타난다. 일반적으로 이러한 면은 가족의 배경에 따라 나타난다. 다른 선수들에게서도 아일랜드적인 요소들에 관하여 의문의 여지가 없다. 최근에 은퇴한 아일랜드의 골키퍼인 프래스톤(Preston)에서 태어난 알란 켈리(Alan Kelly)는 아일랜드의 국제적 골키퍼의 아들이었고, 그가 잉글랜드에서 태어났음에도 불구하고 아일랜드는 그에게 결코 외국이 아니었다. 다른 한편으로 명예, 돈과 경험을 쌓을 기회 등 국제 축구의 유인이 아일랜드인이라는 생각보다 우선적인 동기인 선수들이 있다는 것이 잘못된 일은 아니다. 첫 번째 사례는 아일랜드인이라는 의식과 깊이 연관되어 있다. 두 번째 사례는 단순히 안락함과 연관되어 있다. 그러나 이처럼 대조적인 차이는 많은 경우의 현실을 보여주지는 못한다. 어떤 선수들의 경우에 주요한 선택의 동기는 아일랜드인이라는 인식이라는 것이다. 또 다른 경우에 잠재되어 있거나 혹은 고려되지 않았던 아일랜드인이라는 인식이 팀에서 경기하는 과정을 통해서 발현되었다. 가족의 배경에 대한 생각이나 아일랜드인이라는 잠재의식이 되살아났다. 어떤 사례에서도 정체성이나 소속감의 복잡한 느낌을 밝혀내기 위하여 선수들과의 직접 인터뷰를 포함한 연구가 필요하다.

마지막으로 지적할 만한 점은 팀과 서포터 간의 관계에 대해서이다. 최근에 2세대 서포터들이 등장했다. 비록 소위 '플라스틱 아일랜드인' (plastic paddies, 아일랜드 축구 국가대표팀에서 뛰는 아일랜드에서 태어나지 않은 선수들에 대하여 폄하하는 표현역자 주)에 관한 이슈들이 중요하게 등장했다고 하더라도 2세대 팬이 2세대 선수들과 공유하는 인식에 관해서는 아직 별로 연구되지 않았다.[50] 그러나 잉글랜드에서 태어나 성장한 팬들은 자신들의 배경이 자신들이 가진 것과 공통점이 있는 만큼 어떤 부분에 대한 특별한 애착의 느낌을 가질 것이다. 이러한 2세대의 지원은 아일랜드인의 집단 이주에 대한 마지막 기념으로 보인다. 예전의 잃어버린 세대들의 아들과 딸들이 그들의 부모

50_ M. Free, 'Angles' with drunken faces? "Travelling Republic of Ireland supporters and the construction of Irish migrant identity in England", in A. Brown (ed.), *Fanatics! Power, Identity, and Fandom in Football*, London/New York : Routledge, 1998, pp. 219–32.

와 조부모가 떠났던 국가를 대표할 뿐만 아니라, 그들 자신들이 아일랜드인임을 주장하면서 자신들의 정체성을 버밍햄, 울버햄튼, 맨체스터, 파리, 브뤼셀 혹은 베를린에서 표출한다.

아일랜드인들의 이주를 상징하는 선수들이라는 아이디어는 1988년 유럽 챔피언십을 배경으로 한 아일랜드인의 변화하는 상태를 포착한 희곡 작가인 더모트 볼거(Dermot Borger)에 의해서 극화되었다. 「높은 독일인에서」(*In High Germany*)라는 그의 연극은 토너먼트 경기에서 아일랜드의 탈락 이후를 다루고 있다. 주요 등장인물은 아일랜드 집단 이민의 한 부분의 의미를 담고 있고 정체성의 이슈를 반영한 독일에 살고 있는 아일랜드 이민자이다. 그의 생각은 상당 부분 아일랜드팀과의 일치나 성과 그리고 서포터들이 방문하는 여러 지역들에 의해서 형성된다.

> 나는 나의 손을 들었고 환호했다. 마침내 … 녹색 셔츠를 입은 11명의 선수들에 의해서 나에게 주어지고 내가 부를 수 있는 이름은 오직 아일랜드이다. 그리고 외국 땅에서 나의 이름과 모습을 계승해 줄 아들에게 전해줄 수 있는 것은 오직 아일랜드이다.

그는 선수들에 의해서 대표되는 이민자들의 세대를 본다. '그리고 갑자기 여러 휴턴들(Houghtons)과 여러 맥카시들(McCarthys)이 역사 속에 씌어진 세대들을 위하여 경기를 한다는 목소리를 발견한 것 같다.' 그들은 외국인 억양과 아일랜인의 얼굴로 성장하고 자신들의

아버지의 삶에 감동하는 이민자들의 태어나지 않은 어린이들을 위하여 또한 경기를 한다.[51]

51_ All quotations from D. Bolger, *In High Germany*, in D. Bolger, Plays : 1, London : Methuen, 2000, p. 97.

6. "하나의 국가, 하나의 영혼, 하나의 꿈, 하나의 목표?"[1]
남아프리카공화국의 스포츠와 국가정체성

마크 키치Marc Keech

남아프리카공화국(이하 남아공) 럭비팀의 전 주장이었고 감독인 모르네 듀플레시(Morné du Plessis)는 1995년 6월 국내 방송 생중계를 통해 26명의 선수명단을 불러내렸다. 이 이름들은 흔한 것은 아니지만 '하나의 팀, 하나의 나라' 라고 쓰여진 큰 광고판 뒤에서 모여 남아공의 희망을 일구어냈던 럭비유니언(rugby union) 선수들이다. 1995년의 럭비 월드컵 결승전을 관전했던 관중들은 조엘 스트랭스키(Joel Stransky)가 연장시간에 플라이 하프[2]에서 보통 때보다 더 안쪽 지점 오른쪽, 22야드 선의 맞은편 밖에서 차분히 우승 드롭골을 던져넣어

1_ 본고 제목의 구호는 남아공 국내 축구팀인 '바파나 바파나' (Bafana Bafana)를 소재로 한 카슬 라거(Castle Lager)의 1997년 TV 광고에서 취한 것이다.

2_ fly half, 럭비 경기 중 스크럼 뒤에서 하프로부터 패스를 받는 하프백. 스탠드 오프하프라고도 함.역자 주

우승컵을 차지했을 때를 기억할 것이다. 그러나 이것이 스프링복(Springbok) 럭비팀의 홈구장인 엘리스 파크(Ellis Park)에서의 그 경기에 대해 많은 사람들이 기억하는 주된 이유일까? 아마 그것보다도 사람들의 마음 속에 각인된 이미지는 당시 넬슨 만델라(Nelson Mandela) 대통령이 아파르트헤이트(Apartheid, 인종차별정책)[3]의 스포츠 상징이라 할 수 있는 초록색 스프링복 럭비 티셔츠를 입고 경기를 관전한 데 있을 것이다. 만델라가 입고 있던 티셔츠의 등쪽에는 스프링복팀의 주장인 프랑소와 피나르(Francois Pienaar)의 번호인 6번이 노란색으로 새겨져 있었다. 관중들은 경기가 시작되기 전에 '넬-슨, 넬-슨'을 외쳤고, 피나르는 우승컵을 손에 들고 주최 측 방송사의 인터뷰에 응했다.

> "프랑소와 씨, 오늘 6만 3천 명의 남아공 관중들로부터 정말 열광적인 응원을 받고 있는데요?" … 나는 대답했다. "데이빗 씨, 저희는 6만 3천 명의 응원을 받은 것이 아닙니다. 우리는 4천2백만 남아공 사람들의 응원을 받았습니다."[4]

3_ 아프리카스(Afrikaans)어로 인종 간 분리 또는 격리를 뜻하는 아파르트헤이트는 1948년에 남아공에서 법제도화되어 시행되어 오다가 1993년 11월에 공식적으로 폐지된 인종차별정책이다. 아파르트헤이트는 남아공에서 거주하는 모든 인종을 백인, 백인과 흑인 사이의 혼혈인, 인도계 이주정착민 그리고 토착 흑인으로 분류하고 비백인에 대한 참정권을 박탈했다.[역자 주]

4_ F. Pienaar with E. Griffiths, *Rainbow Warrior*, London : Collins Willow, 2000, p. 203.

남아공의 럭비 월드컵 우승은 남아공의 스포츠 역사상 매우 중요한 순간이었다. 럭비 월드컵에서 남아공의 우승은 만델라가 일 년 후에 아프리카 네이션스컵(African Cup of Nations) 축구를 관전했을 때보다 더욱 큰 국제적인 주목을 받았다. 남아공은 1996년 아프리카 네이션스컵 축구대회를 개최했고 우승도 했다. 만델라의 럭비 월드컵 경기 참관으로 인해 남아공 럭비팀은 과거의 분열과 앙금의 해소와 화해를 통해 마침내 '무지개'(rainbow) 국가의 상징이 되었다. 스프링복팀이 만델라의 영향력을 더욱 필요로 한 것은 사실이지만, 만델라의 경기 참관이 중요했던 점은 스프링복팀을 통해 분열된 국민들의 지지를 끌어낼 수 있는 가능성을 제시했다는 것이다. 사실 경기 중 흑인들에게 경기의 역학관계가 거의 설명되지는 않았지만, 많은 흑인들이 남아공 럭비팀을 응원했다는 점을 고려해 볼 때 만델라의 경기 참관은 정치적으로 큰 의미가 있는 것으로 평가되었다.

> 새로운 남아공은 과거에 억압받았던 다수가 폭넓게 정체성을 공유할 수 있는 물꼬를 터놓았다. 과거 압제자와 관련된 팀과 하나가 되는 것이 가능하지 않았지만, 아파르트헤이트 정책의 공식적인 종식으로 인해 자칭 남아공 전체를 대표한다고 하는 팀을 응원하는 것은 더 이상 크게 문제가 되지 않았다. 문화적으로 스프링복팀에 대한 흑인들의 응원은 '아마보코보코'(Amabokoboko)라는 찬양과 자유로운 춤으로 표현되었다.[5]

5_ A. Grundlingh, "From redemption to recidivism? Rugby and change in South Africa

그러나 남아공의 통합과 새로운 국민적 정체성 발견에 대한 주장은 여전히 존재하는 차별과 분리의 유산을 위장하는 데 사용되었다. 이러한 차별과 분리의 유산은 아파르트헤이트 시기 이후에도 남아공 스포츠에서 지속되고 있다. 우승팀의 유일한 흑인 선수인 체스터 윌리엄스에 따르면 이러한 일체감은 고작 일주일 정도 지속되었고, 본인은 자신에 대해 여전히 일개 '아프리카 흑인'이라는 점을 강조하는 같은 팀 선수 제임스 스몰(James Small)의 인신공격을 계속 받았다고 말했다.[6] 아프리카 민족회의(ANC : African National Congress)는 1994년에 집권하면서 인종차별이 없는 화합된 국가 건설과 새로운 남아공주의(New South Africanism)의 발흥에 목적을 두었다. 전자는 화해조치를 통해 아파르트헤이트가 양산한 분리와 종속적 정체성의 치유에 기초를 두었다. '무지개 국가'라는 용어는 후기 아파르트헤이트 시대에 건설될 가공의 국가인 '신(新)' 남아공에 대한 대명사가

during the 1995 Rugby World Cup and its aftermath", *Sporting Traditions*, 1998, vol. 14(2), 78. 스프링복은 자신들의 팀 이름을 바꾸지 않으려고 안간 힘을 썼을 때 절충안이 이루어졌다. 스프링복은 아프리카화의 망상을 제공할 아마보코보코(amabokoboko)로 재명명되었다. 이것은 럭비 서클들에서 스프링복의 주도적인 명성과 만델라의 연속적인 개입으로 인해 큰 어려움 없이 받아들여졌다. 아마보코보코의 새로운 이름은 친숙하게 받아들여졌는데, 그 이유는 이 명칭의 의미가 흑인 남아공인들에게 수년 동안 아마바카바카(amabakabaka)로 알려진 올란도 해적팀(Orlando Pirates)의 이름을 본떠서 이름을 지었기 때문이었다. P. Gqola, "Defining people : Analysing power, language and representation in the new South Africa", *Transformation*, 2001, vol. 47, 102.

6_ M. Keohane, *Chester : A Biography of Courage*, Cape Town : Don Nelson, 2002, pp. 45-54.

되었다.[7] 그러나 화합과 다양성 존중이라는 두 목표 사이의 긴장은 과거의 분열된 정체성으로부터 새로운 국가정체성 구축의 어려움과 이에 대한 논쟁으로 표출되었다.

스포츠가 국가 건설을 위한 매력적인 매개로 기능한 점은 정부, 특히 아프리카 국가의 정부들이 스포츠를 통제해 왔다는 것을 의미한다. 일당독재 치하에 있는 아프리카 국가에서 스포츠는 미약한 정치권력을 유지하는 수단으로 이용되어 왔다.[8] 남아공에서 스포츠는 백인 정체성이 주장되기도 하고 도전을 받기도 하는 문화적인 장이 되었다. 동일한 스포츠는 각 시기의 서로 다른 집단에게 특정 개개인의 사회적 위치에 따라 다양한 의미를 함축하고 있다.[9] 남아공에서 인종차별정책이 극적으로 사라진 후 최근 몇 년 동안 국내 정치변화에 대한 실질적 관심이 높아졌다. 남아공은 1994년 선거에서 보편적 참정권의 원칙 하에 선출된 다수 정부와 함께 초보적인 수준의 다당제 민주주의로 새롭게 출범했다. 1990년대의 이러한 발전상은 학계에서 많은 토론을 불러일으켰고, 이에 따라 두 개의 학파가 등장했다. 첫 번째 학파는 남아공 민주주의의 과도기에 내재하는 문제들을 고

7_ G. Baines, “The rainbow nation? Identity and nation building in post-apartheid South Africa”, *Mots Pluriels*, 1998, no. 7, 1.

8_ R. Uwechue, “Nation building and sport in Africa”, in B. Lowe, D. Kanin and A. Strenk (eds), *Sport and International Relations*, Champaign, Illinois : Stipes, 1978, pp. 538–50.

9_ J. Nauright, *Sport, Cultures and Identities in South Africa*, London : Leicester University Press, 1997, p. 1.

찰했다.[10] 두 번째 학파는 아파르트헤이트 정치에 관련된 특정 사건, 문제, 조직 및 운동의 중요성 평가에 관심을 가졌다.[11]

남아공에서 스포츠 관련 기록들은 위에서 언급한 두 가지 영역 모두를 아우르는 경향이 있었고, 이 장에서는 남아공의 스포츠와 국가정체성 간의 관계 발전을 추적하는 데 있다. 우리는 이러한 스포츠 관행의 발전을 1945년 이전의 남아공 사회형성 기간과 통합시킬 필요가 있는데, 남아공은 1945년부터 인종집단에 따라서 스포츠 관행이 만들어졌기 때문이다. 또한 이 장은 1948년에 집권 국민당(National Party)이 도입한 인종차별정책이 스포츠 정체성에 끼친 영향을 구체적으로 고찰한다. 민주주의의 형성기 동안 막 싹이 트려 했던 '하나의 국가' 정체성의 의미 역시 비판적 관점에서 살펴보고, 마지막으

10_ 민주주의로의 이행과정에 대한 연구는 다수가 있다. 민주주의적 기틀을 세우기 시작한 초창기 협상에 대한 연구는 다음을 보라. M. Ottaway, *South Africa : The Struggle for a New Order*, Washington DC : The Brookings Institute, 1993, pp. 2–20, 157–78. 인종차별정책의 과거사에 대한 남아공 국민의 화해과정을 연구한 것에 대해서는 다음을 보라. K. Asmal, L. Asmal and R. Roberts, *Reconciliation through Truth : A Reckoning of Apartheid's Criminal Governance*, Cape Town : David Philip, in association with Mayibuye Books : 1996, pp. 6–11, 28–40. 화해과정에서 핵심 정치인들의 역할에 대한 분석은 다음을 보라. P. Waldmeir, *Anatomy of a Miracle*, New York : Viking, 1997, pp. 169–218. 1990–1995년 기간 동안에 정치적 긴장에 대한 소개를 한 짧은 기사 글은 다음을 보라. K. Nyatsumba, *All Sides of the story*, Johannesburg : Jonathan Ball, 1997, pp. 26–7, 48–50, 53, 283–291.

11_ R. Price, *Apartheid State in Crisis : Political Transformation in South Africa, 1975–1990*, Oxford : Oxford University Press, 1991 ; L. Thompson, *A History of South Africa*, New Haven, Connecticut : Yale University Press, 1995.

로 차별대우에 대한 처우개선책과 국내 스포츠 정책의 의도와 엘리트 위주의 선수 선발로 제기된 중요한 문제들을 고찰하여 탈아파르트헤이트 시기의 남아공 스포츠 정치를 분석한다.

남아공에서 스포츠의 중요성

남아공은 서로 다른 여러 문화, 언어(11개 언어), 그리고 지역으로 구성된 국가로 국제사회에서도 가장 복잡한 특성을 가진 국가이다. 국가(國歌)인 「은코시 시켈레 아프리카」(N'kosi Sikele Africa)는 소토어(Sotho), 코사어(Xhosa), 아프리칸스어(Afrikaans), 영어의 4개 언어로 불리워진다. 남아공이 (한 국가로서의) 국가정체성에 관심을 기울이게 된 것은 근래 10년 안팎의 일이다. 국가정체성 개념에 대해 지나친 과장이 이루어지긴 하였지만 남아공에서 한 국가의 정체성을 규명하는 것은 아직 이르다는 점을 밝혀둔다. 사실 그러한 명확한 정의는 궁극적으로 불가능한 것으로 증명될 것이다. 왜냐하면 남아공이 인종 및 문화적 분열의 세기를 거쳐 현재 국가 내에 문화적으로 풍부하면서도 복잡한 하위 정체성을 나타내고 있는 것과 함께 '하나의 국가' 라는 용어는 이질성을 함축하고 있기 때문이다. 국제적으로 '무지개 국가' 는 주로 경기 우승의 순간에 전달되는 영속화된 이미지로서 상상의 공동체(imagined community)가 되었다.

과거 인종차별정책의 결과로 양산된 사회, 경제, 지리, 정치, 문화, 스포츠의 분열은 사회분열에 기반한 무수한 문화적 정체성을 지탱시켰는데, 과거 3백 년 동안 소수의 백인, 특히 1948년부터 1994년까지 집권한 국민당이 무차별적으로 각인시키고 구체화시킨 것이었다. 남아공 국내외 반(反)아파르트헤이트 운동 내부에 축적된 스포츠 관련 기록은 언론매체, 특히 스포츠 언론들의 포괄적인 취재를 통해서 얻어진 것이다. 비록 이러한 관심의 초점이 남아공 자체 내의 스포츠 기록에서 발생된 것이긴 하지만 전 세계 어느 곳에서도 1회의 스포츠 경기에 그렇게 많은 취재가 이루어진 적은 거의 없었다.

> 스포츠는 남아공에서 엄청난 중요성을 가지고 있고 스포츠 뉴스는 뉴스 중의 뉴스로 취급된다. 한번은 지방 뉴스의 첫 보도가 경찰이 풀어놓은 표범 한 쌍에 대한 것이었고, 두 번째 뉴스가 지역 럭비팀의 우승에 관한 것이었으며, 세 번째가 화폐 평가절하에 관한 것이었다.[12]

남아공의 스포츠는 아파르트헤이트 법률을 통해 스포츠 정체성과 틀이 형성된 논쟁적 영역이 되었다. 남아공에서 스포츠 경기의 인기는 비(非)백인들에게도 마찬가지로 적용된다. 현재 체육부 장관인 은곤데 발포르(Ncgonde Balfour)는 "백인들에게 있어 럭비유니언과 같은 스포츠 경기는 단순한 게임이 아니다"라는 견해를 피력했다. 이는 정체성, 문화, 이념, 종교가 체현된 것이다.[13] 특히 럭비는 남아공

12_ 밥 왓슨(Bob Watson)은 다음 연구에서 인용됨. R. Archer and A. Bouillon, *The South Africa Game*, London : Zed Press, 1982, pp. 1–2.

사회를 지배하고 있는 백인들에게 높은 자존심의 상징적 중요성을 가지고 있었다.[14] 더 나아가 럭비에 대한 해박한 지식과 열정은 럭비의 국제정치적 중요성을 제고시켰으며, 아파르트헤이트를 반대하는 보다 광범위한 노력 속에서 강력한 정치투쟁을 선도했다.[15] 스포츠 중에서도 럭비는 백인들뿐만 아니라 어떤 경우에서 유색인종 사회(coloured communities) 역시도 핵심적인 문화적 관심대상이었다.[16] 언제 럭비가 아프리카너(Afrikaner)[17]의 스포츠 영역이 되었는지는 확실하지 않지만 럭비는 1920년대와 1930년대에 점차적으로 아프리카너화(Afrikanerised)되었다.[18] 과거 스프링복팀의 주장이었던 모르네 듀 플레시는 럭비에 대해 다음과 같이 말하였다.

13_ Ncgonde Balfour, speaking on "A Whole New Ball Game", BBC 2, 26 July 1994.

14_ J. Nauright and D. Black, "Sport at the centre of power : Rugby in South Africa during apartheid", *Sport History Review*, 1998, vol. 29, 192.

15_ Nauright and Black, "Sport at the centre of power", p. 196.

16_ J. Nauright, "Masculinity and popular culture : 'Coloured' rugby's cultural symbolism in Cape Town c. 1930–1970", in : F. Van der Merwe(ed.), *Sport as Symbol, Symbols in Sport* : Proceedings of the 3rd ISHPES Congress, Cape Town 1996, Sankt Augustin, Germany : Academia Verlag, pp. 1–6.

17_ 아프리칸스어를 모국어로 사용하는 남아공의 백인들로서 주로 네덜란드, 독일 그리고 프랑스 태생들로 구성되어 있다. 이들은 자신들을 남아공에서 태어난 원주민으로 생각하며, 자신들의 정체성을 아프리칸스어를 말하는 백인, 아프리카너 농민(Boer) 또는 아프리칸스어를 말하는 아프리카인으로 확립되었다.[역자 주]

18_ A. Grundlingh, "Playing for power? Rugby, Afrikaner nationalism and masculinity in South Africa, c. 1900–1970", *International Journal of the History of Sport*, 1994, vol. 11(3), 410–17.

> 럭비는 전 세계에 보여줄 수 있는 것 중에 우리가 가장 잘 하는 것이었다. 이는 아프리카너 문화에 대한 모든 것을 포함하고 있다. 럭비는 아프리카너 문화의 중요한 부분이 규율(discipline)이라는 점을 보여주었다.[19]

이것은 남아공 사회에서 스포츠의 발전이 곧 아파르트헤이트를 강화시키고 문화적 패권을 유지시키는 데 가시적 요소가 되었다는 것을 말해주었다. 따라서 럭비는 스포츠 중에서 지속적으로 반아파르트헤이트 운동을 탄압하는 도구가 되었다. 뉴질랜드의 반아파르트헤이트를 위한 투쟁조직은 존 포스터(John Vorster) 수상이 1960년대 후반과 1970년대 초반에 뉴질랜드와의 럭비 유대를 강화하는 데 정치적인 의도가 있다는 것을 간파했기 때문에 남아공의 스프링복팀이 뉴질랜드에 럭비 순회경기하는 것을 저지하려 했다.[20] 영국에서 피터 헤인(Peter Hain)이 주도한 '70년의 순회경기를 막아라' (Stop the Seventy Tour) 캠페인은 1970년대 스프링복 순회경기 기간 동안 협력체제를 갖추었다.[21] 역설적으로 정치적 현상유지를 위한 스포츠의 중

19_ 인터뷰 : Morné du Plessis, 21 August 1997.

20_ J. Nauright and D. Black, "It's rugby that really matters : New Zealand–South Africa rugby relations and the moves to isolate South Africa, 1956–1992", in R. Wilcox (ed.), *Sport in the Global Village*, Morgantown, WV : Fitness Information Technology, 1994, pp. 168–72.

21_ 영국의 피터헤인(당시 19세)이 주도한 반아파르트헤이트 운동으로 1969년과 1970년 사이에 남아공의 럭비유니언과 크리켓팀의 순회경기를 방해한 캠페

요성은 1950년대부터 계속 인식되었지만 스포츠 전반과 특히 럭비는 아프리카너 정체성에 관련된 이념적 동의를 구축·강화하는 촉매제가 되었다.

스포츠, 분리, 인종차별 - 제2차 세계대전 이후의 분열형성

아파르트헤이트는 아프리칸스어로 '분리'(separate-ness) 또는 '격리'(apart-ness)라는 뜻을 담고 있지만 단어 자체로서의 의미는 이 정책의 다중적 실행결과를 제대로 평가하지 못한다. 따라서 아파르트헤이트 정책에 대한 보다 종합적인 정의가 요구된다.

> 첫째, 이는 법으로 규정한 인종에 기반하여 남아공의 사회·경제·정치 구조를 위계적 순서로 정한 것이(었)다. 둘째, 아파르트헤이트는 모든 흑인들에 대한 체계적인 정치경제적 차별을 포함했지만 그 중에서도 특히 아프리카인들을 대상으로 한다. 셋째, 정치·경제적으로 뿐만 아니라 사회적으로, 특히 주택과 교육 및 보건분야의 사회적 서비스의 분리를 수반하였다. 넷째, 아파르트헤이트는 위계적인 차별 및 분리체제를 법률화 및 제도화한 것이(었)다.[22]

인이다.[역자 주]

22_ M. Lipton, "Reform : Destruction or modernisation of apartheid", in J. Blumenfeld (ed.), *South Africa in Crisis*, London : The Royal Institute of International Affairs in association with Croom Helm, 1987, p. 35.

이러한 정의는 기존의 차별적 정치를 실행해 온 다른 나라들 중에서 남아공을 두드러지게 한다. 다른 나라들에서도 차별의 강도와 차별의 사회적 실천 정도에서 차별적 관행의 증거가 있었다. 반면 크로티(Krotee)가 지적한 바와 같이 남아공은 전체의 사회·문화적 과정이 아파르트헤이트에 의해 형성되었고 스포츠 역시 마찬가지였다.[23] 남아공 내 인종분리의 역사적 상황은 백인들이 사회형성의 모든 측면을 차별적 지배에 종속시켰다는 것을 증명한다. 부스(Booth)는 남아공의 역사는 스포츠를 인종적 경계를 초월하는 이상적인 것으로 보는 사람들에게 하나의 답변거리를 제공한다고 말한다. 남아공의 인종차별주의는 지역 및 국가적 상황 가운데 복잡한 상호작용에서 형성된 모순, 모호성, 비통일성을 통해 발전되었다. 네덜란드 동인도회사는 1652년에 희망봉 근처에 기지를 창설하고 유색인 노동자의 열등한 처우조건을 더욱 강화시켜 법률적 지위와 인종 간의 상관관계를 유발하고 이를 지속시켰다. 1806년에 영국은 "백인 농부에 대한 강력한 지원, 하인들에 대한 약간의 보호, 노예 학대의 완화를 통해 정치안정의 목적으로 케이프 지방을 영구 장악했다. 스포츠는 원주민들을 영국 국민으로 동화시키고 통합할 수 있는 좋은 방편이었다."[24]

23_ M. Krotee, "Apartheid and sport : South Africa revisited", *Physical Education Review*, 1988, vol. 11 (1), 52–60.

24_ D. Booth, *The Race Game : Sport and Politics in South Africa*, London : Frank Cass, 1998, pp. 10–12.

19세기 후반 반세기 동안 흑인의 정치적·영토적 격리는 특히 케이프와 나탈(Natal) 지방에서 증대되었다. 이러한 움직임과 함께 지역 당국은 흑인들이 운동경기 및 오락시설 진입을 금지했으며, 남아공이 1890년대의 국제럭비위원회(International Rugby Board)와 같은 여러 국제 스포츠 조직의 창설 회원국이었음에도 불구하고 백인들이 하급계층과의 경기에서 패배를 우려하여 인종 상호 간 스포츠 경기는 개최되지 않았다. 어쨌든 남아공에서 스포츠의 성장배경에는 크게 두 가지 원인이 존재한다. 첫째, 세계에서 가장 풍부한 광물자원의 발견으로 인해 많은 수의 유럽인들이 남아공으로 이주한 것이다. 둘째, 19세기 후반 반세기에 대중 여가활동으로 스포츠가 성장한 것을 들 수 있다. “이주자들이 ‘본토’에서 일어나고 있는 일들을 그대로 반영”하고 있었다고 말하는 것은 당연한 것으로 여겨진다.[25]

원주민 사정위원회(Native Affairs Commission)는 1903년에 네 개의 남부아프리카 식민지를 한 국가로 연합하기 위한 중요한 전제로서 흑인에 대한 획일적 정책 입안을 위해 창설되었다. 이 위원회는 영토적 분리를 제안했고, 아프리카인들의 운동을 규제하는 아프리카인들을 위한 정치조직의 분리 법안을 제의했다. 이 제안은 1913년에 원주민 토지법(Native Land Act)과 1923년에 원주민 도시지역법(Natives Ur-

25_ A. Odendaal, “The thing is not round”, in A. Grundlingh, A. Odendaal and B. Spies (eds), *Beyond the Tryline : Rugby and South African Society*, Johannesburg : Ravan, 1995, p. 27.

ban Area Act)으로 입법화되어 흑인들은 백인들의 목적을 위해 이용될 때에만 백인 거주지역으로의 접근이 가능하게 되었다. 스포츠에서의 인종적 우월성 개념은 테니스, 럭비, 권투, 크리켓에서 강화되었다.[26] 남아공의 1930년대와 1940년대는 인구통계학적으로 중요한 전환기였다. 도시화 속도가 증가했을 뿐만 아니라, 백인 정치 지배세력으로서의 아프리카너 민족주의의 흥기는 도시지역에서 강제 주거지 선정작업과 유색인종들의 행동을 장악하려는 시도로 나타났다. 그러나 축구는 1930년대 이후 특히 트란스발(Transvaal)과 나탈의 흑인 거주지역에서 큰 환영을 받았다. 1940년대까지 럭비가 동부 케이프와 서부 케이프 지방에서 우세한 반면, 축구는 남아공의 대부분 흑인 거주지역에서 크게 성장했다.[27]

아프리카너 민족주의자들은 20세기 전반 반세기 동안에 형성된 백인 우월주의 기반 유지의 필요성을 인식하고 1940년대에 아파르트헤이트를 폭넓게 지지했지만 일치된 응집력을 갖지는 못하였다.[28] 이를 완성하기 위해서는 유색인들을 정치권력에서 완전히 배제시켜야 했다. 중요한 사실은 백인 지배를 지속하기 위한 방안에 대해 빠른 속도로 합의가 이루어져야만 했다. 아파르트헤이트는 1948년부터 1994년까지 정부가 천명하고 기획한 정책이 되었다. 집권 국민당은

26_ Booth, *The Race Game*, pp. 20–23.

27_ Nauright, *Sport, Cultures and Identities*, pp. 11–12.

28_ D. Posel, "The meaning of apartheid before 1948 : Conflicting forces within Afrikaner nationalism", *Journal of Southern African Studies*, 1987, vol. 14, 123–39.

백인 통치를 공고히 할 경제 및 정치적 관행과 함께 스포츠 관행을 포함한 사회적 관행을 공식화하고 실행시켰다. 초기 아파르트헤이트의 특징은 인종 지배의 역사를 성문화하고 연장시키는 법안의 지속이었다. 이 정책의 핵심은 남아공 인구의 계속된 인종적 분리였다. 인종 간 결혼금지법(1949년)과 반윤리(Immorality Act, 1950)의 제정은 기존의 흑백 간 결혼 금지를 백인과 비백인 남아공인들 사이의 성적 접촉 금지로 더욱 확대했다. 국민들은 인구등록법(Population Registration Act)에 따라 네 가지 항목으로 분류되었는데, 백인, 컬러드, 아시아계(인도인), (후에 반투인 또는 아프리카인이 된) 원주민이 그것이다. 집단지역법(Group Areas Act, 1950년)의 제정은 강제적으로 분리된 인종 거주지역 원칙을 확대했다.[29] 원주민 재정착법(Natives Resettlement Act, 1954)은 아프리카인들을 분리된 거주지역으로 강제 이주시키는 데 국가권력 사용을 허용했다. 분리시설 보유법(Reservation of Separate Amenities Act)은 극장, 해변, 스포츠 장소와 같은 모든 공공장소에서의 분리를 시행했다. 교육적 인종차별정책은 학교(1953년), 단과대학(1955년), 종합대학(1959년)에 도입되었다.[30] 노라이트(Nauright)는 분리 발전 및 사회적 소외정책과 이념에 대한 법률화된 분리의 영향을

29_ A. Mabin, "Comprehensive Segregation : The Origins of the Group Areas Act and its Planning Apparatus", *Journal of Southern African Studies*, 1992, vol. 18, 405–29.

30_ P. Christie and C. Collins, "Bantu education : Apartheid ideology and labour reproduction", in P. Kalloway (ed.), *Apartheid and Education : The Education of Black South Africans*, Johannesburg : Ravan, 1994, p. 64.

다음과 같이 표현했다.

> 집단지역법 하에서 흑인들이 원래 거주하던 많은 도시지역은 백인들만을 위한 지역으로 새롭게 설정되었고, 이로 인해 1950년대와 1960년대에 요하네스버그에 있는 소피아타운(Sophiatown)과 케이프타운에 있는 제6구역(District Six)과 같은 오래되고 유명한 흑인 거주지역이 파괴되기 시작했다. 강제 이주와 인종차별주의 정책은 사회 및 문화생활에 큰 영향을 미쳤고, 흑인들의 스포츠 활동을 중단시켰다. 차별적인 집단정체성의 창출 및 유지에 초점을 둔 아파르트헤이트 정책에 따라 스포츠를 통한 광범위한 비인종차별적 정체성의 유지는 불가능하게 되었다.[31]

남아공에서 스포츠와 국가정체성 간의 관계에 대한 역사적 분석을 고찰하려 한다면 반드시 인종적 정체성이 국가 주도의 국가정체성에 의해 어느 정도 포섭되었는지를 살펴보아야만 한다. 국가 주도의 국가정체성은 문화적 다양성을 희생하여 백인 우월주의를 증진시켜 왔다. 패권에 대한 그람시(Gramsci)적 개념은 스포츠에서 반아파르트헤이트 운동의 뿌리를 고찰하는 데 있어서 스포츠, 문화, 권력의 복잡한 관계를 더욱 잘 이해하게 하는 유용한 도구로 확인되고 있다.[32] 남아공에서 각각의 스포츠는 저마다 다른 인구집단의 상징이

31_ Nauright, *Sport, Cultures and Identities*, p. 12.

32_ G. Jarvie, *Class, Race and Sport in South Africa's Political Economy*, London : Rout-

되었고, 투쟁과 저항에 맞서 싸우는 백인 국가의 상징으로 여겨졌다. 비인종차별적 스포츠도 어떻게, 어디서 시행되는지에 상관없이 비인종차별적 운동 본부를 통해 점차 연합되었는데, 이는 백인 소수집단을 위한 스포츠의 문화적 상징성에 정면 도전하기 위한 투쟁의 장으로서의 역할을 하였다. 아파르트헤이트 체제 하에서 남아공의 스포츠는 아파르트헤이트 이데올로기를 선전하는가 또는 이에 도전하는가에 따라 그 특징이 규정되었다.

1945년 이후 남아공 스포츠의 정체성과 저항

20세기 후반 반세기의 남아공의 역사는 두 가지 특징으로 점철된다. 첫째, 법률 제정으로 '합법화'된 아파르트헤이트 정책이 강요된 점과 둘째, 비백인집단 내에서 시작된 저항운동의 성장이다. 이들은 내부적 저항이 억압당하자 주목할 만한 국제적 사회세력으로 성장했다. 넓은 범위에서 말하면 매 10년마다 정책 내용과 수행의 차이점과 저항운동 세력이 취한 전략이 달라졌다.[33] 국민당에게 아파르트헤이트 정책은 바스캅(baasskap, 백인에 의한 유색인종 지배), 백인 지도력, 분리발전, 평행식 발전(parallel development), 다민족주의, 협력적 존속

ledge and Kegan Paul, 1985, pp. 18–24, 39–43.

33_ N. Worden, *The Making of Modern South Africa : Conquest, Segregation and Apartheid*, Oxford : Blackwell, 1994, p. 95.

등 많은 것을 의미했다.[34] 본질적으로 공통분모는 지속적인 권력장악이었던 반면 나머지 국민들은 시민권을 박탈당한 상태에 놓여 있었다.

남아공에서 스포츠가 흑인의식운동(BCM : Black Consciousness Movement) 이념 또는 아프리카 민족회의(ANC) 정책의 최전선에 있었던 것은 아니었지만 스포츠와 정치적 저항 사이의 연계성은 의심의 여지가 없다. 남아공은 국가가 스포츠를 국내 정책의 도구로 사용한 최적의 사례국가가 되었고, 스포츠는 국내에서 가장 두드러진 정체성의 상징으로 인식되었다. 스포츠에 바탕을 둔 항의는 반아파르트헤이트 운동에 기여할 수 있다고 느낀 스포츠 인사들과 조직이 주도했다. 정치가, 노조원, 기타 사회운동가들과 같은 스포츠계 외부에서 활동한 사람들은 점차 스포츠를 항의의 수단으로 보게 되었고, 남아공에서의 스포츠 관행의 진상을 규명하려 했다. 아파르트헤이트는 스포츠 발전에 있어서 엄청난 불균형 상태를 초래했다. 백인 학교의 스포츠 시설은 보통 잘 갖추어져 있었고 학생들도 선택할 수 있는 운동이 있었던 반면, 흑인학교의 스포츠 시설과 환경은 부족하거나 아예 부재한 상태여서 할 수 있는 운동이 축구로만 제한되었고, 몇몇 학생들만이 크리켓과 네트볼(netball)을 할 수 있었다.[35] 스포츠계 인사들

34_ R. Omond, *The Apartheid Handbook : A Guide to South Africa's Everyday Racial Polices*, Harmondsworth : Penguin, 1985, p. 11.
35_ Archer and Bouillon, *South African Game*, pp. 170–7.

은 아파르트헤이트 정책 반대 캠페인에 참여하기 위해서는 더욱 정치화하는 스포츠와, 예를 들면 남아공스포츠위원회(SACOS : South African Council on Sport)와 같은 지역공동체 조직들에 합류하는 것이 한 방법이었다. 스포츠가 정치적 저항형식으로 사용된 것은 1950년대, 그리고 그 지도자들이 아파르트헤이트 확립의 일부였던 백인 지배 클럽들의 네트워크, 국가조직과 보호적인 연방정부와 반기존질서, 반아파르트헤이트, 비인종차별적 영역 사이에서 높아지고 있었던 적대관계에서 시작되었다.[36] 비인종차별적 스포츠 저항운동은 엄격하게 추진된 비협력정책 이후에 시작되었다. 비협력정책은 전체적으로 1970년대와 1980년대에 아파르트헤이트 저항의 정체성을 좀 더 확실하게 규정했다. 비협력의 논리는 권위의 도덕성을 이용하여 지배층이 수치를 느끼고 양보하도록 하는 데 있었다.[37]

백인들은 자신들의 스포츠를 발전시켜 가면서 유색인들의 스포츠가 저발전 상태에 있었지만 국가적 스포츠로서의 참여를 승인하기 시작했다. 소수 백인들에게 스포츠는 아프리카너 문화의 핵심 요소와 국가정체성이 체현된 것이었으며, 국가 종교에 가까운 것이었다.[38]

36_ B. Kidd, "From quarantine to cure : The new phase of struggle against apartheid sport", in C. Roberts (ed.), *Challenges Facing South African Sport*, 1990, Cape Town : Township Publishing Co-Operative, p. 43.

37_ D. Booth, "Accommodating race to play the game : South Africa's readmission to international sport", *Sporting Traditions*, 1992, vol. 8 (2), 192.

38_ C. De Broglio, *South Africa : Racism in Sport*, London : International Defence and Aid Fund, 1970, pp. 4-5 ; P. Hain, *Sing the Beloved Country*, London : Pluto, 1996,

로버트 아쳐(Robert Archer)는 국민당이 왜 스포츠에서 아파르트헤이트를 포기할 수 없었는가와 남아공 사회에서 이를 존속시킬 수 있었는가의 문제를 조사했다. 아쳐는 스포츠의 인종적 통합은 남아공에서 그 문화적 중요성으로 인해 국민의 반발을 일으킬 수 있었다고 결론지었다.[39] 스포츠에서의 인종차별 문제와 이에 따른 스포츠 참여 거부는 남아공 백인 소수집단에게 정치적으로 가장 민감한 사안으로 작용했다. 백인들의 사기는 국제 스포츠 경기와의 접촉이 계속 줄어들면서 점차 저하되었다. 동시에 남아공에서 스포츠는 아프리카너들의 이념적인 가치를 내포함으로 인해 아파르트헤이트 정책 선전과 백인 우월주의 개념을 강화시키는 데 지대한 역할을 하였다.

> 경기장에서의 패배는 백인들에게는 국가적 굴욕으로 인식되었다. … 성공은 지배자 민족으로 자신들을 보는 시각, 즉 자신들에 대한 영웅적인 관념을 더욱 각인시켰다. 또한 자신들이 보유하고 있다고 주장하는 우월적 지위를 합법화시켰다.[40]

헤인(Peter Hain)은 스포츠를 인종적 우월성 신화와 다른 문화에

---

pp. 45–8.

39_ R. Archer, "An exceptional case : Politics and sport in South Africa's Townships", in W. Baker and J. A. Mangan (eds), *Sport in Africa : Chapters in Social History*, 1987, New York : Africana Publishing Company, pp. 246–7.

40_ J. Brickhill, *Race Against Race : South Africa's Multinational Sports Fraud*, London : International Defence and Aid Fund, 1976, p. 8.

대한 문화적 지배를 강화시킬 수 있는 가장 뚜렷한 매개체로 보았다. 국민당은 국제경기 참여 부족으로 저하된 백인들의 사기를 높이기 위해 해외 스포츠팀과 선수를 영입시켰다. 더 나아가 흑인이 선점하고 있는 스포츠는 절대로 인정받지 못하게 했다. 왜냐하면 당시의 스포츠는 분리발전의 이데올로기를 반영하면서 아파르트헤이트 정책을 강화시키는 측만 대변할 수 있었기 때문이다.[41] 그런들링(Grundlingh)은 럭비의 역사적 발전과 당시 아프리카너 민족주의를 상술한 후 "남아공에서 아프리카너의 럭비 도용은 전반적인 아프리카너의 민족주의적 정치패권과 부합하면서 특정한 이념적 권력을 증명하고 대표하는 한 방법이었다"고 결론을 내렸다.[42]

남아공에서 현대 스포츠의 발전은 정부와 대치되거나 또는 동맹관계를 이루는 정치전략의 측면에서 설명될 수 있다. 따라서 스포츠를 통한 아파르트헤이트 반대 투쟁은 인종관계의 투쟁만이 아니었다. 오히려 이는 비백인 인권의 위반과 직접적 관련이 있고, 그로 인해 영향을 받는 정체성, 지배, 종속, 불평등의 투쟁이었다. 정부는 스포츠를 이용하여 인도인, 컬러드, 흑인 인구집단으로의 분류체계에 따른 비백인집단의 분리를 강화시켰다. 통행(Pass Laws)법 관련 법률을 통해서 모든 유색인들은 항시 '통행증'(pass)을 소지하지 않으면

41_ P. Hain, "The politics of sport and apartheid", in J. Hargreaves (ed.), *Sport, Culture and Ideology*, London : Routledge and Kegan Paul, 1982, pp. 242–4.

42_ A. Grundlingh, "The new politics of rugby", in A. Grundlingh, A. Odendaal and B. Spies (eds), *Beyond the Tryline*, p. 427.

통행이 불가하도록 하였다. 통행증에는 소지자의 소속 인구집단을 명시하는 부분이 있었다. 비인종차별주의 움직임을 통해 통행법과 같은 법률적 장치에 도전하려는 시도가 있었으나 당시 정부는 통행증을 소지하지 않는 사람은 투옥될 수 있게 하는 아파르트헤이트법을 집행하고 있었다. 통행법은 비백인들이 백인지역에 들어갈 수 있는 자유를 허락하지 않음으로써 백인 스포츠 시설 사용권을 제한시켰다. 정부는 사회적 차별이 이미 존재하였기 때문에 처음에는 스포츠 정책에 대해서 큰 필요를 느끼지 못했다.

> 국민당 정부는 흑인들의 교육, 도시 거주, 고용의 기회와 부의 축적, 결사의 자유를 잔인하게 박탈함으로써 스포츠 발전을 저지했고, 자신들의 경기기준과 조직을 개선하려 했던 흑인 선수에게 큰 타격을 가했다.[43]

법률제정으로 백인들과 비백인들이 스포츠 경기에서 한데 어울리는 것은 당시 생활의 모든 단면과 마찬가지로 불법화되었다. 백인의 스포츠 조직은 중요 법안을 통해 인종차별정책의 장벽을 더욱 강화시켰다. 1950년의 인구등록법(Population Registraton Act)은 정치 및 경제적 목적을 위해 모든 국민이 인종적으로 규정된 인구등록을 강행하게 하여 아파르트헤이트 체제의 토대를 보강했다. 같은 해 분리시설 등록법(Registration of Separate Amenities Act)은 경기장과 집회장소

43_ Archer and Bouillon, *South African Game*, p. 44.

로 사용될 수 있는 공공장소에서의 인종분리를 강제하였다. 1950년과 1965년의 집단지역법(Group Areas Acts)은 백인들이 참석한 스포츠 경기나 오락행사에 흑인 관중들의 입장을 차단함으로써 이전의 두 개법의 원칙을 확대했다. 이 법은 심지어 운동연습에까지 확대되었다. '팝와' 소골럼('Papwa' Sewgolum)이 1963년 나탈 오픈 골프선수권에서 우승했을 때 그는 집단지역법에 따라 인도인들이 백인들의 시중을 드는 하인이 아닌 이상 클럽 회관에 들어올 수 없도록 하는 조항 때문에 비를 맞으며 우승패를 받아야 했다. 이러한 이유로 스포츠에 기반한 항의가 시작됨에 따라 인종차별정책의 정치적 합법성에 도전했고, 이와는 완전히 대조되는 입법화된 차별의 정체성을 양산시켰다.[44]

무장한 형제들 - 백인 정체성과 스포츠의 정치적 통제

아파르트헤이트 스포츠의 국가 역할 연구에서 부르더르본트(Broederbond, 형제연맹, 아프리칸스어로 형제애라는 뜻)에 큰 관심이 모아지고 있다. 이 조직은 아프리카너 민족주의의 대의와 이익을 옹호하기 위해 1918년에 창설되었다. 부르더르본트의 목적은 아프리카너 우월주의의 영속을 유지 및 보전하는 데 있었다. 이 조직은 은밀하게 여성과 아프리칸스어를 사용하지 않는 남성들의 입회를 거부했고 백

44_ 인터뷰 : Denver Hendricks, 7 August 1997.

인 남아공의 가장 중요한 인물들을 뽑아 조직을 구성했다. 아파르트헤이트 시대의 모든 수상들이 이 조직의 회원이었다. 이 조직은 한 밀고자가 이를 공개할 때까지 비밀에 싸여 있었다.[45] 부르더르본트는 국민당 정치에 깊이 연루되어 있었으며, 또한 특히 럭비유니언과 같은 주요 스포츠 조직에 큰 영향을 주었다.[46] 많은 스프링복팀 주장들이 부르데르스(Broeders)의 일원이었는데, 그 중 아브릴 말란(Avril Malan)과 다비 드빌리어스(Dawie Deviliers)도 이에 속했다.[47] 부르더르본트가 스포츠 정치에 연루되었다는 것은 분명한 사실로 확인되었으며, 또한 이 조직은 자연스러운 방법으로 그 영향권을 확대하게 되었다. 아파르트헤이트 법안의 기초자인 헨릭 페르부어트(Henrik Verwoerd)와 그의 후임자인 존 포르스테르(John Vorster)는 정책결정에 있어서 백인 우월주의 개념을 존속시켰다. 포르스테르는 럭비 국가팀에 내재된 아프리카너 민족주의의 깊이를 잘 알고 있음에도 불구하고 후에 정책변화의 필요를 인식하게 되었다. 럭비는 아프리카너 연합에 분열을 가져왔다. 해외 순회팀의 비백인 영입은 부르더르본트 정책에서 획기적인 전환으로 비춰졌다. 또한 1969년에 개혁국민당을 조직하기 위해 조직에서 이탈했던 보다 급진적인 조직 회원들은 이들을 비난했다. 포르스테르는 영어 소통 인구가 주로 즐겼던 크리켓

45_ Johannesburg *Sunday Times* ; I. Wilkins and H. Strydom, *The Super Afrikaners*, Johannesburg : Ravan, 1978.

46_ D. Woods, *Black and White*, Dublin : Ward River Press, 1981, p. 45.

47_ Wilkins and Strydom, *The Super Afrikaners*, p. 242.

보다는 럭비에 더 관심을 가졌다.[48]

남아공 정부는 해외 의견을 충족할 수 있고 분리발전정책도 지속시킬 수 있는 스포츠 정책을 고안해야 했다. 따라서 정부는 1971년에 '다민족' 스포츠 정책의 도입으로 이에 대응했다. 포르스테르는 처음에 프랭크 워링(Frank Waring) 장관의 후임 체육부 장관으로 임명된 부르더르본트 출신 피엣 콘호프(Piet Koornhof) 박사에게 남아공의 국제사회 고립을 중지시키는 데 직접적인 목적을 두고 정책을 설계할 것을 지시했다. 포르스테르는 남아공이 '다민족' 국가이지 다인종 국가가 아니며, 따라서 네 개의 다른 민족으로 구성되었다고 선언했다. 백인, 인도인, 컬러드인, 흑인들은 개별적으로 스포츠 행사를 열었으나 비남아공 민족이 참여한다면 각 민족은 서로 대항하여 시합할 수 있었다. 구 SACOS 재정 담당이던 레드 펠트만(Red Feldman)은 다음과 같이 말했다.

> 기억해야 할 사실은 부르더르본트가 스포츠에서 백인 우월주의의 지속을 원했다는 것이다. 우리가 백인들과 경기를 하면 당연히 그들이 이긴다. 다민족정책은 백인들이 남아공에서의 지위를 잃지 않으면서 백인들이 국제경기를 할 수 있다는 것을 증명하기 위해 고안되었다. 그러나 부르더르본트가 백인이 비백인들과 경기하는 것을 보기를 원치 않았기 때문에 크리켓과 럭비는 다민족적인 색채를 띠지도 않았다. 남아공은 잉글랜드, 호

48_ Grundlingh, "The new politics of rugby", p. 422.

> 주, 뉴질랜드와 대항하여 크리켓 경기를 했고, 그것이 전부였다. 럭비에서는 스프링복팀의 국제경기 참여가 필수적이었다. 다민족정책이 발표되었을 때, 다민족 경기에 참여하는 사람은 이 정책을 묵과하고 국제적 관계 유지를 위해 이용될 것이 분명했다.[49]

다민족정책은 스포츠상 인종차별의 영향에 큰 변화를 가져오지 못했고, 인종억압 사실을 은폐하려고 혼신의 노력을 기울이는 한편, 인종억압의 지속으로 스포츠에서의 인종차별주의를 더욱 강화시키는 역할을 했다. 1976년에 공식적으로 승인된 이 정책은 부르더르본트가 국제경기 재진출을 위해 필사적인 노력을 기울이는 것을 보여주었으나 공식적 정책으로 채택되기까지는 5년이 걸렸고, 충분한 저항의 구실을 제공한 것이 사실이었다. 남아공 국가에 대한 부르더르본트의 지배력은 스포츠로 확대되었고, 아프리카너 민족주의, 정체성, 특히 럭비와 같은 스포츠 행사 간의 연계점을 형성했다. 럭비의 경우 스프링복 럭비팀의 매니저들은 모두 부르더르본트의 일원이었다.

아파르트헤이트 시기 동안 럭비 정체성 경합의 중심에는 부르더르본트와 1956년부터 남아공럭비위원회(SARB : South African Rugby Board)의 회장직을 맡아온 다니 크레이븐(Danie Craven)과의 투쟁이 존재했다. 크레이븐은 부르더르본트에 입회한 적이 없었고 그들의 영향력에 대해 끊임없는 우려심을 갖고 있었다. 그러나 럭비를 통해

49_ 인터뷰 : Reg Feldman, 12 August 1997.

백인 우월주의적 정체성 신화를 선전하려는 부르더르본트의 시도는 스포츠를 분열과 항의의 원천이 되게 하였다. 특히 1970년대 영국에서, 그리고 팀의 유일한 흑인 선수인 에롤 토바이어스(Errol Tobias)가 끊임없는 감시 가운데 1981년 뉴질랜드에서 항의 시위를 하였다. 그러나 럭비는 아프리카너의 단결을 다시 깨뜨렸다. 크레이븐이 최고의 젊고 재능 있는 선수 발굴을 위해 만든 1980년의 크레이븐의 주(Craven Week) 럭비 쟁탈전에서 피부색에 상관없이 모든 선수들에게 참여기회가 제공되어야 한다고 주장한 것은 1982년 보수당(Conservative Party) 형성의 한 이유가 되었다.[50]

변화하는 시대의 변화하는 정체성

민주적 전환기에서 가장 어려운 사안 중 하나는 과거 '문제'이다. 즉 개개인이 피부색에 의해 아파르트헤이트 체제 내에서 자리매김하는 경향이 뿌리박혀 있는 것이다. 남아공에서 진실화해위원회(TRC : Truth and Reconciliation Committee)는 과거문제 해결을 시작할 수 있게 하는 정화작용을 했다.[51] 스포츠에서 새로운 제도는 자체적인 화해과

50_ P. Dobson, *Doc : The Life of Danie Craven*, Cape Town : Human and Rousseau, 1994, pp. 210–11.

51_ 남아공 진실화해위원회는 인종차별정책 하에서 발생했던 범죄들을 다루기 위해 ANC의 주도 아래 1995년에 발족됐다. 인종차별정책이 시행되었던 시기 동안에 남아공의 인종 간 갈등은 남아공 사회의 모든 면에서 폭력과 인권 남용을 유발하였다. 진실화해위원회의 창설은 반드시 필요한 조치로 인식되

정을 거쳐야 한다는 것이 명백해졌다. 그 과정은 기성 스포츠가 신화적인 스포츠 우월주의의 유산에 과도하게 집착하면서 아주 어려운 협상과정이었다. UDF(민주연합전선), COSATU(남아공노조연합), MDM(대중민주운동)과 ANC가 함께 주도했던 1980년대의 집중투쟁은 더욱 심화된 억압상황 하에서 발생했다. ANC는 대중적인 지지를 받긴 하였으나 국민당에 직접 도전할 수 있는 수단 및 조직력이 부족했다. 권력 및 정치변화에 대한 결과적 강조는 반아파르트헤이트 투쟁의 변화와 이에 따른 스포츠 투쟁의 변화 가능성의 대한 전조였다.

1988년에 국가스포츠위원회(NSC : National Sports Congress)는 비인종차별주의의 심화와 스포츠에서의 인종차별 철폐라는 오랫동안 끌어온 두 접근상의 전략과 원칙의 융합을 인식한 이들로 인해 등장했다.[52] 이와 함께 NSC가 반대하기보다 지향했던 진보적 정책과 프로그램에 대한 조치가 요구되었다. NSC가 비인종차별적 스포츠 조직으로 출범한 데 반해, 스포츠 항의 조직으로 오랫동안 인식된 SACOS는 정치적 투쟁 속에 매몰되어 있는 것으로 비춰졌다. 그 정치투쟁의 형식과 정체성은 백인 당국의 계획에 의해 정해진 것이었다.[53] 그리

었는데, 그 주된 이유는 남아공인들이 도덕적 기초 하에서 지난 과거를 청산하고 화해로 나아가기 위함이었다.

52_ NSC, *Presentation to ANOCA*, Harare : 3–4 November 1990, pp. 1–2, Ramsamy Papers, Mayibuye Centre, University of the Western Cape : MCH 63–20.

53_ M. Keech, "Conflict, contest and resistance in South Africa's sport policies", in J. Sugden, and A. Tomlinson (eds), *Power Games : Theory and Method for a Critical Sociology of Sport*, London : Routledge, 2002, pp. 169–73.

쉬 나이두(Krish Naidoo) 총재에 따르면 국가스포츠위원회의 출현은 순전한 우연이었다고 한다. 스포츠에 대한 초안 문건이 스포츠 관련 인사들에게 회부될 준비가 갖추어져 있었으나 이것이 다른 사람에게 잘못 전달되어 언론에 유출된 것이다. 나이두 총재는 국가스포츠위원회가 남아공스포츠위원회에 전언하기를, NSC가 미래에 국가 스포츠 기관으로 부상할 것이며, MDM과 공조하면서 MDM의 이념을 기관의 이념으로 취할 것이라고 주장했다.[54] 도시지역에서 활동한 남아공스포츠위원회는 국가스포츠위원회가 농촌지역과 흑인 거주지역에서만 제한적으로 활동하기를 희망했다고 진술한 바 있다.[55] 비협력은 남아공스포츠위원회에 큰 문제를 제공했다. 이는 전략이라기보다는 원칙화되었고 저항운동의 유연성을 제한시켰다.[56] 1988년부터 1990년까지 국가스포츠위원회는 '비인종차별적 스포츠 인사들의 피어오르는 정체성에 대한 분열을 일으키지 않기 위해서 조심스럽게 일을 진행하는' 전략을 전개하는 반면, 남아공스포츠위원회를 해방투쟁의 스포츠 당파로서 공개적으로 인정했다. 남아공스포츠위원회에 대한 공격은 인종 간 분열만 일으킬 뿐이었다. 왜냐하면 대부분의 남아공스포츠위원회 회원이 '컬러드 또는 인도계인들이었기 때문이

54_ NSC, *Progress Report*, Johannesburg, 31 May 1989, Ramsamy Papers : MCH 63–20, p. 4.
55_ NSC, *Secretarial Report*, Cape Town, 1 June 1990, Ramsamy Papers : MCH 63–20, pp. 1–3.
56_ Booth, "Accommodating race to play the game", p. 185.

다.'[57] 국가스포츠위원회는 전략을 수립하면서 남아공스포츠위원회의 존재와 기성 스포츠 조직의 존재, 그리고 주로 흑인지역에서 공식적으로 조직된 스포츠 조직이 부재한 가운데 내재된 역사적 정체성을 고려해야만 했다.

실제적인 측면에서 흑인 스포츠계 인사들의 재정부족은 스포츠가 지역사회 이상으로 발전하는 것을 차단했으나 의미 있는 스포츠 공동체를 건설하는 데 방해가 되지는 않았다. 럭비는 많은 도시지역 공동체에서 중요성을 띠게 되었다. [케이프타운 테이블 산 밑 언저리에 위치한 제6구역(District Six)과 보캅(Bo-Kaap) 지역의 컬러드 럭비와 노동자 계층 간의 연계성을 보라.] 노라이트(Nauright)는 나탈, 요하네스버그, 프레토리아의 도시지역 축구의 등장과 발전을 서술하였다. 올란도 해적팀(Orlando Pirates)과 모로카 제비팀(Moroka Swallows)과 같은 현재 축구팀들은 아파르트헤이트 시기 동안 자신들의 지역 공동체 기반을 마련했으나 흑인 공동체가 이용가능한 시설의 부족으로 어려움을 겪었다.[58] 메렛(Merrett)이 피터마리츠버그(Pietermaritzburg) 연구에서 언급한 바와 같이 아프리카인의 삶의 체제는 스포츠 면에서 성과를 낼 수 있는 가능성을 희박하게 만들었다.[59]

57_ NSC, *Progress Report*, Johannesburg, 31 May 1989, Ramsamy Papers : MCH 63-20, p. 5.
58_ Nauright, *Sport, Cultures and Identities*, pp. 103-10.
59_ C. Merrett, "Sport, racism and urban policy in South Africa : Pietermaritzburg, a case study", *Sporting Traditions*, 1994, vol. 10(2), p. 111.

국가스포츠위원회의 설립은 매우 중요한 사건이었다. 이는 광범위한 스포츠 항의 동맹이 스포츠에서의 백인 정체성에 내부적으로 도전할 수 있는 정체성을 구축시켰다. 남아공 스포츠계는 남아공 백인 정부를 내부적으로 고립시킬 필요가 있었고, 국가스포츠위원회는 스포츠가 반아파르트헤이트의 광범위한 동맹으로 더욱 근접하도록 하였다.[60] 남아공스포츠위원회의 정책은 비인종주의적 스포츠 관행을 발전시키지 않으면서 스포츠 항의의 정체성을 규명하고 그 범위를 제한하는 정치적 주장을 내세웠다. 1989년 3월에 남아공스포츠위원회는 해방운동을 위한 스포츠 당파로서의 그 위치가 위협당하는 상태에 있다는 점을 인정했다. 남아공스포츠위원회는 바뀌는 시대상황의 변화 속도로 인해 몸살을 앓으면서 대안적인 스포츠 제도를 내놓을 수 없었고, 다만 새로운 이념을 포용하려고 한 국가스포츠위원회를 공격했다. 남아공스포츠위원회가 직면한 몇 가지 문제는 그 지도 원칙을 쉽게 포기하거나 수정하지 않았기 때문에 생긴 결과였다. 남아공스포츠위원회는 비인종적 스포츠 패권을 통한 국제조직과의 접촉점으로서의 위치에 도전을 받게 되었다. 어윈(Erwin)은 자신이 대중 행동이라는 구성요소가 남아공스포츠위원회의 전략에 반영되지 않았다고 제안했을 때 많은 사람이 이에 대해 우려했다는 점을 설명한 바 있다.[61]

60_ 인터뷰 : Mvuso Mbebe, 5 August 1997.

61_ A. Erwin, "Sport : The turning point", in C. Roberts (ed.), *Sport and Transforma-*

국가스포츠위원회는 의회에서 시작되었다는 점을 재차 인정했으나 ANC의 지령에 의해 설립되었다는 사실은 부인했다. 그러나 ANC가 사회정체성과 구조적인 비인종주의를 촉진시키는 데 스포츠를 도구적 차원으로 본 것은 분명하다. 스포츠 문제에 대한 ANC의 개입은 과거 럭비 선수 출신으로서 로벤 섬 수감생활을 한 경험이 있으며 남아공 최초 흑인 체육부 장관에 오른 스티브 츠웨테(Steve Tshwete)의 공으로 이루어졌다 할 수 있다. 츠웨테의 업무는 연합을 촉진하는 데 있었다. 그는 1991년 7월 1일 남아공크리켓연합위원회(UCBSA : United Cricket Board of South Africa)의 창설과 함께 성공의 정점에 올랐다. 크리켓연합위원회의 초대 국장인 알리 배처(Ali Bacher)는 츠웨테가 없이는 연합이 불가능했을 것이라고 믿고 있다. 배처는 크리켓의 국제 스포츠 재진출은 ANC의 덕택이었고, 그 영향력은 놀랄 만한 것이었다고 말한다.[62] 보즈(Bose)는 배처와 츠웨테의 첫 번째 회의부터 UCBSA의 국제 스포츠계 재영입까지의 상호 연락절차와 함께 1991년 11월의 짧지만 역사적이었던 인도 방문을 연대기적으로 서술하고 있다. 이 과정에서 츠웨테가 한 역할은 결코 소홀히 여길 수 없는 부분이다. 그는 특히 서인도제도, 파키스탄, 인도와의 협상에서 훌륭히 역할을 수행했다.[63]

---

tion : Contemporary Debates on South African Sport, Cape Town : Township Publishing Cooperative, pp. 45–9.

62_ 인터뷰 : Ali Bacher, 5 August 1997.

63_ M. Bose, *Sporting Colours : Sport and Politics in South Africa*, London : Robson,

남아공국가올림픽위원회(NOCSA : National Olympic Committee of South Africa)가 IOC가 바르셀로나 올림픽 초청을 공식 수락하면서 남아공은 1991년 11월 올림픽 무대에 다시 돌아왔다. 그러나 아파르트헤이트 법안이 철폐되긴 했지만 다수 지배는 여전히 존재했다. 또한 많은 올림픽 규약이 공식적으로 제정될 필요가 있었기 때문에 스포츠에서의 연합은 미약했다. 국가스포츠위원회는 IOC가 부과한 기한으로 인해 압박을 받았다. 음토비 티얌자쉐(Mthobi Tyamzashe)는 기성 스포츠 규약에 대한 용인은 스포츠 발전에 연관되어야 하며, 따라서 이러한 조직체들은 이제 자신들의 스포츠를 자신들의 구미에만 맞추어서 운영할 수는 없게 되었다고 논평했다.[64] 과거에 백인 스포츠 행정가들에게 있어서 제일의 적수였고 현재 NOCSA를 맡고 있는 샘 람사미(Sam Ramsamy)는 그 초청을 수락하면서 남아공은 아파르트헤이트 국가정체성의 상징 없이 경기에 임할 것을 발표했다.[65] 스프링복팀의 교체는 백인 공동체의 분노를 샀다. 국민당 출신 체육부 장관인 루이 피나르(Louis Pienaar)는 람사미의 결정이 자의적이며, 이는 모든 남아공인들의 빰을 때리는 격이라고 말했다.[66] 람사미는 남아공국가올림픽위원회의 수장으로서 국제경기참여의 관리와 의사결정을

1994, pp. 214–20, 231–8.

64_ "Now deliver the goods", *South*, 11–18 November 1991.

65_ M. Keech, "At the centre of the web : The role of Sam Ramsamy in South Africa's readmission to international sport", *Culture, Sport and Society*, 3(3), 41–62.

66_ "Springbok may not be ready to die yet", *The Citizen*, 8 November 1991.

할 수 있는 위치를 확립했다. 그는 기성 스포츠를 회유하는 한편, 국가스포츠위원회의 의사결정 과정의 효력은 무시하면서 위험한 줄타기를 하고 있었다. 남아공이 바르셀로나 올림픽에 참여한 것은 실로 주목할 만한 사건이었다. 이는 국제 스포츠 행정가들이 남아공의 협상 지위와 이에 부수된 정치적 상황에 상관없이 상업적 이익을 위해 남아공을 올림픽에 재영입하기로 하면서 가능하게 되었다. 1991년 3월에 IOC위원회가 설정한 조건은 바르셀로나 올림픽 때까지 충족되지 않았다. 축구가 1992년에 재영입되었으나 남아공 축구협회 총재인 다니 요르단(Danny Jordaan)은 진정한 연합은 1996년이 되어서야 이루어졌다고 진술했다.[67]

실력을 기준으로 선발된 국가대표팀은 대다수가 기성 출신의 선수들로 구성되었다. 흑인 거주지역에서의 스포츠 발전 프로그램에 우선순위를 두면서도 크리켓과 럭비 같은 보다 인기 있는 스포츠의 경우 국제적 경기 참여를 스포츠 발전을 위한 필수요소로 보았다. 국가스포츠위원회의 후원자들은 국제경기에 참가할 수 없었고, 국가스포츠위원회는 이러한 프로그램들을 통해 스포츠의 아프리카화를 실현할 수 있는 스포츠의 발전적 측면에 초점을 두었다. 국가스포츠위원회가 스포츠의 발전과 국제경기 참여와의 연결을 희망했던 것은 국제경기 부문에서의 숙련된 행정가 부족으로 실패했다. 국가스포츠

67_ Danny Jordaan, speaking on "The Soul of South African Soccer", *SABC* 2, 25 August 1997.

위원회가 처한 문제는 그들의 스포츠 발전 프로그램이 말 그대로 무에서 출발하였으나 여러 스포츠 당국들이 훨씬 신속하게 흑인 행정가들을 지명했다는 것이다.

기성 스포츠와 비인종주의적 스포츠 간의 연합에 대한 논의는 양자 간에 내재된 역사 및 사상적 차이점에 대한 의견불일치로 깨어졌다. 비록 럭비는 국제적인 입지를 공고히 하기 위해 이러한 인종 관련 사안들을 교묘하게 회피하는 것처럼 보였지만 연합으로의 발전은 너무나 느린 속도로 이루어졌다. 1992년 8월, ANC는 스프링복팀과 뉴질랜드팀과의 결승전 직전에 남아공의 백인 국가인 「Die Stem van Suid Afrika」(남아공의 소리)가 연주되자 스프링복팀에 대한 지지가 한계점에 다다랐다. 백인 관중들의 이전보다 오만한 투의 국가합창과 함께 거만한 아프리카너이며 트란스발 RFU의 회장인 루이(Luyt)는 확성기를 통해 국가를 다시 연주해야 한다고 강력하게 주장했다.[68] 1992년 11월에 국가스포츠위원회와 새 럭비연합체인 SARFU 사이의 오랜 분쟁은 스포츠 발전 프로그램의 실행에 대한 논쟁 이후 대중적인 관심을 얻기 시작했다.[69] 또한 럭비의 국제경기 재진입도 조심스럽게 추진될 필요가 있었다. 소문과는 달리 1990년대 초의 스프링복팀은 국제경험을 하지 못하여 약체 팀에 불과했고, 국제경기에 적

68_ McRae, *Winter Colours : Changing Seasons in World Rugby*, London : Mainstream, 1998, p. 52.

69_ "A tale of different strokes for different folks", *Pretoria News*, 31 October 1992.

응하기 위한 시간이 필요했다. 스프링복팀은 더 약한 팀과 지나치게 자주 경기를 하지 않았던 반면, 중요한 사실은 그 우월주의의 신화는 계속된 패배로 인한 엄청난 타격을 이겨낼 수 없었다는 것이다. 럭비는 연합의 준비를 완결되었다고 선언했다. 그러나 연합 고취를 위해 과거에 배제되었던 비인종 스포츠 인사들의 참여를 허용하기 위한 인원 할당제가 도입되었다. 이는 국가 및 지방 팀이 우수성 기준으로만 채택될 수 있게 되자 이 문제가 교묘히 회피되었음에도 불구하고 기성 럭비팀은 이에 대해 크게 분노했다. 덴버 헨드릭스(Denver Hendricks)에 따르면 새로운 럭비연합(SARFU)은 새로운 스포츠 체제의 가장 훌륭한 사례가 되었으며, "백인 스포츠 행정가들은 국제경기에 참여할 수 있다는 조건으로 비인종주의적 스포츠의 진입을 용인했고 반면에 스포츠 발전에 대해서는 말로만 호의를 보였다"고 말했다.[70]

바르셀로나 올림픽을 위한 스포츠 연합은 아직 미성숙했고, 나쁘게 말하면 위장에 불과했다. 그러나 스포츠 제재의 해제는 남아공 민주정부 출범에 약간의 기여를 했다. 티얌자쉐는 후에 국가스포츠위원회가 외부적인 압박으로 방해를 받았다는 것을 시인했으며, 국제적 압력으로 인해 스포츠가 너무 빨리 국제 스포츠계에 재영입되었다는 것을 인정했다. 그는 논평하기를 "문을 바깥에서 먼저 열기보다 안에서부터 열었다면 더 좋았을 것"이라고 말했다.[71] 많은 사람들은

70_ 인터뷰 : Denver Hendricks, 7 August 1997.
71_ NSC, *Secretarial Report*, Johannesburg, June 2, 1994, Ramsamy Papers : MCH 63-

국제 스포츠계와의 접촉을 재개하는 것이 지나치게 서두르는 감이 있다고 여겼으나 비인종주의적 행정가들은 아파르트헤이트 체제의 붕괴를 이용하여 이를 단행했다. 스포츠 연합에 대한 논의는 바르셀로나 올림픽 이후 계속 지속되었다. 비인종주의적 스포츠 행정가들과 기성 스포츠 행정가들은 하나의 권력 영역 하에서 연합하게 되었고, 흑인 거주지역에서 스포츠 발전 프로그램을 실행하게 되었다. 그러나 양자 모두 전체적으로 실행되지는 못했다.[72] 이에 대해 덴버 헨드릭스는 1997년 4월 스포츠 및 여가활동 부서의 수장으로 임명되었을 당시 그는 "회의석상을 둘러봐도 1990년 이후로 별다른 변화가 없다"고 말하였다.[73]

'무지개' 국가 하에서의 스포츠 정체성

남아공 국민들이 국가정체성 규명에 눈을 돌리면서 남아공 내에는 이로 인한 불안감이 크게 고조되었다. 또한 사회·문화·정치적 다양성에 대한 (비)관용의 수준은 많은 사람들에게 불편을 초래했다. 많은 남아공인들은 자국을 지리적 차원에서 규정하는 듯한 측면이

21, p. 2.

72_ D. Booth, "Elite sport is winning", *Southern Africa Report*, November 1995, 27–29 ; D. Booth, "United sport : An alternative hegemony in South Africa", *International Journal of the History of Sport*, 1995, vol. 12(3), 105–24.

73_ 인터뷰 : Denver Hendricks, 7 August 1997.

있고, 국가성 문제를 논의하는 데 어려움을 느끼고 있다. 많은 집단들은 타자의 강한 정체성으로 인해 늘 위협을 느껴왔다. 컬러드 집단은 백인과 흑인 정체성에 의해 위협을 느꼈고, 몇몇 코사(Xhosa) 집단은 줄루(Zulu)의 정체성으로 인해 위협을 느꼈다. 이는 정체성은 관용과 그것에 의한 집단문화의 침식에 의해 타협될 수 있는 연약한 실체라는 주장을 강화시킨다.[74] 맥도날드(MacDonald)에 따르면 남아공인이 된다는 것은 다음과 같다.

> 모호성(ambiguity)을 편안히 여길 수 있어야 한다. 새로운 남아공은 모호성을 억제하는 것이 아니라, 스스로를 모호성이 존재하는 정치적 공동체의 일원으로 여기지 않으면 건설될 수 없을 것이다. … 모든 국민에게 동등한 권리를 부여하는 국가 개념을 받아들이지 않고, 또 이를 받아들일 수 없는 남아공인들이 아직 많다. 국가 개념은 다민족의 무지개 국가인 남아공에서보다 단일민족 사회에서 받아들이기가 쉽다. 거부와 수용의 문화충돌은 남아공인 됨과 우리 자신과 다른 사람들과 함께 국가 공간을 공유하는 데서 오는 모호성을 수용함으로 인한 고통스러운 과정의 일부이다.[75]

과거 아파르트헤이트가 거의 배타적이었던 하위집단 정체성의

74_ S. DuToit, R. Biggs and A. Greyling, *Project Reconciliation, Research Report*, Rondebosch : Institute for Justice and Reconciliation, 2001, pp. 3–5.

75_ H. MacDonald, "Being comfortable with ambiguity", *Financial Mail*, 15 June 2000, published via www.ijr.org.za/art_pgs/art1/html, retrieved on 15 April 2001.

발전을 도출한 데 반해, 최근 소중한 국가의식과 남아공인 됨에 대한 이해가 증진되고 있다. 하위집단 정체성은 현재 보다 응집력 있는 국가정체성 추구에 중요한 요소가 되었다. 이 감정은 과거에 혜택을 받지 못한 공동체 중에서 가장 강하다. 이들은 아파르트헤이트 치하에서 국가에 연계되거나 부속될 수 있는 기회가 거부되었다. 그러나 과거에 배제되었던 공동체가 설 자리에 대한 우려는 전부는 아니더라도 많은 사람들이 국가의 사회적 구성의 재구축 방안을 추구하도록 힘을 북돋웠다. 그렇다 하더라도 인종/문화적 집단이 제공된 정체성 이상의 어느 것 또는 모든 것을 공유하지 않는다는 것은 분명하다. 이는 ANC에게 있어서 아프리카 르네상스(African renaissance)의 형식으로 표현되었다. 따라서 국가적 정체성은 주로 다수 아프리카인의 문화, 가치, 관심사에 초점을 맞추게 될 것이다. 또한 아프리카너 민족주의와 아파르트헤이트의 존재는 ANC로 하여금 배타적 아프리카주의자의 감정과 경향을 약화시키게 했다고 주장되기도 한다.[76] 「국가 형성과 국가 건설」(*National Formation and Nation Building*)이라는 ANC 문서는 흔히 사용되는 '무지개(rainbow) 국가'라는 표현과 개념의 가치에 대한 주의를 촉구하고 있다.[77]

76_ D. Booth, "The antinomies of multicultural nationalism : A comparative analysis of Australia and South Africa", *International Sports Studies*, vol. 21 (2), 16–18.

77_ ANC (1997) *Nation Formation and Nation Building : The National Question in South Africa*, http://www.anc.org.za/ancdocs/discussion/nation.html, retrieved May 21 2000, pp. 1–6.

남아공에서의 스포츠 변화 추이는 아파르트헤이트 하에서의 관행, 보다 응집력 있는 정체성 구축 과정에서의 변화적 특징, 그리고 아프리카화 과정에 내재하는 갈등을 모두 반영하고 있다. 아파르트헤이트의 유산이 의미한 것은 과거에 분열되었던 스포츠의 변화는 현재 진행 중인 과정이라는 것이다. 1995년의 럭비 월드컵과 크리켓 국제 결승전, 1996년 아프리카 네이션스컵 주최와 우승, 올림픽 메달 획득, 1999년 요하네스버그의 제7회 '모든 아프리카(All Africa) 경기' 주최는 모두 국가적 자긍심과 단합을 이끌어내는 순간이었다. 그러나 이러한 의식은 남아공이 정치·사회·경제·문화적 도전에 더욱 크게 직면하면서 곧 사라져 버렸다. 남아공 스포츠 정체성에 대한 주요 변화는 경기 중 어떤 국가(國歌)를 쓰느냐에 있었다. 비록 럭비유니언은 만델라 대통령의 직접적 개입으로 그 상징성의 명맥을 유지하긴 했지만 프로티아(Protea) 축구팀이 스프링복팀을 대체하는 대표적 팀이 되었다. 스프링복은 ANC에 의해 회유적인 자세를 유지했지만 흑인 아프리카인들과 밀접히 연관된 축구계에서 팀의 아프리카 이름은 보편적으로 '그 소년들, 소년들'이란 의미의 '바파나 바파나'(Bafana, Bafana)로 알려졌다. 한편 럭비유니언팀은 남아공에서만 유일하게 '아마보코보코'(Amabokoboko)로 불리워졌다.

다른 많은 아프리카 정부의 경우와 같이 스포츠는 폭넓은 사회정책 목표의 한 구성요소가 되었다. 정부가 1994에 출간한 스포츠에 대한 첫 번째 백서의 주제는 '국가 전체의 경기 참여'였다. 이는 국민들이 국가 건설, 국가정체성 증진, 지역사회의 과거 불평등 해소가 내재된 활동들을 경험할 수 있도록 하기 위한 시도이다.[78] 영국-남아공, 호주-남아공 스포츠 계획이 이러한 예이다. 전자는 정부의 소수자 보호정책과 자원 재분배정책에 따라 보다 공정한 스포츠 수행 체계를 만들기 위해 흑인들과 특히 여성들을 '대상'으로 삼았다.[79] 후자는 본질에 있어서는 유사하지만, 특히 학교에서 청소년들을 위한 기회 창출을 할 수 있는 방편을 연구하고 선거권이 박탈되었던 지역 공동체에게 권한을 부여하는 데 스포츠가 중요한 역할을 감당할 수 있는 것을 입증했다.[80]

1998년에는 남아공체육위원회(SASC : South African Sports Commission)법이 승인되었다. 이 법은 SASC가 스포츠를 관리하고 체육부 장관의 지도 하에 체육 및 오락 프로그램을 수행하도록 하였다. 따라서 DSR도 '남아공 스포츠 및 레크레이션'(Sports and Recreation South Africa)으로 새롭게 명명되었다. SASC 업무 중 한 가지는 지역 경기 계획이었는데, 이는 적스케이(Jukskei)와 모라바라바(Morabaraba)와 같은 농촌지역에서 보다 포괄적으로 접근가능한 체육활동의 증진을 위해

78_ Department of Sport and Recreation, *Getting the Nation to Play : White Paper on Sport and Recreation*, Pretoria : Department of Sport and Recreation, 1994.

79_ C. Burnett and W. Hollander "Sport development and the United Kingdom-South Africa sports initiative : A pre-evaluation report", *Journal of Sport Management*, 1999, vol. 13(3), 241.

80_ C. Burnett, "Social impact assessment and sport development : Social spin-offs of the Australia-South AFrica junior sport programme", *International Review for the Sociology of Sport*, 2001, vol. 36(1), 41-57.

2001년 2월부터 시작되었다. 남아공체육위원회는 지역민 경기 연합을 위한 국내적 체계를 만들고 있는 과정에 있다. 이는 남아공경기협회(South African Games) 내에서 활동이 허락될 수 있는 체계를 만들기 위한 것이다. 그러나 다른 경우에서의 변화는 아주 어려운 과정이었다. 쉽게 예상할 수 있듯이 럭비 공동체 내에 극심한 긴장이 있었다. 그러나 다른 사례들을 고찰해 보는 것은 중요한 일이다.

크리켓에서 UCBSA는 발전계획을 통해 과거에 불이익을 당했던 공동체들에 대한 기회 확대를 꾀하였다. 이는 경기문화의 확대를 추구했고, 경기 기회를 민주화했으며, 아프리카 흑인지역에 시설을 확충하고 아프리카인 코치들을 양성함으로써 크리켓이 국민적 경기가 되도록 하는 데 기여했다.[81] 과거 흑인 청소년들은 가난, 시설 및 장비의 부적합성으로 인해 불이익을 당했고, 백인 청소년들과 동등한 입장에서 경기할 수 없었다. 남아공 크리켓연합위원회는 재능 있는 흑인 청소년들을 과거 백인 학교에 입학시키기로 결정했다. 현재 남아공팀에서 탁월한 흑인 선수인 마카야 은티니(Makhaya Ntini)와 헤셀 깁스(Herschelle Gibbs)와 같은 선수들은 '백인' 학교 출신 선수들이며, '15세 이하 크리켓 월드컵'(Under 15 Cricket World Cup)의 14명 선수 중 8명이 모두 '백인' 학교에 다니고 있었다.[82] 전반적으로 선수 채택

81_ G. Vahed, "What do they know of cricket whom only cricket know? Transformation in South African cricket, 1990–2000", *International Review for the Sociology of Sport*, 2001, vol. 36(3), 322.

82_ Vahed, "What do they know of cricket?", 323.

에서는 우수성 기준에 대한 논란이 있었다. 우수성 기준 채택제도는 선수들을 '인종'에 상관없이 순전히 능력에 입각해 선택하는 것을 말한다. 이는 인원할당제와는 대치되는 제도이다. 그동안 많은 이들이 국가 팀 약화의 원인이 인원할당제에 있다고 보았다. 남아공이 가장 최근 호주에서 1997–1998년까지, 그리고 2001–2002년까지 벌인 두 경기는 우수성 기준 선수 채택제와 인원할당식 채택제 간 논란의 초점이 되었다. 오덴달(Odendaal)이 기술한 바와 같이 "백인들은 이를 자신들에 대한 위협으로 보았고, 그 결과는 어제의 희생양들을 내일의 문제아로 만드는 것"으로 보았다.[83] 바헤드(Vahed)는 크리켓에서의 변화는 국가 스포츠팀의 정체성을 드러낸 것이라고 주장한다. 즉 선수 전원이 백인으로 구성되었던 팀(1991–1995)에서 유색인종을 포함시키자는 요구(1996–1997)로, 그 이후 인종별 인원할당식의 선수채택제(1997–1999)로, 마지막으로 아프리카인 팀 주도에 대한 요구(2000년 이후)로 바뀌게 된 것이다.[84]

1994년 정부의 스포츠 정책은 모든 당사자들의 이해가 반영된, 각 수준의 스포츠 행정에 대한 차별대우에 대한 처우개선책(또는 차별철폐조처)을 구축함으로써 스포츠 통합을 촉진하는 데 목적을 두었다. 이러한 차별철폐 조처는 남아공 사회가 차별적인 특성을 띠고 있고,

83_ A. Odendaal, "Why 'change' really isn't a dirty word", *South African Sports Illustrated*, January 2001, 60–5.

84_ Vahed, "What do they know of cricket?", 332.

이에 따른 역사적 불균형을 해소하기 위해서 기회 동등의 프로그램이 소개되어야 한다는 분명한 가정을 수용하고 있다. 스포츠에서 인원할당제는 결과의 형평성이라는 중요한 이상을 따르면서 차별철폐 조처의 실제적 표명인 것으로 소개되었다.[85] 차별철폐 조처는 사회적으로 불이익을 당한 계층의 경제 및 사회적 지위향상을 목적으로 한다. 이는 수많은 차원을 포함하는데, 여기에는 과거 차별의 치유와 이를 위한 프로그램의 구축, 그리고 불이익을 당했던 개개인들이 효과적인 경쟁에 참여하고 희망하는 지위를 얻을 수 있도록 필요한 정보와 기술을 분배하는 행동을 포함한다.[86] 그러나 국가대표팀에서의 흑인 선수의 선발과 이들의 활발한 참여로 결과의 형평성을 고취하려는 목적은 안타깝게도 백인 남성과 여성이 주도하는 체육경기에서는 성취되지 못했다. 사실상 차별대우에 대한 처우개선책 프로그램의 강화는 분란을 일으켰다. 기회와 결과의 형평성이 이행된다면 화해, 상호 문화적 학습과 이해를 증진하는 순향적(proactive) 프로그램이 필요할 것이다. 차별대우에 대한 처우개선책이 인재교육 제도로서 스포츠의 개념과 상충되지만, 이는 문화적 네트워크에서 관계 안정화를 추구하는 다문화적 국가주의와는 일관성이 있다. 부스(Booth)는 "40여 년의 인종차별정책으로 인해 차별대우에 대한 처우 개선책

85_ J. Ryan, "The Birmingham Four : Affirmative action in South African women's sports", *International Journal of the History of Sport*, 1999, vol. 16(1), 118−19.

86_ G. Moens, *Affirmative Action : The New Discrimination*, 1985, p. 8, cited in Ryan, "The Birmingham Four", 117−18.

이 도덕적 정당성에 대한 충분한 이유를 가진 것이 사실이지만, ANC가 체육의 아프리카화에 대한 결연한 의지를 천명한 것은 부인할 수 없는 사실"이라고 밝혔다.[87]

결론

남아공보다 스포츠의 문화적 중립성이 더욱 분명하게 확립된 국가도 없다. 럭비와 백인 정체성 사이의 연계성은 아파르트헤이트 시기 이전과 그 시기 동안 백인 우월주의를 강화시키는 신화적 위치를 점했다. 아파르트헤이트는 스포츠가 문화적 쟁점의 뚜렷한 장이 된 상태에서 잔인한 차별체제를 합법화시켰다. 남아공의 스포츠 정체성은 아파르트헤이트의 영속화 또는 이에 대항하기 위해 고안된 전략에 깊이 연관되어졌다. 결국 남아공 스포츠는 ANC가 주도하는 광범위한 민주운동과 공조하여 인구 다수를 대표하는 위치를 점할 수 있었다. 통합된 스포츠 체계로의 움직임 속에 남아공 백인들은 아프리카화로 침식될 위협을 느끼게 되었고, 이로 인해 양자 간에 팽팽한 긴장과 협상이 이어졌다. 이는 과거의 불평등문제를 처리하고 과거 불이익 계층에게 권한을 부여하기 위해 수행되었다. 이는 아직 시작되지 않은 과정으로, 이로 인해 스포츠는 아파르트헤이트 시기에 각인된 수많은 문화적 하위 정체성 가운데 협상이 진행 중인 가장 명확

87_ Booth, "The Antinomies of Multicultral Nationalism", 17.

한 정책분야의 하나로 남았다. 남아공의 문화적 구조는 변화와 화해 과정의 진행 속에서 풍부한 다양성과의 타협 투쟁으로써 규정된다. 따라서 '무지개 국가'는 현재 신화적인 속성에서 약간 발전된 개념이라고 볼 수 있다.

7. 크리켓과 카리브 해 영어권 국가들의 정체성 위기

케이스 A. P. 샌디포드Keith A. P. Sandiford

크리켓을 제외하고 다른 어떤 활동도 카리브 해 영어권 국가들과 가이아나를 공동체로 함께 묶을 수는 없었다. 가이아나가 배출한 위대한 크리켓 선수인 로이드(Clive Lloyd)가 목격했던 것처럼 크리켓과 영어는 그 지역을 통합할 수 있는 두 개의 힘이다.[1] 이는 크리켓 선수들이 1886년 영국령 서인도제도에서, 말하자면 (캐나다와 미국으로) 그들의 첫 번째 해외원정을 조직했던 이후로 거의 항상 그러했다. 제2차 세계대전 이후 출현한 유럽 및 여타 공동시장에 뒤늦게 그리고 소극적으로 대응하여 1973년에 설립된 카리브 공동시장(CARICOM)과 별개로 이 지역에 일정 기간 작동 중인 지역기구는 단지 두 개였

1_ C. Lloyd (T. Cozier와 공저), *Living For Cricket*, London : Stanley Paul, 1980, p. 13.

다. 1927년에 설립되었고 현재는 단순히 서인도제도 크리켓 위원회(WICB : the West Indies Cricket Board)로 알려진 서인도제도 크리켓 통제위원회(WICBC : the West Indies Cricket Board of Control), 런던 대학교(the University of London)의 지부인 서인도제도 단과대학(UCWI : the University College of the West Indies)으로 1948년 처음 세워진 서인도 대학교(UWI : the University of the West Indies)가 그것이다. 심지어 보다 나은 운명을 가질 자격이 있는, 정치적 · 경제적 단일화와 통합을 야심차게 시도한 영국령 서인도연방 또한 짧고도 어려운 4년이 지난 후 1962년에 해체되었다.

연방의 재난은 일부 분석가들이 소위 '많고도 다양한 군도의 민족주의'라 불러왔던 것의 경이로운 힘을 반영했다. 그 자신이 열성적인 연방주의자이면서 군도에 의해 만들어진 가장 예민한 마음을 가진 사람 중 하나인 버클스(Hilary Beckles)는 종종 '준민족주의', 특히 지구화 시대에 있어서의 근시안적인 약속들을 개탄하곤 했다.[2] 고립적인 세력들이 강한 만큼 그들이 카리브 해 사람들의 영원한 두 가지 열정, 즉 교육과 크리켓에서 항상 승리하는 것은 아니다. 그러나 이 지역의 거주자들은 역사적으로 이들 두 분야에서 상당한 역량을 축적해 왔다. 대중에게 있어 크리켓과 교육은 사회적 동원의 가장 효과적인 수단으로 제공되어 왔고, 엘리트에게 있어서는 크리켓과 교육

2_ 예를 들어 H. McD. Beckles, *The Development of West Indies Cricket*, Vols. 1 and 2, Kingston : University of West Indies Press, 1998, *passim*.

은 여전히 사회화의 가장 강력한 형태로서, 그리고 사회통제의 가장 커다란 기제로서 대표된다. 그러므로 서인도 대학교(UWI)와 서인도제도 크리켓 위원회(WICB)가 일련의 폭력적 폭풍을 이겨낼 수 있었던 것은 놀라운 일이 아니다.

사실 서인도제도인들의 삶에 있어 크리켓의 중요성을 몇 마디 말로 표현하는 것은 거의 불가능하다. 크리켓은 전통적으로 모든 활동적인 운동 중 가장 완벽한 경기로 간주되어 왔으며, 서인도제도인들은 그들의 크리켓 스타를 매우 특별한 방식으로 숭배해 왔다. 국제적 승리는 대중들에 의해 기쁘게 축하받았으며, 패배는 반드시 많은 눈물과 이를 악문 다짐을 가져왔다. 이와 같은 관심은 영국의 독립 TV 뉴스(ITN : Independent Television News)에서 다년간 일했던, 유명한 트리니다드 저널리스트인 맥도날드(Trevor McDonald)에 의해 가장 잘 묘사된다. 그가 쓴 리차드(Viv Richards)의 전기에서 맥도날드는 "잉글랜드에 의한 서인도제도의 패배는 헤아릴 수 없을 만큼의 국가적 재앙이다. 국민의 맥박은 멈추었다. 서인도제도의 자존심은 자기 회의의 고통으로 죽었다"고 말했다.[3] 상당히 존경받는 바베이도스(Barbados)의 저널리스트이자 크리켓 해설자인 코져(Tony Cozier)는 1995년 호주에게 '프랭크 워렐컵'(Frank Worrell Trophy)을 뺏긴 것에 대해 '잔인한 정신적 타격'이라 묘사했다.[4] 1998년에서 1999년까지 남아프리

3_ T. McDonald, *Viv Richards : The Authorised Biography*, London : Pelham Books, 1984, p. 91.

카와 치른 다섯 번의 테스트 매치에서 모두 패한 후 팀이 재편성된 다음 1999년 봄 새로이 편성된 팀이 호주와 흥미로운 시합을 치렀을 때 이전의 크리켓 스타였던 홀딩(Michael Holding)은 "모든 사람은 자메이카에서의 승리에 의해 고조되었고, 내가 카리브 해를 돌며 여행할 때처럼 모든 곳에 매우 많은 군중들이 함께 했다. 그리고 재편성된 팀의 걸음이 다시 시작된 봄과 함께 시작되었으며, 사람들이 웃으며 걷는 것을 느낄 수 있었다"고 즐겁게 기록했다.[5]

서인도제도의 크리켓과 카리브 사람들의 정체성 만들기

서인도제도 사람들에게 크리켓이 갖는 의미는 무수히 많은 사례들 가운데 무작위로 선택된 두 개의 인용, 즉 구별되는 두 명의 안티구아 토착민인 수상 버드(Lester Bird)와 저널리스트이자 정치인인 헥터(Tim Hector)의 얘기로부터 어렴풋하게나마 알 수 있다. 1996년 정기적인 대국민 라디오 연설 중 하나에서 버드는 "서인도제도의 크리켓은 세계무대에서 우리가 누구인가에 대한 대표성"이 되는, "우리에게는 단순한 스포츠 그 이상이며 자존감의 표명"이라고 자신의 소견을 피력했다.[6] 1989년, 리차드의 세기(Viv Richards' century)를 축하하

4_ *Red Stripe Caribbean Cricket Quarterly*, October/December 1995, 3.
5_ Michael Holding, "Off the long run", *Red Stripe Caribbean Cricket Quarterly*, April/June 1999, 23.
6_ *Red Stripe Caribbean Cricket Quarterly*, April/June 1996, 15에서 인용.

는 저녁식사 자리에서 헥터는 "리차드가 그 자신은 물론 안티구아와 바르부다, 카리브인들, 그리고 국민들과 유럽대륙에게 불후의 명성을 안겨주었다"고 인상 깊은 발언을 했다.[7] 헥터 그 자신도 크리켓이 안티구아와 바르부다를 조화로운 전체로 만들 수 있으며, 서인도제도인들의 국가주의에 대한 '인큐베이터'를 제공할 수 있다는 확신을 결코 포기하지 않았다.[8] 리차드뿐만 아니라 헥터에게 있어서도 크리켓은 아프리카인과 카리브인들의 우수성에 대한 강력한 상징으로 남아 있다.

좀 더 재미있는 일화 두 개는 이러한 주장을 충분히 입증해 주고 있다. 1950년 브리지타운에서 살인자에 대한 재판이 열린 기간 동안 이전에 크리켓 선수였으며 바베이도스 크리켓 연합(BCA : the Barbados Cricket Association)의 전임 협회장이었던 재판장 콜리무어(Alan Collymore) 경은 서인도제도팀이 로드에서 열린 테스트 매치에서 승리했다는 방송을 시청하기 위해 갑자기 공식적인 재판진행을 중단했다. 재판정 전체가 열광적인 갈채로 떠들썩했는데, 기소된 죄인까지도 같이 환희에 휩싸였다.[9] 1996년 11월 21일에 가이아나의 감옥에서는

7_ T. Cozier (ed.), *West Indies Cricket Annual 1989*, Bridgetown : Cozier Publishing, 1989, p. 10에서 인용.

8_ T. Hector, "Pan–Africanism, West Indies cricket, and Viv Richards", in H. McD. Beckles (ed.), *A Spirit of Dominance : Cricket and Nationalism on the West Indies*, Kingston : Press University of the West Indies, 1998, p. 59.

9_ Sir C. A. Burton, R. G. Hughes and K. A. P. Sandiford (eds), *100 Years of Organised Cricket in Barbados 1892–1992*, Bridgetown : Barbados Cricket Association,

간수가 호주와 서인도제도 간의 테스트 매치를 생중계하는 라디오 채널을 끈 후에 죄수들이 탈옥하기도 했다.[10]

영국, 캐나다와 미국으로 이주한 서인도제도인들은 형언할 수 없을 정도의 강렬함으로 서인도제도 출신 크리켓 선수들의 행운을 추종한다. 예를 들면, 1960년에서 1990년의 기간 동안 런던에 있는 로드(Lord)와 오발(the Oval) 경기장에는 영국에 거주하는 카리브 해 출신 이민자들 수천 명이 테스트 매치에 몰려들었는데, 이는 때때로 영국인 서포터들을 수적으로 압도하는 것이었다. 그들의 떠들썩하고 그칠 줄 모르는 응원은 종종 크리켓의 성지에서 소란스러운 행동에 익숙하지 않은 이웃들을 혼란스럽게 했다. 결국 크리켓 당국은 경기장에서 카리브 해 출신 이민자들의 음악과 야유를 금지하기로 결정했다. 1991년까지 새로운 규제, 꾸준한 입장료 상승, 이민인구 통계의 점진적인 변화 때문에 카리브인들의 응원 계층은 확연하게 감소했다.[11] 그들은 원정경기를 치르는 크리켓 선수들을 고무시키는 원천이 되어 왔었고, 선수와 관객은 서로에게서 힘을 얻어왔다. 1976년 오발에서 관중들 사이에 있는 수천만 서인도제도인들의 얼굴을 둘러보면서 고참 선수들은 '이들을 기죽게 하지 않겠다' 고 결심했다.[12]

1992, p. 25.

10_ *Red Stripe Caribbean Cricket Quarterly*, January/March 1997, 4.

11_ S. Berry, "The West Indians on England, 1991", *Wisden Cricketers' Almanack 1992*, London : John Wisden & Co., 1992, p. 296.

12_ McDonald, *Viv Richards*, p. 99.

1990년대 이후 영국에서는 카리브인 관중들의 감소와 함께 서인도제도의 팀들이 점차 부실한 성과를 내고 있다. 실제로 2000년 여름, 그들은 영국에서의 테스트 매치 시리즈에서 1969년 이래 처음으로 패배했다.[13]

크리켓 선수들 또한 카리브인들의 정체성을 형성하는 데 끼치는 크리켓의 역할을 이해하고, 종교적 이유에서의 신념에 관해 많은 십자군들이 그랬던 것처럼 크리켓을 취급해 왔다. 예를 들어 1996년 월드컵 매치에서 대수롭지 않게 여겼던 케냐에게 졌을 때, 주장이던 리차드슨(Richie Richardson)은 개인적으로 2년 전 어머니의 죽음보다 그 패배가 그에게는 더 충격적이었다고 공식적으로 인정했다.[14] '영광의 해' 동안 로이드(Lloyd)와 리차드(Richard) 밑에서 활동한 크리켓 선수들에 대한 모든 일대기는 공통적인 줄거리를 가지고 있다. 즉 선수들은 서인도제도뿐만 아니라 서인도제도의 이주자들을 위해 경기를 하는 것에 대해서도 모두 인식한다는 것이다. 선수들은 밤색 모자를 착용하는 것에 자부심을 가지고 있을 뿐만 아니라 매우 강한 책임감을 느끼고 있다.[15] 1994년 3월 포트오브스페인(Port-of-Spain)에서

13_ T. Cozier, "The West Indians in England, 2000", *Wisden Cricketers's Almanack 2001*, London : John Wisden & Co., 2001, pp. 421-454.

14_ *Caribbean Cricket Quarterly*, April/June 1996, 8.

15_ 예를 들어 J. Garner, *'Big Bird'*, *Flying High*, London : George Weidinfeld & Nicolson, 1988 ; M. Holding(T. Cozier와 공저), *Whispering Death : The Life and Times of Michael Holding*, London : Andre Deutsch, 1993 ; C. Lloyd, *Living For Cricket*, London : Stanley Paul, 1980 ; M. Marshall(P. Symes와 공저), *Marshall*

영국을 격파한 직후 이루어진 인터뷰에서 안티구아의 위대한 속공 투수인 앰브로스(Curtly Ambrose)는 이러한 사실을 단순하면서도 감동적인 말로 표현했다. “나는 크리켓을 열심히 하는 것이 얼마나 중요한지 이해한다. 나는 국민들을 위해 크리켓을 한다. 그들은 매우 많은 기대를 하고, 우리들은 경기장에 나갈 때마다 항상 그들을 의식한다. 그들의 사랑은 강하다. 그들은 당신에 대해 많은 것을 요구하지만 동시에 당신을 강하게 만든다.”[16]

외관상으로야 어떻든 서인도제도의 정부들 또한 이와 같은 크리켓 열정을 다양한 방식으로 이용해 왔다. 크리켓에 대한 아부가 마음껏 행해졌다. 전시관, 경기장과 크리켓 토너먼트들이 챌리노(George Challenor), 콘스탄틴(Learie Constantine), 그리니쥐(Gordon Greenidge), 그리피스(Charlie Griffith), 홀(Wesley Hall), 헤인즈(Desmond Haynes), 헤들리(George Headley), 홀딩(Michael Holding), 킨하이(Rohan Kanhai), 리차드(Viv Richards), 월코트(Clyde Walcott), 윅스(Everton Weekes), 그리고 워렐(Frank Worrell)을 포함한 이전의 스타들 이름을 따서 지어졌다. 거리, 대로 및 교차로들도 그 이전의 스타들 이름을 따서 지어졌다. 서인도제도의 크리켓 선수들은 관례적으로 최고의 국가훈장을 수여

Arts : The Autobiography of Malcolm Marshall, London : Queen Anne Press, 1987 ; V. Richards, *Hitting Across the Line : An Autobiography*, London : Headline Books, 1991 ; R. Steen, *Desmond Haynes : Lion of Barbados*, London : H. F. and G. Witherby, 1993을 보라.

16_ T. Marshall, “The professionalization of West Indies cricket”, in H. McD. Beckles (ed.), *A Spirit of Dominance*, pp. 79–80에서 인용.

받았다. 바베이도스는 6명—오스틴 경(Sir Harold Austin), 워렐 경(Sir Frank Worrell), 소버즈 경(Sir Garfield Sobers), 월코트 경(Sir Clyde Walcott), 윅스 경(Sir Everton Weekes) 그리고 헌트 경(Sir Conrad Hunte)—에게 기사작위를 주었다. 안티구아는 리차드 경(Sir Vivian Richards)에게 기사작위를 수여했다. 한편, 거의 모든 국제적 선수들은 어떤 종류든 영예를 보상받았고, 서인도제도의 우표에 많은 크리켓 선수들의 이미지가 실렸다. 라라(Brian Lara)가 1994년 4월 영국과 맞붙은 단일 테스트 이닝에서 375점을 기록함으로써 세계 기록을 경신했을 때 그에게 트리니티 크로스, 트리니다드 토바고의 최고 국가훈장을 포함해 그가 즉시 그 섬의 가장 손꼽히는 재산가 중 한 명이 될 정도의 많은 선물과 보상이 쏟아졌다.[17]

성공한 크리켓 선수들에 대한 카리브인들의 대우는 다른 영웅들이 그러한 대우를 받으며 기념되는 경우가 거의 드물다는 점을 고려할 때 보다 흥미롭다. 예를 들어 크리켓 스타가 아닌 카리브의 스타들에 대한 위인전이나 조각상은 거의 없다. 그러나 영웅들을 숭배할 필요성은 여전히 매우 강하며, 카리브인들은 크리켓 선수들, 특히 그 지역을 한없이 자랑스럽게 만드는 크리켓 선수들을 찬양함으로써 다른 지도자와 선각자들이 부족하다는 것을 상쇄하고자 한다. 그러나 이와 같은 아첨들은 대가를 필요로 한다. 대중들은 실패가 쉽사리 이해되거나 용서되지 않을 만큼 그들의 크리켓 선수들에게 많은 것을

17_ *Red Stripe Caribbean Cricket Quarterly*, July/September 1994, 26.

기대한다. 매우 유명한 선수인 후퍼(Carl Hooper)가 1999년 호주와 치렀던 고된 경기의 목적에 대해 무관심한 기색을 보였을 때, 그는 이전에는 '킹 카알'로 환호를 받을 만큼 그의 영향력이 최고조에 이르렀던 장소인 바베이도스에서 거칠게 야유를 받았다. 위대한 소버즈(Gary Sobers)는 트리니다드가 결코 패배하지 말아야 하는 홈구장에서의 테스트 매치에서 잉글랜드에게 승리를 안겨준 오판을 한 이후 세계적으로 갈채받는 가장 우수한 전천후 선수로 남는 것이 요원하게 되었다. 그의 초상화가 포트오브스페인(Port-of-Spain)에 공공연하게 걸렸고, 이는 그가 트리니다드의 비평가들에게 용서를 구할 때까지 몇 년 동안 계속되었다.[18]

일반적으로 크리켓에 대한 부자연스러운 강박관념은 20세기 후반 이루어진 서인도제도 크리켓의 성공에 기반하고 있다. 제2차 세계대전 이후 약 50여 년 동안 서인도제도는 국제무대에서 시종일관 가장 흥미로운 팀이었다. 그들은 크리켓의 가장 훌륭한 타자 중 일부와 가장 빠른 투수의 대다수를 보유한 경기를 제공했다. 서인도제도의 우세함은 1975–1995년 사이에 최고조에 달했다. 게다가 1980년에서 1995년까지의 황금기 동안 서인도제도의 선수들은 115개의 매치에서 59번 승리했고, 단지 15개의 매치에서만 패배했으며, 동점이었던 41개의 매치 대부분(대개 날씨 탓이었던)에서도 우세함을 보이면서 29

18_ T. Cozier, *The West Indies : Fifty Years of Test Cricket*, Newton Abbott : Readers Union, 1978, p. 52.

개의 테스트 시리즈에서 무적의 경기력을 보였다. 잉글랜드는 그 기간 동안 38개의 테스트 중 24개에서 패배했고, 단지 4개의 테스트만을 승리하면서 두 차례의 오점 없애기라는 모욕을 겪었다. 호주 또한 5개의 테스트 이상은 승리할 수 없었던 한편, 서인도제도 선수들의 맹렬한 기세에 대해서도 28개 중 14개의 테스트에서 패배했다. 인도는 10개의 테스트에서 패배했고, 22개의 테스트 중 단지 2개 테스트에서만 승리했다. 파키스탄은 16개 테스트 중 3개에서 승리했지만 6개 테스트에서 패배했다.[19] 이는 크리켓의 역사에서 전례가 없는 정말 주목할 만한 경향이었다.

이론의 여지는 있지만 20세기의 사회학적 기적처럼 묘사될 수 있는 이러한 성과의 위대함을 평가하기 위해서는 그 당시의 크리켓에 대한 국제적 수준의 통계를 검토해야만 한다. 카리브 해 영어권 국가의 인구는 대략 600만 명이다. 게다가 그 지역은 서구의 기준에 따르면 상당히 빈곤하다. 1,800만 호주인, 5,800만 영국인, 89,700만 인도인, 12,800만의 파키스탄인, 4,100만 남아프리카 공화국 인구와 1, 700만 스리랑카인들에 대항해서 그렇게 성공적으로 경쟁한다는 것은 굉장한 성과이다.[20]

카리브 해 국민들은 크리켓 선수들에 의한 영광을 통해 이전에 알

19_ T. Cozier, "The wonder years", *Red Stripe Caribbean Cricket Quarterly*, July/September 1995, 8–9.

20_ K. A. P. Sandiford, "Cricket on the West Indies : The rocky road to test status", in Beckles (ed.), *A Spirit of Dominance*, p. 36.

았던 것보다 더욱 강력한 자부심과 정체성을 부여받았다. 자긍심과 정체성은 그들의 신념을 그 자체로 강화시켰고 민족자결에 대한 그들의 주장을 입증했다. 1948년과 1950년 잉글랜드에 대한 승리들 또한 크리켓을 하는 용기가 정치적 책임성을 위한 필요조건으로 보였던 시기에 독립운동에 대해 상당한 자극을 제공해 왔다. 1950년대의 카리브 해 식민지 지도자들은 그 지역에서 국가적 총체성을 분리한다는 관점에서 생각하지는 않았지만 가급적 빨리 분리된 연방을 위한 프로그램을 요구해 왔다. 1960년대 독립국가로서의 지위에 대한 그들의 요구는 크리켓 선수들이 1963년 잉글랜드에게, 1965년 호주에게 승리함으로써 고무된 확신을 반영했다. 이 시기에 크리켓 선수들은 (비공식적일지라도) 크리켓 세계의 챔피언으로 점점 유명해지기 시작했다.

크리켓은 가장 중요한 상징이 되었다(그리고 중요한 상징으로 남아 있다). 이는 서인도제도 지역이 그렇게 밝게 빛날 수 있는 다른 활동이 없었기 때문이었다. 또한 크리켓은 다양한 섬들이 공통적인 기반을 찾을 수 있는 유일한 영역으로 남았다. 게다가 크리켓에 관한 응집력 있고 통일된 전선이 존재하는 것의 중요성은 워렐(Frank Worrell), 로이드(Clive Lloyd)와 리차드(Viv Richards) 같은 크리켓 캡틴들에 의해 지속적으로 강조되었다. 사실 그 이전의 캡틴들이 결코 하지 못했던 방식으로 민족주의에 대한 '서인도제도' 브랜드를 강조한 사람은 워렐이었다. 그는 가장 훌륭한 선수들이 그들의 원래 영토와 상관없이 선정되어야만 한다고 주장했다. 또한 지금까지 위원회에 의해 다소 엄격하게 다루어져 왔던 리워드제도와 윈드워드제도 출신의 크리켓 선수들에 대해 보다 많은 관심을 가져줄 것을 서인도제도 크리켓 위원회에 강력히 요구했다. 그는 안티구아, 도미니카, 그레나다와 세인트 빈센트가 만일 공정한 기회를 부여받는다면 얼마 지나지 않아 서인도제도에 그들의 위대한 스타들을 공급할 수 있을 것이라는 대담한 예언을 했다.[21] 몇 년 후에 워렐의 눈에 띄는 공헌을 숙고하면서 헌트 경(Sir Conrad Hunte)은 "프랭크가 재능을 가진 개인들의 집단에서 재능을 가진 팀으로 서인도제도의 팀을 변화시켰다. 우리의 집단적인 시너지 효과는 개인들로서의 우리의 성과를 합한 것보다 상당히 크다"고 논평했다.[22]

워렐의 유산은 대단히 중요한 것이다. 그는 감독으로서 재임기간 동안 서인도제도의 원정팀들을 선발하는 기준이 되었던 쿼터 제도를 억제하려는 목적을 가지고 활동했다. 소위 '큰 4개국' (Big Four)—바베이도스, 영국령 가이아나, 자메이카, 트리니다드—으로 불리는 각각의 국가가 동등한 수의 대표선수들을 가져야만 한다는 생각은 많은 서인도제도팀들을 불필요하게 취약하고 불균형적으로 만들어 왔다. 서인도제도의 원정팀을 이끈 최초의 흑인으로서 워렐은 서인도제도인들의 대다수에게 상당한 영감의 원천을 제공했다. 보다 작

21_ K. A. P. Sandiford, *Frank Worrell : His Record Innings–by–Innings*, Nottingham : Association of Cricket Statisticians and Historians, 1997, pp. 8–9.

22_ Sir C. Hunte, "a question of leadership", *Red Stripe Caribbean Cricket Quarterly*, January/March 2000, 8.

은 섬들에 관한 그의 예언은 금세 이루어졌다. 30년 이내에 안티구아 하나에서만 앰브로즈(Curtly Ambrose), 리차드(Viv Richards), 리차드슨(Richie Richardson)과 로버트(Andy Roberts) 같은 두드러진 선수들을 배출해냈다.[23]

그 외에 별다른 성과가 없었다고 해도 영토 경쟁에서 '결합된 섬들'을 포함하는 정책은 재능 있는 선수들을 찾을 수 있는 범위를 상당히 확장했다. 심지어는 대략 10,000명의 국민을 가진 네비스(Nevis)의 작은 섬에서도 애서튼(Keith Arthurton), 패리(Derrick Parry), 윌렛(Elquemedo Willet) 그리고 윌리엄(Stuart Williams)과 같은 테스트 스타들을 서인도제도에 제공했다.[24] 그 프로그램은 더 많은 것을 이루었다. 그것은 앙길라(Anguilla), 몬세라트(Montserrat), 세인트 루시아(St. Lucia) 그리고 세인트 키츠(St Kitts)처럼 작은 지역의 발전에 장애가 되었던 좌절감을 확실히 제거했다.[25]

상쇄경향 – 편협성(섬나라 근성)과 민족성

서인도제도인들의 민족주의에 대한 이상은 적어도 한 세대 또는

23_ K. A. P. Sandiford, "The contribution of the smallerislands to West Indies cricket", *The Journal of the Cricket Society*, 1998, vol. 19, 29–37.

24_ *Red Stripe Caribbean Cricket Quarterly*, January/March 1993, 24.

25_ T. Hector, "Acceptance at last after years of frustration", *The West Indies Cricket Annual 1977*, pp. 13–14.

두 세대 동안 크리켓 선수들이 누렸던 일련의 인상적인 승리들 로 인해 성공했다. 그러나 민족주의에 대한 강력한 감정은 크리켓 하나로만 양성될 수 없다. 서인도제도의 경우에 버클스 박사(Dr Hilary Beckles), 헌트 경(Sir Conrad Hunte), 제임스(C.L.R. James), 로이드(Clive Lloyd), 맨리(Michael Manley), 리차드 경(Sir Vivian Richards), 월코트 경(Sir Clyde Walcott) 그리고 워렐 경(Sir Frank Worrell)과 같은 연방주의자들에 의해 고무된 카리브 해 민족주의에 대해 너무 많은 장애물들이 존재한다.

이들 중에서 가장 큰 장애물은 예전에 서인도제도의 가장 빠른 투수라는 명성을 얻었던 홀(Reverend Wesley Hall)에 의해 '서인도제도 크리켓의 재앙'[26]으로 한번 묘사된 적이 있는 편협성(섬나라 근성)이다. 불화를 일으키는 이러한 힘들은 너무 강력하고 깊게 뿌리내린 것이라서 이를 근절하기란 거의 불가능하다. 카리브 해의 작은 섬들은 광대한 영역에 걸쳐 퍼져 있는 것이 사실이다. 남동부에 있는 바베이도스로부터 북서부에 있는 자메이카까지의 거리는 1,200마일 이상이다. 그 결과로 항공술의 발달 이전에 자메이카와 동부 앤틸리스 열도 사이의 접촉은 거의 없었다. 수송의 문제는 20세기 초반에 그 섬들에 원정경기를 하러 간 영국 크리켓팀들 일부가 바베이도스와 자메이카 모두를 동시에 포함시킬 수 없었다는 점에서도 드러난다. 1913년 서인도제도를 순회한 MCC팀의 주장이었던 소머셋(A.W.F. Somerset)

26_ *Red Stripe Caribbean Cricket Quarterly*, October/December 1997, 23.

이 인정했듯이, 이 당시 자메이카를 방문한다는 것은 쉽게 계획할 수 없는 추가적인 9일의 항해일정을 의미했기 때문에 거의 비현실적인 일이었다.[27]

거리의 문제는 식민지 기간 동안 그 지역의 영토들이 각각 그 자신의 정치, 영웅, 전통, 언어형태, 관습 및 풍습을 가진, 다소의 분리된 고치들처럼 발전했음을 의미했다. 하나의 섬과 다른 섬 사이에 협력을 하려는 어떤 시도도 없었으며, '모국'은 '분리통치' 정책을 체계적으로 추진함으로써 그러한 문제를 더욱 가중시켰다. 심지어 통치 시스템도 한 영토에서 다른 영토에 이르기까지 모두 달랐다. 예를 들어, 바베이도스에서는 대부분의 인구가 흑인인 가운데 주로 백인 유권자들에 의해 선출된 백인 의회를 가진 초보적인 대의제 형태가 존재했다. 다른 카리브 해 섬들 대부분에서는 모든 중요한 결정들이 런던에서 임명된 식민지 통치자에 의해 행해지고 (신중하게 선택된) 입법부에 의해 조언되는 영국의 직할 식민지 통치가 일반적이었다.

영어가 공식 언어였으나 카리브 해의 모든 국가들의 방언과 억양은 달랐다. 바베이도스가 17세기 초 유럽인들의 정착 시기부터 영국의 식민지로 남아 있었던 데 비해, 다른 식민지들은 영국의 지배 하에 들어가기 전에 주기적으로 소유주가 바뀌었다. 예를 들어 트리니다드는 1979년 최종적으로 영국의 지배 하에 들어가기 전에 유럽의

27_ P. Wynne-Thomas, *The Complete History of Cricket Tours At Home and Abroad*, London : Guild Publishing, 1989, pp. 69-70.

다양한 소유주들을 경험했고,[28] 몇 년 동안 스페인과 프랑스 왕실의 지배를 받았었다. 자메이카 또한 1655년 영국이 그들을 점령하기 전에는 스페인의 식민지였다. 그래서 카리브 해에서 영국이 갖는 영향력의 정도는 모든 곳에서 동일하지 않다. 모든 종류의 차이점은 여전히 지배적이다. 예를 들어 트리니다드의 기독교인들 대다수가 오늘날까지 충실한 가톨릭으로 남아 있는 반면, 바베이도스인들의 대다수는 개신교도들이다. 바베이도스인들의 말투가 주로 영어와 아프리카의 소리 및 글자를 혼합한 것인 반면 그레나다, 세인트 루시아와 트리니다드 같은 섬들에서의 말투는 아프리카어, 영어, 불어, 동인도제도어 및 스페인어의 형태에 기초하고 있다.

이러한 문화적 · 언어적 상이성들은 영어사용권인 카리브 해 국가들의 분리를 유지하는 데 일조하고 있다. 분리는 매우 강력한 파벌주의에 의해 심화된다. 심지어 이주에 있어서도 바베이도스인들은 그들의 토착적인 뿌리에 맹렬한 충성심을 보인다. 그들은 바베이도스에 대해 설명하거나 묘사하기 매우 어려운 자긍심을 갖고 있다. 그들은 그들 자신을 항상 우선적으로는 바베이도스인으로, 그 다음에야 서인도제도인으로 여긴다. 문제를 더욱 악화시키는 것은 그들이 전통적으로 세계에서 크리켓을 가장 잘한다고 여겨왔으며 그들 자신의 지역적 영웅들이 무시되었을 때 서인도제도의 선수 선발자들을

28_ J. Millette, *The Genesis of Crown Colony Government : Trinidad 1783–1810*, Trinidad : Moko Enterprises, 1970, pp. 1–34.

항상 비판한다는 점이다. 그래서 1991년 리차드슨(Richie Richardson)이 헤인즈(Desmond Haynes)를 뛰어넘어 주장으로 승진했을 때, 그리고 커밍스(Anderson Cummins)가 1992년 브리지타운에서 열린 남아프리카와의 테스트 XI에서 누락되었을 때 그들은 분노했다. 바베이도스인들이 그 일들에 대해 무례와 모욕이라 여기고 분노했을 때 그들은 크리켓 경기의 역사에서 가장 성공적인 보이콧을 조직화했고 경기의 관전을 거부했다. 서인도제도는 그 시합에서 승리했으나 시합 그 자체로 상당히 흥미로웠음에도 불구하고 눈에 띄게 비어 있는 경기장 앞에서 경기를 해야 했다.[29]

유사한 보이콧의 위협이 단순히 외견상의 것이 아닐 정도로 섬나라적인 편협함은 매우 강력하다. 트리니다드인들 또한 그들 지역의 영웅들에 대한 배제를 피하기 위해 하나 또는 둘 이상의 테스트 매치를 보이콧하기를 열망해 왔다. 그럼에도 불구하고 그러한 위협들은 성공적으로 실행되지 못했다. 그러나 그들은 트리니다드 토바고 크리켓 통제위원회(TTCBC : Trinidad and Tobago Cricket Board of Control)를 통해서 1994년 4월 28일 매우 강력한 공식적 항의를 제기했다. 이러한 조직화는 '트리니다드 토바고와 그들의 크리켓 선수들이 당연히 가져야 할 대우를 거부하기 위한 … 조직적이고 계산된 음모'로서 인식된 것에 관한 우려스러운 관심을 표현했다. 트리니다드 토바고 크리켓 통제위원회는 네 개의 구체적인 불평을 목록으로 만들었

29_ *Wisden Cricketers' Almanack 1993*, London : John Wisden & Co., 1994, p. 1039.

는데 주로 서인도제도의 팀 선발에 관련된 것이었다. 또한 최근 서인도제도 크리켓 통제위원회가 라라(Brian Lara)와 시몬스(Phil Simmons) 같은 트리니다드 선수들을 다뤄왔던 방식들에 대해 트리니다드가 매우 불만이었음을 서인도제도 크리켓 통제위원회에게 알게 해주었다. 예상대로 서인도제도 크리켓 통제위원회는 공적인 불만들을 '전체적으로 제고할 가치가 없는' 것으로 간주했다. 반면, 바베이도스의 《선데이 선》(*Sunday Sun*)지에 기고하는 코져(Tony Cozier)는 "무의미한 반대는 부적당하지만 트리니다드의 불만이 우리를 지속적으로 괴롭히는 파벌주의라고 보기는 어렵다"면서 서인도제도 크리켓 통제위원회의 비난을 기각했다.[30]

해결할 수 없는 섬나라 근성의 문제는 인종과 민족성에 관련한 곤란한 이슈들과 결합된다. 영어사용권 카리브 해의 사람들은 생각할 수 있는 거의 모든 인종 및 피부색의 다민족적 통합체이다. 인구의 태반이 아프리카계임에도 불구하고 꽤 많은 인도인과 중국인들 소수가 존재하는데, 특히 가이아나와 자메이카, 트리니다드의 경우가 그렇다. 흑인 노예제의 폐지 이후 19세기 동안 카리브 해에 이주했던 인도 계약 노동자들의 후손이 가이아나와 트리니다드에는 특히 많다. 가이아나에서 그들은 인구의 약 50%를 차지하고 있는데, 이들은 정치영역에서 인종적 대립의 가능성에 직면해 왔다. 아프리카계 가이아나인들의 대다수는 1957년 번함(Forbes Burnham)에 의해 설립된 전국

30_ *Red Stripe Caribbean Cricket Quarterly*, July/September 1994, 12에서 인용.

인민대표회의(PNC : People's National Congress)를 지지하는 반면, 인도계 가이아나인들은 1950년 자간(Cheddi Jagan)에 의해 세워진 인민진보당(PPP : People's Progressive Party)을 지지하는 경향이 있다. 이는 지난 40여 년 동안 격렬한 정치적 대립을 이끌었고, 이로 인해 가이아나인들 생활의 모든 측면에서 심각한 인종적 긴장 및 불화가 존재해왔다. 말할 필요도 없이 그러한 사고방식은 가이아나의 크리켓에 침투해 왔고, 인도계 가이아나인들은 종종 그들의 크리켓 선수들이 전통적으로 인종적 차별대우의 피해자였다는 믿음을 표현해 왔다.

유사한 상황이 트리니다드에서도 지배적인데, 트리니다드는 인도계가 인구의 약 40% 이상을 차지하며, 이들이 수상인 판데이(Basdeo Panday)의 통일국민회의(United National Congress)를 위해 투표하는 반면, 다수인 아프리카계 트리니다드인들은 여전히 윌리암스(Dr. Eric Williams)가 1955년에 설립한 인민민족운동(People's National Movement)을 지지하고 있다. 트리니다드인들 생활의 많은 특징들에서 인종적 경쟁의식이 존재하며, 많은 인도계 트리니다드인 크리켓 선수들은 그들의 판단으로 흑인과 백인만을 인식하는 시스템에 의해 희생당했다고 느껴왔다.

인도계 크리켓 선수들이 그들의 경기수준에도 불구하고 일반적으로 카리브 해에서 고된 생활을 해왔다는 것은 의심할 여지가 없다. 가이아나에서 지금까지 배출한 훌륭한 타자 중 하나인 퍼사우드(Chatterpaul Persaud)는 한 번도 서인도제도를 위한 경기에 선발된 적이 없었고, 비교할 수 없을 만큼 훌륭한 투수 라마딘(Sonny Ramadhin)

이 1950년에 인종장벽을 깨트릴 수 있었던 것은 동양적 신비함의 특수한 종류로 여겨졌다. 가이아나와 트리니다드에서 인도계들은 결과적으로 그들의 상대(아프리카계)보다 더 적은 서인도제도의 지원을 받아왔다. 심지어 인도계들은 인도와 파키스탄 원정 팀들이 카리브 해를 방문할 때 이들을 공개적으로 응원하러 가곤 한다. 지난 몇 년 동안 트리니다드와 가이아나에서 가장 인기 있는 크리켓 선수 중 두 명은 굽트(Subhash Gupte)와 가바스카(Sunil Gavaskar)였는데, 굽트는 인도를 위한 36개의 테스트에서 149이닝을 잡은 약삭빠른 좌완투수(leg-spinner)였으며, 가바스카는 국제적 수준의 경기에서 일만 득점을 넘은 최초의 크리켓 선수가 된 위대한 인도의 타자였다.[31]

인종적 긴장은 때때로 선별적인 실수를 초래할 수 있지만 크리켓 경기에서 서인도제도의 성과에 부정적으로 영향을 줄 만큼 나타나지는 않는다. 다양한 인종들이 협력적으로 함께 경기를 해왔고, 확실히 챈더폴(Shivnarine Chanderpaul)은 (라마딘이 1950년대에 그랬던 것처럼) 1990년대 후반에 그 방면에서 가장 인기 있는 선수들 중 하나였다. 그러나 조금 거북한 문제도 여전히 존재하고 있다. 인도계 카리브인 공동체는 범아프리카주의(Pan-Africanism)를 표방하며 그의 승리팀이 갖는 배타적인 아프리카 민족적 배경에 관해 자랑해 온 리차드(Viv Richards)를 의심했다. 1990년 2월 9일 안티구아 신문인《아웃렛》(*Out-*

31_ C. Martin-Jenkins, *World Cricketers : A Biographical Dictionary*, Oxford : Oxford University Press, 1996, pp. 429-30, 433-34.

let)지에 기고하면서 리차드는 (다소 분별없이) "서인도제도 크리켓팀은 … 우리 국민들에게 즐거움과 자각심을 주면서 모든 국제적 반대에 대항해서 반복적으로 승리할 수 있었던 아프리카 출신들의 유일한 스포츠 팀이다"라고 단언했다. 이는 자연스럽게 분개한 반응, 특히 트리니다드의 수상인 판데이(Basdeo Panday)의 분노를 촉발시켰고, 리차드는 해명과 사과를 해야만 했다.[32]

그러한 어려움에 직면해서도 서인도제도가 크리켓 경기를 할 수 있을 뿐만 아니라 성과를 낼 수 있다는 점은 진정 놀랍다. 심지어 그들이 계속 승리하던 기간 동안에도 인종주의와 편협한 정치가 개입했다. 예를 들어 1966년 소버즈(Gary Sobers)가 잉글랜드에서의 테스트 시리즈에서 3–1 승리로 그의 팀을 이끌었을 때, 그는 할 수 있는 만큼의 최선을 다하지 않았다고 간주된 무리에 그 자신이 가담했다. 그는 그의 팀에 바이노(Robin Bynoe)와 로이드(Clive Lloyd)를 포함시키도록 그의 동료 선발위원들(fellow–selectors)을 설득하는 데 실패한 것을 끝까지 유감스러워했다. 그가 계속해서 원통하게 느꼈던 것은 편협함의 정치였다. 로이드는 후에 장점보다는 편협한 생각에 기초한 '선발교환'이 다수 존재했다고 추정했다.[33]

편협한 선입관은 급격한 인기를 얻는 기간 동안에는 상대적으로

32_ T. Cozier (ed.), *West Indies Cricket Annual 1990*, Bridgetown : Cozier Publishing, 1990, p. 33.

33_ Sir G. Sobers (B. Scovell과 공저), *Sobers : Twenty Years at the Top*, London : Macmillan, 1988, p. 167 ; Lloyd, *Living for Cricket*, pp. 19–20.

덜 위험하다. 심지어 가장 광적인 바베이도스인들도 서인도제도가 승리하는 동안에는 선발 결정에 대해 덜 비판적인 경향이 있다. 그들은 성공적인 조합을 완성하고 유지할 필요가 있다고 이해한다. 그래서 그들은 서인도제도팀이 계속 승리했을 때, 1980년대 바베이도스의 가장 훌륭한 타자이자 야수 중 하나였던 베스트(Carlisle Best)의 계속적인 제외를 납득할 수 있었다. 그러나 1990년대 후반 서인도제도팀이 패배하고 있을 때 드래이크(Vasbert Drakes), 깁슨(Ottis Gibson) 그리고 홀더(Roland Holder)와 같은 그 지역 영웅들을 계속 무시하는 것을 바베이도스인들이 이해하기는 상당히 어렵다.

서인도제도의 크리켓이 직면한 현재의 문제들

편협함은 현재 크리켓과 서인도제도가 직면한 가장 긴급한 위험들 중 하나이다. 장기적이고 충격적인 부진은 이 지역에 말할 수 없는 심리적 손상을 입혔다. 선수 선발위원들은 생각할 수 있는 모든 지역으로부터의 의견충돌과 불만에 직면한다. 현재 서인도제도 크리켓 위원회의 회장을 맡고 있는 성직자 홀(Wesley Hall)은 선수 선발위원으로서의 삶이 "카리브 해에 있는 일부 지역을 여행하면서 육체적으로는 아니지만 그와 동일하게 불편함을 느꼈는데 … 그것은 정신적인 당혹감이라는 것을 알았다"고 말한다. 1997년 그는 "항상적이고 무지한 비판과 압력때문에 훌륭한 사람들이 위원회를 위해 또는 선수 선발위원이 되기 위해 후보자로 나서는 것을 꺼릴 것이며, 이는

우리 크리켓의 손실이 될 것"이라고 경고했다.[34]

서인도제도의 크리켓에 해로운 잠재성을 갖는 또 다른 요인이 있다. 이를테면 '독립의 시대' 동안 카리브 해에서의 흑인과 아프리카계 중산층의 경기 관전이 급격히 증가했음을 생각해 보자. 이 현상은 헤들리(George Headley), 칸하이(Rohan Kanhai), 소버즈(Gary Sobers)와 같은 슈퍼스타들, 그리고 '세 명의 가공할 만한 서인도제도인들'이 존재했던 상황과는 완전히 다른 맥락을 창출했다. 이들 중산층은 적극적이며 탐욕스럽고 야심차다. 그리고 그들의 선조들이 그랬던 것처럼 크리켓에 대해 많은 중요성을 부여하지 않는다. 그들의 강렬한 관심은 가족과 직업에 맞춰져 있으며, 다른 문제들은 부차적이다. 그들의 영리한 자녀들 또한 득점을 기록하는 것보다는 자격증들을 획득하는 데 더 열심이다. 지난날의 학자적 운동 선수는 사실상 카리브해의 사회적 풍경에서 사라져 버렸다.

1940년대와 1950년대 동안에는 중대한 이슈가 아니었던 마약남용이 이제는 서인도제도를 통틀어 매우 심각한 문제가 되었다. 불법적인 약물들의 인기가 증가하는 것은 분명히 크리켓의 성장을 방해해 왔으며, 부적당한 광기가 진행되는 한 크리켓의 성장을 계속 방해할 것이다.

냉혹한 도시화 또한 크리켓에 부정적인 영향을 준다. 한때 젊은이들이 그 시기를 통틀어 쾌활하게 크리켓 경기를 할 수 있는 넓고 개

34_ *Red Stripe Caribbean Cricket Quarterly*, October/December 1997, 23에서 인용.

방된 공간과 경기장이 있던 곳에 이제는 포장된 도로와 광포한 개와 복잡한 안전 시스템에 의해 보호되는 호화로운 주택들이 존재한다. 브리짓타운(Bridgetown), 캐스트리즈(Castries), 죠지타운(Georgetown), 킹스톤(Kingston), 킹스타운(Kingstown), 포트오브스페인(Port-of-Spain), 로소우(Roseau)와 세인트 존스(St. John's)와 같은 수도들은 높이와 경계에서 확장되었고 교통량 역시 길거리 크리켓—이전 세대에서는 가장 대중적인 기분전환이었던—을 이제는 거의 불가능한 활동으로 만들었다. 신인 테스트 매치 선수들을 위한 훌륭한 연습장이었던 것은 더 이상 사용할 수 없다. 홀(Wes Hall), 헌트(Conrad Hunte), 너스(Seymour Nurse)와 소버즈(Gary Sobers) 같은 바베이도스의 슈퍼스타들이 초기에 그들의 기술을 연마했던 것은 바로 크리켓에 대한 이러한 방식을 거치는 것이었다.

카리브 해의 교육도 예전의 것이 아니다. 약 1970년대까지 손꼽히는 초등학교와 중등학교에서 성별이 엄격하게 분리되어 있었던 반면, 이제는 합동교육이 일반적인 것이 되었고 이러한 경향이 크리켓의 발전(특히 바베이도스에서)을 저해한 것으로 보인다. 한때 유서 깊은 중등학교는 크리켓 교사를 임명했고 인격함양 교육으로서 크리켓 게임을 중요시했다. 따라서 바베이도스에 있는 안티구아 그래머 스쿨(Antigua Grammar School), 콤버미어 스쿨(Combermere School), 해리슨 컬리지(Harrison College)와 로쥐 스쿨(Lodge School), 가이아나의 퀸즈 컬리지(Queen's College), 트리니다드에 있는 퀸즈 로얄 컬리지(Queen's Royal College), 그리고 자메이카의 킹스톤 컬리지(Kingston

College)와 올머즈(Wolmer's)와 같은 기관들은 수년 동안 생산적인 크리켓 양성소로 이바지해 왔다. 그러나 현재 중등학교의 대다수가 주로 미국에서 훈련받은 체육교육 졸업자를 고용한다. 그들은 미국 편향성을 갖고 다양한 스포츠를 활성화시키기 때문에 크리켓 선수들의 단일체적 양성은 끝나게 되었다.

이는 주로 카리브 해 문화의 점진적인 미국화와 일치한다. 북미의 방송매체에 대한 상당한(그리고 점증하는) 노출이 존재한다. 마이애미, 뉴욕과 산 후안 같은 도시들로의 일상적인 접근은 사회적·문화적 모델의 제공자로서의 영국과 유럽에 대한 이전의 의존성을 상당히 감소시켜 왔다. 따라서 야구, 미식축구 및 골프와 같은 스포츠들이 거의 크리켓만큼이나 자주 텔레비전에 방송된다. 결과적으로 카리브의 중상류층 젊은이들은 그들의 부모와 조부모들보다 더 광범위한 범주에서 그들이 모방할 수 있는 스포츠 영웅들을 가지고 있다.[35]

'독립의 시대' 동안 카리브 해 스포츠의 점진적인 다양화는 육상, 야구, 골프, 하키, 축구 그리고 수영과 같은 분야에서의 현저하고도 분명한 개선을 이끌었다. 그러나 이러한 개선은 크리켓의 희생으로 이루어졌다. 일례로 서인도제도의 크리켓을 강하게 만들었던 이전의 젊은 에너지의 일부는 유명한 '래게 보이즈'(Reggae Boyz, 자메이카의 축구팀[역자 주]), 즉 1998년 축구 월드컵 동안 자메이카 국민들에게 헤아

35_ 예를 들면 K. A. P. Sandiford and p. Lashley, "The rise and fall of Barbadian cricket", *Cricket Lore*, 2001, Vol. 4, 8–11을 보라.

릴 수 없는 자긍심과 즐거움을 가져온 이들에게로 옮겨졌다. 또한 일부는 볼던(Ato Boldon)과 톰슨(Obadele Thompson)과 같이 다수의 뛰어난 단거리 육상 선수를 양성하는 데 일조했다.

이와 같은 근본적인 변화의 와중에 특히 젊은 크리켓 선수들 사이에서 매우 강력한 개인주의 정신이 나타났다. 그 상황에 대한 재기 넘치는 분석에서 버클스(Beckles)는 개인주의를 이 지역의 응집력을 자주 손상시킨, 영구적이면서도 넘쳐흐르는 '준민족주의' (subnationalism)만큼이나 중요한(그리고 잠재적으로 위험한) 것으로 여긴다.[36] 현대의 크리켓 선수들은 그들의 선임들에 의해 누려졌던 것보다 훨씬 더 유리한 계약으로 무장하고 에이전트, 회계사, 변호사를 고용하기 때문에 이전의 선수들보다 통제하기가 더 어렵게 되었다. 서인도제도 크리켓 위원회는 더 이상 그들의 하인에게 하듯이 인색하게 테스트 XI를 다룰 수 없다. 선수들은 1998년 11월 남아프리카의 불운한 여행에 착수하기 얼마 전 기념비적인 파업을 강행함으로써 고통스럽지만 확실하게 이러한 경향을 만들어냈다. 버클스는 다음과 같은 말로 이러한 발전을 분석했다.

> 월쉬(Courtney Walsh)는 어떤 것이든 그 이상의 민족적 자긍심이 크리켓 분야에서의 성과를 위한 동기부여가 되었던 시대의 마지막 영웅임

36_ Beckles, *Development of West Indies Cricket*. 특히 vol. 2 : *The Age of Globalization*, pp. 131–34를 보라.

> 이 분명하다. 라라(Brian Lara)는 크리켓의 사유화, 상품화, 그리고 지구적 자유화를 특징으로 하는 새로운 패러다임의 첫 번째 영웅이다. … 그의 뒤를 따르는 이들은 그의 기업적 스타일과 지구적 규범과 같은 연관성을 보게 될 것이며, 서인도제도 크리켓을 위해 좋은 것에 대한 서인도제도 크리켓 위원회의 생각을 초월한 방식으로 그들의 기업가적 관심을 결합시킬 것이다.[37]

특히 서인도제도 크리켓 위원회는 이전보다 더 많은 스폰서들을 끌어들일 수 있도록 운영되고 있음에도 불구하고 그 지역이 테스트 경기를 하는(Test-playing) 다른 국가들과 단순히 상업적 · 경제적 조건으로만 경쟁할 수는 없기 때문에 근심하고 있다. 코져(Tony Cozier)가 1982년에 후회하며 인정했듯이 "오스트레일리아와 영국의 크리켓과 관련되어 왔던 국제적인 거인—Benson & Hedges, Prudential Insurance, the National Westminster Bank, Mcdonald's와 Schweppes—에 반해 기대된 서인도제도의 스폰서들은 잔챙이이다. … 그들이 활동하는 경제는 소규모이고 허약하며, 그들이 제공하는 시장은 수적으로 하찮다." 코져는 카리브 해 공동시장(CARICOM)의 모든 노력에도 불구하고 어느 경우든 대부분의 주요 기업들의 관심이 개별적인 섬들에 제한된 경향이 있기 때문에 진정으로 지역적인 기업이 부족하다는 것을 애석하게 생각해 왔다.[38]

37_ Beckles, *Development of West Indies Cricket*, vol. 2, pp. 131-2.

다른 한편, 슈퍼스타들은 일반적으로 지구화 시대에 성공적으로 적응해 왔다. 이는 특히 라라(Brian Lara)의 경우에 적용된다. 서인도제도의 신문들의 보고에 따르면, 1990년대 후반 라라의 연간 수입에는 1998년 워릭셔(Warwickshire)에서 받은 12만 파운드는 말할 것도 없고 서인도제도 크리켓 위원회로부터 10만 파운드, 컴퓨터 게임에서 15만 파운드, 타구 도구에서 25만 파운드, 선글래스 제조업체로부터 22만 파운드, 주류 회사로부터 8만 파운드, 그리고 카리브 해에서의 잡다한 거래로부터의 15만 파운드가 포함되었다.[39] 그러한 개인적 거래들은 왜 서인도제도 크리켓 위원회가 크리켓 선수들에 대해 절대적인 권위를 점점 더 휘두르기 어렵게 되었는지, 그리고 왜 서인도제도 크리켓 통제위원회(WICBC)가 1996년에 공식적인 명칭에서 마지막 C를 버리기로 결정했는지를 설명하는 데 도움이 된다.

서인도제도 크리켓과 탈식민지 정체성

따라서 국제무대에서 카리브 해 공동체를 유명하게 했던 테스트 XI의 계속되는 실패가 영어사용권 섬들의 집단적 탈식민지 정체성에 있어 핵심적인 문화적 요소로서의 크리켓의 종말을 필연적으로

38_ T. Cozier (ed.), *West Indies Cricket Annual 1982*, Bridgetown : Cozier Publishing, 1982, p. 3.
39_ *Red Stripe Caribbean Cricket Quarterly*, April/June 1998, 4.

가져올 것이라는 근본적인 두려움, 특히 카리브 해 공동체의 더 오래된 구성원들이 느끼는 두려움이 존재한다는 것은 놀랍지 않다. 그러나 그러한 비관주의를 지지하기에는 너무 많은 고무적 징후들이 존재한다. 잘 만들어진 전통들이 사라진다는 사실과는 별개로, 질질 끌더라도 만일 언젠가 그러한 전통들이 완전히 사라진다면 카리브 해를 상징하는 신전은 크리켓의 지위를 빼앗으려 노력하는 경쟁적인 분야에서의 혁명을 선택할 것이다. 만일 '레게 보이즈'(Reggae Boyz)가 1998년 월드컵에서 승리했었다면, 또는 몇몇 카리브 해의 운동들이 시드니 올림픽에서 경쟁자들을 물리쳤었다면 그때 크리켓의 우월성은 훨씬 더 큰 위험에 처했을 것이다. 다른 말로 하자면 그것은 크리켓을 굴복시키는 것에 대한 중요한 문화적 상징의 실패 그 이상을 의미한다. (크리켓을 굴복시키는 것은) 일반적으로 적합한 대안의 패권이 요구되는 것이다.

사실 크리켓은 여전히 영어권 서인도제도가 국제무대에서 집단적인 전체로 작동하는 유일한 영역이며, 그들은 백 년 이상 그렇게 해왔다. 지금까지의 여정에서 카리브 해의 크리켓은 현재 위협받고 있는 것들보다 잠재적으로 더욱 파괴적이었던 과거의 위험들을 극복해 왔다. 크리켓은 치명적인 할당제(겨우 최근에야 포기되었던)와 백인이 캡틴이어야 한다는 쓸모없는 우둔함(1960년까지 지속된)에서 살아남았다. 또한 1965년 이전에는 어떠한 연례적이고 정기적인 지역 간의 경쟁이 존재하지 않았다는 점도 기억할 필요가 있다. 이는 지역의 크리켓 선수들이 그들의 출신지 활동 외에는 주로 알려지지 않은 채로 남아 있었다는 것과 그러므로 식민지 자매국의 자동적인 지원을 기대할 수 없었다는 것을 의미한다. 보다 나이든 서인도제도 스타들은 그들의 가치를 비판적인 이웃에게 입증하거나 그들의 비웃음에 고통받아야만 했다. 헤들리(George Headley)와 같이 위대한 타자도 바베이도스인들의 면전에서는 자메이카를 위한 그의 임무를 결코 다하지 못했다. 사실 그는 그의 화려한 최상의 경력을 통틀어 브리짓타운에 (서인도제도를 대표하여) 단지 세 번밖에는 등장하지 못했다.[40] 이 지역에서 일류 크리켓의 부족과 치명적인 할당제에 의해 촉진된 편협함에 대해 우려하던 재앙은 현재보다는 보다 앞선 시대에 더 많이 비난받을 만했다.

또한 비관론자들은 스포츠의 운이 순환적인 경향이 있다는 점을 기억해야만 한다. 서인도제도 크리켓팀이 1967–1973년 기간 동안 지루한 침체기로 고통받았을 때 최근 들리는 것들과 유사한 매우 암울한 전조가 존재했다. 코져(Tony Cozier)는 슬픔에 잠긴 사설에서 "서인도제도 크리켓에 대한 시험의 시간들"이라는 제목으로 카리브 해에 있는 바로 그 스포츠 조직을 위협하는 듯 보이는 불미스런 장애물들과 논쟁에 대해 장황한 설명을 개괄했다. 1973년에 글을 쓰면서 코져는 크리켓 경기가 건전한 상태로 생존할 것인지를 염려했다.[41] '크

40_ R. K. Whitham, *George A. Headley : His Record Innings–by–Innings*, Nottingham : Association of Cricket Statisticians, undated, p. 29.

41_ T. Cozier (ed.), *West Indies Cricket Annual 1973*, Bridgetown : Cozier Publishing, 1973, p. 2–3.

리켓 인물'로 알려진 스완튼(E. W. Swanton)이 "서인도제도는 여전히 감사해야 할 많은 축복을 가지고 있으며, 크리켓의 부활은 단지 시간 문제일 뿐"이라고 사려깊게 말했던 것은 그런 심각한 기우에 대한 대응이었다.[42] 2년 전에는 저명한 인도의 크리켓 저술가인 사르바디카리(Berry Sarbadhikary)가 동일한 충고를 했었다. 크리켓의 우월성에 대한 순환적 성격이 주어졌기 때문에 서인도제도가 공황상태에 빠질 필요는 없었고, 그들의 전환점은 틀림없이 다시 올 것이었다.[43] 사르바디카리와 스완튼의 말은 불가사의하게도 예언으로 판명되었다. 부활은 1973년 여름에 영국 땅에서 잉글랜드 최고 팀을 격파하면서 시작되었다.

그러한 부활은 그 지역들의 정부, 상업적 스폰서들 또는 서인도제도 크리켓 통제위원회 자체의 어떠한 개입도 없이 거의 기적처럼 이루어졌다. 마치 천국에서 '만나'(천계의 음식[역자 주])가 내려온 것처럼 코치, 트레이너 또는 크리켓 아카데미의 특전 없이도 능력이 부여된 스타 군단들이 갑자기 나타났다. 유사하게 21세기의 부활은 카리브 해 크리켓의 하부구조에 발생한 매우 긍정적인 변화 때문에 가능했다. 홀(Wesley Hall)의 집권과 함께 경영자, 선수들, 또는 일반 대중들 누구든 다양한 크리켓 관련자들을 달랠 필요성에 대한 자각이 좀 더 많아

42_ Cozier (ed.), *The West Indices Cricket Annual 1973*, p. 5.
43_ B. Sarbadhikary, "West Indies cricket : Then and now", *The West Indies Cricket Annual 1971*, pp. 18–20.

졌다. 서인도제도 크리켓 위원회는 1980년대에 생각되었던 어떤 것보다 더 유리한 스폰서들을 많이 끌어들이는 데 성공했다. 카리브 해 공동시장의 회원국 대부분이 더 이상 오래 무시하기에는 크리켓이 카리브인들의 삶에 너무도 중요한 특성이라는 결론에 도달했고, 원칙적으로 서인도제도 크리켓 위원회와 예전보다 밀접한 협력을 실행할 것에 동의했다. 서인도 대학교 또한 크리켓의 부활에 있어 주도적인 역할을 하겠다는 확고한 결정을 보여주었다. 게다가 2000년 10월에 카리브 해 공동시장, 서인도제도 크리켓 위원회, 그리고 서인도 대학교는 서인도제도 크리켓의 모든 관련자들의 이해를 논의하고 긍정적인 권고안을 제안하기 위한 안티구아에서의 포괄적 회의를 공동으로 후원했다. 이는 2000년 5월 서인도 대학교와 카리브 해 공동시장 정부들에 의해 조직된 조금 덜 공식적인 심포지움의 후속편이었다.[44]

말하자면 상당한 정도의 미덕이 오래된 슬럼프에 의해 야기된 당혹감으로부터 직접적으로 나타났다. 그레나다의 수상이며 섬 팀(island side)의 전임 주장인 미첼(Keith Mitchell)은 2001년에 새로운 퀸즈 파크 경기장(Queen's Park Stadium) 복합관 브랜드뿐만 아니라 1998년 세인트 조지 대학교(St George's University)에 크리켓 아카데미를 설립하는 데도 핵심적인 역할을 했다.[45] 대부분의 열정적인 크리켓 선수들

44_ *Red Stripe Caribbean Cricket Quarterly*, February/April 2001, 3, 8.
45_ *Caribbean Cricket Quarterly*, May/July 2001, 51–52.

의 과거와 현재처럼 그는 카리브 해에서 크리켓 전통이 살아 있게끔 유지하고 그 지역의 다른 수상들에게도 그렇게 하기를 설득하기로 결심했다. 트리니다드 토바고의 수상인 판데이(Basdeo Panday) 또한 1999년, 서인도제도 크리켓의 지원에 남미공동시장(CARICOM)이 보다 적극적으로 개입할 것을 요청했다.[46] 또 다른 예전의 선수이자 열정적인 크리켓 팬인 아서(Owen Arthur) 하의 바베이도스 노동당 정부도 역시 수년 동안 바베이도스 크리켓 협회(Barbados Cricket Association)의 처우에 아낌없는 원조를 제공했고, 최근에는 브리짓타운에 있는 켄싱턴 오발(Kensington Oval) 경기장의 발전을 위해 정부로부터 미화 5백만 달러 이상의 대출 보증을 제공했다. 이들 기금은 오랜 기간 동안 부족했던 쾌적한 방송석의 건립을 위해 요구되었다.[47]

한마디로 말하면, 보다 최근에 대부분의 카리브 해 공동시장 정부들은 서인도제도 크리켓 위원회와 협력하는 데 대해 그들이 이전에 표현했던 것보다 더 큰 의지를 표명했다. 실례로 1996년에 그들은 지도적인 서인도제도의 전문가들의 이용도를 보장하기 위한 '보유자 계약' 비용에 아낌없이 지원함으로써 서인도제도 크리켓 위원회를 원조하기로 약속했었다. 그러한 계획의 생각은 전문가들이 전문적으로 해외에 나가서 활동하는 것보다는 코치를 하거나 지역 클럽에서

46_ *Red Stripe Caribbean Cricket Quarterly*, July/September 1999, 48.

47_ *Red Stripe Caribbean Cricket Quarterly*, October/December 1997, 6. 또한 *Red Stripe Caribbean Cricket Quarterly*, January/March 1998, 4를 보라.

활동하도록 함으로써 계약된 선수들을 카리브 해에서 보유한다는 것이었다. 그러나 너무 많은 정부들이 그들의 지불분을 체납했기 때문에 서인도제도 크리켓 위원회는 결국 1998년도에 그 프로그램을 포기할 수밖에 없었다.[48] 그러나 현재 그들의 태도는 보다 긍정적이고 호의적이다.

서인도 대학교는 1990년대 초에 바베이도스에 있는 케이브 힐 캠퍼스(Cave Hill Campus)에 크리켓 연구센터(CCR : Center for Cricket Research)를 건립할 정도로 카리브 해에서 크리켓 전통의 우월성을 살리기로 결정했다. 이는 그 당시 예술대의 학장이었던 버클스(Hilary Beckles)의 생각이었다. 그는 현재 총장이며 카리브 지역에서 스포츠의 발전에 관한 보고서와 논문을 쓰도록 학생들을 격려하면서 카리브 해의 크리켓 연구에 대한 건전한 관심을 간직하고 있다. 버클스는 1993년에 케이브 힐에서 연례적인 프랭크 워렐 경 기념강연회(Sir Frank Worrell Memorial Lecture)를 창시했다. 그는 또한 1994년 브리짓타운의 퀸즈 파크 스틸 쉐드(Queen's Park Steel Shed)에서 상당히 성공적인 가필드 소버즈 경 강연 시리즈(Sir Garfield Sobers Lecture Series)를 조직했다. 그리고 1995년에는 같은 장소에서 비비안 리차드 강연 시리즈(Viv Richards Lectures Series)를 조직했다. 종국에는 책의 형태로 재생산된 이들 대중적 강연회들은 젊은 세대가 카리브 해의 문화적 유산에 있어서의 주요한 토대에 대한 시각을 잃지 않도록 하려는 의도였

48_ *Red Stripe Caribbean Cricket Quarterly*, July/September 1998, 10.

다.[49] 버클스와 스토다아트(Brian Stoddart)에 의해 편집된 또 다른 학문적 선집은 크리켓 연구센터(CCR)의 신입자를 위한 기초 텍스트의 하나로 제공하려는 의도였다.[50] 크리켓 연구센터(CCR)와 같은 기관들과 버클스에 의해 집필되고 편집된 텍스트와 같은 텍스트들은 카리브인들의 생활에 있어 크리켓의 지속적인 영향력에 대한 유형의 증거물을 대표하며 그러한 영향력을 영속시키기 위해 신중하게 준비되었다.

또 다른 중요한 기관, 즉 카리브 크리켓 센터(CCC : Caribbean Cricket Center)가 최근에 안티구아에 설립되었다. 카리브 크리켓 센터는 모든 상상할 수 있는 수준에서 선수들과 팀들을 위해 질 높은 훈련과 지도 및 경기시설을 제공하려는 의도로 설립된 시설이다. 임시숙소, 미디어 센터, 피트니스 룸, 도서관 그리고 비디오 룸과 같은 설비들을 포함하는 확장계획은 즉각적으로 착수되었다. 서인도제도 크리켓 위원회는 현명하게도 그 계획의 시작부터 함께 참여했고 테스트 팀들을 위한 훈련시설로 카리브 크리켓 센터를 이용하고 있다.[51] 서인도제도 크리켓 위원회 또한 선수들에게 '그들의 경력을 보강하는 동안 인생에 대한 새로운 전망도 함께' 제공하기 위해 일련의 인성개발 세

49_ H. Beckles (ed.), *An Area of Conquest : Popular Democracy and West Indies Cricket Supremacy* : Kingston, Ian Randle Publishers, 1994 ; Beckles (ed.), *A Spirit of Dominance.*

50_ H. McD. Beckles and B. Stoddart (eds.), *Liberation Cricket : West Indies Cricket Culture*, Manchester : Manchester University Press, 1995.

51_ *Red Stripe Caribbean Cricket Quarterly*, January/March 1998, 4.

미나를 요청하는 프로그램을 도입했다. 일부 유망한 테스트 선수들과 최상급의 선수들이 1996년 7월 포트오브스페인에서 열린 개회 세미나에 참여했다.[52]

몇몇 중등학교도 또한 서인도제도 크리켓 위원회가 그들의 커리큘럼에 크리켓을 부활하도록 주장하면서 제기한 도전들에 긍정적으로 반응하기 시작했다. 1999년 12월 갑작스럽고 불행한 죽음 바로 전에 헌트(Conrad Hunte) 경은 콤버미어 스쿨이 크리켓 교사를 고용했고 바베이도스의 다른 두 학교, 해리슨 컬리지(Harrison College)와 재단도 크리켓 교사를 고용할 계획 중이었다.[53] 크리켓 양성에 대한 이와 같은 새로운 집중은 또 다른 전도유망한 신호이다.

따라서 대체로 그러한 신호들은 비록 크리켓에 관한 결과가 1995년 이래 완전히 만족스럽지 않았다 해도 좋은 징조들이다. 매우 오랫동안 카리브의 아킬레스건은 라라(Brian Lara) 버금가는 세계 수준급 타자의 부재였다. 그러나 강가(Darren Ganga), 게일(Christopher Gayle), 하인즈(Wavell Hinds), 사무엘(Marlon Samuels)과 사르완(Ramnaresh Sarwan) 같은 상당히 재능 있는 젊은 타자들의 갑작스런 출현이 이 지역에 현실적인 희망의 빛을 주고 있다. 크리켓이 모든 서인도제도의 가장 중요한 문화적 상징이라는 것을 쉽게 포기할 것 같지는 않다. 만

52_ *Red Stripe Caribbean Cricket Quarterly*, October/December 1996, 4.
53_ Sir C. Hunte, "A question of leadership", *Red Stripe Caribbean Cricket Quarterly*, January/March 2000, 8–9.

일 끝이 보였다면 그 사회가 카리브라는 배를 일으켜 세우기 위한 프로그램, 시스템 및 구조를 그렇게 미친 듯이 궁리할 수 있는 의지를 찾거나 에너지를 모으지 않았을 것이다.

8. 야구와 미국의 예외주의

프랜시스 D. 코글리아노 Fancis D. Cogliano

여보게들, 모든 야구 선수들아, 우리 용맹스런 양키스(Yankee)
시합에 관련된 잘못된 것에 용서를 구하는 노래를 들어보소.
만약 가사가 당신의 마음에 들지 않는다면
후렴은 마음에 들것이라네.
후렴
그리고 즐거움을 위해서 소리치고, 소리치세, 그리고 창공에 종을 울리세,
우리의 고귀한 시합의 칭찬 속에서, 틀림없이 건강을 가져다 줄걸세
여보게들, 우리 용감한 양키스의 건아들아,
여러분 모두를 위한 충분한 기회가 열려 있고,
자 엉클 샘(Uncle Samuel)의 스포츠에 참가하자—야구로 기분전환하자

A. D. 1858년 '야구의 날'[1]

1_ H. Chadwick, *The Game of Baseball*, New York : George Munro, 1868 ; repr. Columbia, S. C. : Camden House, 1983, p. 178.

1911년 내셔널 리그(National League)의 설립자이고 열렬한 미국의 민족주의자인 앨버트 굿윌 스팰딩(Albert Goodwill Spalding)은 베스트셀러인 『야구의 역사』에서 다음과 같이 선언했다.

> 나는 야구가 우리의 국기(國技 : 미국을 대표하는 경기—야구의 애칭[역자 주])로서의 권위를 다른 형태의 스포츠에서 볼 수 없는 것처럼 야구는 미국인의 용기, 자부심, 투쟁정신 ; 미국인의 추진력, 규율, 단호함 ; 담력, 인내심, 실천력 ; 미국인의 정신, 총명함, 성공 : 미국인의 활기, 활동력, 사내다움의 대표자라고 주장한다.
>
> 야구 경기는 두뇌와 완력을 요구하고 있기 때문에 최고의 미국 경기라 할 수 있다. 그리고 미국의 남자다움은 아메리카 대륙을 넘어서 확산될 수 있는 충분한 요소들을 공급하고 있다.[2]

스팰딩은 야구가 미국의 제도와 평등주의 정서를 공유하고 있다고 믿었다.

> 우리 제도의 특징은 민주적이다 ; 야구는 민주적인 경기다. 우리 국가적 생활의 정신은 투쟁적이다 ; 야구는 투쟁적인 경기다. 우리는 전제계

2_ A. G. Spalding, *American's National Games ; Historic Facts Concerning the Beginning, Evolution, Development and Popularity of Base Ball with Personal Reminiscence of its Vicissitudes, Its Vicories and Its Votaries*, New York : American Sports Publishing, 1911 ; repr. Lincoln : University of Nebrask Press, 1992, pp. 4–5.

급(專制階級 : arbitrary class)의 특질을 알지 못하고, 전제계급을 인정하지 않는 사해동포주의적(cosmoplitan) 국가이다. 파스티(Pasty)가 규칙을 올바바르게 준수한다면 미국 대통령의 아들이 로렌스 라이오넬 리빙스턴(Lawrence Lionel Livingstone)과 같은 유명인사와 시합할 수 있는 만큼 빨리 파스티 플래닝(Pasty Flannigan)과 시합할 수 있을 것이다. 파스티 아빠가 은행원이든지 보일러 수리공이든지 대통령의 아들은 신경 쓰지 않을 것이다. 파스티가 야구를 잘 할 수 있다는 것을 대통령 아들은 아주 잘 알고 있다.[3]

스팰딩의 주장 뒤에는 두 가지 가설이 놓여 있다. 첫 번째는 야구와 미국 국가주의 사이에는 밀접한 관계가 있다는 것이다. 두 번째, 스팰딩은 미국과 제도의 발전은 독특한 환경의 산물이라고 가정하고 있다. 19세기 말과 20세기 초반에 널리 통용되었고 그 이후로도 계속되어 온 미국 국가주의가 특별하다는 견해는 종종 '미국 예외주의'(American exceptionalism)로 이름붙여졌다. 스팰딩의 책은 야구의 역사와 미국 생활에서 야구의 발전에 관해서 미국 예외주의 개념을 시험할 수 있다고 주장하고 있다. 비록 야구의 기원과 초기 역사가 미국 예외주의를 구체화하는 것 같지만, 예외주의와 미국 국가정체성에서 야구의 위치를 새롭게 할 필요가 있는 개념이라는 것을 시사하고 있다.

3_ Spalding, *American's National Games*, p. 6.

미국 예외주의와 스포츠

미국은 독특한 운명과 역사, 혹은 좀 더 신중하게 말하면 아주 독특한 특징 혹은 특별한 궤적의 역사를 가지고 있다는 마이클 카멘(Michael Kammen)의 주장은 오래되고 유명한 말이다.[4] 사실 그 개념은 미국 역사보다 앞선다. 미국은 '언덕 위의 도시'(city on hill)가 될 것이라는 1630년 존 윈톤스로프(Jonh Wintonthrop)에서 18세기와 19세기의 크레브퀘르(Crevecoeur)와 토크빌(Tocqueville)의 탐구에 이르기까지 정치적 종교 지도자와 문화를 연구하는 학자들은 미국이 세계 나머지 지역, 특히 유럽과 차이가 있다는 방식으로 설명하였다. 19세기에 윈톤스로프가 주장했듯이 예외주의의 종교적 기원은 워싱톤

4_ M. Kammen, "The Problem of American Exceptionalism : A Reconsideration", *American Quarterly*, 1993, vol. 45, 1–43. 이 주제에 관한 광범위한 최근의 자료는 I. Tyrrell, "American Exceptionalism in an Age of International History", *American Historical Review*, 1991, vol. 96, 1031–55 ; Byron E. Shafer(ed.), *Is American Different? A New Look at American Exceptionalism*, New York : Oxford University Press, 1991 ; J. P. Green, *The Intellectual Construction of America : Exceptionalism and Identity from1492 to 1800*, Chapel Hill : University of North Carolina Press, 1993 ; D. K. Adams and C. A. van Minnen, *Reflections on American Exceptionalism*, Keele : Keel University Press, 1994 ; G. M. Frederickson, "From Exceptionalism to Variability : Recent Development in Cross–Nation Comparative Histoy", *Journal of American History*, 1995, vol. 82, 587–604 ; S. M. Lipset, *American Exceptionalism : A Double–Edged Sword*, New York : Norton, 1996 : H. V. Nelles *et al.*, "Review Chapters : American Exceptionalism", *American Historical Review*, 1997, vol. 102, 748–74.

(Washington)의 고별연설, 먼로 독트린(Monroe Doctrin) 그리고 '미국 사명설'(Manifest Destiny : 미국이 북미 전체를 지배할 운명을 갖고 있다는 주장역자 주)의 깃발 아래 미국의 서부 팽창주의와 새로운 공화국 외교 정책의 표현 속에서 발견할 수 있는 국가주의로 대체되었다.

20세기 전환기에 미국 예외주의는 대서양 양쪽에서 학자들에게 중요한 개념이었다. 1892년에 미국의 역사가인 프레드릭 잭슨 터너(Frederick Jackson Turner)는 서쪽으로 팽창과 정착, 특히 자유로운 땅으로 접근과정이 미국을 엄격한 계급의식이 존재하지 않고 이동성이 강한 독특한 국민국가를 건설했다고 주장했다.[5] 몇 년 후에 독일의 사회학자 워너 좀바르트(Werner Sombart)는 '왜 미국에는 사회주의가 없는가'라고 의문을 제기하면서 20세기 미국 학생들의 주요 일차적인 관심사를 확인했다. 터너처럼 좀바르트는 미국의 정치적·사회적·환경적 조건이 서구 유럽에서 발견될 수 있는 조건과는 다른 사회를 만들어냈다고 믿었다.[6] 그후 20세기 내내 미국 예외주의는 비

5_ F. J. Turner, *The Frontier in American History*, New York : Henry Holt, 1925 참조. 터너의 에세이는 원래 1892년에 미국역사협회(American Historical Association)를 위한 회의록(conference paper)에서 발표되었다. 또한 D. M. Wrobel, *The End of American Exceptionalism : Frontier Anxiety from the Old West to the New Deal*, Lawrence, Kansas : University of Kansas Press, 1993 참조.

6_ W. Sombert, *Why is There No Socialism in the United States?*, London : Macmillan, 1976 ; K. Voss, *The Making of American Exceptionalism : The Knights of Labor and Class Formation in the Ninteenth Century*, Ithaca : Cornell University Press, 1993 ; S. M. Lipset and G. Marks, *It Didn't Happen Here Here : Why Socialism Failed in the United States*, New York : North, 2000 참조.

교역사 분야에서 아주 오래 지속된 주제였다.[7]

20세기에 옹호자들과 비판가 두 집단의 학자들에 의해 발전되고 주장되었듯이 미국 예외주의는 미국이 계급투쟁, 혁명적 격변, 그리고 유럽의 일부 국가에서 등장한 전체주의 정부들을 피할 수 있었으며, 다른 국가들이 모방할 수 있는 본보기를 세계에 제시할 수 있었던 것이다.[8] 즉 산업화의 공통된 경험과 공유된 문화적 유산에도 불구하고 미국의 문화적·사회적 정치발전은 다른 서구의 산업화된 민주주의 발전과는 전혀 달랐다. 미국 옹호자들은 세계에서 가장 자유로운 사회, 사회적 이동성과 계급장벽으로 방해받지 않은 능력 위주의 사회인 평등주의를 예외주의 산물로 생각했다. 세계적 범위와 부 때문에 미국은 인간 자유를 신장시킬 수 있는 핵심 요소인 민주주의와 자유경제의 세계 최고 지지자이다. 현 시대 미국의 비판가들은 미국을 독특한 상황의 산물로 보고 있다. 비판가들은 미국이 물질주의, 극단적인 부와 가난을 용인하거나 혹은 촉진하려는 의지, 그리고 자신의 사회적인 문제를 인정하거나 표현하지 않으려는 것을 예외적

7_ 냉전 기간 동안 루이스 하츠(Louis Hartz)는 봉건적인 과거가 없었던 것이 미국을 평등하고 자유롭게 만들었다고 주장했다. L. Hartz, *The Liberal Tradition in America*, New York : Harcourt Brace, 1955 ; "Comment", *Comparative Studies in Society and History*, 1963, vol. 5. 279–84, "American Historiography and Comparative Analysis : Further Reflection", *Comparative Studies in Society and History*, 1963, Vol. 5, 365–77 ; M. Meyers, "Louis Hartz, the Liberal Tradition in America : An Appraisal", *Comparative Studies in Society and History*, 1963, vol. 5, 261–68.

8_ Tyrell에서 인용되었듯이 "American Exceptionalism", p. 1031.

이라고 주장한다. 미국이 세계적으로 신식민주의적 권력을 확대시키고 있기 때문에 민주적이고 자유주의적 가치를 옹호하는 것은 부끄러운 것이다. 이러한 견해들은 미국, 미국의 역사, 사회조직과 정치제도 발전의 독특한 속성에서 유래했다.[9]

미국 예외주의 개념은 학자들에게 국한된 것이 아니다. 함축적으로 예외주의 개념은 미국 국가정체성의 핵심이다. 지난 두 세기 동안에 국경선이 엄청나게 변화했고, 시민들이 자발적이든 비자발적이든 이민자 자손들이 만든 신생국가이기 때문에 미국은 지리적 · 인종적 그리고 오랜 공통 역사와 같은 국가정체성과 관련한 전통적 근원을 찾을 수 없다. 대신에 미국의 정체성은 특히 독립, 민주정치, 주민자치(self-government), 그리고 사회적 이동성과 같은 가치와 밀접하게 관련되어 있다. 미국 국가정체성에서 이러한 사상들의 결합은 위에서 서술한 미국 예외주의의 긍정적 해석에서 유래한 것들과 매우 유사하다.

미국의 스포츠 역사는 미국 예외주의 개념을 구체화하고 있다. 축구, 크리켓 그리고 럭비와 같이 캐나다를 제외한 영어권 국가들에게 지배적인 스포츠들이 미국에서는 주변적인 활동이다. 미국 학자인 안드레이 S. 마코비츠(Andrei S. Markovits)와 스티브 L. 헬러먼(Steven L.

9_ 우호적인 관점에서 예외주의자들의 해석의 최근 예는 D. D'Souza, *What's So Great about America*, Washington : Rebnery Publishing, 2002 참조. 미국에 비우호적인 해석은 W. Hutton, *The World We're In*, London : Little Brown, 2002와 G. Vidal, *The Last Empire*, New York : Doubleday, 2002 참조.

Hellerman)은 『오프사이드 : 축구와 미국 예외주의』(*Offside : Soccer and American Exceptionalism*)라는 최근의 저서에서 워너 좀바르트의 고전적인 의문을 수정하고 '왜 미국에는 축구가 없는가?' 라고 묻는다. 마코비츠와 헬러먼은 미국이 주요 스포츠인 야구, 미식축구, 농구, 다소 적은 범위로 아이스하키가 외부의 영향으로부터 상대적으로 고립되어 발전했기 때문에 예외적 스포츠 문화의 특징을 가지고 있다고 묻는다. 이 스포츠들은 미국 스포츠 공간을 완전히 채우면서 의식적으로 미국 것이 되었고, 이 스포츠들은 미국 대학들과 유기적 관계를 맺으면서 발전했다. 미국 스포츠들은 철저하게 자본주의 기업으로서 운영되었고, 국제기구와 같은 외부 통제를 받지 않았다. 그러한 상황 속에서 축구가 여자와 어린이들의 스포츠로서 인기가 있었지만 주변적이고 여가적 활동으로 인식되면서 미국 스포츠 문화 내에서 자리잡지 못했다. 정치, 경제, 그리고 다른 문화적 활동에서와 같이 미국에서 스포츠는 세계 다른 지역의 지배적인 스포츠 문화와는 근본적으로 다른 방식으로 발전했다. 대중문화에서 스포츠의 중요성을 고려할 때 야구가 중심인 미국의 스포츠는 국가정체성과 관련된 미국의 독특한 의미를 규정하는 것이라고 주장하고 있다.[10]

야구는 마코비츠와 헬러먼 테제를 위한 완벽한 기준이다. 첫째, 예외주의를 가장 최근에 주장한 마코비츠, 헬러번과 다른 옹호자들

10_ Andrei S. Markovits and Steven L. Hellerman, *Offside : Soccer and American Exceptionalism*, Princeton : Princeton University Press, 2001 참조.

은 야구가 광범위한 발전을 하면서도 상대적으로 고립되었다고 주장했다. 외부 영향력의 부재 속에서 독특한 특징을 발전시켰다. 다른 식으로 이야기하면 야구는 가장 예외적인 미국 스포츠이다. 둘째, 야구는 어떤 스포츠 혹은 문화적 활동보다 미국의 국가정체성에 밀접하게 연관되어 있다.

야구 예외주의

야구와 미국이 독특하다고 주장하는 최고 지지자는 스팰딩이다. 1850년 9월 일리노이(Illinois) 주 바이런(Byron)에서 태어난 스팰딩은 십대 때 록포드(Rockford) 포레스트 시(Forest City)에 있는 지역 야구팀의 스타 투수로서 유명해졌다. 1871년에 내셔널협회(National Association) 소속인 보스턴 레드 스타킹스(Boston Red Stockings)에 입단하면서 프로 선수가 되었다. 프로가 된 몇 년 동안 스팰딩은 5시즌 연속 우승을 통해서 내셔널협회를 대표하는 프로 야구에서 뛰어난 투수가 되었다. 스팰딩의 피칭에 힘입어 레드 스타킹스는 1875년부터 1876년까지 4회 연속 내셔널협회 우승을 거두었다. 1876년에 스팰딩은 선수 겸 감독으로서 새로운 내셔널 리그(New National League)의 시카고 화이트 스타킹스(Chicago White Stockings)에 합류하기 위해 일리노이로 되돌아왔다. 스팰딩은 1876년에 내셔널 리그의 승리를 주도했고, 화이트 스타킹스는 초대 내셔널 리그 선수권에서 우승했다. 스팰딩은 경기장에서 승리를 재정적인 성공으로 전환시켰다. 행정가로서 스팰딩은 경기장에서 타자를 압도한 것처럼 내셔널 리그 협의회를 주도했다. 1876년에 스팰딩은 야구와 다른 스포츠 장비 제조와 판매로 벌어들인 돈으로 스팰딩 재단을 운영하기 위한 스포츠 용품점을 개업했다. 1878년에 스팰딩은 경기에 관한 야구 설립자 견해를 반영한 통계, 기록, 리그 규칙과 조항을 포함하고 있는 63년 동안 가장 중요한 야구연감이었던 『스팰딩 공식 야구 가이드』(*Spalding's Official Base Ball Guide*)를 출간하기 시작했다.[11]

1905년 『야구 가이드』(*Base Ball Guide*)에서 스팰딩은 야구의 기원을 조사할 수 있는 특별위원회 설립을 요구했다. 스팰딩은 야구가 영국 어린이들 경기인 라운더(rounder)에서 발전해 나왔다는 친구이며 동료이자 야구 선구자인 헨리 채드윅(Henry Chadwick)의 이론에 찬성하지 않았다. 스팰딩은 위원회 위원들을 지명했는데, 모두가 자신이 포함된 야구와 관련한 유명인사들이었다. 위원들은 주로 1830년대와 1840년대에 야구가 어떻게 시작되었는지 기억할 수 있는 사람들과 인터뷰와 서신왕래를 통해 연구에 착수했다. 아브너 그레이브스(Abner Graves)라는 이름의 남자로부터 받은 편지를 근거로 위원회는 1908년 야구는 아브너 더블데이(Abner Doubleday)라는 학생에 의해 1839년 뉴욕 쿠퍼스타운(Cooperstown)에서 만들어졌다고 결론내렸다.[12]

11_ P. Levine, *A. G. Spalding and the Rise of Baseball*, New York : Oxford University Press, 1985 ; A. Bartlett, *Baseball and Mr. Spalding*, New York : Farrar, Strauss & Young, 1951.

12_ *Spalding's Official Base Ball Guide, 1905*, New York : American Sports Publishing,

그러나 더블데이는 야구를 만들지 않았다. 뉴욕 주 벨라스톤 스파(Ballstone Spa) 토착민인 더블데이가 쿠퍼스타운에서 학교를 다녔다는 증거는 없다. 1839년에 더블데이는 웨스트포인트(West Point) 사관생도였다. 쿠퍼스타운의 19세기 역사는 야구가 발전하는 데 그 지역사회가 관련되어 있다는 것을 언급하지 않고 있다.[13] 그럼에도 불구하고 특별위원회의 의견은 야구는 미국이 종주국이라는 신화를 만들어냈다. 이 견해에 따르면 한 학생이 오스테고 호수(Lake Otsego)를 따라서 발견될 수 있는 전원적인 광채(arcadian splendour) 속에서 동료들을 위해 경기의 규칙을 만들어낸 것이다. 이러한 에덴동산과 같은 분위기 속에서 야구의 전체적인 틀은 야구가 20세기 초반에 번성했던 도시화, 산업국가 속의 먼 기억이 되어버린 전원적이고 이상화된 미국 속에서 뿌리를 두면서 더블데이의 업적이 되었다. 야구라고 생각할 수 있는 기원은 전원적인 과거를 가진 국가와 연결될 뿐만 아니라 그 기원은 독특한 미국이었다. 만약에 한 미국 학생이 창의적이고 비범한 능력의 순간 속에서 야구를 만들었다면 야구는 독특한 미국

1905 ; repr. St. Louis : Horton, 1992, pp. 3–13 ; and 1906, p. 6 ; also 1908, pp. 35–49. D. A. Sullivan (ed.), *Early Innings : A Documnetary History of Baseball, 1925–1908*, Lincoln : University of Nebraska Press, 1955, pp. 279–95.

13_ S. M. Shaw and I. N. Arnold, *A Centennial Offering : Being a Brief History of Cooperstown with Other Interesting Local Facts and Data*, Cooperstown : Freeman's Journal, 1886. Shaw and Arnold는 옛날 형식의 야구의 유명한 경기가 여기에서 개최되었다고 1877년에 주장하면서 단지 한 차례만 야구에 대해서 언급하였다 (p. 105).

의 제도였다.

스펠딩에게 야구의 기원, 미국의 국가정체성, 미국의 상황 그리고 야구 존재감에는 직접인 상관관계가 있었다. 스팰딩은 다음과 같이 설명했다.

> 야구가 국기이고, 야구는 미국이 원조라는 모든 속성을 갖고 있기 때문에 미국 특성과 미국인이 구속받지 않는 것을 선호한다는 것을 증명하기 위한 고의적 논쟁 속에 참가하는 것은 초과의무를 하는 것과 같다. 그것은 명백한 사실에 대한 설명을 시작하는 것이고, 공리(axiom)를 진지하게 설명하는 것이며, 2+2는 4라는 것을 엄숙하게 선포하는 것이다.[14]

1939년에 메이저 리그 야구(Major League Baseball)가 야구 시작 100주년을 기념하기 위해 쿠퍼스타운에 있는 야구 명예전당(Bseball Hall of Fame)을 개관했을 때 더블데이의 이야기는 공식적으로 인정되었다.

야구의 미국 기원을 주장하기 위해 '라운더 이론' (rounder theory)

14_ Spalding, *America's National Games*, pp. 3–4. 야구가 제임스 페니모어 쿠퍼(James Fenimore Cooper)가 미국 문학과 Doubleday의 경기장만큼 신화적으로 문학의 개척자로 살았고 Doubleday의 경기의 국가적 독특함을 강화했던 미국 최초의 국가적인 영운인 네티 붐포(Natty Bumpo)를 '만들고 있었던' (creating) 같은 시기와 장소에서 만들어졌다. A. Taylor, *William Cooper's Town : Power and Presuasion on the Frontier of the Early American Republic*, New York : Knopf, 1995 참조.

을 반박하기 위한 스펠딩의 노력에도 불구하고 야구의 뿌리는 영국에 있었다. 야구보다 선행된 것들이 17세기와 18세기에 영국의 식민지 개척자들과 함께 북미에 들어왔다. 배트(bat)와 공(ball)으로 하는 영국의 크리켓과 라운터가 18세기 미국에서 광범위하게 시행되었다. 라운더 경기는 주로 뉴잉글랜드 주에서 몇 가지 형태로 발전되었고 매우 인기가 있었다. 라운더 경기의 미국식 변화는 'old cat', 'barn ball', 'sting ball', 'stick ball', 'town ball', 'base' and 'base ball', 그리고 뉴잉글랜드 경기(the New England game) 등 다양한 이름으로 알려졌다. 미국 독립전쟁 동안에 워싱톤 장군이 지휘하는 군인들은 포지 계곡(Valley Forge : 워싱톤 장군이 필라델피아에서 군대를 주둔 시킨 계곡역자 주)에서 뉴잉글랜드 경기를 하였고, 영국군 포로가 된 미국 군인들이 감옥에서도 라운더 경기를 하였다. 태평양을 탐사하는 동안에 루이스와 클라크(Lewis and Clark) 탐험대원들은 1806년에 네스퍼스(Nez Perce : 아디다호 주 북미 인디언역자 주) 인디언들에게 라운더 경기를 가르쳤다. 라운더 경기의 각 형태는 배트를 가지고 공을 치고 고정된 위치를 달리는 경기로 발전되었다.[15]

15_ town ball 규칙의 하나의 형태를 위해서 R. Carver, "A Description of 'Base, or Goal Ball'", *The Book of Sports*, Boston : Lily, Wait, Colman and Holden, 1834 ; reor. in Suliva, *Early Innings*, p. 3. 야구 초기 역사의 최고의 자료는 H. Seymour, *Baseball : The Early Years*, New York : Oxford University Press, 1960. 이와 함께 G. C. Ward and Burns, *Baseball ; An Illustrated History*, New York : Knoff, 1994, pp. 3–4 ; J. Thorn, "Our Game", in J. Thorn, P. Palmer and M. Gershman (eds), *Total Baseball : The Official Encyclopedia of Major League Baseball*, Seventh edition,

타운볼은 19세기에 뉴잉글랜드 전 지역과 다른 주까지 확대되었다. 1820년대에 타운볼은 동북 전 지역과 중서부지역까지 양키 이민자들(Yankee immigrants)이 채택하였다. 그 결과로 타운볼 경기의 무게 중심이 뉴잉글랜드 주에서 뉴욕 시와 그 주변으로 옮겨가게 되었다. 타운볼의 신화적이고 목가적인 기원에도 불구하고 야구가 발전한 것은 잭슨 민주주의(Jacksonian America)[16] 하에서 산업화하고 있는 읍과 도시들이었다. 1830년대 클럽들이 뉴욕과 뉴저지에서 만들어지기 시작했으며, 타운볼이라는 뉴잉글랜드 주의 경기가 '뉴욕 경기'인 야구로 발전하기 시작했다. 야구의 영향은 극적이었다. 19세기 역사가인 데이비드 S. 쿠프랜드(David S. Copeland)는 '시청(Town Hall)에서 주말 댄스와 야구에 대한 광풍'이 1830년대 동안에 뉴욕 주, 클라렌든(Clarendon)에서 공공 교육체계를 거의 바꾸었다고 불평했다.[17]

Kingston, New York : Total Sports, 2001, pp. 1–10. 야구와 라운더의 관계를 위해서는 D. H. Fisher, *Albion's Seed : Four British Folkways in America*, New York : Oxford University Press, 1989, pp. 148–51.

16_ 지역 민병대 대장으로 영국군을 뉴올리언스 교외에서 격파함으로써 일약 전쟁영웅이라는 칭송을 받게 된 Jackson은 미국의 7대 대통령. 직선적이고 야성적인 성격의 소유자였으며, 관세문제 등에 강경한 태도를 취하는 한편 관직교대의 원칙 등을 확립해 관리 부패를 방지하고 Brain Trust라는 고문단을 통해 여론을 중시하는 등 철저한 대중정치를 한 대통령이다. 외교정책에 있어서도 미국의 이해와 명예를 지키는 데 주력했다. 만약 그가 지금 대통령에 있다면 WTO(World Trade Organization) 같은 국제기구에 대해서는 회의심을 품었을 게 분명하다. 미국이 중심이고 다른 나라는 믿지 못한다. 이런 외교학파를 Jacksonian이라 부른다.[역자 주]

17_ D. S. Copeland, *History of Clarendon from 1810*, Buffalo : Courier Co., 1889, p. 68. 타운볼 확산에 관한 증거로서 *The Constitution of the Olympic Ball Club of*

1842년 봄과 여름에 때때로 한 무리의 젊은 뉴욕커들(New Yorker)이 뉴저지 주 후버켄(Hoboken)에 있는 엘리시안 필드(Elysian Field)에서 주말 야구 경기를 하기 위해 모이기 시작했다.[18] 몇 년 후에 그 무리는 뉴욕 니커보커 야구 클럽(New York Knickerbocker Base Ball Club)을 공식적으로 구성했다. 알렉산더 카트라이트(Alexander Cartwright)라는 이름의 선박회사 직원이며 팀의 리더 중 한 사람이 1846년에 뉴욕팀 경기를 위한 규칙을 성문화하였다. 비록 지역적으로 규칙의 차이는 있었지만 뉴욕에서 결정한 야구 규칙이 북동부지역을 넘어서 확산되어 나갔다. 사실 1856년 한 뉴욕 신문은 '국민 오락거리' (the National pastime)로서 시합이 열렸을 때 야구를 언급했다.[19]

Philadelphia, Philadelphia : Private Printing, 1838 참조. 다른 지역 발달사는 1830년대 동안에 뉴욕에서 야구의 진보와 발전을 추적하고 있는 것은 E. Briggs, *History of the Original Town of Concord*, Rochester : Union and Advertier Co., 1883, pp. 526, 839 ; A. H. Masten, *The History of Cohoes, New York from its Earliest Settlement to the Present*, Albany : J. Munsell, 1987, p. 141 ; W. P. Boyd, *History of the Town of Consus, Livingston*, Co., N. Y. : *From Its First Settlement in 1793 to 1887*, Conesus, N. Y. : Boyd's Job Print, 1887, p. 132. Jacksonian 동안에 뉴욕, 로체스터(Rocheryer)에서 거행된 경기의 묘사를 위해서는 T. Weed, *Autobiography of Thurlow Weed*, Boston : Houghton Mifflin, 1884, p. 203.

18_ 뉴욕 지역 팀들 사이에 거행된 시합에 대한 설명은 the *New York Morning News*, 22, 25 October 1845에서 발견할 수 있고, Sullivan, *Early Innings*, pp. 11–13에서 재인쇄되었다. '야구의 논쟁적인 기권이 계속 추적되는 것' (Baseball's Disputed Orign is Traced Back, Back, Back)은 *New York Times*, 8 July 2001 참조.

19_ *New York Mercury*, 5 December 1856 ; Seymoyr, *Baseball : The Early Years* : Ward and Burns, Baseball, pp. 4–20. Cartwright의 규칙이 1854년에 개정되었다. C. Peverelly, *The Books of American Pastimes*, New York : 1866, pp. 346–48 참조. 뉴욕에서 발전을 위해서 M. Adelman, *A Sporting Time : New York City and the*

원래 야구는 엘리트 지향적이었다. 초기 야구 종사자들은 도시의 전문적인 직업을 가진 사람들이었다. 뉴욕 니커보커들 중 하나인 다니엘 아담스(Daniel Adams)라는 의사는 그 팀에 "상인, 변호사, 유니언 은행원, 보험회사 직원 그리고 오후 3시 이후면 자유로웠던 사람들이 포함되었다"고 회고했다. 아담스는 다음과 같이 덧붙이면서 그러한 사람들의 명단을 제공했다.

> 많은 사람들이 한번쯤은 야구팀의 회원이었다. 명단에 있는 사람 외에도 브로커였고 나중에 큰 부자가 된 오브리엔(O'Brien)이라는 두 명의 형제가 있었다. 사업에서 큰 성공을 거두었던 모간(Morgan)이라는 사람도 있었다. 헨리 T. 앤서니(Henry T. Anthony)는 뉴욕에 커다란 영업소(시설)를 통해서 미국 전역에 유명한 사진 공급업자이다. 던컹 F. 커리(Duncan F. Curry)는 보험사 직원이고, 제임스 몬크리에프(James Moncrief)는 대법원(Superior Court) 판사였다고 생각한다.

니커보커와 다른 뉴역 지역 클럽들의 원래 회원들은 아마추어 정서를 지지했다. 아담스는 다음과 같이 회고했다. "그 회원들은 단지 운동과 즐거움을 위해서 가입했고, 오늘날 큰 경기 속에 선수들이 하

Rise of Modern Athletics, 1820–1870, Chicago : University of Illnois Press, 1986와 S. Wilentz, *Chants Democratic : New York City and the Rise of the American Working Class, 1788–1850*, New York, Oxford University Press, 1984 참조.

는 것보다 훨씬 더 많은 실속 있는 재미를 느꼈다고 생각한다." 아담스는 또한 훈련 기간 동안에 회원들을 소집하는 것이 어렵고 뉴욕의 전문직 종사자들이 뉴욕을 벗어나 버리는 하계 휴가 때문에 경기 시즌은 상대적으로 짧았다.[20]

야구가 지리적으로 확산되어 가면서 은행원들과 다른 전문직으로 구성된 팀에 술집주인, 경찰, 소방대원과 산업노동자들이 참가함에 따라서 참여 범위가 넓게 퍼져나갔다. 야구가 사회적으로 좀 더 포괄적으로 되어가면서 아마추어 정서는 약해지고 경쟁과 승리를 강조하게 되었다. 남북전쟁 직전 야구는 미국 도시에서 잘 조직된 활동이었다. 1857년에 뉴욕 지역에는 대략 50개 클럽이 있었는데 그 중 14팀이 니커보커의 요청으로 전미야구선수협회(NABBP : the National Association of Base Ball Players)를 결성했다. 다니엘이 경기규칙의 표준화를 촉진하고 클럽 간 협력을 규제하기 위해서 협회 초대 회장으로 선출되었다. 그 협회는 남북전쟁이 시작될 무렵 주로 동북부와 중서부지역에 74개의 회원을 가진 조직으로 확대되었다. 1866년 NABBP가 10회 대회를 개최했을 때 협회의 회원은 17개 주와 컬럼비아 특별주(the District of Columbia)에서 202개로 증가했다.[21]

20_ Adams, "Memoirs of the Father of Base Ball", *The Sporting News*, 29 February 1896, Sullivan, *Early Innings*, pp. 13–18에서 재인쇄.

21_ *The Spirit of the Times*(New York), 31 January 1857 ; Peverelly, *Book of American Pastimes*, p. 508. Seymour, *Baseball : The Early Years*, p. 68. 프로 이전의 야구를 위해서 D. Voigt, *American Baseball from Gentleman's Sport to the Commissioner System*, Norman : University of Oklahoma Press, 1966 참조 ; I. Tyrell, "The

미국 생활의 많은 분야와 마찬가지로 남북전쟁은 야구 역사에 전환점이 되었다. 양쪽 군대와 감옥에서 경기가 열렸기 때문에 남북 간의 갈등이 야구를 훨씬 확산시켰으며, 군인들이 전쟁에서 돌아왔을 때 야구가 전국적으로 확대되었다.[22] 철도의 발달과 산업화, 도시화는 야구의 보급을 촉진했다. 남북전쟁 이후 야구가 활성화되면서 아마추어 방식으로 경기가 진행되어야 한다고 생각하는 사람과 주로 선수들이 주축이지만 노력의 대가를 받아야 한다는 사람들의 갈등으로 발전했다. 1868년 이후부터 NABBP는 현실을 인정해 '거의' 모든 주도적인 클럽들이 프로 선수들을 채용하는 것과 프로를 금지하는 규칙이 단지 죽은 문서라는 사실을 인정하기 위한 투표를 실시했다.[23]

1869년에 신시네티 레드 스타킹스(Cininnati Red Stockings)가 뉴욕

Emergence of Modern American Baseball, c. 1850–80", in R. Cashman and M. McKernan (eds), *Sport in History : The Making of Modern Sporting History*, Brisbane : Queensland University Press, 1979 ; T. Melville, *Early Baseball and the Rise of the National League*, Jsffersion, N. C., McFarland, 2002, Chapters 1–2 ; W. Goldstein, *Playing for Keeps : A History of Early Bsaeball*, Ithaca ; Cournell University Press, 1991 ; J. Tygiel, "The National Game : Relections on the Rise of Baseball in the 1850s and 1960s", in J. Tygiel (eds), *Past Time : Baseball as History*, New York : Oxford University Press, 2000, pp. 3–12 ; J. L. Terry, *Long Before the Dodgers : Baseball in Brooklyn*, 1855–1884, Jefferson, N. C. : McFarland, 2002.

22_ 남북전쟁을 위해서는 P. E. Millen, *From Pastime to Passion : Baseball and the Civil War*, Bowie, Md., 2001 참조. G. B. Kirsch, *Baseball in Blue and Gray : The National Pastime during the Civil War*, Princeton University Press, 2003 ; W. J. Ryczek, *When John Cme Sliding Home : The Post–Civil War Baseball Booms, 1865–1870*, Jefferson, N. C. ; McFarland, 1998.

23_ H. Chadwick, *Dewitt's Base Ball*, New York : R. M. Dewitt, 1869, p. 24.

과 브루클린(Brooklyn)의 최고 팀들에 대한 승리를 포함해서 1869년부터 1870년 사이에 56연승을 거두면서 최초의 완전한 프로 야구팀이 되었다. 야구에서 프로의 역할에 대한 논쟁이 계속됨에 따라 완전한 프로를 주장하는 사람들은 전미프로야구선수협회(NAPBBP : the Nation Association of Professional Base-ball Players), 내셔널협회(NA : National Association)를 설립하기 위해 NABBP를 분리해 나갔을 때인 1870년에 분열되었다.[24] 1870년대 전반기 동안 미국 프로 야구는 길드 시대 미국(Gilded Age America : 경제팽창과 금권정치가 횡행하던 1870-1898년의 미국역자 주)의 기업을 특징지을 수 있는 목숨 건 자본주의를 채택했기 때문에 승리자로 부상할 수 있었다. 1876년에 스팰딩과 시카고 사업가인 윌리엄 헐버트(William Hulbert)가 동북부와 중서부의 주요 도시를 지역연고로 하면서 프로 야구팀들의 내셔널 리그(National League) 창설을 위해 주요 팀들을 결합시켰다. 세계에서 가장 오래되고 적극적인 프로 스포츠 리그인 내셔널 리그 하에서 야구는 미국의 도시에서 대중오락을 제공하기 위한 사업으로서 운영되기 시작했다.[25]

24_ 프로에 대한 계속적인 논쟁을 위해서 the New York Clipper, 18 December 1869 ; 또 J. H. Hainie, *1871-Baseball Rules and Regulations*, Chicago : J. W. O. Kelly, 1871, pp. 12-13 참조.

25_ 프로와 내셔럴 리그 부상을 위해서는 Seymour, *Baseball : The Early Years ; Melville, Early Baseball* ; S. D. Guscove, *The Red Stockings of Cincinnati : Base Ball's First All-Professional Team and Its Historic 1869 and 1870 Seasons*, Jefferson, N. C. : McFarland, 1988 ; Spalding, *America's National Game*, Chapters 14-16.

아마추어 활동에서 프로라는 대중오락으로 발전하는 과정 속에서 야구는 어떤 도전도 받지 않았다. 1850년대에 미국의 크리켓이 야구보다 더 많은 신문지면을 할애받았고 더 많은 클럽, 시합 그리고 팬들이 존재했다. 19세기 중반에 미국이 자신들의 스포츠와 시합의 목록을 작성했을 때 크리켓이 가장 윗자리를 차지했다. 1885년 말에 《뉴욕 스포츠맨》(*New York Sportsman*)지는 크리켓이 "경마, 야구, 육상 경기, 그리고 수중 경기(aquatics)보다 훨씬 더 뉴스거리가 되었다. 이것은 프로 야구가 출현한 훨씬 이후에도 크리켓에 대한 대중들의 관심은 지속되고 있었다는 것을 시사한 것이었다. 크리켓은 식민지 이후 미국에서 실시되어 왔고, 19세기 중반 동안 영국 이민자들 사이에서 계속해서 지지 받았다.[26]

비록 야구처럼 크리켓이 동북부 도시지역에서 경기가 열리고 있지만 대부분의 선수와 팬들은 영국에서 태어난 사람들이었다. 그들은 미국에서 높아지고 있는 원주민 보호주의(nativism)와 외국인 혐오

26_ *New York's Industries*, Chicago : Historical Publishing, 1885, p. 180. S. R. Cathrop, *A Lecture on Physical Development*, Boston : Ticknor and Field, 1859, p. 23 ; N. Sands, *The Philosophy of Teaching*, New York : Harper and Brothers, 1869, p. 19. 19세기 미국에서 크리켓의 위치를 위해서 G. Kirsch, *The Creation of American Team Sports : Base and Cricket, 1838–1872*, Chicago : University of Illinois Press, 1989와 T. Melville, *The Tented Field : A History of Cricket in America*, Bowling Green, Ohio : Bowling Green University Press, 1998 참조. 1820년에서 1914년 사이에 2백6십만 명의 영국 이민자들이 미국으로 들어왔다. R. Daniels, *Coming to America : A History of Immigration and Ethnicity in Amrican Life*, New York : Happer Pernnial, 1991, p. 123.

(xenophobia) 기간 동안에 영국과 문화적인 유대를 유지하는 수단으로 크리켓 경기를 하였다. 미국의 크리켓 클럽은 영국 이민자들이 모여서 교류할 수 있는 해방구를 제공했다. 계급과 인종의 관점에서 미국의 크리켓 클럽은 회원 수를 증대시키거나 토착 미국인들의 지지자를 원하지 않는 배타적인 방식으로 유지되었다. 미국인들의 마음속에 인식적으로나 현실적으로 크리켓과 영국인과 관계는 토착 미국인들을 위한 대중적인 매력을 가진 스포츠로서 크리켓의 매력을 약화시켰다. 1857년에 뉴욕의 《클리퍼》(*Clipper*)지는 크리켓에 대한 편견을 없에는 것을 추구했다. 《클리퍼》지는 크리켓이 미국에 기원을 가지고 있지 않다고 거부하는 것은 미국적이지 않다고 주장했다.

> 우리는 미국 내에서 특히 스포츠 영역에서 영국인, 아일랜드인 등등과 같은 구별은 하지 않는다. 우리는 똑같은 특권을 즐기고, 어둠을 밝히는 등불로서 우리나라의 헌법을 존중하고 있다. 그러나 우리의 국적문제는 제쳐두고 그것이 어디에서 유래했는지, 지역사회 이익을 위해 채택하는 데 있어 반대를 생각할 수 없다. 크리켓은 그러한 경향을 가지고 있다.

《클리퍼》지는 다음과 같이 결론지었다. "크리켓이 미국인들의 놀이가 되기 위한 반대가 무엇인지 우리는 발견하지 못하고 있다."[27]

라운더를 통해서 시작된 야구의 영국 기원은 시간의 혼미 속에서

27_ *New York Clipper*, 16 May 1857, 재인쇄 Sullivan, Early Innings, p. 25.

잊혀졌다. 1859년에 뉴욕《클리퍼》지 사설면은 미국 국기로서 크리켓을 촉진하는 시도를 포기했다.《클리퍼》지는 "크리켓은 골수 팬들이 있다"라고 주장했지만 "크리켓이 야구가 가질 수 있는 보편성을 결코 가질 수 없는 것이 자명하다." 그 편집자는 현재 위기에 있는 것은 크리켓이지만 야구는 미래에 위기가 있을 것이라는 통찰력있는 글을 썼다. 야구가 좀 더 포괄적이고 민주적이며 미국적이기 때문에 크리켓을 19세기 미국인들의 스포츠 생활 속에서 몰아내 버렸다.[28] 스팰딩은 크리켓 지지자들에게 1874년 야구팀과 영국을 방문하는 동안 크리켓 경기를 했다고 고백했다. 스팰딩에게 있어 크리켓과 야구의 차이점은 영국과 미국의 차이점이었다. "크리켓은 영국 사람들에게 멋진 경기이다"라고 스팰딩은 인정했다. "크리켓은 신사적인 경기이고 전통적인 경기이다 — 대서양 건너편에 있는 우리 사촌(영국)이 전통적이지 않다면 존재 의의가 무의미하다." 또한 스팰딩은 "크리켓은 신사적인 오락거리이다. 야구는 전쟁이다! 크리켓은 전통적이고, 품위 있고 영국적인 태도로 경기가 진행됨으로써 환호되어지는 강건하고 사교적인 경기이다. 야구는 비전통적이고, 열정적이며, 그리고 미국적인 태도로 경기가 진행되고 환호되어지는 강건한 소동이다"라고 주장했다. 야구와 크리켓은 미국과 영국의 문화에 뿌리가 깊기 때문에 두 경기는 이식될 수 없을 것이고, 따라서

28_ *New York Clipper* as quoted in Markovits와 Hellerman, *Offside*, p. 60 ; 19세기 미국에서 크리켓과 야구에 대한 논의를 위해서는 pp. 58–60.

> 영국의 전통, 관습, 인습존중(conventionalities)의 구속으로부터 자유로운 미국인들이 대영제국의 국기를 경기하는 것이 불가능하듯이 귀화된 미국 시민으로서 이 자유 땅의 공기를 호흡하지 않은 영국인, 미국의 희망과 성취 속의 일부 혹은 천부적인 권리를 가지지 않은 사람이 야구를 하는 것은 불가능하다.

미국에서 전통에도 불구하고 크리켓은 영국적인 것, 따라서 외국의 것으로 인식되었다. 반면에 야구는 특징적으로 미국적인 것으로 간주되었다. 민족주의와 국가정체성은 왜 야구가 미국에서 번영했고 크리켓이 쇠퇴했는지 설명하고 있다.[29]

20세기를 지나면서 프로 야구는 미국 스포츠 생활의 중심으로 확고하게 자리 잡았다. 미국 스포츠와 대중문화의 중심에서 야구는 제2차 세계대전 이후까지 독보적인 존재였다. 미국 생활에서 야구의 중요성 때문에 루스벨트(Franklin Roosevelt) 대통령은 1942년에 프로 야

29_ Spalding, *America's National Games*, pp. 5, 7, 9. 1888년에 출간된 『야구의 최초의 역사』 속에서 야콥 모르스(Jacob Morse)은 다음과 같이 주장했다. "아니다. 미국인은 크리켓 경기를 위해서 아침을 희생하지 않을 것이다. 미국인은 빠르고, 활동적이고, 강하고(nervous) 그리고 원기왕성하다. 그리고 미국인은 스포츠가 자신의 기질에 대한 요구에 답을 해주길 원하고 있다. 야구는 미국인의 목적에 훌륭하게 답을 해주고 있다." J. Morse, *Sphere and Ash : History of Base Ball*, Boston : J. F. Spofford, 1888 ; repr. Columbia S. C., Camden House, 1984, p. iii.

구는 현역 군인들과 전시 노동자들을 위해 여가와 기분전환을 제공하기 위해 전쟁 동안에도 계속되어야 한다고 촉구했다.[30] 베이브 루스(Babe Ruth), 루 게릭(Rou Gehrig), 조 디마지오(Joe DiMaggio), 믹키 맨틀(Micky Mantle) 등 뉴욕 양키즈(the New York Yankees)와 관련된 야구 스타들은 그 명성이 헐리우드 스타들과 대등한 우상이었다. 프로야구는 1947년 잭키 로빈슨(Jackie Robinson)과 부르클린 다저스(Brooklin Dogers)가 통합할 때까지 1880년대부터 인종적으로 분리되었다. 로빈슨의 출현은 니그로 리그(Negro Leagues)에서 흑인(African American)들에 의해서 운영되어 왔던 야구를 진정으로 전국적인 스포츠로 만들었고, 선수들의 새로운 공급원으로서의 역할을 하기 시작했다. 메이저 리그처럼 니그로 리그와 라틴아메리카 리그의 지역 연고의 숫자가 확대되면서 야구는 서쪽 해안 쪽으로 확산되어 나갔다.[31]

야구는 1970년대 미식축구(American football)가 가장 인기 있는 스

30_ 강건한 젊은이들인 대부분의 프로 야구 선수들은 군복무를 할 수밖에 없었다—많은 사람들이 자원하였고 다른 사람들은 징병되었다. 전쟁 대부분 동안에 메이저 리그는 노장선수들과 군복부에 부적격자들에 의해 운영되었다.

31_ 20세기 초반 동안의 야구에 대해서 H. Seymour, *Baseball : The Golden Age*, New York : Oxford University Press, 1971 ; L. S. Ritter(ed.), *The Glory of Their Times : The Story of the Early Days of Baseball, Told by the Men who Played It*, New York : Random House, 1966 참조. D. Halbertstam, *Summer of 49*, New York : William Morrow, 1989, and October 1964, New York : Villard Books, 1994, 그 시기 야구를 지배했던 뉴욕 양키즈팀의 관점으로부터 전후 미국에서 야구의 위치의 분석을 제공하고 있다. 인종차별 폐지(desegration)에 관한 명확한 것은 J. Tygiel, *Baseball's Great Experiment : Jackie Robinson and His Legacy*, New York : Oxford University Press, 1993 참조.

포츠로 등장할 때까지 미국의 지배적인 스포츠였다. 1970년대 이후 야구 인기는 하락하고 있다. 이러한 야구의 쇠퇴는 20세기 초반의 미국 스포츠 문화에서 야구의 완전한 지배와 비교했을 때 상대적이다. 야구의 끔직한 노동문제는 말할 것도 없이 새로운 형태의 대중오락과 케이블 TV의 확산뿐만 아니라 미식축구, 아이스하키, 그리고 스톡 카레이싱(stock car racing)의 번성이 야구의 인기와 TV시청률 하락의 원인이 되었다.[32]

그러나 야구 인기의 하락에도 불구하고 야구는 대체로 미국 스포츠 생활과 미국 문화에서 중요한 위치를 유지하고 있다. 사실 야구의 기원과 발전의 역사는 문화적 관점에서 미국 예외주의를 구체화하고 있다. 야구는 마코비츠와 헬러먼이 확인한 스포츠 예외주의를 위한 기준을 충족시키고 있다. 야구는 외부 영향으로부터 상대적 고립 속에서 발전되었다. 야구는 의식적으로 미국적이며, 과도하게 자본주의 노선에 따라 운영되고 있다(파산하면 지역연고를 끝내고, 다른 지역으로 이전시키고, 노동관계를 왜곡시키고). 야구는 국제적으로 인정된 조직의 지배를 받지 않는다. 비록 경쟁이 메이저 리그의 회원들인 30개 북미 야구클럽들로 제한되어 있지만, 야구 예외주의 이상화는 1903년 이후 월드 시리즈(World Series)로 불리는 미국 챔피언십(결승

32_ 1972년 이후로 1994-1995년 사이에 장기적인 파업을 포함해서 메이저 리그에서 8차례의 파업이 있었다. 1960년대 이후 야구발전을 위한 논의를 위해서 Thorn, "Our Game", pp. 7-10을 참조.

전)이라고 할 수 있다.[33] 다른 관점에서 보아도 축구가 세계 나머지 지역을 정복한 반면에 야구는 미국을 정복했기 때문에 야구는 예외적이다.

야구는 스포츠 예외주의 그 이상을 나타내고 있다. 미국 국가정체성과 야구의 밀접한 관계는 경기를 직접 관람하는 사람들이 TV로 경기를 시청하는 사람들보다 많기 때문에 미국 문화에서 야구가 차지하는 존재감은 아주 중요하다. 자크 바전(Jacques Barzun)이 1954년에 주장했듯이 "미국인의 심장과 정신을 이해하려는 사람들은 누구나 야구를 배우는 것이 좋다."[34] 40년 후에 다큐멘터리 영화감독인 켄 번즈(Ken Burns)가 다음과 같이 물었다.

33_ 야구는 국제적인 차원에서 오랜 역사를 가지고 있다. 최초의 국제경기는 1912년 7월 15일 스톡홀름 올림픽에서 개최되었고, 그때 스웨덴팀이 미국의 트랙과 필드 육상 선수들로부터 차출한 미국팀에 의해 패배했다. 야구는 시범경기(exhibition)로서 1936, 1964, 1984, 그리고 1988년 올림픽에 간헐적으로 등장했다. 1992, 1996, 2002, 그리고 2004년에는 메달 스포츠가 되었다. 1938년에 미국과 영국은 영국이 개최했지만 '세계선수권'을 두고 시합을 벌였다. 아마 가장 중요한 국제야구 경기는 팬암경기(Pan Am Games)일 것인데, 쿠바가 지배하고 있다. 미국의 '국가적인 오락'에 대한 이들 국제경기가 미국 내에서는 거의 관심을 끌지 못하고 있는 것이 공공연한 비밀이다. 보다 자세한 것은 D. Osinski, Baseball and the Olympics", in J. Thron, P. Palmer and M. Gershman (eds), *Total Baseball : The Official Encyclopedia of Majpr League Baseball*, Fourth edition, New York : Viking, 1955, pp. 582–3 and "Going Global", in A. Simpson (ed.), *Baseball America 2001 Almanac*, Durham, N. C. : Baseball America, p. 23.

34_ J. Barzun, *God's Country and Mine*, Boston : Little Brown, 1954, cited in N. Dawidoff, *Baseball : A Literary Anthrology*, New York : Library of America, 2002, p. 254.

> 우리가 가지고 있는 것 최상의 것을 다음 세대에게 물려주면서 우리 문명의 유전자적 요소들을 부호화하고 저장할 수 있는 것은 무엇이고, 우리가 희망하는 것을 자녀들과 후손들에게 전승할 수 있는 것은 무엇인가? 야구는 한 가지 대답을 제공하고 있다. 우리 일상생활 속에서 편안함, 광범위하고 복잡한 미국의 가족을 이루고 있다는 세대적인 관계, 강한 가족의식, 시간의 속박으로부터 자유, 그리고 축적된 기억의 위대한 선물을 야구보다 더 많이 제공할 수 있는 것은 없다.[35]

최근의 사건들은 야구가 미국 생활에서 차지하고 있는 특별한 존재감을 보여주었다. 2001년 9월 11일 미국이 테러리스트들의 공격을 받은 직후에 야구 커미셔너인 버드 세리그(Bud Selig)는 그날밤 메이저 리그 경기를 취소했다. 세리그는 경기가 언제 속개되어야 하는지에 관해서 미묘한 문제에 직면했다. 뉴욕에 있는 두 개의 메이저 리그 팀에게 그 문제는 특히 어려웠다. 프랭클린 루스벨트가 제2차 세계대전 동안에 메이저 리그 야구를 인정하고 촉진했던 것을 염두에 두고 세리그는 9월 15일에 경기를 재개할 의도를 가지고 있었지만 선수들, 팬과 일부 정부 관리들로부터 심한 반대를 받았다. 결국 메이

35_ K. Burns and L. Novick, "Preface" in Ward, *Baseball : An Illustrated History*, p. xviii. 이 베스트셀러 책은 Burns의 18시간짜리 다큐멘터리 역사 *Baseball*이 수반되어 있는데, 1994년 미국에서 공영 TV를 통해 방영되었다.

저 리그 경기는 9월 18일에 재개되었다. 그동안에 마이너 리그 경기도 연기되었고, 결국 마이너 리그 플레이오프는 취소되었다. 경기를 재개하려는 결정을 옹호하면서 세리그는 야구와 미국 사이의 관계에 호소했다. "나는 경기를 다시 재개하는 것이 우리 미국에게 도움이 된다고 느낀다"라고 설명했다. "야구는 국가적인 구조에 너무 깊이 얽혀져 있다. 비록 9·11테러가 야구를 확실하게 사소하게 만들었지만 야구는 너무 많은 사람들에게 너무나 많은 것을 의미하고 있다." 9·11테러 1주년에 메이저 리그 야구와 방송사 ESPN은 야구가 미국 생활에서 특별한 역할을 하고 있다는 이유로 동부 표준시간(Eastern Standard Time)으로 오후 1시에서 오전 1시로 경기와 방송시간을 12시간 조정했다. 조지 W. 부시(George W. Bush) 대통령으로부터 온 편지가 각 메이저 리그 경기에서 읽혀졌다. "작년에 야구는 미국인을 단결시키는 데 큰 역할을 하였고, 9·11테러 직후에 정규 리그(pennant)와 월드 시리즈는 치료과정에서 중요한 역할을 하였다"라고 부시는 썼다. 뉴욕 양키즈 스타디움에서 세계무역센터의 폐허로부터 회복된 깃발이 펄럭였고, 양키즈팀은 센터필더 펜스에 '우리는 기억한다' (We Remember)라고 새겨진 기념비를 헌정했다. 「성조기여 영원하라」(the Star Spangled Banner)와 「하느님 미국을 축복하소서」(God Bless America)의 노래를 부른 뒤에 야구 팬들은 동시에 'U-S-A, U-S-A'를 합창했다.[36]

36_ Selig quoted in A. Simpson (ed.), *Baseball America : 2002 Almanac*, Durham, N.

야구 예외주의와 미국의 국가정체성은 병행하는 것 같다. 작가 제럴드 얼리(Gerald Early)가 1994년에 선언했듯이 "미국의 문명을 연구할 때 미국이 지금부터 200년 동안 알려질 수 있는 유일한 3가지가 있다. 미국의 헌법, 재즈 음악, 그리고 야구 이 세 가지는 미국 문화가 지금까지 생산한 가장 아름답게 디자인한 것이다." 얼리는 야구 예외주의 근원으로서 미국의 독특함으로 표현하는 것으로 야구와 미국 헌법을 연결시켰다.[37] 미국 민주주의를 생산했던 것과 똑같은 미국의 독특한 환경이 또한 국가 여가활동을 생산한 것이다. 이러한 관점에서 미국의 국기가 세계 스포츠를 지배하고 있는 국제적 경기인 축구와 다르다는 것은 놀라운 것이 아니다. 사실 미국이 너무 다르기 때문에 야구는 야구를 포함하고 있는 미국 제도인 것처럼 독특한 환경의 산물임에 틀림없다. 사회주의가 없는 국가는 거의 필연적으로 축

C. : Base America, 2002, pp. 5–6. 2002년 9 · 11테러 1주년 기념식을 위해서 *New York Times*, 12 September 2002 and "Baseball Reflections on Sept. 11 Anniversary", http//espn.go.com/gen.news/2002/0910/1429932.html 참조. 2002년 시즌 내내 메이저 리그 경기에서 7회 몸펴기 운동(sevneth–inning stretch)시에 불려지는 노래로서 'God Bless America'가 'Take Me Out to the Ballgame'으로 대체되었다.

37_ Ward and Burns, *Baseball : An Illustrated History*, p. 463에서 인용. 미국의 정체성과 명확하게 미국의 예외주의자 해석을 야구와 연계시키는 수많은 다른 예들이 있다. 영화와 문학에서 야구는 다른 미국의 스포츠가 어울릴 수 없을 정도로 미국과 관련이 되어 있다. 야구와 문학을 위해서 Dawiodoff, *Baseball : A Literary Anthology* 참조. 더 좋은 야구책들이 과거 50년 동안에 미식축구에 관해 쓰여진 것보다 일년 안에 나타난다. T. Boswell, *The Heart of the Order*, New York : Doubleday, 1989, p. 31. 야구 영화를 위해서 Bob Carroll, "Reel Baseball : The Movies", in *Total Baseball, fourth edition*, pp. 633–40 참조.

구가 없는 국가일 것이다. 그러나 이 주장은 지지될 수 없다. 미국의 야구 예외주의는 미국의 예외주의 개념에 문제를 제기하면서 의문의 여지가 있는 것이다.

예외 없는 야구

학문적이든 대중매체든 미국의 비교적인 접근은 미국 예외주의에서 내재된 것이다. 결국 미국은 어떤 곳과 비교해서 예외적이다. 예외주의의 많은 지지자들이 비교를 정해진 것으로 간주하고 기꺼이 함축적으로 남아 있게 하는 반면에, 세련된 예외주의 지지자들은 그러한 비교를 하는 데 관심을 가지고 있다. 이것 속에서 지지자들은 국가 예외주의 개념과 자주 의견을 달리하는 국제적이고 비교 역사의 실행자와 공통적인 근거를 발견한다. 비록 학자들이 미국과 캐나다 역사와 문화를 유익하게 비교하고 있지만 가장 일반적인 비교는 대서양 건너 국가들과 비교이다. 윈스톱이 주장한 언덕 위의 도시는 유럽에서 볼 수 있는 것을 의미했고, '왜 미국에는 사회주의가 없는가?' 라는 좀바르트의 질문의 언외 의미는 '유럽에는 사회주의가 있는가?' 라는 의미와 같다. 마찬가지로 야구가 예외적이라는 전제는 유럽과 비교에 의존하고 있는 것이다. 야구에 대한 미국의 집착은 축구가 지배하고 있는 대륙의 대서양 건너에서 보았을 때 예외적인 것 같다. 그러나 지구 반대편 혹은 태평양 건너(transpacific)의 관점에서 보았을 때 야구는 그다지 독특한 것 같지 않다.[38]

야구는 독특한 미국만의 경기가 아니다. 귀화하지 않았거나 미국의 자유로운 공기를 호흡하지 않았던 영국인이 야구 경기를 적절하게 할 수 있을 것인가에 대해서 의심했던 야구와 미국 예외주의의 위대한 옹호자인 스팰딩조차 미국 밖에서 야구를 발전시키는 데 적극적이었다. 1874년 7월과 8월에 스팰딩은 보스톤 레드 스타킹스와 필라델피아 어스레틱(Philadelphia Athletics)을 이끌고 영국 순회경기에 나섰다. 그 순회경기가 금전적 손해와 영국을 변하게 하는 데 실패했지만 스팰딩은 포기하지 않고 1888년과 1889년 동안에 올스타팀과 세계 순회경기에 나섰다. 미국팀은 1888년 11월 샌프란시스코(San Francisco)를 출발해 1889년 4월 뉴욕으로 되돌아오기 전에 각 방문지에서 시범경기를 하면서 하와이, 뉴질랜드, 호주, 실론, 이집트, 이탈리아, 프랑스, 영국 그리고 아일랜드를 방문했다. 그 세계 순회경기는 호기심을 끌었으나 야구로 전환한 곳은 거의 없었다. 그럼에도 불구하고 1911년 『야구의 역사』를 썼을 때 스팰딩은 카리브 해와 아시아에 야구가 확산된 것을 몹시 강조하고 싶어했다.[39]

38_ 국제역사의 관점에서 예외주의의 뛰어난 비평은 Tyrrel, "American Exceptionalism" 참조. 비교접근을 포함하고 있는 예외주의자들을 위해서 S. M. Lipset, *Continental Divide : The Value and Institutions of the United States and Canada*, New York : Routledge, 1989 and *American Exceptionalism : Double-Edged Sword* ; G. M. Frederickson, "From Exceptionalism to Variablity : Recent Developments in Cross-National Comparative History", *Journal of American History*, 1995, vol. 82, 587-604.

39_ Spalding, *America's National Game*, chapter 13, 18, 26-8. "The American Baseball Player", The Times(London), 13 March 1889, *New York Clipper*, 13 April 1899,

스팰딩은 야구의 국제적 범위를 강조하는 데 과장하지 않았다. 2002년 시즌 동안에 메이저 리그 명부에 등록된 선수들의 조사보고서는 선수들의 73.5%가 미국에서 태어났다는 것을 보여주고 있다. 나머지 26.5%는 18개의 다른 국가에서 태어났다. 물론 이 선수들 중 압도적인 대다수가 카리브 해 연안에서 태어났다. 외국에서 태어난 선수들 중 257명인 87.7%, 그리고 메이저 리그 전체 선수 숫자의 22%는 카리브 해 출신으로 도미니카공화국(106), 베네수엘라(51), 푸에리토리코(49) 그리고 멕시코(20)가 대다수를 제공하고 있다. 다음 표는 메이저 리그 야구가 더욱 국제적이 되고 있는 것을 보여주고 있다. 예를 들면 2001년에 플로리다만 연안지역 리그(Florida's Gulf Coast League)에 참가했던 L. A. 다저스팀(Los Angeles Dogers's Team)은 18명의 외국 출신과 29명의 미국 출신 선수들로 구성되었다. 외국 출신들은 주로 카리브 해 출신이지만 캐나다, 타이완, 그리고 호주 출신 선수들도 포함하고 있었다.[40] 미국의 메이저 리그와 마이너 리그를 넘어 시야를 돌려보면 야구의 국제적인 범위가 훨씬 분명해지고 있다. 프로 야구 리그는 호주, 일본, 한국과 타이완, 이탈리아와 네덜란드뿐만 아니라 도미니카공화국, 멕시코, 쿠바, 푸에르토리코, 그리고 베네수엘라에도 존재한다.[41] 대서양보다는 카리브 해 관점에서 보면 야구

---

reprinted in Sullivan, *Early Innings*, pp. 173–8.

40_ Simpson, *Baseball America : 2002 Almanac*, p. 160.

41_ Simpson, *Baseball America : 2002 Almanac*, pp. 359–74 ; "International Baseball Results", *Total Baseball*, seventh edition, pp. 2481–4.

표 8.1 : 2002년 메이저 리그 야구 선수들의 출생지

출생지	전체	%
미국	812	73.5
비미국	293	26.5

표 8.2 : 외국 출신의 2002년 메이저 리그 야구 선수들의 탄생지

국가명	수	전체비율	외국출생 비율
아루바	3	0.27	1.0
호주	3	0.27	1.0
벨기에	1	0.1	0.3
콜롬비아	3	0.27	1.0
캐나다	11	1.0	3.8
쿠바	14	1.3	4.8
큐라소	2	0.2	0.7
도미니카공화국	106	9.6	36.1
독일	1	0.1	0.3
일본	12	1.1	4.1
멕시코	20	1.9	6.8
나카라과	3	0.27	1.0
파나마	6	0.5	2.0
푸에리토리코	49	4.4	16.7
한국	6	0.5	2.0
타이완	1	0.1	0.3
베네수엘라	51	4.6	17.4
베트남	1	0.1	0.3

출전 : 이 표는 Tony Nistler and David Walton (eds), *Sporting New Baseball Register : 2003 Edition* (St Louis : Sporting News, 2002).

의 국제적인 범위는 분명하다.

카리브 해 연안에서 야구의 중심축은 쿠바였다. 19세기 중반 야구가 확산되었을 때 야구는 미국 선원과 사업가들 뿐만 아니라 미국을 여행한 쿠바 사람들에 의해 소개되었다. 1866년 6월에 설탕화물선의 미국 선원들이 쿠바의 부두 노동자들(longshoremen)이 만든 팀들 중 한 팀과 야구시합을 하였다. 2년 후에 아바나(Havana)와 마탄자스(Matanzas) 두 쿠바 클럽 사이에 최초 경기가 벌어졌다. 미국처럼 쿠바에서도 민족주의가 야구의 매력적인 부분이 되었다. 미국인들이 야구를 크리켓 영향력의 대응으로 '미국인의 경기'로 채택한 것과 똑같이 쿠바 역시 야구를 적어도 부분적으로 민족주의적 이유로 야구를 기꺼이 받아들였다. 많은 쿠바인들은 야구가 미국 기원—모더니즘(modernism)과 자치행정(self-government)과 관련—때문에 채택했고, 쿠바인들은 야구를 스페인 지배에 저항하는 수단으로 활용했다. 쿠바 프로 야구 리그(Cuban Professional Baseball League) 설립자 중 한 명인 에밀리오 사버린(Emilio Sabourin)은 민족주의 운동에 돈을 모금하는 것을 돕기 위해서 자신의 야구팀 이익을 사용하면서 독립운동에 적극적이었다. 1895년 쿠바 독립전쟁(Cuban War of Independence)이 시작되었을 때 사버린은 스페인에 잡혀서 북아프리카로 유배되어 포로로 죽었다. 쿠바 지배 마지막 기간에 스페인은 전복활동을 이유로 야구 금지를 시도했다. 야구는 쿠바인들과 스페인이 잘 이해할 수 있는 정치적인 함의를 가지고 있었다.[42]

미국 야구의 초창기처럼 쿠바 야구도 처음에는 미국과 관계를 가지고 있는 부유하고 도시의 전문직 사람들에 의해 시합이 이루어졌다. 야구는 곧 쿠바 사회 전체로 확산되었고, 그 다음에 쿠바인들은 야구가 카리브 해 전역으로 확산하는 것을 도왔다. 10년 전쟁(Ten Years' War, 1868–1878) 동안 국내상황 때문에 쿠바를 탈출한 사람들은 야구를 도미니카공화국에 소개했고, 거기에서 야구를 채택한 도시 전문직들이 최초의 팀과 리그를 설립했으며, 쿠바에서와 같이 야구를 사회 전역으로 확산시켜 나갔다. 쿠바 기업가인 에밀리오 크래머(Emilio Cramer)는 베네수엘라에 최초의 야구팀을 조직하였고, 쿠바 망명자들이 야구를 멕시코의 유카탄 반도(Yucatan peninsula)로 야구를 가져갔다.[43] 카리브 해에서 야구의 초기 역사는 미국에서 야구의

42_ 야구와 쿠바 독립운동 사이의 관계 분석을 위해서 L. A. Perez, Jr., "Between Baseball and Bullfigting : The Quest for Nationality in Cuba, 1868–1898", *Journal of American History*, 1994, vol. 81. 493–517 참조. 쿠바 야구에 대한 명확한 작품은 R. G. Echevarria, *The Pride of Havana : A History Cuban Baseball*, New York : Oxford University Press, 1999 참조. R. Ruck, "Baseball in the Caribbean", in *Total Baseball*, forth edition, pp. 560–9이 매우 간결한 견해이다. 또한 S. Fainaru and R. Sanchez, *The Duke of Havana : Baseball, Cuba and the Search for the American Dream*, New York : Villard Books, 2001 ; J. S. Figueredo, *Cuban Baseball : A Statistical History, 1878–1961*, Henderson, N. C. : McFarland, 2002 ; M. H. Jamail, *Full Count : Inside Cuban Baseball*, Carbondale, Ill. : Southern Illinois University Press, 2000 참조.

43_ 카리브 해 전역으로 야구를 확산시키는 쿠바인들의 역할에 관해서는 Perez, "Between Baseball and Bullfighting", p. 514와 Ruck, "Baseball in the Caribbean", p. 561 참조. 도미니카공화국의 야구에 관해서는 A. M. Klein, *Sugarball : The American Game, the Dominican Dream*, New Haven : Yale University Press, 1991 ; "Culture, Politics, and Baseball in the Dominican Republic", *Latin American Perspective*, 1995, vol. 22, 111–30 ; R. Ruck, *The Tropic of Baseball : Baseball in the*

발전과 비슷하다는 것을 보여주고 있다. 미국에서처럼 카리브 해에서 야구와 민족주의는 협력해 나갔다.

그러나 중산층과 전문직이 카르브 해 야구의 초석이라면 야구가 그 지역에서 번성하게 하는 원인은 경제적 · 군사적으로 미국의 제국주의였다. 20세기 들어서 미국 기업들의 관심은 석유, 설탕, 담배, 과일, 정유산업에서 비영어권(non-Anglophone) 카리브 해의 경제생활을 지배하는 것이었다. 미국 기업들은 정책적으로 노동자들에게 야구를 지원하고 촉진했다. 다양한 카리브 해 리그에서 중요한 팀들은 미국이 지원하는 산업과 기업에 관련되어 있었다. 이것은 노동자들과 자신들의 회사 사이의 유대를 강화할 뿐만 아니라 종업원, 가족 그리고 지역사회에 오락을 제공하는 것이었다. 이 '달러 외교' (Dollar Diplomacy) 기간 동안 카리브 지역에서 미국의 경제적 관심이 증가함에 따라서 이 지역에서 역시 미국의 정치적 · 외교적인 관심과 간섭 역시 증가했다. 그 결과는 카리브 지역에 대해 훨씬 적극적이고 개입주의적인 미국 정책이 실시되었고, 결과적으로 야구 발전에 영향을 주었다.

야구의 역사와 미국의 군사적인 역사는 때때로 야구를 위해서 중

Dominican Republic, Lincoln : University of Nebraska Press, 1999 참조. 멕시코 야구를 위해서는 G. Joseph, "Forging a Regional Pastime : Class and Baseball in the Yucatan", in J. Arbena (ed.), *Sport and Society in Latin America*, Westport, Conn. : Greenwood, 1987, pp. 29–62 ; A. M. Klein, *Baseball on the Border : A Tale Two Laredos*, Pricceton : Pribceton University Press, 1997 참조.

요한 결과를 가져오면서 서로 서로 영향을 주고받았다. 남북전쟁은 야구를 동북지역 너머로 확산시켜 미국의 모든 지역에서 진정한 국가적인 경기로 만드는 데 많은 역할을 했다. 마찬가지로 20세기 초반 동안에 카리브 해 지역에 미국의 군사적인 개입은 야구를 육성하고 촉진하는 데 도움이 되었다. 1898년과 1933년 사이에 미국 해군은 카리브 해 지역에서 미국의 경제적 · 정치적 · 외교적 이익을 보호하기 위해 종종 몇 달 혹은 몇 년씩 주둔하기 위해 10개의 다른 지역에 34번이나 상륙했다. 미국 군인과 선원들은 쿠바, 도미니카공화국, 니카라과, 멕시코, 푸에리토리코(후에 미국의 식민지가 되었다), 아이티 그리고 멕시코에 주둔했을 때 자신들의 국가적 경기(야구)를 거행했다.[44]

미국의 제국주의자들은 군사적 개입에 저항하는 사람들을 질서 유지와 통제수단으로 그 지역에 잘 확립된 야구를 활용할 수 있을 것이라고 믿었다. 산토 도밍고(Santo Domingo)의 미국 대사인 제임스 설리번(James Sullivan)이 1913년 다음과 같이 설명하였다.

44_ 야구와 군대의 관계를 위해서는 E. M. Coffman, "Army Life on the Frontier, 1865−1898", *Military Affairs*, 1956, vol. 20, 193−201 ; 또 S. W. Pope, "An Army of Athletes : Playing Fields, Battlefields, and the American Military Sporting Experience, 1890−1929", *Journal of Military History*, 1995, vol. 59, 435−56 참조. 후에 미군이 주둔한 곳에서 이전의 고유한 발전이 유사한 형태로 일본과 한국에서 발생하였다. 필리핀은 이러한 형태의 예외적인 국가였다. J. E. Reeves, *Taking in a Game : A History of Baseball in Asia*, Lincoln : University of Nebraska Press, 2002 ; Y. Nagata and J. B. Holway, "Japanese Baseball", in Total Baseball, fourth edition, pp. 547−59 참조. 일본에서 야구는 1890년대 이후 서구의 지배에 저항하기는 사용하기 위한 팀 스포츠로 받아들여졌다.

> 미국의 국기인 야구가 대단한 열정을 가지고 여기에서 시합이 벌어지고 이루어지고 지지되고 있다. 젊은이들이 야성을 배출할 수 있는 놀라운 효과는 젊은이들이 모여서 혁명을 하는 데 익숙했던 광장을 떠나서 자신들이 좋아하는 팀을 위해 각자가 격렬한 파르티잔이 될 수 있는 야구장을 찾고 있다. 이 작은 국가에서 젊은이들의 이 새로운 관심의 중요성이 축소되어서는 안 된다. 만약 야구가 이 나라의 여러 도시에서 한 리그의 팀들에 의해 중요하게 육성되고 만들어진다면 야구는 흥분적인 갈등을 원하는 인간의 본성 속의 욕망을 만족시키고, 소총을 가지고 언덕에서 전개되는 전투를 진정시킬 수 있을 것이다.[45]

지역 팀에게 있어서 만약 그들이 '미국의 국기(야구)'로 미국인들을 패배시킬 수 있다면 미국의 점령군들과 경기하는 것은 정치적인 의미를 가지고 있다. 만약 야구가 젊은이들이 소총을 가지고 언덕으로 가는 것을 방지할 수 있다면 야구는 미국에 상징적인 저항을 제공할 수 있는 덜 위험한 방법이 될 수 있다. 쿠바인들이 1870년대에 스페인 제국주의에 저항하는 수단으로써 야구를 받아들인 것과 똑같이 20세기 초반 동안에 쿠바인, 푸에르토리코인, 니카라과인, 멕시코인 그리고 도미니카인들은 미제국주의에 저항하기 위해서 야구경

45_ James M. Sullivan to William Jennings Bryan, 1 Novermber 1913, cited in Perez, "Between Baseball and Bullfighting", p. 517.

기를 하였다. 역설적으로 미제국주의와 군사적인 활동이 미국의 영향력을 반대하는 수단으로써 카리브 지역에서 야구를 격려하고 촉진하는 데 도움이 되었다. 특히 이러한 관점에서 쿠바에서 공산주의 혁명 이후 야구는 특히 중요하다. 1959년 이래 열렬한 야구 선수이며 팬인 피델 카스트로(Fidel Castro)의 명령에 의해 쿠바는 미국에 이기는 것을 최우선의 목표로 설정하고 국가대표팀의 경기력을 적극적으로 강화시켰다. 사실 얼마 동안 쿠바팀은 팬암경기(Pan Am Games) 시합을 지배하고 1992년과 1996년 올림픽에서 우승하면서 큰 성공을 거두었다. 그러나 1990년대 말에 쿠바의 많은 우수한 선수들이 메이저 리그의 수백만 달러 계약에 유혹을 받아서 미국으로 망명해 버렸다. 쿠바 대표팀은 약화되었고, 2000년 올림픽 경기에서 대학과 마이너 리그 선수들로 구성된 미국 대표팀이 쿠바를 패배시키고 금메달을 획득했다.[46]

46_ 미제국주의에 저항하는 수단으로 야구에 관한 것은 Perez, "Between Baseball and Bullfighting", pp. 515–17 참조. 카리브 지역과 라틴아메리카에서 미국의 팽창주의를 위해서는 B. R. Beede (ed.), *The War of 1898 and U. S. Intervention, 1898–1934*, New York : Garland, 1994 ; M. Boot, *The Savage Wars of Peace : Small Wars and the Rise of Americam Power*, New York : Basic Books, 2002 ; G. M. Joseph *et al.* (eds), *Close Encouters of Empire : Writing the Cultural History of U. S.–Latin American Relations*, Durham : N. C., Duke University Press, 1999 ; P. H. Smith, *Talons of the Eagle : Dynamics of united States–Latin American Relations*, New York : Oxford University Press, 1999 ; L. Schoultz, *Beneath the United States : A History of U. S. Policy Toward Latin America*, Cambridge, Mass : Harvard University Press, 1998 ; M. A. Renda, *Taking Haiti : Military Occupation and the Culture of U. S. Imperialism, 1915–1940*, Chapel Hill : University of North Carolina Press, 2001 ;

카리브 해 지역에서 야구의 발전과 미제국주의 사이의 상호관계는 미국이 예외주의가 되지 않을 수도 있다는 것을 암시하고 있다. 반면에 야구 역사와 미제국주의, 그리고 크리켓의 역사와 영제국주의 사이에는 놀라울 정도로 유사성이 존재하고 있다. 영국이 19세기 중반 동안에 제국주의 영향력 속에서 크리켓의 성장을 촉진한 것과 같은 방법으로 미국의 기업가, 군인 그리고 외교관들도 카리브 해의 스페인어권 국가들 전역에 야구를 확산시키는 데 역할을 하였다. 쿠바인, 도미니카인, 니카라과인 그리고 멕시코인들이 미제국주의에 저항하는 수단으로 야구를 받아들인 것과 같이 영국령 서인도제도(그리고 그 너머)에 있는 주변 지역이 영국 제국주의에 문화적 저항을 제공하는 수단으로 영국 경기인 크리켓 시합을 하였다.[47]

결론

야구는 150년 동안 미국 국가정체성과 밀접하게 일치되어 왔다.

A Iriye, *The Cambridge History of American Foreign Relations*, vol. 3 : *Globalizing America 1913–1945*, Cambridge : Cambridge University Press, 1993.

47_ 보다 자세한 것은 B. Stoddart and K. A. P. Sandiford (eds), *The Imperial Game ; Cricket, Culture and Society*, Manchester : Manchester University Press, 1998을 참조. 20세기 들어서 미국과 영국 제국주의 사이의 교훈적인 비교는 P. A. Kramer, "Empires, Exception, and Anglo–Saxons : Race and Rule between the British and United States Empires, 1880–1910", *Journal of American History*, 2002, vol. 88, 1315–53 참조.

야구의 초기 역사는 미국이 다른 국가들보다 훨씬 독특한 국가가 아닐 수 있다는 것을 보여주고 있다. 야구의 후기 발전은 지역과 국가들 사이의 문화적인 교류와 상호작용의 결과이다. 야구 초기 역사 어디에 미국의 예외주의 개념이 존재하고 있는가? 미국 혹은 대서양 건너 관점에서 보았을 때 미국 정체성의 독특한 특징으로서 야구의 예외주의는 근거가 있다. 그러나 카리브 해 지역과 태평양의 관점에서 보았을 때 야구의 역사는 미국 예외주의의 독특함이 아니라, 미국과 영국의 제국주의의 유사성과 미국 문화의 발전과 주변 국가들의 발전의 유사성을 가지고 있다. 비교접근 방법은 미국의 정체성에 미국의 예외주의의 중심성에 의문을 제기하고 있다.

야구가 미국과 미국 시민의 국가정체성에 중심이 될지 모르지만 사실 그러한 경우에 강한 논쟁이 전개될 수 있다. 그러나 야구가 쿠바, 도미니카공화국 그리고 일본의 문화에서 똑같이 중요하고 비슷한 역할을 하고 있다는 것을 인정하는 것은 중요한 것이다. 미국과 마찬가지로 이 국가들에게 있어서 야구는 중요한 역사적 기간 동안에 국가정체성을 인위적으로 강화하는 역할을 수행했다. 각국에서 야구는 지지자들에게 제국주의에 직면해서 어느 정도 문화적인 독립성을 주장하는 데 도움이 되었다. 미국의 맥락에서 보면 야구는 미국인에게 가공의 역사의 기원을 종식하면서 이전의 식민지 종주국으로부터 문화적이고 스포츠의 독립성을 주장하게 해주었다. 쿠바에서 야구는 스페인에 대한 독립운동의 형성에 직접적인 역할을 하였다. 쿠바와 도미니카공화국에서 야구는 상대적으로 가난한 국가의 시민들이 미국의 지배에 저항하는 것을 도와주었고 여전이 그 역할을 수행하고 있다. 그러한 공통점이 없는 국가에서 야구, 국가정체성과 저항 사이에 상호관계는 미국의 정체성의 뿌리가 미국이 가정하고 있는 예외주의에 있는 것이 아니라, 미국이 다른 국가와 공통적인 모습을 가지고 있다는 것을 시사하고 있다. 글로벌 시대에 예외주의를 위한 여지가 거의 없고 미국의 야구 역사에도 예외주의의 여지는 거의 없다. 스팰딩의 계승자들은 뉴욕의 학생들에 관한 전설과 함께 쿠바, 도미니카 그리고 일본 선수들을 포함시키는 야구의 역사를 쓸 필요가 있을 것이다. 미국에서 부유하고 복잡한 야구의 역사는 자신들을 규정하면서 미국은 자신들이 유럽과 구별된다는 방식을 강조해서는 안된다. 오히려 미국은 유럽으로부터 눈을 돌려서 주변 국가들과 유대를 강화시킬 수 있는 군사적 갈등과 경제적인 지배와 문화적인 교환을 포함하면서 공통의 역사를 고려해야 한다.

◉◉◉ 감사의 말

나는 지도, 충고 그리고 도움에 대해서 Arnar Arnarson, Owen Dudley Edwards, Mi Kallman. Robert Mason, Dil Portew, Adrain Smith와 Alan Tayer에게 감사를 드리고 싶다. 에딘버러 대학교의 예술과가 이 연구의 완성될 수 있는 재정적인 지원을 제공하였다.

9. 뉴질랜드와 호주의 근대 스포츠 라이벌

아드리안 스미스 Adrian Smith

호주와 뉴질랜드가 스포츠에서 오랜 경쟁관계를 유지해 오고 있다는 말을 들으면 선뜻 동의하지 않을 것이다. 20세기 초반에 시작된 올림픽 경기와 데이비스컵, 그리고 최근의 합동훈련을 고려해 보면 호주와 뉴질랜드는 경쟁관계라기보다는 협력관계라고 생각하게 된다. 일단 스포츠를 벗어나서 생각해 보자. 19세기 말에서 1980년대 중반까지 두 나라가 걸어온 길은 상당히 달랐다.[1] 그러나 전체적으로

1_ 예를 들어 J. Belich, *Paradise Reforged A History of New Zealanders*, London : Penguin, 2002, pp. 440–3. 반대로 호주의 시각은 P. McPhee, "An Australian view of New Zealand", and G. Blainey, "Two countries : the same but very different", in K. Sinclair (ed.), *Trasman Relations*, Auckland : Auckland University Press, 1988, pp. 277–97 and 315–32. McPhee는 뉴질랜드 사람들은 호주 사람들이 뉴질랜드 사람을 아는 것보다 호주에 대해서 더 많이 알고 있고, 스포츠와 같이 국가적인 관심이 되는 사건에 매우 민감하다고 주장한다. 또한 호주 사람들은 열등감 같

두 나라는 유사한 근대사를 가지고 있고 국가 이익에서도 서로 일치하는 부분이 많았다. 이런 이야기를 듣다 보면 다음과 같은 질문이 뇌리를 스칠 것이다. 그렇다면 호주와 뉴질랜드는 공동의 경쟁상대가 있는가? 서로 상대에게 이기는 것보다 더 중요한 공동의 경쟁상대가 있는가? 호주 스포츠 팬들에게 호주가 어느 팀을 이겼을 때 가장 기쁜지 물어보면 그 답은 아마도 영국(Poms)에 이기는 것이라는 대답을 얻게 될 것이다.[2] 애쉬스 크리켓 대회(Ashes : 영국과 호주사이에 1882년부터 있었던 크리켓 국가대항전[역자 주])는 오랫동안 식민모국인 영국에 불필요할 만큼 굴종적인 자세를 취해왔던 신생독립국 호주가 영국에 가지고 있는 반감의 상징이다. 호주가 독립국가로서 자리 잡으면서 스포츠는 국가로서의 호주의 능력을 보여주는 상징이 되어왔다.[3] 영국과 호주의 스포츠 대항전은 지난 130년 동안 격렬한 경쟁의

은 것은 가지고 있지 않으며, 뉴질랜드와의 관계보다는 태평양과 더 넓은 지역에 있는 국가에 더 많은 관심을 가지고 있다고 주장한다.

2_ 다른 호주인들처럼 어려움을 묵묵히 헤쳐가려고 하지 않고 불평불만을 자주 터트리는 사람들이다. 호주인들이 'Poms'라고 부르는 영국인들은 불평 기술을 예술로 발전시켰다고 취급된다. 흔히 한국 사람들이 일본 사람을 왜놈 혹은 쪽바리, 중국 사람을 뙤놈으로 비하해서 부르듯이 영국, 특히 잉글랜드 사람들에 대한 경멸적인 표현이다 이 장에서 호주인들이 지칭하는 영국은 잉글랜드이다.[역자 주]

3_ 개인경기나 단체경기에서 호주는 타고난 재능이 있다고 믿어왔다. 이 '행운의 나라' 호주는 스포츠에서도 특이한 전통을 가지고 있다. 이에 대해서는 D. Adair and W. Wamplew, *Sport in Australian History*, Melbourne : Oxford Universit Press, 1997, pp. ix–xiv, 6–14 ; R. Cashman, *Paradise of Sport The Rise of Organised Sport in Australia*, Melbourne : Oxford University Press, 1995, pp. 205–8 ; W. Vamplew, "Australians and sport", in W. Wamplew and B. Stoddart (eds), *Sport in*

연속이었다. 예의를 중요하게 여기는 크리켓 경기에서조차 상대 에게 존경을 표시하지 않았다. 호주가 영국에 가지고 있던 증오는 대단했다.[4] 악명 높았던 1932–1933년 시즌의 크리켓 경기는 영국과 호주의 외교관계를 심각한 위기로 몰아가기도 했다. 이 사건은 1981년에 호주의 크리켓 국가대표 선수인 트리볼 채펄(Trevor Chappell)이 불법 투구로 뉴질랜드 타자들을 분노케 했던 사건과는 비교도 되지 않는 중대한 사건이었다.[5]

Australia A Social History, Cambridge University Press, 1994, pp. 11–13. 좀 더 구체적인 논의는 B. Stewart and A. Smith, "Australian sport in a postmodern age", in J. A. Mangan and J. Nauright (eds), *Sport in Australasian Society Past and Present*, London : Frank Cass, 2000, pp. 278–304.

4_ 많은 사람들이 알고 있는 Steve Waugh의 2001년 이태리 갈리폴리(Gallipoli)에서 잉글랜드(England)까지의 경기 참가는 1920년대 초반에 호주의 압도적인 승리는 다르다넬스 해협(Dardanelles)와 서부전선에서 입었던 큰 피배에 대한 복수심에서 유래되었다는 대중의 생각을 한층 더 확인시켜 주었다. 이에 대해서는 *Guardian*, 6 August 2001 참조. 좀 더 보충하자면 아일랜드계의 이민과 이후 동화는 호주 스포츠에 열정 즉 영국을 이겨보자는 동기에 에너지가 불어넣었다. 이에 대해서는 P. A. Horton, "The Irish–Australians and Australian sports culture", in Magan and Nauright (eds), *Sports in Australasian Society*, pp. 66–70 참조. 1925년 이후 올블랙(All Black : 호주 국가대표팀)의 경기에 동기부여를 한 ANZAC 전통의 중요성에 대해서는 C. Laidlaw, "Sport and national identity : race relations, business, professionalism", in B. Patterson (ed.), *Sport Society and Culture in New Zealand*, Wellington : Stout Research Centre Victoria University, 1999, p. 14 참조.

5_ R. Sissons and B. Stoddart, *Cricket and Empire : the 1932–33 Bodyline Tour of Australia*, London : Allen & Unwin, 1984. 럭비에서처럼 뉴질랜드 수상 로버트 멀둔(Robert Muldoon)은 채펄의 사건을 이용해 값싼 인기를 끌어모으는 데 활용했다. 2002년 1월에 임박한 선거에도 불구하고 노동당의 헬렌 클락(Helen Clark)은 뉴질랜드 크리켓 선수들이 MCG에서 모욕을 당하고 차별대우를 받는 데도 침묵으로 일관했다.

호주는 애쉬스 크리켓 대회가 출범할 때부터 영국과 양보 없는 경쟁을 해왔다. 이것은 호주가 다른 모든 분야에서 식민지 모국에 경의를 표해왔던 것과는 매우 상반된 태도였다. (물론 1942년 대영제국이 일본에게 싱가포르를 양도하면서 호주는 그들의 안보를 지켜줄 맹주로서 미국을 선택했다). 호주는 독립 이후에도 영국에게 계속 경의를 표해왔다. 그로 인해 많은 호주 젊은이들이 겨울방학 동안 육체적·정신적 건강을 얻기 위해 영국의 애들레이드(Adelaide)의 크리켓 학교로 연수를 떠나곤 했다. 그러나 호주의 스포츠맨들이 대영제국의 스포츠맨들보다 육체적인 면에서나 정신적인 면에서 뛰어나다는 것은 이미 오래 전부터 알려져 있었다. 보어전쟁(Boer War)에서 호주 농민 출신의 병사들은 탁월한 체력을 보여주었고, 1905년과 1906년 호주가 국제 럭비대회를 석권하자 영국 정치지도자들은 호주에 두려움마저 느꼈다. 특히 우성학의 신봉자들은 영국의 도시 산업화로 인해 앵글로색슨 족의 뛰어난 우성이 점차 약화되고 있다며 걱정할 정도였다.[6] 20세기에 영국의 행정가들과 감독들은 호주의 좋은 자연 조건이 선수들의 체력에도 좋은 영향을 미친다고 생각했다. 그러나 누구도 호주의 운동시설이나 훈련방법이 영국보다 뛰어나다는 것은 결코 인정

6_ 뉴질랜드는 1905년 시즌 경기에서는 웨일즈(Wales)에게, 1906년 시즌에서는 남아프리카에게만 패배를 당했다. 이에 대해서는 J. Nauright, "Colonial manhood and imperial race virility : British responses to post−Boer War colonial rugby tours", in j. Nauright and T. J. L. Chandler (eds), *Making Men : Rugby and Masculine Identity*, London : Frank Cass, 1996, pp. 121−39 참조.

하려 하지 않았다. 스포츠, 특히 크리켓에서 승패의 근본적인 원인이 어디에 있는지 밝히는 것은 쉬운 일이 아니다. 그러나 1980년대 세계 경제의 지각변동과 프로 스포츠계의 재정적 어려움이 불어닥치자 영국의 태도가 급속히 바뀌기 시작했다. 호주스포츠협회(AIS : Australian Institute of Sport)가 1992년부터 보여준 눈부신 성공은 호주의 자연조건이 아니라 호주 엘리트 스포츠의 우수성을 증명한 것이었다.[7]

그동안 조금씩 진행되던 호주와 뉴질랜드 출신 감독들의 영국과 아일랜드 진출은 2001년에 이르자 이미 엄청난 수로 늘어나 있었다. 진출분야도 초기 럭비에서 다른 여러 종목으로 확산되었다. 호주 스포츠 시스템은 여러 분야에서 성공을 거두었다. 이 때문에 영국의 스포츠 단체들도 호주 출신을 CEO로 영입하기도 했다. 이들 중에는 스포츠 잉글랜드(Sport England)와 잉글랜드 스포츠협회(English Institute of Sport)의 CEO를 역임한 인물도 있었다. 2002년 영연방 대회의 성공 뒤에는 2000년 시드니 올림픽을 기획했던 30명의 유능한 호주 직원의 공로가 있었다. 호주는 시드니 올림픽 메달 경쟁에서 성공을 거두었고, 호주의 성공은 영국 맨체스터에서 열린 영연방 대회에서 다시 재현되었다. 호주의 성공은 지난 10년 이상 실시해 온 공격적이고 상의하달식(top-down) 전략의 성공을 입증했다. 호주스포츠협회(AIS)와 그 모체였던 호주스포츠위원회는 남태평양 지역에서 국가정체성과 스포츠를 토론하는 모임에서 성공한 사례로 자주 등장한다.

7_ 2000년 호주의 올림픽 메달리스 58명 중에서 32명이 AIS 소속이었다.

따라서 이 장에서는 호주의 스포츠 분야에서의 성공이 뉴질랜드 정책결정자들에게 어떠한 영향을 미쳤는지 살펴본다. 뉴질랜드 정부가 호주 정부의 반짝이는 아이디어와 경쟁하기 위해 얼마나 많이 노력했는가? 호주 인구의 1/5밖에 되지 않는 인구로 노동당 정부에 의해 시작된 시장경제 중심의 개혁으로 인해 경제도 어려운 뉴질랜드가 호주와 경쟁하는 것이 가능한가? 인구와 엘리트 스포츠를 위한 기금 모금 현황을 고려해서 호주와 뉴질랜드의 경기성적을 비교해 보면 오히려 뉴질랜드가 올림픽에서 호주보다 좋은 성적을 거두었다는 주장도 있다. 그렇다면 경제도 좋지 않은 작은 나라가 능력보다 뛰어난 결과를 얻을 수 있었던 원인은 무엇인가?[8]

2003년 아메리칸컵 대회에서 뉴질랜드는 실패했다. 이것은 국가적 희망수준과 상업적 현실의 격차가 얼마나 큰가를 보여준다. 호주와는 달리 많은 뉴질랜드인들은 프로 선수라도 돈과는 무관한 순수한 애국심으로 경기에 참가해야 한다는 순진한 생각에 사로잡혀 있었다. 논쟁은 있을 수 있지만 호주인들은 지난 25년간 통신기술의 혁명적 발전에 힘입어 세계화의 혜택을 즐기고 있을 뿐만 아니라, 이젠 국민들이 더 많은 세계화를 요구하기도 한다. 위성 TV와 케이블 TV는 스포츠 대항전을 시청하는 데 큰 도움을 주고 있다. 두 나라 사이의 경쟁은 첨예하고, 방송사들은 두 나라의 대항전에 관심을 갖는다.[9]

8_ 1948년에서 2000년 올림픽을 종합해 보면 뉴질랜드는 인구 백만 명당 7.3개의 메달을 획득한 반면 호주는 4.6개에 불과하다. Belich, *Paradise Reforged*, p. 369.

스카이(Sky), 팍스텔(Foxtel), 채널나인(Channel Nine)과 같은 방송사 마케팅 관리자들은 인위적으로 만들어진 전통을 상징조작으로 연결시켰다. 여기서 경기장소, 옷, 개성들이 국가성의 재료로 활용된다. 뉴질랜드는 성별이나 인종적 차이와는 무관한 정체성을 만들어내는 데는 단연 천재적이었다.[10]

경쟁관계 만들기

앞에서 언급했듯이 호주 사람들이 가장 환호하는 승리는 호주 크리켓 대표팀이 영국팀, 특히 잉글랜드팀을 이기는 것이다. 이와 비슷한 것이 있다. 지난 20년 동안 호주의 럭비 팬들은 호주의 웰러비

9_ TV가 유일한 원인은 아니다. 나중에 설명되겠지만 왈리비(Wallabies)가 올블랙(All Black)의 아성에 위협이 되기 시작한 것은 방송사 재벌 Murdoch의 공로보다는 엘라(Ella) 가족의 등장 때문이었다.

10_ 원주민들의 상반된 경험은 국가적 신화와 국가의식에 중요한 함의를 제공해준다. 마오리 족과 스포츠에 대해서는 Belich, *Paradise Refored*, pp. 212–15 ; G. Dunstall, "The social pattern", in W. H. Oliver with B. R. Williams(eds), *The Oxford History of New Zealand*, Oxford : Oxford University Press, 1981, pp. 423–7 ; M. Maclean, "Of warriors and blokes : the problems of Maori rugby for Pakeha masculinity in New Zealand", in T. Chandler and J. naurightt(eds), *Making the Rugby World : Race, Gender, Commerce*, London : Frank Cass, 1999, pp. 1–26 참조. 호주 원주민과 스포츠에 대해서는 Adair and Vamplew, *Sport in Australian History*, pp. 48–62 ; Cashman, *Paradise of Sport*, pp. 72–91 ; A. Burroughs and J. Nauright, "Women's sports and embodiment in Australia and New Zealand", in Mangan and Nauright(eds), *Sport in Australasian Socieity*, pp. 188–205 참조. 호주 원주민 여성에 대해서는 J.Hargreaves, *Heroines of Sport The Politics of Difference and Identity*, London : Routledge, 2000, pp. 78–106, 123–8 참조.

(Wallaby)팀이 영국의 트윅큰햄(Twickenham) 럭비 경기장에서 승리하는 꿈을 꾸어왔다. 에덴파크(Eden Park)에서 블레디슬로(Bledisloe)컵을 차지하는 것은 호주 국민 전체가 기뻐하는 일이다. 그러나 호주가 뉴질랜드와의 크리켓 경기에서 이겼다고 해서 호주의 국가적 축제가 되지는 않는다. 뉴질랜드 크리켓은 1946년에서야 상위 리그로 인정받았고, 그 이후로도 여전히 실력에서 호주에 뒤처지는 것으로 평가되어 왔기 때문이다.[11] 이와는 반대로 뉴질랜드에서는 호주와의 크리켓 경기가 높은 관심을 불러일으키면서 다윗과 골리앗의 경기로 비유되기도 한다. 그것은 어린 동생이 맏형을 상대로 벌이는 경기, 마치 형제 간의 경쟁과 같다. 최근 들어 양국 간의 경기는 더욱 격렬해지고 있다.[12]

1980년대까지만 해도 뉴질랜드와 호주의 경쟁의식은 네트볼(netball)이나 조정경기를 제외하면 그다지 심하지 않았다. 호주인들이 뉴질랜드 출신인 리차드 헤들리(Richard Hadlee)와 마틴 크로위(Martin Crowe)를 위대한 크리켓 선수로 존경하는 것은 사실이지만 일반적으

11_ 제1차 세계대전을 전후한 시점에서는 뉴질랜드인들은 호주와의 크리켓 경기에 집착하지는 않았다. 1945년에서 2002까지 호주와 뉴질랜드의 경기를 종합해 보면 호주가 18번, 뉴질랜드가 7번 승리했고, 16번이 무승부 경기였다. 하루 동안 치러지는 국가대표 간의 경기만을 놓고 보면 2 대1의 비율로 호주가 앞서고 있다. Belich, *Paradise Reforged*, pp. 369 and 373–4 ; F. Andrewes, "'They play in your home' : cricket, media and modernity in prewar Australia" in Mangan and Nauright(eds), *Sport in Australasian Society*, p. 93 ; Online. Available http://www.CrincInfo.com.(2 August 2002).

12_ Cashman, *Paradise of Sport*, p. 106.

로 뉴질랜드를 호주 크리켓팀의 적수로 생각하지는 않았다. 럭비 경기는 뉴질랜드에서 점차 인기를 잃어가고 있었다. 제2차 세계대전 이후 뉴질랜드는 수영과 테니스에서 호주의 던 프레이져(Dawn Fraser) 혹은 켄 로스웰(Ken Rosewall)과 필적할 만한 위대한 선수를 배출하지 못했다.[13] 육상 트랙 경기에서 뉴질랜드가 중거리에서 황금 시대를 구가하기 시작한 것은 호주의 황금 시대가 끝나면서부터였다.[14] 뉴질랜드 스포츠 팬들은 호주와의 경기에서 이기면 모두 기뻐한다. 그러나 가장 큰 기쁨은 뉴질랜드 국가대표팀이 잉글랜드 럭비 대표팀이나 남아프리카 럭비팀을 이겼을 때이다. 뉴질랜드인들은 호주와의 평가전보다는 남아프리카 국가대표팀과의 평가전에 더 열광한다.[15]

호주에서 럭비 리그가 창설된 것은 제1차 세계대전 이후이지만 활성화되지는 못했다. 1970년대 후반에 엘라(Ella) 형제의 등장으로 럭비 붐이 일어났다. 이전의 럭비 경기는 특정 계층, 즉 개신교이면서 백인 중산층의 전유물이었다. 럭비 경기가 활발했던 지역도 퀸즈랜드(Queesnland)와 뉴사우스웨일즈(New South Wales)와 같은 교외지역에

13_ Australia have beaten New Zealandd on all 10 occasions they have met in Davis Cup.

14_ 이와 유사하게 뉴질랜드 단거리 선수가 메달을 따고 기록을 갱신한 것은 1920년대이고, 호주가 단거리에서 두각을 나타낸 것은 1950년대였다.

15_ J. Nauright and D. Black "'Hitting them where it hurts' : Springbok–All Black rugby, masculine national identity and counter–hegemonic struggle, 1959–1992", in Nauright and Chandler (eds), *Making Men*, pp. 205–26 ; F. Andrewes, "Demonstrable virility : images of masculinity in the 1956 Springbok rugby tour of New Zealand", *International Journal of the History of Sport*, 1998, vol. 15 (2), 119–36.

불과했다. 이 당시에는 뉴질랜드의 실력이 호주보다 월등히 앞서 있었다.[16] 호주에서 마크 엘라(Mark Ella)와 데이비드 캠퍼스(David Campese)가 등장하면서 1984년까지 뉴질랜드와 호주는 비슷한 실력을 가진 경쟁관계가 되었다. 엘라는 호주 태생이었고, 캠퍼스는 이탈리아계 이민 후손이었다. 높은 축구 열기 때문에 럭비가 국민 스포츠로 발전하지 못했지만 엘라와 캠퍼스의 성공은 호주인들이 럭비에 대해 갖고 있던 기존 관념을 바꾸어 놓았다.[17] 뉴질랜드 럭비는 호주의 심각한 도전을 받았다. 이 시기는 때마침 뉴질랜드의 전통적 경쟁관계였던 남아프리카 럭비팀이 국제무대에 출전하지 못하게 된 시기이기도 했다.

인종차별정책 때문에 남아프리카팀은 1981년부터 뉴질랜드를 방문하지 못했다. 라이벌이 사라지면서 뉴질랜드 럭비팀의 경기도 활기를 잃어갔다. 이제 뉴질랜드가 우승한다고 해도 세계 최강이라고 자부할 수 없게 된 것이다. 남아프리카팀이 국제무대에서 퇴장당하면서 호주가 뉴질랜드의 강력한 경쟁상대로 등장했다.[18] 호주의 1991년 블래디슬로컵(Bledisloe Cup) 승리는 럭비 경기에서 호주팀의 위상

16_ 호주 국가 럭비 대표팀 웰러비스(Wallabies)가 경기력에서 떨어졌다는 것은 양국 간의 경기사를 보면 알 수 있다. 호주는 2002년까지 41번 승리하고 94번 패했으며 5번 무승부를 기록했다.

17_ S. Smith, *The Union Game A Rugby History*, London : BBC, 1999, pp. 235–40, 243–58 ; D. McRae, *Winter Colours Changing Seasons in World Rugby*, London : Mainstream, 1998, pp. 311–18.

18_ 경쟁관계가 형성된 이후 두 국가 간의 공식경기는 1992년부터였다. 1981년의

을 상승시켰다. 1980년대 블레디슬로컵 대회에서 양 팀의 실력은 비슷했다. 스포츠에서 경쟁관계가 형성되면 스포츠는 스포츠 이상의 의미를 가지게 된다. 그리고 정치, 경제, 문화 등의 복잡한 요소들이 복잡하게 얽히기 시작한다. 뉴질랜드와 호주의 경쟁관계의 기원이 어디에서 출발했는가는 여전히 논쟁거리이다. 일부는 1901년 연방 시대라고 하고, 또 일부는 1840년 와이탕기(Waitangi) 조약에서 기원을 찾는다. 뉴질랜드팀은 국가의 자존심을 지키기 위해 경기를 했고, 그것만으로도 전력을 다해야 하는 충분한 이유가 되었다. 관심을 오직 잉글랜드에 두고 있었던 호주는 지역 경쟁상대인 뉴질랜드를 자신과 동등한 위치로 인정한다는 것을 받아들일 수 없었다.

1980년대 말이 되면서 럭비 경기는 더 이상 뉴질랜드만의 경기가 아니었다. 호주의 방송사업가 루퍼트 머덕(Rupert Murdoch)이나 호주의 미디어 재벌 케리 패커(Kerry Packer)와 같은 방송 대재벌들은 럭비가 세계적 스포츠가 될 수 있다는 가능성을 발견했다. 당시에 지상파

경기와 그 이후의 경기에 대해서는 Belich, *Paradise Reforged*, pp. 516–19 ; Smith, *The Union Game*, pp. 154–67, 170–3 참조. 남아프리카의 관점에 대해서는 McRae, *Winter Colours*, pp. 45–51 참조. 뉴질랜드 역사에서 이 시기에 대한 문헌은 광범위하게 연구되었다. 아래의 참고문헌과 주석들을 보라. M. MacLean, "Football as social critique : Protest movements, rugby and history in Aotearoa, New Zealand", in Mangan and Nauright(eds), *Sport in Australasian Society*, pp. 255–77 and 339 ; and T. Richards, "New Zealanders' attitudes to sport as illustreated by debate over rugby contacts with South Africa' and Tompson, "Legacy of 'The Tour'" in Patterson(eds), *Sport, Society and Culture in New Zealand*, pp. 39–48 and 79–91.

방송과 위성 케이블 방송국은 남반구의 네트볼(netball)이 텔레비전 중계방송에 가장 적당한 스포츠라고 생각하고 있었다. 네트볼은 남성과 여성 모두가 좋아했고, 뉴질랜드에서 특히 인기가 높았다. 중계 대상으로서의 넷트볼의 발견은 방송사의 입장에서 보면 새로운 광고 수입원을 발견한 것이기도 하다. 네트볼은 호주와 뉴질랜드에서 높은 인기를 누리고 있었다. 두 국가의 경기는 세계 챔피언을 결정하는 최고수준의 경기였다.[19]

1990년대 중반이 되면서 다국적 방송사들은 호주와 뉴질랜드의 국가대항전의 중요성을 더욱 부각시켰다. 양국의 경쟁관계는 크리켓에서 가장 먼저 시작되었다. 1985년 호주와 뉴질랜드의 정기 국가대항전인 트랜스-태스맨 크로피(Trans-Tasman Trophy) 경기가 시작되면서 체널나인(Channel Nine)의 시청자들에게 가장 인기 있는 스포츠 경기는 뉴질랜드 웰링턴에서 5일 동안 벌어지는 크리켓 경기였다. 머덕의 뉴스커프(News Corp) 방송사는 남서반구에서 벌어지는 뉴질랜드와 호주의 경쟁을 주요 경기로 방송했다.[20] 뉴스커프사는 두 개의

19_ 경기결과는 호주가 압도적이었다. 호주는 41승, 24패, 2무를 기록했다. 1994년까지 여자 경기는 뉴질랜드 방송시간에서 20.5%를 차지한 반면, 넷트볼 중계가 ABC 방송사의 권한에 있었던 호주는 단지 1.2%에 불과했다. J. Nauright and J. Broomhall, "The development of netball and a female sporting culture in New Zealand, 1906-1970", *International Journal of the History of Sport*, 1994, vol. 11, 387-407 ; J. Nauright, "Women and sport in Australia and New Zealand : Historical and contemporary issues", in K. Hardman (ed.), *Sport for All : Issues and Perspectives in International Context*, Manchester : Centre for Physical Education and Leisure Studies, 1996, pp. 59-64.

럭비 슈퍼 리그를 모두 중계하려 했다. 뉴스커프사는 경쟁사인 케리 페커(Kerry Packer)에게 호의적이었던 럭비협회를 상대로 소송을 제기했다. 치열했던 법정투쟁을 거치면서 최종판결로 오늘날의 내셔널 럭비 리그(NRL : National Rugby League)가 만들어졌다. 영국이 슈퍼 리그의 국제경기 중계권을 프랑스에 넘길 때 프랑스 방송사에 적극적인 홍보를 요청했던 것처럼, 호주 리그에서 활약하고 있는 뉴질랜드의 워리어스(Warriors)는 뉴스커프사에게 NRL을 적극적으로 홍보해 줄 것을 요청했다. 프랑스의 시도는 불행히도 실패로 끝나고 말았지만 뉴질랜드는 성공을 거두었다. 뉴질랜드가 성공을 거둘 수 있었던 것은 뉴질랜드의 워리어스(Warriors)팀이 NRL에서 초반부터 우승 후보로 떠올랐기 때문이다. 이 때문에 뉴스커프사는 많은 뉴질랜드 시청자들을 확보할 수 있었다. 텔레비전 중계는 근본적인 변화를 일으켰다. 이는 국제럭비위원회(International Rugby Board)가 1995년 럭비 경기를 (입장료를 지불하지 않은) 일반 시청자에게 공개해도 좋다는 결정을 내리면서 가능해졌다. 같은 해 중계권은 5억 6천4백만 달러에 거래됐다. 블레디슬로컵 경기는 이제 안방 시청자들에게 쉽게 전달되고 있고, 호주와 뉴질랜드의 라이벌은 세대를 이어가면서 계속되고 있다.[21] 오랫동안 진부한 방식이라고 비난받아 왔던 토너먼트 경기방

20_ 1995년에 이르면 뉴질랜드 방송 시간에서 스포츠가 15%를 차지했다. 이 비중은 점차 증가하고 있는 추세이다. Adair and Camplew, *Sport in Australian History*, p. 27.

21_ Smith, *The Union Game*, pp. 263–8 ; McRae, *Winter Colurs*, pp. 82–3 and 240–3.

식도 시청률이 높아지자 더 이상 문제가 되지 않았다. 슈퍼 12 리그에서 오클랜드 블루팀의 성공으로 슈퍼 12(Super 12) 리그가 NRL과 경쟁하기도 했다. 그러나 오클랜드 워리어스에서 뉴질랜드 워리어스로 이름을 바꾼 뒤 워리어스가 2002년 10월 NRL 결승전에 진출하자 NRL의 인기가 슈퍼 12 리그를 압도하게 되었다. 뛰어난 마케팅 전략으로 뉴질랜드 원주민과 백인은 하나가 되어 자국의 클럽 팀을 응원했다.

아메리카컵 이야기

뉴질랜드와 호주의 경쟁 경기로는 요트 경기를 빼놓을 수 없다. 시드니-호바트(Sydney-Hobart) 경기나 호주와 뉴질랜드 간의 정기 친선대회인 트렌스-태스맨 트로피 경기는 호주와 뉴질랜드의 뛰어난 요트 경기력을 시험하는 대회이다. 호주가 1983년 아메리카컵(America Cup)에서 우승하자 뉴질랜드 오클랜드의 보트 제조업자와 모험적인 투자가들, 그리고 12미터 요트인들은 뉴질랜드도 해양 경기에서 호주처럼 최고가 될 수 있다는 꿈을 가지게 되었다. 요트 경기는 럭비와 더불어 뉴질랜드가 세계적인 경기력을 가지고 있다고 자부하던 분야였다. 앨런 본드(Alan Bond) 팀이 이러한 자부심의 계기를 만들었다. 호주로부터 아메리카컵을 뺏어온 뒤로 타이틀을 방어해야 한다는 동기가 뉴질랜드 해양 스포츠 발전에 큰 원동력이 되었다.[22] 호주 2호(Australia II)의 성공은 실력이 비슷한 선수들 간의 경기에서 기술이 얼마나 중요한가를 보여주었다. 또한 미국팀을 이겼다는 것이 국가적인 자부심이 되었다. 뉴질랜드는 전문기술자도 보유하고 있었고, 이겨야만 하는 동기도 충분했다. 호주 인구 중에서 요트 인구는 불과 1%에 불과하다. 따라서 남태평양에서 우승국이 나온다면 그 나라는 당연히 뉴질랜드 오클랜드(Auckland)에서 나와야 한다는 사고방식이 뉴질랜드에 팽배했다.[23] 또 당시에는 미국과 뉴질랜드의 외교관계가 좋지 않았다. 뉴질랜드는 앤저스 조약(ANZUS, 호주, 뉴질랜드, 미국이 참가하는 태평양 안전보장 조약역자 주)에서 1987년 배제되었는데, 이것이 뉴질랜드가 꼭 우승해야만 하는 또 다른 동기가 되었다.

뉴질랜드의 데니스 코너(Dennis Conner)는 첫 출전한 아메리카컵에서 우승했다. 이 승리로 인해 이후 몇 년간 뉴질랜드는 법적 소송에 휘말렸다. 1988년 대회는 결국 법정에서 결말이 났다. 법정은 미국팀에게 호의적인 판결을 내렸고, 뉴질랜드는 법정이 뉴질랜드를 배신했다고 느꼈다. 그러나 법정소송 이후 가장 큰 변화는 12미터 요트가 새로운 형태의 보트로 교체되었다는 것이다. 또 다른 주목할 만한

22_ 아메리칸컵을 방어하는 데 뉴질랜드 달러로 3천만 달러가 소요되었다. 그러나 이것은 6억 4천만 뉴질랜드 달러의 가치를 만들어냈고, 8천 개의 직업과 경제를 1% 성장시킬 수 있었다. NZ Goverment economic-impact study, 2000. *Guardian*, 22 August 2001.

23_ Adair and Vamplew, *Sports in Australian History*, p. 42. 호주는 1962년 이후 7차례나 예선을 통과해 결선에 진출했다. 그러나 뉴질랜드는 한번도 7팀이 겨루는 결승에 나가지 못했다.

변화는 피터 블레이크(Peter Blake)가 새로운 뉴질랜드팀의 감독으로 부임했다는 것이다. 블랙매직(Black Magic)호가 1995년 샌디에고(San Diego)에 도착했을 때 뉴질랜드는 애드미럴스컵 대회(Admiral's Cup, 영국 해협에서 2년마다 열리는 요트 레이스[역자 주])에서 우승했고, 화이트브레드 라운드 월드 레이스드(Whitbread Round the World Raced)에서도 우승하면서 전 세계를 쉬지 않고 항해하는 기록도 달성했다. 러셀 쿠츠(Russel Coutts)와 브래드 버트워스(Brad Butterworth), 그리고 피터 블레이크와 같은 기장과 조타수들은 월등한 실력을 입증했고, 2000년 이탈리아를 상대로 다시 확인해 주었다.[24] 뉴질랜드가 아메리카컵에서 우승하고 또 방어하는 것은 국가적 관심사였다. 뉴질랜드인들은 자신들의 럭비팀이 세계 최고라는 것을 믿어 의심치 않았다. 그러나 1987년 이후로 뉴질랜드가 세계 최강팀이라는 것을 입증하지 못했다. 더구나 두 번이나 타이틀을 잃어버리기도 했다. 그러나 아메리카컵의 승리는 내륙에 살고 있던 뉴질랜드인에게도 요트에서만큼은 뉴질랜드가 세계최고라는 자부심을 심어주었다.

그러나 뉴질랜드인들의 자부심은 곧 깨어지고 말았다. 블레이크는 브라질에서 살해당했고, 1995년과 2000년에 승리를 이끌었던 기장들과 전략가들은 2003년 대회에서 뉴질랜드를 떠나 다른 나라 팀 소속으로 경기에 참가했다. 뉴질랜드 국가대표팀의 장점 중 하나는

24_ S. and A. Seward. *Top Yacht Races of the World*, London : New Holland, 2000, pp. 146–51.

비용의 모금이었다. 기업체들 뿐만 아니라 일반인들도 기부에 참가했다. 뉴질랜드 전 국민들의 기부로 우승을 했던 선수들이 이젠 조국을 배신하고 돈을 위해 해외의 부호들을 위해 경기에 참가했다. 영웅이 하룻밤 사이에 매국노가 되고 말았다. 국민들은 배신감에 휩싸였고, 다른 팀들에 비해 기금 모금에서 뒤처졌던 뉴질랜드 대표팀은 적자에 허덕였다. 경험도 부족한 선수들이 2천4백만 파운드나 들여서 만든 아직 검증도 되지 않은 새 요트로 경기에 참가했다. 결과는 2번이나 중도 포기였다. 2003년 2월, 스위스의 알링기(Alinghi)팀은 아메리카컵에서 승리하기 위해 3천4백만 파운드를 지출했다. 쿠츠, 버트워즈를 비롯한 4명의 전 뉴질랜드 대표팀 선수들은 스위스팀으로 참가해 뉴질랜드에게 5-0의 치욕적인 패배를 안겨주었다. 왕립 오클랜드 요트회(RAY : Royal Auckland Yacht Squadron)의 회원이 언급했듯이 아메리카컵은 애국심이 배제된 용병들의 잔치였다. 전 세계가 러셀 쿠츠를 가장 위대한 아메리카컵의 기장으로 칭송했지만 뉴질랜드에서 그는 매국노가 되어 있었다.[25]

뉴질랜드는 내륙국가에게도 대패하고 말았다. 작은 국가의 영웅 서사시가 이제는 용병들의 비열함과 돈에 미친 사악한 사업가의 이야기로 변해버렸다. 일부에서는 프로 스포츠 선수들도 돈보다는 애

25_ RAY 회원의 언급은 *Guardian*, 7 October 2002 참조. 쿠츠와 버트워즈는 2003년 1월 TV에 출연하여 그들이 뉴질랜드팀을 떠나서 스위스의 Alinghi팀으로 옮긴 이유를 설명했다. 그러나 국민들의 반응은 냉담했다. *Guardian*, 12 February 2003.

국심에서 경기를 해야 한다는 순진하고 시대착오적인 생각을 하는 뉴질랜드인들의 수는 많지 않다고도 한다. 이것이 뉴질랜드에는 순박한 사람들이 많고 호주에는 세속적인 사람들이 많다는 의미인가? 하지만 아메리카컵 때문에 생긴 분노와 외국인 혐오감의 수준을 생각해 볼 때 이것을 단순히 순박함이라고 말할 수는 없다. 거기에는 조금의 관용도 스포츠 정신도 찾아볼 수 없다. 그러나 일반 국민들의 정서와는 반대로 자기 조국을 상대로 경쟁하는 것이 잘못된 행동이라고 생각하는 프로 요트 선수는 거의 없다.

상징화(iconography)－장소, 장비, 그리고 사람

아메리카컵 경기는 국가 간의 경쟁 경기가 스포츠 영웅을 탄생시킨다는 것을 단적으로 보여준다. 이는 스포츠 문화에 따라 장소, 의식, 심지어 의상과도 밀접한 관련이 있다. 애착과 일체감을 유발하는 데 스포츠의 상징이 얼마나 중요한 역할을 하는가는 이미 잘 알려져 있다. 근대 국가의 건설과정에서 '만들어진 전통'의 중요성을 강조했던 에릭 홉스봄(Eric Hobsbawm)의 논의는 베네딕트 앤더슨(Benedict Anderson)의 '상상의 공동체'(imagined communities)에도 영향을 미쳤다. 두 사람의 논의는 스포츠가 사회적 결합과 집단적 의식 강화에 중요한 역할을 한다는 것을 보여주고 있다. 홉스봄은 '만들어진 전통'이라는 개념을 통해 19세기 말의 유럽을 연구했다. 그의 개념은 한 세기 이후에 지구의 반대편에서는 여전히 유효한 개념이다. 톰슨(E. P.

Thompson)은 세계적인 영향력이 크면 클수록 지역 고유의 상징과 전통은 더욱 강해진다고 말했다. 스포츠 전통은 끊임없는 확인과 새로운 창조과정을 거쳐 지역의 문화적 자본 형성과 집단정체성 형성에 중요한 역할을 담당한다. 맥과이어(Maguire)는 지역사회가 세계화에 대응해서 지역사회의 정체성과 관련이 있는 것들, 즉 전통이나 향수, 신화에 더욱 집착하게 된다고 했다. 이런 점에서 스포츠는 국민들에게 매우 중요한 '의미의 기준점' (anchors of meaning)이 된다.[26]

남과 너무 친하게 지내면 나쁜 감정이 생긴다는 속담이 있다(familiarity breeds contempt). 이 말은 스포츠에서 가장 잘들어 맞는 말이다. 특히 오늘날의 뉴질랜드와 호주에서 이 현상이 두드러진다.[27] 방문팀은 경의로움과 두려움으로 호주의 멜버른 크리켓 구장(MCG : Melbourne Cricket Ground)이나 뉴질랜드의 에덴 파크(Eden Park) 구장을 방문한다. 남아프리카팀들이 오클랜드 항구에 닻을 내리기 전에 벌써 주눅이 드는 것에 비하면 거리가 가까운 호주팀은 그나마 유리한 입

26_ E. Hobsbawm. "Mass producting traditions : Europe, 1870–1914", in E. Hobsbawm and T. Ranger (eds), *The Invention of Tradition*, Cambridge : Cambridge University Press, 1983, pp. 263–307. Hobsbawm, Anderson, Thompson의 아이디어를 스포츠에 적용한 것으로는 G. Jarvie, "Sport, nationalism and cultural identity", in L. Allision (ed.), *The Changing Politics of Sports*, Manchester : Manchester University Press, 1993, pp. 72–76. JMaguire and J. Tuck, "Global sports and patriot games : rugby union and national identity in a united sporting kingdom since 1945", *Immigrants and Minorities*, 1998, vol. 17, 110–12.

27_ 이와 관련된 호주의 경험, 특히 스포츠와 관련된 경험은 "From bush to beach Australia", in D. Denoon and p. Mein–Smith with M. Wyndham, *A History of Australia*, New Zealand and the Pacific, Oxford : Blakwell, 2000, pp. 432–5.

장이다. 최근에 들어서야 브랜드의 중요성이 부각되고 있지만 뉴질랜드는 브랜드의 중요성을 벌써 80년 전에 터득했다. 경기전략가이고 마오리 출신으로 뉴질랜드 최초의 국가대표팀 주장이었던 톰 엘린슨(Tom Ellinson)은 1893년 검은색 상의에 은고사리(Silve Fern)가 도안된 유니폼을 고안해냈다.[28]

유니폼으로 검은색은 위협(큰 덩치), 신비(끝없는 도전), 신비로움(불패의 기상)을 나타낸다. 뉴질랜드 국가대표팀에 마오리족 출신의 선수가 있다는 것만으로도 뉴질랜드에서는 인종 간의 갈등이 없다는 것을 보여준다. (물론 1928년에서 1970년 사이의 남아프리카 사람들은 '유색인종'이 경기를 할 수 있다는 것만으로도 당황했을 것이다). 뉴질랜드는 토착문화의 상징을 잘 활용해서 문화적 동화를 성공시킨 대표적인 국가이다. 하지만 아이러니하게도 이러한 문화적 동화는 결국 마오리 출신 선수들이 백인들의 힘, 통제력, 행동방식들에 동화되는 방식으로 진행되고 말았다. 그렇지만 여전히 전통 마오리 춤인 카마테(ka mate) 춤과 럭비 응원가인 카마테하카(ka mate haka)는 피부색에 관계없이 모든 뉴질랜드인들이 즐겨 추고 즐겨 부르는 노래이다. 이것으로 인해 인종에 상관없이 국가를 위해 싸워나가는 대중적 이미지를 재생산하고 있다. 죽음을 상징하는 카마테가 뉴질랜드 선수들의 눈에 새겨져 있다는 것을 아는 사람은 많지 않을 것이다.[29] TV의

28_ Belich, *Paradise Reforged*, p. 212.
29_ Haka는 1905년 경기에서부터 도입되었다. 1924년 George Nepia에 의해 럭비

보급이 확산되고 관광이 보편화되면서 마오리 전통 춤은 (경기전에 공연한다고 해도) 상대편 관중들에게는 큰 구경거리가 되지 못한다. 또 뉴질랜드의 춤은 폴리네시아 버전에서 많이 변형되었기 때문에 본래 그 춤의 영향은 많이 약화된 것이 사실이다. 그러나 하카(haka) 춤을 처음으로 직접 본 사람이라면 살아 꿈틀거리는 뉴질랜드 민족성과 힘을 느낄 수 있을 것이다. 뉴질랜드 출신 올림피안이었던 잭 러블릭(Jack Lovelock)과 이후에 피터 스넬(Peter Snell)은 검정색이 개인적으로 유약한 이미지와 단결과 협력을 통한 단합을 동시에 보여주고 있음을 확인시켰다. 1960년대 초반에 흑백 TV에서 스넬의 모습은 온통 흰색 일색인 무리 가운데 가장 돋보였다. 검은색 바탕에 은고사리 상징은 단순하지만 강한 인상을 남겼다. 최근에도 뉴질랜드의 상징물인 은고사리는 후원 회사들의 로고보다 더 눈에 띄고 있다.[30]

뉴질랜드 브랜드의 상징화가 가장 잘 드러나는 곳은 거대한 은고사리가 운동복 상의 전면에 새겨져 있는 네트볼 팀의 경기복이다. 2002년 영연방 대회에서 은고사리가 새겨진 옷을 입고 페이스 페인

에 맞게 바뀐 Haka가 등장했다. 이것은 남섬이나 북섬의 마오리 족 모두에게 거부감이 없었다. M. MacLean, "Of warriors and blokes", pp. 1–26.

30_ 논쟁이 될 만한 이야기이지만 뉴질랜드 대표팀인 올블랙와 세계일주 요트 경기의 후원사가 된 Steinlager 맥주회사는 국가적인 그리고 상업적인 정체성을 확보했다. Nauright는 1990년에 150년을 맞는 Waitangi 조약은 국가 상징을 새롭게 하고 상업적 성공 기회를 강화시켰다고 주장한다. J. Nauright, "Sustaining masculine hegemony : rugby and the nostalgia of masculinity", in Nauright and Chandler (eds), *Makign Men*, p. 233.

팅까지 한 관객들은 검은색과 은색이 만들어낼 수 있는 모든 조합을 다 보여주었다. 네덜란드 축구 팬들이 축구에 열광해서 경기장을 온통 오렌지 색깔로 물들이듯 뉴질랜드의 국가 상징색이 경기장을 압도했다. 그러나 국가의 상징색을 함부로 사용하면 오히려 재앙이 되기도 한다. 뉴질랜드 대표팀의 부활을 위해 2002년 9월에 시작된 모금활동은 적극적인 활동에도 불구하고 비난만을 야기했을 뿐이다. 검은 마술(black magic)이 상징한 모든 것(오랜 뉴질랜드의 스포츠 미덕, 즉 협동심, 절제, 노력, 육체적 강건함, 애국심)들이 부각되지 않을 수도 있다.[31]

호주 사람들은 금색과 푸른색으로 치장하는 것을 싫어하지는 않는다. 그러나 흰색 유니폼을 입는 크리켓이과 테니스가 호주의 유일한 세계적인 스포츠로 군림하고 있기 때문에 상징화에 장애가 되고 있다. 흰색은 보편적인 색깔이다[물론 이 말은 무지(all white)라고 불리는 뉴질랜드 축구팀을 비하하는 말은 아니다]. 야구의 영향력이 점차 확대되고 있지만 호주 크리켓 경기는 여전히 전통과 숭배의 대상으로 남아 있다. 결론적으로 말하면 상징화는 스포츠 경기에서 좋은 결과가 있어야만 가능하다. 남아프리가공화국의 대표팀이 스프링복스(Springboks)라는 상징화에 성공했고, 뉴질랜드 대표팀인 올 블랙(All

31_ J. Phillips, "Sport and future Australasian cult", in Manganand Nauright (eds), *Sports in Australasian Socieity*, p. 322. "Black makes Kiwis proud and heart is the source of our passion. put them together and it sends out the wrong messages", Aukland journalist quoted, *Guardian*, 7 October 2002.

Blacks)[32]이라는 상징화를 성공시켰던 것에는 럭비 양대 리그에서 가장 성공한 팀이 되었기 때문이다. 물론 이것도 아주 최근에 들어서야 가능했다. 캥거루와 웰러비(Wallabies, 새끼 캥거루역자 주)가 호주의 상징이 되기 위해서는 남아프리카공화국과 뉴질랜드와 비견될 수 있는 스포츠에서 성공이 있어야 가능할 것이다.

상업화의 확대와 세계화가 진전됨에 따라 스포츠 아이콘의 영향력은 쇠퇴해 가고 있다. 뉴질랜드 럭비팀의 올 블랙 셔츠를 아디다스 회사가 전 세계를 상대로 판매한다면 얼마나 두려운 일인가?[33] 뉴질랜드가 2002년 맨체스터 대회에서 보여주었던 영광스러운 품격에도 불구하고 전통을 만들어 보려는 모든 시도는 실패로 끝나고 말았다. 뉴질랜드 축구팀이 1982년 월드컵 본선에 진출하게 된 도취감이 서서히 사라지면서 뉴질랜드 축구팀은 국민들의 머리에 지워지게 되었다. 남아프리카 럭비팀의 1981년 순회경기가 폭력으로 뒤범벅이 되면서 '국민 스포츠'로서의 럭비의 명성이 도전받게 되었다. 한편 이를 계기로 축구가 다시 부흥하게 되었다. 한편, 1950년대부터 비유럽 계통의 이민을 받아들였던 호주에서 축구는 몇몇 인종에게만 한정된 경기였다. 하지만 뉴질랜드에서는 상황이 달랐다. 20세기를 통틀어 200만도 못 되는 이민자들이 뉴질랜드에 정착했다. 유럽대륙에

32_ All Blacks은 뉴질랜드 럭비 대표팀을 상징하는 말이다.역자 주

33_ 세계화가 럭비 경기에 미친 영향에 대해서는 B. Hutchins and M. Phillips, "The global union : globalization and the Rugby World Cup", in Chandler and Nauright(eds), *Making the Rugby World*, pp. 150–1.

서 건너온 이민자의 수는 극소수였다. 뉴질랜드의 문화 동화수준은 호주의 산업중심지인 질롱(Geelong)이나 시드니 주변의 도시보다도 높았다. 아일랜드계 가톨릭에 대한 반감을 생각할 때 뉴질랜드가 영국의 유산인 축구에 심취한 것은 놀랄 만한 것도 아니다. SKY 방송의 후원으로 호주 축구 리그(Australia's National Soccer league)에서 활약한 오클랜드 풋볼 킹스(Football Kings)팀의 부진한 성적은 국가적인 망신거리였다.[34] 호주는 1990년대 후반에 자국 출신의 세계적인 선수를 배출했다. 이것은 뉴질랜드 축구협회가 선수발굴과 관리에 얼마나 무능했는가를 보여주는 것이었다. 뉴질랜드 축구 대표팀은 이름 뿐이었다.

과거에 대한 향수와 상징은 분리되어야 한다. 21세기 시작부터 호주는 이웃인 뉴질랜드보다 스포츠의 상업화에 탁월한 수완을 발휘했다. 그렇지만 호주는 여전히 스포츠 영웅들을 상징화하는 데는 실패하고 있다. [그 중 하나가 뉴질랜드 출신으로 전설적인 경마였던 파랍(Phar Lap)이다]. 규모나 성공 빈도로 보면 호주는 뉴질랜드보다 많은 스포

34_ B. Keane, "'Ex-pats' and 'Poofters' rebuild the nation : 1982, Kiwi culture and the All Whites on the road to Spain", in Patterson (ed.), *Sport, Society and Culture in New Zealand*, pp. 49–60 ; G. M. Robinson, R. J. Loughran and P. J. Tranter, *Australia and New Zealand Econmy, Society and Enviornment*, London : Arnold, 2000, pp. 185–6 ; R. Hay, "Crotatia : community, conflict and culture : the role of soccer clubs in migrant identity", *Immigrants and Minorities*, 1998, vol. 17, 49–66. 영원한 패배자로 인식되고 있는 Football Kings와 영원한 승자로 인식되고 있는 Warriors를 비교해 보다. University of Waikato에서 John Graham과 2002년 4월 4일 인터뷰에 근거.

츠 영웅들을 보유하고 있어야 한다. 그러나 호주는 조용하고 성숙한 인격과 지방적인 이미지를 가진 도날드 브래드만(Donald Bradman : 호주 크리켓 선수역자 주)이나 도전적이고 도시적인 이미지를 가진 던 프레이저(Dawn Fraser : 호주 여자 수영 선수역자 주) 외에는 영웅이 없지 않는가? 세 명의 기사(three Knights)로 불리는 에드몬드 힐러리(Edmund Hillary), 리차드 해들리(Richard Hadlee), 피터 블레이크(Peter Blake)를 제외하면 대부분의 뉴질랜드 스포츠 영웅은 럭비 선수 출신이다. 대표적인 인물이 콜린 미즈(Calin Meads)이다. 그는 유럽계 뉴질랜드인의 근육과 가부장적이고 시골풍의 보수주의자의 상징이다.[35] 새 천년을 시작하는 시점에서 뉴질랜드 스포츠 스타를 심층 분석해 보면 인종적 혹은 성적인 차이는 크게 중요치 않다는 것을 알 수 있다. 그러나 뉴질랜드에서는 원주민 출신으로 호주의 영웅된 이본 굴라공(Evonne Goolagong), 마크 엘라(Mark Ella), 맬 메닝가(Mal Meninga), 그리고 최근의 캐시 프리만(Cathy Freeman)과 같은 본보기를 찾을 수 없다.[36]

뉴질랜드의 추격 – 정부의 노력

스포츠 부흥을 위한 호주와 뉴질랜드 정부의 노력은 양국 간의

35_ Nauright, "Sustaining masculine hegemony : rugby and the nostalgia of masculinity", p. 232.
36_ 호주 원주민의 롤 모델인 Freeman에 대해서는 Hargreaves, *Heroines of Sport*, pp. 123–8 참조.

기대하지 않았던 흥미로운 관계로 발전했다. 지난 30년 동안 양국은 높은 수준의 협력관계를 유지해 왔다. 호주 정부는 뉴질랜드에게 엘리트 스포츠 발전을 위해서 어떻게 제도를 만들어야 하는지 기쁘게 조언해 왔다. 호주는 겸손한 자세로 세계적 수준에 도달할 수 있는 방법을 문의하는 뉴질랜드에게 한 수 지도해 주었다. 호주의 행정관리와 코치들은 몇몇 종목을 제외하면 뉴질랜드가 호주에 심각한 위협이 되지 않는다고 확신하고 있었다. 호주는 뉴질랜드와 라이벌 의식마저도 없었다. 호주는 자신의 동네를 지배하는 것을 넘어서 보다 더 넓은 세계무대에서 경쟁하기를 원했다. 그러나 몇몇 종목, 특히 네트볼, 하키, 조정, 럭비에서는 양국 간에 심각한 경쟁이 벌어지고 있었고, 당연히 이 종목들에서는 활발한 상호 교류가 없었다.[37]

우리는 지난 4반세기 동안 호주가 스포츠 강국이 되려고 노력해 온 것을 잘 알고 있다. 그러나 뉴질랜드의 불운했던 경험에 대해서는 거의 알지 못한다. 이것은 놀랄 일도 아니다. 오히려 뉴질랜드의 불행했던 경험은 이상과 현실의 격차를 보여주는 사례로 활용되고 있다. 21세기가 시작되는 시점에서 인구 390만 명을 가진 작은 국가가 세계 챔피언을 양성할 수 있는 스포츠 인프라를 가질 수 있을까? 1982년 이후의 호주와는 달리 뉴질랜드는 대중 참여가 성공의 핵심이라

37_ Cashman, *Paradise of Sport*, pp. 106–7. 엘리트 체육 코치의 교류가 항상 한쪽 방향으로만 진행된 것은 아니다. 호주의 최고 squash 선수는 오클랜드로 옮겨가고 있다는 것도 기억해야 한다.

는 생각으로 스포츠 전략을 수립해 왔다. 엘리트 스포츠에 대한 지원도 있었다. 그러나 뉴질랜드는 호주스포츠협회와 필적할 만한 제도를 가지고 있지 않았다. 1990년대에는 많은 좋은 시도가 있었다. 그러나 시드니 올림픽에서 뉴질랜드가 나쁜 성적을 거둔 이후 중앙정부는 이전보다 훨씬 더 개입적인 정책을 수행했다. 1996년의 바르셀로나 올림픽에서 호주 연방 스포츠 장관은 "우리는 호주를 세계 스포츠 강국으로 만들었다"고 주장했다.[38] 반면에 뉴질랜드는 아테네 올림픽에서 이러한 야심찬 계획을 가지고 있지도 않았다. 단지 뒤늦게 채택한 훈련제도의 핑계거리만 제공했을 뿐이었다. 호주는 1976년에 획득한 메달보다 무려 10배 넘은 58개의 메달을 시드니에서 확보하면서 세계적인 스포츠 이벤트에서 확실한 성공을 거두었다. 호주의 성공으로 인해 뉴질랜드 국가 명예는 치명적인 손상을 입었다.

호주는 몬트리올 올림픽에서 단 하나의 금메달도 획득하지 못했다. 4년 후 모스크바 올림픽에서는 미국이 불참했음에도 불구하고 또다시 좋지 못한 성적을 거두었다. 주정부, 지방정부, 지역단체들, 그리고 호주스포츠협회(NSO : National Sports Organizations)는 전통적으로 아마추어 정신과 자발적 참여에만 의존해 왔다. 이들은 모두 연방정부가 호주 스포츠의 미래 방향을 정한다는 것에 강한 거부감을 가

38_ Ros Kelly가 한 언급으로 W. Vamplew, "Australians and Sprot", p. 5에서 인용. 역사가들의 이와 다른 해석에 대해서는 R. McKibbin, "Class, politics, money : British sport since the First World War", *Twentieth Century British History*, 2002, vol. 13(2), 200 참조.

지고 있었다.[39] 정치인들은 스포츠를 선거에 이용하려 했지만 스포츠에 개입하려 하지는 않았다. 1956년 멜버른 올림픽이 정치가 스포츠에 개입한 유일한 예외일 것이다. 최초의 "우정의 경기"로 불리는 영연방 대회에서 호주는 "행운의 국가"라는 별명을 얻을 만큼 승리의 신화를 창조했다.[40] 수영 선수 프레이저(Dawn Fraser)는 그녀가 선수 생활 동안 얻었던 8개의 금메달 중에서 4개를 이 경기에서 획득하는 활약을 보였다. 호주는 그녀의 활약에 힘입어 금메달 13개를 포함한 35개의 메달을 획득했다. 이단아라는 애칭을 가진 프레이저는 1988년 호주에서 가장 위대한 여성 스포츠맨으로 선출되었다. 그녀는 호주 스포츠 역사에서 황금기를 상징하는 인물이 된 것이다. 16회 올림픽 경기에서 호주는 육상과 수영종목에서 강세를 보이면서 스포츠 강국으로 부상했다.[41] 나이가 좀 있는 호주 국민들이라면 1950년대와 1960년대를 황금 시대로 여긴다. 잔디 경기장에서 벌이는 테니스 경기는 호주 출신의 선수들이 탁월한 기량을 보이는 종목이었다. 테니

39_ B. Houlihan, *Sport, Policy and Politics A Comparative Analysis*, London : Routledge, 1997, pp. 68–71.

40_ Cashman, *Paradise of Sport*, pp. 118–20 ; T. Magdalinski, "The reinention of Australia for the Sydney 2000 Slympic Games", in Mangan and Nauright (eds), *Sport in Australasian Socieity*, pp. 305–22. 멜버른 대회에 대한 일반적인 관념은 P. Cliff (ed.), *A Sporting Nation Celebrating Australia's Sporting Life*, Canberra : National Library of Australia, 1999, pp. 1–8.

41_ 1956에서 68년 사이에 Dawn Fraser는 39개의 개인 세계 신기록과 팀 세계 신기록을 수립했다. 올림픽에서 4개의 금메달, 4개의 은메달을 획득했고, 연연방 대회에서 6개의 금메달과 2개의 은메달을 획득했다.

스는 다른 영연방 국가뿐만 아니라 특히 미국에도 뒤지지 않는 유일한 경기로 평가되었다. 이는 프랭크 서지만(Frank Sedgman)의 영향이었다. 또한 1950년대의 레이브(Laver), 호드(Hoad), 그리고 로즈웰(Rosewall)은 뛰어난 단식 선수였다. 그리고 마가렛 코트(Margaret Court)는 여자 경기에서 뛰어난 활약을 했다.[42] 1970년대는 데이비스컵 테니스 대회에서 좋은 성적을 내지 못했고, 윈블던 테니스 대회에서 단지 한 명의 우승자(Pat Cash)만을 배출했을 뿐이다. '패커 혁신' (Packer Revolution)으로 인한 재정적 실패로 크리켓이 쇠퇴한 것처럼 1980년대 초반에 호주 테니스는 쇠퇴하기 시작했다. 이 때문에 중앙정부의 개입이 요구되었다. 연방정부가 기획과 예산에 개입함으로써 멜버른 올림픽의 순수한 아마추어 정신은 과거의 향수로 남게 되었다.

1972년 노동당 정부가 집권했다. 휘틀럼(Gough Whitlam)의 2년 집권으로 끝나고 말았지만 노동당 정부는 스포츠와 관광에서 정부 개입정책의 선례를 만들었다. 좌파 혹은 우파가 집권하는 것과 상관없이 연방정부는 스포츠에서의 성공을 선거에 활용했다. 그러나 1975년에서 1983년 사이에 집권한 자유당이 이끈 연립정부는 몬트리올 올림픽과 모스크바 올림픽에서 두 번 실패했다. 1981년 호주 스포츠 기구는 국립 스포츠센터를 캔버라(Canberra)에 건립하고 8개 종목 150

42_ 1956년에서 64년 사이에 호주 출신 남자 선수들은 32개의 그랜들 스램 경기에서 참피언이 되었다. 데이비스컵 대회에서도 15차례 우승했다. 1960년에서 73년 사이 호주 참피언을 11회가 한 Margaret Court는 윈블던에서 3번 우승했고, 호주 참피언을 4회 우승한 Evonne Goolagong는 윈블던에서 2번 우승했다.

명의 선수에게 세계적 수준의 시설과 지도를 제공할 수 있게 되었다. 이것이 여전히 적은 재정에 의존해서 운영하려고 했던 정부의 정책을 바꾸어 놓은 계기가 되었다. 1983년 다시 집권한 노동당 정부는 1985년 호주스포츠위원회(ASC : Australian Sports Commission)를 설립했다. 호주스포츠위원회는 정부지원에서 부족한 부분을 후원금으로 충당하는 조건으로 4년 후 재정 자립도 이루었다. 비록 호주스포츠위원회가 일반인들의 참가를 활성화시키는 것에는 엘리트 스포츠만큼 성공하지는 못했지만, 시드니 올림픽에서 성공하면서 정부가 특수법인에 재정적으로 후원하는 것이 유용했다는 것을 입증했다. 1991년의 여론조사에서 성인 응답자 중에서 '스포츠에 적극적으로 참가한다'고 응답하는 비율이 15% 내외에 불과했다. 그러나 호주스포츠협회(AIS)는 17개 종목에서 300명의 전업 스포츠인들과 30개 종목에서 2,000명의 아마추어(part-time) 스포츠인을 배출했다.[43] 수도인 캔버라(Canbberra)에서 중요한 정책결정은 이루어지지만 개별종목은 가장 적합한 장소, 즉 퍼스(Perth), 브리스번(Brisbane), 아델레이드(Adelaide) 등에 분산되어 진행되었다.

호주가 1990년대 스포츠에서 성공을 거두고 새로운 세기를 시작한 것은 주목할 만하다. 2002년 맨체스터에서 열린 영연방 대회에서

43_ Vamplew, "Australians and Sport", p. 13 ; Adair and Vamplew, *Sport in Australian History*, pp. 40-1, 108-10, 137 ; Houlihan, *Sport, Policy and Politics*, p. 70에 인용된 1991년 *Australian Sports Directory* Data.

이언 소프(Ian Thorpe)를 비롯한 수영 선수들의 활약에 힘입어 82개의 금메달을 포함해 총 206개의 메달을 획득했다. 호주가 네트볼과 남자 하키에서 뉴질랜드를 이긴 그날, 지구의 반대편에서는 블레디슬로컵(Blesisloe Cup)에서 호주 럭비 대표팀이 뉴질랜드 대표팀의 도전을 물리쳤다. 최종 토너먼트 결과에서 뉴질랜드가 트라이-네이션(Tri-Nations) 토너먼트에서 우승하고 맨체스터 영연방 대회에서 7인제 럭비 경기(Sevens)에서도 이겼지만 그 순간만큼은 호주가 럭비 경기에서 가장 중요한 두 개의 경기를 모두 이긴 날이었다. 또한 마크 테일러(Mark Taylor)와 스티브 오우(Steve Waugh)가 지난 10년간 훈련시킨 크리켓팀은 전후 최고의 팀이었다. 모든 스포츠 종목에서 호주스포츠협회(AIS)의 역할은 결정적이었다. 지속적이고 집중적인 투자가 호주스포츠협회(AIS)의 역할을 확장하고 유지하는 데 주요한 영향을 미쳤다.[44]

정권변화에 따라 스포츠 정책에 큰 변화를 겪었던 호주와는 달리, 뉴질랜드는 1980년대 중반부터 의회와 합의 하에 양당의 지지를 받으며 스포츠 강국의 길을 걸었다. 노동당 정부가 1987년에 시작한 레크리에이션과 스포츠에 관한 힐러리 위원회(Hillary Commission)는 국민당 정부에서 시행되었다.[45] 3년 전 1984년 노동당이 선거에 이기

44_ 올림픽 성공을 가능하게 했던 전략과 투자에 대해서는 Houlihan, *Sport, Policy and Politics*, pp. 2–6을 참조.

45_ 뉴질랜드의 첫 노동당 정부는 전전에 국민들의 스포츠 참가를 늘이려는 정책을 시행했었다. 그러나 국가스포츠위원회(National Council of Sport)는 효과적

면서 차기 노동당 지도자로 인정받고 있던 마이크 무어(Mike Moore)가 레크리에이션과 스포츠부 장관으로 임명되었다. 이전엔 주요 부서도 아니었던 곳에 거물급 정치인이 장관으로 임명되면서 사업추진에 힘을 받게 되었다. 사업은 이미 준비되어 있던 두 개의 보고서 내용을 실행하는 것이었다. 한 보고서는 스포츠 행정과 모금방식에서 획기적인 개혁이 필요하다는 내용이었고, 또 다른 보고서는 스포츠와 레크리에이션을 사회적 가치로 증진시키는 데 적극적인 정책이 필요하다는 내용이었다. 구체적으로 '생동하는 스포츠'(Sport on the Move)라는 보고서는 스포츠 참가수준을 상당히 증대시킬 필요가 있고, 위원회는 보다 건강하고 활발한 생활을 독려하기 위해서 국가의 정신적 육체적 복지를 증대시켜야 한다고 지적했다. 한편 「뉴질랜드의 정부와 레크리에이션」(*Recreation and Government in New Zealand*) 보고서는 계획과 실행에서 보다 적합한 관리가 필요하다고 지적하면서 위원회의 주요 임무로 모금활동을 해야 한다고 주장했다. 위원회가 새로 만들어지면서 로또 복권이 시행되고, 또한 정부의 복지지향적이고 개입주의적인 성향과는 근본적으로 다른 경제자유화가 시행되었다. 노동당 정부는 공공분야를 줄이고, 정부 보조금을 삭감하고, 정부지출을 줄여나가는 과정에서 위원회는 절약하고 효율적인 단체라는

이지 않는 것으로 밝혀졌고, 많은 권한이 지방정부로 1945년 이후 넘어갔다. 1973년이 되어서야 장관이 책임을 맡은 레크리에이션과 스포츠 위원회가 설립되었다. 1978년 뉴질랜드 스포츠 기구(NZ Sports Foundation)이 설립되었다. 힐러리 위원회는 1992년 설립된 막강한 권한을 갖는 조직이었다.

인상을 심어주기 위해 노력했다. 위원회는 예산을 절약하면서 뉴질랜드에서 스포츠의 새 시대를 열었다. 스포츠는 이제 토요일 오후 건강한 하루를 위한 활동이 아니라, 전체 국민들이 개성을 발휘하고 문화적 욕구를 분출하는 아주 중요한 삶의 일부가 되었다.[46]

위원회는 '생활 스포츠' (Sport for All) 정책을 개발했다. 엘리트 스포츠인의 경기력은 최우선 과제가 아니었다. 모든 분야에서 가능한 높은 수준을 유지하는 것을 목적으로 했다. 이런 측면에서 보면 국민적 저변의 확장을 목표로 한 뉴질랜드의 스포츠 정책은 호주가 1980년대 후반에 시행한 정책인 참여를 극대화한다는 정책과는 차별성이 있다. 호주스포츠위원회(ASC)의 스포츠 분야에서의 역할과 영향력은 힐러리 위원회(Hillary Commission)의 첫 번째 보고서에 언급되어 있었다.[47] 초기 2년 동안 위원회는 엄청난 돈을 지역 프로그램과 교육 프로그램에 배정하였고, 뉴질랜드 스포츠 재단과 올림픽과 영연방 위원회에 배정된 돈은 단지 110만 뉴질랜드 달러에 불과했다. 재정상의 고려도 부족했고, 우선순위에 대한 고려도 부족했으며, 전략과 비전도 없었다. 이런 상황에서도 위원회 위원장의 보고서에는 서울 올림픽에서 뉴질랜드의 업적이 만족스럽다는 자가당착적인 내용을 포함하고 있었다. 물론 이 보고서에는 뉴질랜드가 얻은 13개이 메달

46_ *Report of the Hillary Commission for Recreation and Sport for the year ended 31 March 1988*, Wellington : Government of New Zealand, 1988, pp. 5–16.

47_ *Hillary Commission*, 1988, pp. 5–16.

은 수영과 조정에서만 얻은 것이라는 것은 제외되어 있었다.[48]

힐러리 위원회가 의미 있는 단체인 것은 틀림없다. 그러나 세계무대에서 뉴질랜드의 활약과 비스포츠 단체를 대표한다는 측면에서, 그리고 주요 국제경기에서는 단지 옆에서 도와주는 역할로는 좋은 평가를 받기 힘들다. 1990년 발표된 업무목표에 따라 공평하게 평가해 보면 힐러리 위원회는 엘리트 스포츠인이 아닌 모든 뉴질랜드인의 스포츠 참가를 증진하는 단체이다. 이런 관점에서 위원회는 혁신적이고 한 발 앞선 단체임에는 틀림없다.[49] 1990년 국민당이 집권하면서 수상으로 취임한 볼저(Jim Bolger)는 취학 아동들의 육체적 건강수준을 향상시키겠다는 신선한 구상을 발표했다. 그리고 국가대표팀의 중요성과 행정의 지방화를 다시 한 번 확인했다. 이에 따라 비스포츠 단체들과 클럽들은 복권 수익금의 혜택을 보게 되었다. 그렇지만 위원회는 미래지향적인 사고로 재정을 활당해 주지는 않았다. 1992년에 발표된 '뉴질랜드에서 생활에 관한 여론조사' (Life inthe New Zealand Survey)는 여전히 60% 이상의 국민이 규칙적으로 스포츠 활동에 참여하지 않고 있다는 것을 보여주었다. 성별과 연령, 수입, 지역에 따라서 규칙적으로 스포츠에 참가하지 않는 인구는 49%까지도 떨어졌지만 뉴질랜드 사람 3명 중 한 명은 완전히 스포츠 활동과는 관계가 없다는 것이 밝혀졌다. 위원회가 1998년 발표한 보고서 「스

48_ *Hillary Commission*, 1989, p. 7

49_ *Hillary Commission*, 1990, pp. 21 and 3.

포츠와 스포츠 활동 조사」(*Sports and Physical Activity Survey*)는 백인이든 마오리 원주민이든 상관없이 도시 거주자들은 단지 스포츠 관람을 좋아하고, 특히 TV를 통해서 시청한다는 것을 보여주었다. 이는 뉴질랜드 국민이 적극적으로 스포츠에 참가하고 있고 세계적 수준의 스포츠 활동을 하고 있다는 국제적 평판이 뉴질랜드 현실과는 동떨어진 것이라는 것을 보여주고 있다.[50]

1992년 바르셀로나 올림픽에서 뉴질랜드는 10개의 메달을 획득했는데, 그 중 금메달은 요트에서 딴 하나뿐이었다. 1996년 3개의 금메달을 수영과 높이뛰기에서 획득하면서 뉴질랜드의 저력을 보여주는 듯했다. 그러나 종합성적에서는 메달 5개밖에 획득하지 못함으로써 이전의 형편없었던 올림픽 성적과 별반 다를 바 없었다.[51] 1980년대와 1990년대에 뛰어난 수영 선수들 덕에 수영종목에서는 어느 정도 성적을 거두었다. 그러나 육상 경기에서 뉴질랜드는 올림픽 메달을 획득하지 못했고, 영연방 대회에서도 좋은 성적을 내지 못했다. 뉴질랜드는 제2차 세계대전 전에 베를린 올림픽에서 800미터와 1,500미터 육상 경기에서 세계 신기록을 갱신한 러브락(Jack Lovelock)과 로마 대회와 동경 대회에서 금메달을 획득한 스넬(Peter Snell)을 배출한

50_ *Hillary Commission*, 1992, p. 10 ; *Geting Set–For an Active Nation*, Report of the Sport, Fitness & Leisure Minsterial Taskforce, Wellington : Government of New Zealand, January 2001, Part 2. Online.

51_ 1984년에는 8개의 금메달을 획득했다. 이때에도 카누와 요트에서 얻은 것이었다.

것에 자부심을 가지고 있었기 때문에 계속된 성적 부진은 그냥 넘어갈 수 있는 문제가 아니었다. 1960년대 호주가 엘리어트(Herb Elliott)를 이을 선수를 발굴하지 못한 반면, 뉴질랜드는 동아프리카의 선수들을 능가하는 새로운 세대를 배출했다. 1972년 뮌헨 대회 1,500미터에서 뉴질랜드의 딕슨(Rod Dixon)이 3위를 차지했고, 4년 뒤 1976년 몬트리올 올림픽에서 워커(John Walker)가 금메달을 획득했다. 1970년대 뉴질랜드는 중거리 경기에서 황금 시대를 구가한 것이 이후 20년 동안이나 육상에서의 좋지 않은 성적은 참을 수 없었다.

1993년 힐러리 위원회의 전략계획 '생동하는 국가'(Moving the Nation)는 사고의 전환을 의미하는 것이었다. 이는 물론 후원자가 확보되고 또 로또 복권을 통해 안정적 재정이 확보되었기 때문에 가능했다. 여전히 가장 중요한 목표는 성별에 따른 불균형, 장애자들의 참가 보장, 마오리 족에 대한 시설 확대를 통해 스포츠 참여를 극대화한다는 것이었다. 그러나 최우선 순위는 2000년 시드니 올림픽에 있었고, 엘리트 스포츠 프로그램인 뉴질랜드 스포츠 재단에 250만 뉴질랜드 달러를 배정했다. 위원회는 호주와 비교해 보면 여전히 전임 엘리트 지도자들이 부족하고 사례금도 많이 부족하다는 것을 알고 있었다.[52]

부족한 재정 때문에 위원회와 비스포츠 단체들은 냉정하게 선정한 몇 개 종목에만 집중적으로 투자하기로 결정했다. 예를 들자면 1994년 동계 올림픽 14개 참가팀 중에서 한 팀에게만 재정이 지원되었다

52_ *Hillary Commission*, 1993, pp. 18–19.

는 것이다. (그때까지 동계 올림픽에서 뉴질랜드가 확보한 메달은 은메달 하나밖에 없었다). 그 외 집중 투자된 종목은 7개 종목(크리켓, 네트볼, 요트, 수영, 테니스, 스쿼시, 골프)이었다. 이들 종목에서 뉴질랜드는 세계적 수준이라는 것을 확인시켜 주었다. 그러나 안타깝게도 세계적인 수준과 거리가 있는 육상종목에는 투자되지 않았다.[53] 호주와는 달리 럭비 양대 경기는 매우 중요하게 간주되었고, 엘리트 스포츠를 유지하기 위해 노력했다. 1982년 뉴질랜드가 축구 월드컵 본선에 진출하게 된 것은 큰 관심을 끌지 못한 상태에서 이룩한 예외적인 성과이다.[54] 뉴질랜드가 1990년대 시행한 엘리트 스포츠 진흥방식은 호주와 매우 다르기 때문에 비교하기 어렵다. 뉴질랜드의 주요 스포츠인 럭비 양대 대회는 집중 지원 종목에서 제외되었다. 지원은 소규모였고, 훈련도 자율적으로 이루어졌다. 물론 세계 최대의 스포츠 종목인 축구와 육상도 제외되었다. 중앙정부의 지도와 통제도 이 분야에서는 매우 제한적이었다.[55]

53_ 과거 화려했던 경력에도 불구하고 조정과 카누는 지원을 받지 못했다. 승마는 1950년대 이후 뉴질랜드가 세계무대에서 가장 성공한 종목이어서 상업적 후원에 맡겨두어도 되었다. 1994년에는 여자 소프트볼이 여기에 8번째로 포함되었다.

54_ 뉴질랜드 국가 대표 축구팀인 올화이트를 위한 제정모금은 뉴질랜드 럭비대표팀 출신의 위너리(Wilson Whinary)를 위원장으로 영입하면서 더 어려워졌다.

55_ *Hillary Commission*, 1994, pp. 23–7. 1993–94년에 위원회는 약 4백만 뉴질랜드 달러를 국제 스프츠에 소비했다. 이 중 약 2/3가 직접 혹은 간접적으로 엘리트 체육인과 코치들에게 지불되었다.

국제올림픽위원회(IOC)가 호주 시드니를 2000년 올림픽 개최지로 확정하면서 뉴질랜드 정부의 스포츠 정책이 획기적으로 바뀌게 되었다. 정부는 기존에 무관심했던 여러 종목에서 세계적인 수준의 경기력을 갖추기 위한 방안을 모색하기 시작했다. 수영종목은 전문 코치들에 의한 훈련이 중요하다. 그러나 올림픽을 개최하는 상황에서 장기적이고 신중한 계획이 필요하고, 로또 기금을 보다 장기적으로 활용하는 것이 요망되었다. 360만 뉴질랜드 달러가 추가로 올림픽과 영연방 경기를 위해 매년 배정되었다. 그리고 주요 3종목은 정부의 특별팀이 맡아서 훈련을 진행했다. 1990년대 후반은 뉴질랜드 정치가 격변한 시기였다. 양당제도가 붕괴하고 복잡한 비례대표제가 도입되어 (최다득표자가 의석을 확보하는) 다수대표제가 도입되었다. 많은 새로운 정당들이 등장하고 기존 노동당과 국민당은 당 혁신을 추진하는 과정에 있었다. 노동당은 그들의 지지세력을 확장할 필요성이 있었다. 내각은 그들의 능력을 확실히 보여주기 위해서 노력하였다. 시드니 올림픽 게임이 개최되기 1년 전에 총선이 예정되어 있었지만 뉴질랜드 정부는 '뉴질랜드 2000 특별팀'(New Zealand 2000 Task Force)을 만들어 스포츠에 특별히 관심이 있다는 것을 보여줄 필요가 있었다. 1994년 뉴질랜드 스포츠 도핑 테스트 기구도 뒤늦게나마 설립되었다. 또한 1년 뒤 『승리의 길』(*The Winning Way*)의 출판을 통해 엘리트 스포츠의 필요성을 고민했다. 국가의 자존심이 위협받고 있는 상황에서 뉴질랜드는 명백히 현실적인 선택을 했다. 힐러리 위원회가 호주에서 무언가를 배우려 했던 것과 같이 뉴질랜드 코치는 호주로부터 새로운 것을 배우기 위해 노력했다. 1990년대에 호주가 뉴질랜드와 교류 프로그램을 적극적으로 추진한 것은 호주가 뉴질랜드를 심각한 경쟁자로 생각하지 않았다는 것을 보여준다. 양국 간의 경쟁이 심각했던 수영과 육상종목에서도 호주는 꺼리김 없이 그들이 얼마나 앞서 있는가를 보여주었다.[56] 이 과정을 통해 호주는 뉴질랜드의 실패를 부각시킬 수 있었다. 즉 호주는 뉴질랜드의 작은 인구와 경제규모로는 세계적 수준의 재능을 가진 선수를 발굴하는 것이 불가능 하다는 것을 보여준 것이다.

시드니 성적을 놓고 본다면 애틀란타와 쿠알라룸푸르에서의 성적은 양호하다고 평가할 정도였다. 1996년에 승마와 요트에서 3개의 금메달을 포함한 6개의 메달을 확보했다. 그러나 시드니 올림픽의 성과는 그야말로 재앙이었다. 호주는 58개의 메달로 영광을 만끽했지만 뉴질랜드는 1956년 멜버른 올림픽의 복사판이 되고 말았다. 그나마 멜버른에서는 2개의 금메달이라도 획득했다. 그러나 2000년 시드니에서는 조정의 스컬(Scull)에서 우승했을 뿐이었다. 공식적인 변명은 메달을 기대했던 승마 장애물 경기와 사이클, 요트에서 "부상과 불운이 뉴질랜드팀을 괴롭혔다"는 것이었다. 특히 요트팀은 "통상적으로 시드니 만에 불어오던 바람마저도 그때는 없었다"고 변명했다.[57]

56_ *Hillary Commission*, 1995, pp. 24–8.

57_ New Zealand Olympic Committee, "New Zealand's Summer Olympic History in Brief", Online. Available http://www.olympic.org.nz (18 July 2002).

이런 빈약한 설명으로는 준비 부족으로 세계적인 경기력을 가진 경기에서조차 기량을 제대로 발휘하지 못한 것을 변명할 수 없었다. 뉴질랜드를 더욱 심하게 괴롭혔던 것은 호주가 가장 성공적인 올림픽을 개최했다는 것과 멜버른 경기에 비해 3개나 많은 16개의 금메달을 획득했다는 사실이었다. 호주의 이러한 성공은 수영 선수 이언 소프의 활약에 힘입은 것이었다. 무엇보다도 은메달에서 1956년 대회보다 3배나 많이 획득했다는 것에서 호주의 성공의 증거를 찾을 수 있다.[58]

7년간의 노력에도 불구하고 뉴질랜드는 조정에서 얻은 금메달만을 안고 시드니를 떠나야만 했다. 노동당이 중심이 된 연합정부는 (일반 국민의 스포츠) 참가율이 여전히 낮은 것에 대해서 힐러리 위원회의 역할을 의심했다. 서인도 국가들이 불평했던 것과 같이 내각은 소리 높여 '(뉴질랜드에서) 미국 야구, 권투, 육상 스타들이 우리나라의 스포츠 영웅들보다 더 많은 언론의 관심을 받는 현실'에 대해서 한결같이 걱정했다. 1999년은 1980년대에 정치에 입문해서 남태평양에서 미국의 패권에 도전했던 세대가 정치권에 등장한 시기였다. 그들

58_ 1956년에는 67개 국이 17개 종목에서 경기를 했지만 2000년에는 199개 나라가 28개 종목에서 경기를 펼쳤다. 호주는 멜버른에서 14개의 동메달을 획득했고, 시드니에서는 17개의 동메달을 얻었다. 메달리스트 중에서 남성과 여성의 비율도 멜버른에서는 22 : 13이었지만 시드니에서는 36 : 22가 되었다. Australian Sports Commission, "Sport Information : Australian Olympic Medal Tally." Online. Available http://www.ausport. gov.au/info/Factsheets/ausolymw (18 July 2002).

은 적어도 미국의 핵 항모가 뉴질랜드 영해를 항해하는 것에는 반대해야 한다고 생각한 정치인들이었다.[59] 클라크(Helen Clark) 정부에서 영향력을 다시 신장시킬 수 있었던 환경주의자와 전통적 노동당 지지자들은 미국의 영향력을 두려워하고 있었다. 물론 이 두려움은 세계화가 진행되는 상황에서는 크게 중요하지 않는 두려움이다. 예를 들어 럭비유니언 클럽인 뉴질랜드 RFU는 머독에게 오래 전에 팔렸다. 이런 상황에서 일부 스포츠 단체들은 상업방송의 협력 없이 계속 나갈 것인가 아니면 협력할 것인가를 결정해야 하는 기로에 와 있다는 것을 인식하고 있었다.[60]

새로운 사고가 필요하다는 절박한 현실을 분명히 보여준 시드니 올림픽 이전부터 노동당 정부는 새로운 특별대책팀(task force)을 설립했다. 이 팀은 "뉴질랜드에서는 스포츠와 레크리에이션이 보편화되어 있고 스포츠에 많은 관심을 가지고 있음에도 불구하고 뉴질랜드는 스포츠와 레크리에이션을 발전시킬 원칙과 가치를 가지고 있지 않다"고 평가했다. 뉴질랜드 올림픽 대표단이 귀국한 뒤 4개월 후 「준비-활동적인 나라를 위해」(Getting Set-For an Active Nation)라는 프로젝트는 힐러리 위원회를 계승할 만한 새로운 진취적인 조직이

59_ 국민당은 1999년 뉴질랜드 럭비 국가대표팀이 월드컵에서 승리한 것이 곧 닥쳐올 총선에서 승리할 확률을 높여줄 것으로 기대했다.

60_ *Getting Set-For an Active Nation*, Report of the Sport, Fitness & Leisure Ministeral Taskforce, January 2001, Executive Summary. Online. Available http://www.executive.govt.nz/minister/mallard/sflreview/taskforce/summary ; www.sparc.org.nz (31 July 2002).

필요함을 제안했다. 정부는 신속하게 이러한 요구에 호응했다. 노동당 정부는 2002년 6월 새로운 단체인 뉴질랜드의 스포츠와 레저(SPARC Sport and Recreation New Zealand/ihi Aotearoa)를 만들어 선거에 활용했다. 「준비」(Getting Set)의 특별대책팀은 뉴질랜드의 삶의 질을 향상시키는 가장 핵심적인 사안은 스포츠에서 월등한 실력을 배양하는 것이라고 확신했다. 엘리트 스포츠인은 좋은 모범사례가 되었다. 왜냐하면 "뉴질랜드가 레크리에이션과 스포츠에서 잘 해나가고 있다는 국민적 동질감과 세계적인 수준에 이를 수 있다는 자신감"을 줄 수 있었기 때문이었다.[61]

SPARC의 많은 업무들 중에서 가장 중요한 것은 뉴질랜드 스포츠 아카데미(New Zealand Academy of Sport)와 긴밀한 협조를 유지하면서 경기에서 우승자를 배출하는 것이었다. 시드니 올림픽을 앞두고 뉴질랜드 스포츠 재단에 의해 설립된 뉴질랜드 스포츠 아카데미는 중앙에서 관리하는 호주의 방식보다는 지방에서 관리하는 영국식 방식을 도입한 기구였다. 또한 비스포츠 기구들도 이 아카데미가 중앙이나 지방에서 그들이 기존에 확보하고 있던 영역에는 위협이 되지는 않는다고 생각하고 있었다. 영토의 규모에서나 단일한 헌정체제로 보나 또한 강한 스포츠 일체감에서 볼 때 뉴질랜드는 중앙에서 관리하는 스포츠 기구가 이상적이다. 그러나 재정상의 문제와 각 지방의 민감한 반응 때문에 호주 방식을 도입할 수 없었다. 아이러니하게

61_ Getting Set, Executive Summary.

도 영연방의 헌법이 각국의 주권과 개인적 정체성에 대해서는 매우 관대하고 스포츠 문화에서도 매우 분산적이기 때문에 뉴질랜드 연방의 스포츠 아카데미는 높은 중앙집권적인 모습을 가질 수 있다. 호주 스포츠 협회(AIS)에 비하면 너무나 작은 자본으로 뉴질랜드 스포츠 아카데미는 2002년 영연방 대회에서 일정부분 성공을 거두었다. 하키와 네트볼에서 실망스러운 결과가 나왔지만 뉴질랜드는 최종 메달 집계에서 남아프리카공화국을 앞질러 5위를 차지했다. 그러나 4위와의 차이는 현격했다.[62]

결론

'상상의 공동체'라는 개념을 수용하는 데 주저하는 사람이 많겠지만 자르비(Grant Jarvie)가 주장한 내용(향수, 신화, 혹은 인위적으로 만들어진 전통에 상관없이), 스포츠가 일체감을 형성하는 데 기여한다는 것을 부정할 사람은 없을 것이다. 호주와 뉴질랜드에서 "민족주의의 고안자들"은 모든 스포츠보다 위에 있다.[63] 명백히 라이벌이라고 선언한 적은 없지만 호주와 뉴질랜드는 지난 4반세기 동안 경쟁관계를

62_ New Zealand Academy of Sport website. Online. Available http://www.nzas.org.nz (5 August 2002). 2002년 하계 영연방 대회의 Big Four는 호주, 잉글랜드, 인디아, 캐나다이다.

63_ Jarvie, "Sport, nationalism and cultural identity", p. 79 ; J. Hill, *Sport, Leisure and Culture in 20th-Century Britain*, Basingstoke : Palgrave, 2002, p. 14.

유지해 왔다.[64] 호주는 잉글랜드를 이기는 것이 그 어떤 것보다도 즐거운 일이고, 뉴질랜드를 상대로 이기는 것은 나쁘지 않는 정도이다. 그러나 뉴질랜드는 호주를 상대로 이기는 것은 매우 중요하게 생각한다. 특히 럭비, 조정, 네트볼에서는 말할 것도 없다. 뉴질랜드 럭비 대표팀의 승리는 승리 그 자체가 아니라 자연질서를 재확인하는 거창한 의미를 지닌다. 지구상 어디에도 특정 종목의 특정 팀에 이렇게 많은 의미를 부여하는 나라는 없을 것이다. 호주와 같이 사회가 분화되어 있어서 자신이 속한 지역 간 인종 간의 충성도가 높은 나라에서는 국내의 라이벌 관계가 국가정체성을 압도하기 마련이다. 호주와 뉴질랜드의 스포츠 국가주의는 앵글로 셀틱 계열에서 나타나는 현상이다. 식민지 간 혹은 지역 간의 라이벌 관계는 호주를 단결시키기보다는 분열시키기 쉽다. 한편 자기 국가의 경기력에 자부심을 가진다는 것이 국제적인 관점을 갖는다는 것과 배치되는 개념은 아니다.[65] 역설적으로 세계화가 진행됨에 따라 뉴질랜드 백인 중산층은 과거 백인들의 문화에 더 집착하게 될 뿐만 아니라 뉴질랜드 대표팀에 대해서도 더 애착을 갖게 되었다는 것이다. 뉴질랜드 요트팀의 주장이면서 가장 학구적이라고 알려져 있는 레이들로(Chris Laidlaw)는 스포츠에서 뛰어나다고 해서 다른 모든 활동에서 앞서가고 있다고 착각

64_ McPhee, "An Australian view of New Zealand", pp. 289–92.

65_ Adair and Vamplew, *Sport in Australian Society*, p. 141 ; M. Cronin and D. Mayall, "Sport and ethnicity : some introductory remarks", *Immigrants and Minorities*, 1998, vol. 17, p. 9.

해서는 안 된다고 경고한 바 있다. 은고사리 로고는 상표권에 의해 보호받고 있다. 그러나 오클랜드의 기업인들은 요트 경기와 럭비에서 뉴질랜드가 성공할 수 있었던 것은 '기업정신과 가치' 때문이라고 주장하고 있다.[66] 물론 호주도 스포츠를 상업화하고 상품화하는 데 적극적이다. 그러나 아메리카컵에서 보이듯이 이 과정에서 크게 비난받고 있지는 않다.

이제 두 국가 간의 어떠한 경기에서도 한쪽이 다른 한쪽을 일방적으로 이길 수는 없게 되었다. 모두가 어떤 측면에서는 승리자라고 할 수 있다. 역설적이게도 경쟁관계가 심화될수록 방송사들은 더 많은 시청자를 확보하려고 혈안이 되지만, 국제경기는 더 이상 시청자들의 흥미를 유발하지 못하기 때문에 고정 시청률이 떨어지고 있다. 라이벌 팀을 만나면 선수들은 국가에 대한 충성심과 애국심을 공유한다. 그리고 계약서에 무수히 많이 나열되어 있는 의무감으로 서로 경쟁한다. 클럽과 후원사들은 프로 선수들에게 프로 정신을 요구하고, 선수들은 여러 개의 다국적 국가관을 가지고 경기에 임한다. 뉴질랜드 대표 선수 중에는 뉴질랜드인이라는 정체성이 먼저이고, 다음으로 사모아인이나 통가인이라는 정체성을 가지고 있는 선수도 있을 것이다. 그렇다면 무엇 때문에 선수들은 경기장에서 사력을 다하는가? 애국심인가 아니면 야망인가? 일단 애국심과 야망 모두가 동기가 된다는 대답은 제쳐두고 생각해 본다. 자유주의적인 성향을 가진 사

66_ C. Laidlaw, "Sport and national identity", p. 15.

람들은 뉴질랜드 국가대표팀이 뉴질랜드 국민을 위해서 경기를 하는 것이 아니라, 그들에게 돈을 지불하고 안락한 생활을 보장하는 기업가들을 위해서 경기를 하고 있다고 한탄한다.[67] 보수주의자들은 비판적으로 평가하고 있다. 돈을 추구하는 것은 잘못된 것이라는 것이다. 시장에만 맡겨두면 유료 시청이 등장하게 되고, 그렇게 된다면 전 국민이 하나가 되어 럭비 국가대표팀을 응원하는 것이 불가능하게 된다. 일부에서는 더 심각한 주장을 하는 사람들도 있다. 이들은 인종적으로 다양한 뉴질랜드 대표팀이 한 세대 전의 국가대표팀이 가졌던 정신적 육체적 "강인함"을 잃었다고 비판한다. 여기에 호주가 월드컵에서 두 번째 승리를 거두자 도시적이고 다문화적인 대표팀에 대한 공격이 심해졌고, 뉴질랜드 대표팀은 시골 고향에서부터 그들의 강건함을 키워야 한다는 비현실적인 생각이 다시 고개를 들었다.[68]

뉴질랜드 럭비팀에 관한 논쟁이 다시 등장한 것은 뉴질랜드가 1980년대 중반부터 경험한 급속한 사회변화를 반영하고 있다.[69] 태평

67_ Laidlaw, "Sport and national identity : Race relations, business, professionalism", in Patterson (ed.), *Sport, Socieity and Culture in New Zealand*, p. 15.

68_ G, Ryan, "Nostalgia, rural mythology and New Zealand rugby in the professional ear", British Society of Sports History annual conference, 14 April 2002, and "Rural myth and urban actuality : the anatomy of All Black and New Zealand rugby 1884–1938", *New Zealand Journal of History*, 2002 vol. 35, 45–69.

69_ J. Philips, "The hard man : rugby and the formation of male identity in New Zealand", in Nauright and Chandler (eds), Making Men, pp. 70–90, and "Rugby, war and the mythology of the New Zealand male", New Zeakand Journal of History, 1984, vol. 18, pp. 83–103, Phillips의 아이디어는 Greg Rhan (주 66) 과 M. MacLean, "Of warriors and Blokes", pp. 1–26, and "Football as social critique", pp.

양에 대한 집착을 보이자 폴리네시아 이민자 사회인 남부 오클랜드에 영원한 전설을 남겼다. 2003년 이전에 아메리카컵을 제외하고는 별다른 스포츠 성과가 없었던 뉴질랜드는 "새로운" 뉴질랜드에 비판적이었던 사람들에게 비판거리를 제공했다. 국민당은 이런 불만에 불을 지폈다. 앞에서 살펴보았지만 국민당이 집권했을 당시에 엘리트 스포츠에 큰 투자를 하지 않았지만 참가율을 높이려고 많은 노력했다. 1999년 이후 노동당 중심의 연합정부는 여전히 기본적인 정책에서 국민당 정부와 큰 차별성이 없었다. 그러나 2000년 시드니 올림픽에서의 큰 실패는 사고의 전환을 이루는 계기가 되었다. 엘리트 스포츠에 대한 관심이 생겨나면서 호주의 제도에 관심을 갖게 되었다. 호주의 행정가들과 코치들은 뉴질랜드에 꺼리김 없이 조언해 주었는데, 이것은 뉴질랜드에 대한 호주인들의 자신감을 반영하는 것이기도 하다. 호주연방은 새 천년을 축하하는 행사를 위해 새로운 그러나 토착민과 무관한 영웅을 갈구하고 있다. 이것은 해협 건너편에서 새 천년을 맞이하는 뉴질랜드와는 완전히 달랐다.

소설가인 힐러리 맨털(Hillary Mantel)은 "새로운 세기가 시작되는 시점에서 과거에 대한 성찰 없이 감싸안으려고 했다"라고 주장했다. 호주에서 이 상황이 더 심했던 것은 사실이다. 뉴질랜드에서 상황은 어떠했는가? 맨털은 이 상황을 잘 지적하고 있다. 모든 국가나 민족에게는 이루지 못한 꿈이 있다. 그리고 그 나라의 신화가 개인이나

256-7에서 비판되었다.

국가의 잠재력을 자극한다. 호주가 '행운의 나라'라는 것도 여기에 해당된다.[70] 제임스 벨리츠(James Belich)는 뉴질랜드는 럭비를 통해 '위대한 대영제국'이 아닌 '대영제국보다 더 위대한' 뉴질랜드를 보여주어야 했다. 가장 영국적인 게임에서 영국보다 훨씬 더 위대한 영국을 어떻게 보여줄 것인가?[71] 독립된 국가가 되려 한다는 명제를 부인하면서 벨리츠는 '식민지화', 즉 자발적인 '신식민지화'(voluntary neo-colonialism)가 1880년대에 시작되어 1970년대까지 지속되었다고 한다. 이 시기는 삶의 질과 방식에서 주요 무역 상대국이고 식민모국을 뛰어넘기 위해 노력하던 시기였다. 경제, 이데올로기, 정서에 걸쳐 다방면으로 얽혀 있던 영국과의 관계가 붕괴하면서 1972년부터 뒤늦게 "탈식민지화"가 시작되었다.[72] 뉴질랜드는 경제적으로 어려움을 겪고 있었지만 영국은 동정의 눈길도 보내지 않았다. 미국은 오히려 적대적이기까지 했다. 노동당이 시행한 정부 보조금 삭감과 공공지출의 축소라는 우파적인 정책은 "대영제국보다 더 위대한"이라는 진보적이고 민중주의적인 합의의 붕괴를 가속화시켰다. 그것은 마치 "인종의 화합"이라는 깨어지기 쉬운 정책에 몰입한 것과 같았다.[73]

70_ *Guardian*, 12 October 2002.

71_ Belich, *Paradise Reforged*, pp. 386–8.

72_ 재식민지화에 대한 논의는 Belich, *Paradise Reforged*, pp. 543–9, H. Richards, "Dynamic, Frenzied, vigorous–it must be the Kiwis", *Times Higher Education Supplement*, 13 September 2002.

73_ Rogernomics라고 불리는 Roger Douglas 노동당 시절 재무장관을 지낸 신자유주의 경제학자의 경제정책의 영향과 호주에서의 신자유주의 정책의 영향은

벨리츠는 "뉴질랜드가 오랜 재식민지화의 그늘에서 벗어난 것이 세계적 조류에 휩쓸려 순수한 문화적 우수성과 국가적 독립을 상실하기 위해였는가?"라고 의문을 표시한다.[74] 텔레비전이 호주와 뉴질랜드의 라이벌 스포츠 경기를 공격적으로 방영함에 따라서 독립적으로 되어가는 뉴질랜드와 경제적으로나 전략적으로 보다 가까운 관계를 형성하려는 호주의 의도에 방해가 되고 있다. 또한 이는 뉴질랜드가 호주의 조언에 의존해서 대중참여를 확대할 수 있는 사회적 기반을 만들려고 하고 또한 엘리트 체육인의 성적을 향상시키려는 그 시점과 정확히 일치했다. 뉴질랜드 감독들은 호주의 조언과 행정을 잘 수용했다. 그러나 1990년대에 형성되었고 2000년 시드니 올림픽 이후에 보완된 시스템은 호주 모델의 어두운 그림자에 불과했다. 경제적 어려움이 뉴질랜드의 발목을 잡았다. 직접 혹은 간접적인 투자를 다 고려한다고 하더라도 지난 4반세기 동안에 연방, 주, 지방정부가 투자했던 수준에 미치지 못했다.

1987년 이전에 호주와 뉴질랜드의 발전유형은 비슷했다. 그러나 이후 생산량, 생산성, 일인당 소득, 심지어 소득 분배에서조차 양국의 격차는 심화되었다. 1990년대 중반에 이르면 심화된 뉴질랜드의 불평등이 스포츠를 장려하려는 정책에 방해요소로 작용하게 되었다.

Robinson et al., *Australia and New Zealand Economy, Society and Environment*, pp. 195–207, 251–55 참조.

74_ Belich, *Paradise Reforged*, p. 548.

구체적으로 살펴보면 세금을 거둘 수 있는 기반이 더 악화되었고, 복지기금을 위해 정부지출 구조가 왜곡되었다.[75] 그 결과 1980년대 중반부터 자유시장 제도를 도입한 정부가 열정을 가지고 추진했던 사업, 즉 뉴질랜드 엘리트 스포츠인들에게 세계적인 수준의 제도를 만들어 주겠다는 사업을 더 힘들게 만들고 말았다. 2000년 시드니 올림픽 경기는 SPARRC라는 산이 얼마나 높은지 인식하는 계기가 되었고, 2년 뒤에는 더 큰 좌절감을 느끼게 되었다. 국제럭비위원회(IRB : International Rugby Board)는 뉴질랜드에게 2003년 호주 럭비 월드컵 공동 개최국의 지위를 부여하지 않았다. 후원도 하지 못했고 방송중계도 허락되지 않았다. 럭비를 창시했고, 스포츠로 자리를 잡게 했으며, 또한 첫 대회 우승자인 뉴질랜드가 호주의 상업적 수환을 따라잡지 못해서 럭비계에서 버림을 받은 것이다. 이를 계기로 뉴질랜드는 세계 스포츠계에서의 스포츠 중계인들이 스포츠 자원이 아무리 풍부하다 하더라도 재정적으로 취약한 작은 나라를 아무 것도 아닌 것으로 만들 수 있다는 쓰라린 교훈을 배웠다. 이 교훈은 뉴질랜드가 아메리칸컵에서 스위스 백만장자와 자국 출신의 용병들에게 패배함으로써 또 한 번 확인되었다.[76] 근대사에서 호주와 뉴질랜드의 경쟁만큼 역사와 전통을 자랑하는 것이 있는가? 호주와 뉴질랜드의 라이

75_ 호주와의 구체적인 비교연구는 P. Dalziel, "New Zealand ; seconomic reforms : an assessment", *Review of Political Economy*, 2002, vol. 14, 31–46.

76_ *Guardian*, 9 March 2002 ; S. Jones, "Tug of War", Rugby World, October 2002.

벌 관계에 불을 지핀 것은 케이블과 위성방송의 이익이었다. 왈라비의 위대한 등장이 방송통신 혁명과 함께 하지 않았다면 가능했겠는가? 이상주의자들과 낭만주의자들에게는 그다지 행복하지 않은 이 이야기의 핵심 인물은 순수 호주인, 마크 엘라이지 머독이라고는 생각하지 않는다. 그들에게 머독은 그의 여권에 국적이 뭐라고 적혀 있는지와 상관없이 절대 호주인일 수 없다.

저자 약력

프랜시스 D. 코글리아노(Francis D. Cogliano)는 에딘버러 대학교 미국사학과 부교수이고, 『혁명적 미국 1763–1815 : 정치사』(*Revolutionary America 1763–1815 : A Political History*, Routldge, 2000)의 저자이다. 그는 『미국 역사 저널』(*Journal of American Studies*)에 "미국 국가정체성"이란 주제로 논문을 게재했으며, 2004년 현재 토마스 제퍼슨(Thomas Jefferson)에 관한 책을 저술하고 있다.

마이클 홈즈(Michael Holmes)는 리버풀 호프 유니버시티 칼리지의 유럽연구소 소장이다. 그는 아일랜드 외교정책의 다양한 측면과 유럽에서 아일랜드의 역할에 관해 연구 · 저술하고 있다. 또한 홈즈는 『부실한 관계 : 아일랜드 외교정책과 제3세계』(*The Poor Rela-tion : Irish Foreign Policy and the Third World*, Trocaire, 1993)의 공동저자이고, 『아일랜드와 인도 : 협력, 비교, 대비』(*Ireland and India* : *Connections, Comparisons, Contrasts*, Folens, 1977)의 공동편집자이다.

마틴 존스(Martin Johnes)는 랭커스터의 성 마틴 대학 스포츠학과 조교수이다. 그는 『축구와 사회 : 남부 웨일즈 1900–1939』(*Soccer and Society : South Wales 1900–1939*, University of Wales Press, 2002)와 『웨일즈의 스포츠, 1800–2000』(*Sport in Wales, 1800–2000*, St. David's Press, 2003)을

출판했다. 존스는 영국 스포츠 역사학회의 이사이다.

마크 키치(Marc Keech)는 브라이턴 대학교 첼시 스쿨의 스포츠학과 조교수이다. 그는 남아프리카 스포츠에 관해 다수의 논문을 썼고, 『스포츠와 레저 문화에서 쟁점과 가치』(*Issues and Values in Sport and Leisure Cultures*, Meyer and Meyer, 2000)의 공동편집자이다. 키치는 영국과 국제 스포츠 정책에 대한 강의와 연구활동을 하고 있으며, 스포츠 잉글랜드(Sport England)와 잉글랜드 동남부 지역 스포츠위원회가 후원하는 연구에 착수했다.

로날드 코왈스키(Ronald Kowalski)는 우스터 유니버시티 칼리지 러시아/소련사학과 부교수이다. 그의 이전 저작들은 러시아 혁명, 특히 혁명적 운동들의 이데올로기에 초점을 맞추었다. 최근에 코왈스키는 『스포츠 역사의 국제 저널』(*International Journal of the History of Sport*, 1997)에서 「정치적인 축구 : 영국에서 디나모 모스크바」(Political Football : Moscow Dynamo in Britain, 1945)를 공동저술하면서 1945년 이후 영국과 동유럽의 스포츠관계사를 연구 중이다.

마틴 폴리(Martin Polley)는 사우샘프턴 대학교 스포츠학과 조교수이다. 그는 『움직이는 골대 : 1945년 이후 스포츠와 사회의 역사』(*Moving the Goalposts : A History of Sport and Society since 1945*, Routledge, 1988), 『1789년 이후 근대 유럽의 처음과 끝』(*A–Z of Modern Europe since 1789*, Routledge, 2000), 그리고 『스포츠 역사가, 스포츠 역사와 현대 영국 역사에 관한 국제 저널』(*Sports Historian, the International Journal of the History of Sport and Contemporary British History*)의 스포츠 역사에 관한 다양한 논문의 저자이다. 폴리가 편집한 주요한 자료인 『영국에서 스포츠의 역사, 1880–1914』(*The History of Sport in Britain, 1880–1914*)는 2003년까지 5쇄가 출간되었다.

딜윈 포터(Dilwyn Porter)는 우스터 유니버시티 칼리지 사학과 부교수이다. 그는 『스포츠 역사와 현대 영국 역사에 관한 국제 저널』(*International Journal of the History of Sport and Contemporary British History*)에 전후 잉글

랜드 축구의 사회 역사에 관한 논문들을 기고했고, 『축구와 사회』(*Soccer and Society*)라는 잡지에 정기적으로 비평을 게재하고 있다. 포터는 아드리안 스미스와 함께 『전후 영국 스포츠에서 아마추어와 프로페셔널스』(*Amateurs and Professionals in Post–War British Sport*, Frank Cass, 2000)를 공동편집했다. 최근에 그는 다른 흥미 있는 주제인 금융 저널리즘의 역사(the history of financial journalism)와 우편주문소매역사(the history of mail order retailing)를 연구하고 있다.

케이스 A. P. 샌디포드(Keith A. P. Sandiford)는 서인도 크리켓 역사에 관한 주요 권위자로서 인정받아 왔고, 캐나다 메니토바 대학교 사학과 조교수이다.

아드리안 스미스(Adrian Smith)는 사우샘프턴 대학교 사학과 부교수이고, 근대 영국과 영연방 역사에 관한 책을 다수 출판했다. 저서로는 『새로운 정치가 : 주간 정치의 초상』(*The New Statesman : Portrait of a Political Weekly*, Frank Cass, 1996)과 제1차 세계대전 때 전설적 전투기 조종사인 『믹 맨녹, 전투기 조종사 : 신화적 생활과 정치』(*Mick Mannock, Fighter Pilot : Myth Life and Politics*, Palgrave, 2001)가 있다. 럭비유니언의 역사에 관한 최근의 논문들은 『현대 영국의 역사와 스포츠 역사에 대한 국제 저널』(*Contemporary British History and the International Journal of the History of Sport*)에 게재되었다.

데이비드 스토리(David Storey)는 우스터 유니버시티 칼리지 지리학과 조교수이다. 그는 국가정체성, 영토, 이민 그리고 농촌 사회변화에 관해 연구했다. 스토리는 『영토 : 공간의 주장』(*Territory : The Claiming of Space*, Prentice Hall, 2001)과 『시민, 주 그리고 국가』(*Citizen, State and Nation*, Geographical Association, 2003)의 저자이다.

옮긴이

김석수(정치학 박사) 한국외국어대학교 글로벌정치연구소 연구위원
김태수(정치학 박사) 한국외국어대학교 글로벌정치연구소 연구위원
안득기(정치학 박사) 국가안보전략연구소 선임연구원
정상률(정치학 박사) 세종연구소 객원 연구위원
유호근(정치학 박사) 한국외국어대학교 글로벌정치연구소 연구위원
황규득(정치학 박사) 한국외국어대학교 강사, 외교안보연구원 겸임교수
김유경(정치학 박사) 부산외국어대학교 중남미지역원 HK 연구교수
홍원표(정치학 박사) 한국외국어대학교 사회과학대학 자유전공학부 교수
박상현(정치학 박사) 인하대학교 국제관계연구소 연구교수

전후 세계의 스포츠와 국가정체성

초판1쇄 / 2009년 9월 30일

엮은이 **아드리안 스미스, 딜윈 포터**
옮긴이 **김석수, 김태수, 안득기, 정상률, 유호근, 황규득, 김유경, 홍원표, 박상현**
펴낸이 **여국동**
펴낸곳 **도서출판 인간사랑**
인 쇄 **백왕인쇄**
제 본 **은정제책사**

출판등록 1983. 1. 26. / 제일 3호

정가 19,000원

ISBN 978-89-7418-280-9 93300

(411- 815) 경기도 고양시 일산구 백석동 1178-1
TEL (031)901-8144, 907-2003
FAX (031)905-5815
e-mail/igsr@yahoo.co.kr / igsr@naver.com